权威·前沿·原创

皮书系列为
"十二五""十三五""十四五"时期国家重点出版物出版专项规划项目

B

BLUE BOOK

智 库 成 果 出 版 与 传 播 平 台

红色旅游蓝皮书

BLUE BOOK OF RED TOURISM

中国红色旅游发展报告（2023）

ANNUAL REPORT ON THE DEVELOPMENT OF RED TOURISM IN CHINA (2023)

主　编／王金伟

社会科学文献出版社

SOCIAL SCIENCES ACADEMIC PRESS (CHINA)

图书在版编目（CIP）数据

中国红色旅游发展报告 . 2023 ／ 王金伟主编 . --北
京：社会科学文献出版社，2024.6
（红色旅游蓝皮书）
ISBN 978-7-5228-3156-5

Ⅰ.①中…　Ⅱ.①王…　Ⅲ.①革命纪念地-旅游业发
展-研究报告-中国-2023　Ⅳ.①F592.3

中国国家版本馆 CIP 数据核字（2023）第 254831 号

红色旅游蓝皮书
中国红色旅游发展报告（2023）

主　　编／王金伟

出 版 人／冀祥德
组稿编辑／任文武
责任编辑／王玉霞
责任印制／王京美

出　　版／社会科学文献出版社·生态文明分社（010）59367143
　　　　　地址：北京市北三环中路甲 29 号院华龙大厦　邮编：100029
　　　　　网址：www.ssap.com.cn
发　　行／社会科学文献出版社（010）59367028
印　　装／天津千鹤文化传播有限公司

规　　格／开　本：787mm×1092mm　1/16
　　　　　印　张：28.25　字　数：426 千字
版　　次／2024 年 6 月第 1 版　2024 年 6 月第 1 次印刷
书　　号／ISBN 978-7-5228-3156-5
定　　价／128.00 元

读者服务电话：4008918866

主编简介

王金伟　北京第二外国语学院旅游科学学院教授、中国旅游政策研究中心主任，《旅游导刊》执行副主编，全国高校黄大年式教师团队（旅游管理）成员，北京市课程思政教学名师，全国研学旅行基地认定员，国家自然科学基金通讯评审专家。研究方向：旅游经济、红色旅游、乡村旅游。主持国家自然科学基金项目、国家社会科学基金项目、教育部人文社会科学研究基金项目等国家和省部级课题十余项，在 *Journal of Travel Research*，*Tourism Management Perspectives*，*Current Issues in Tourism*，*Journal of Hospitality and Tourism Management*，*Journal of Destination Marketing & Management*，*Tourism Review*，《旅游学刊》《旅游科学》《地理研究》《自然资源学报》《经济地理》等刊物发表论文100余篇，其中多篇被"人大复印资料"等第三方书刊转载。多篇咨政报告被教育部、文化和旅游部等中央和地方政府采纳。

序　言

2023年是全面贯彻落实党的二十大精神的开局之年，是实施"十四五"规划承前启后的关键一年。回望百余年奋斗历程，在中国共产党的坚强领导下，我们取得了一系列伟大的发展成就，开创和发展了中国特色社会主义，形成了鲜明的中国特色、中国经验，为向第二个百年奋斗目标进军奠定了坚实基础。新征程上，我们要继续深入贯彻落实党的二十大精神，坚持以习近平新时代中国特色社会主义思想为指导，以中国式现代化全面推进中华民族伟大复兴。

在百余年的奋斗历程中，中国共产党人坚定理想信念、发扬革命精神、推动伟大实践，在不同历史时期淬炼锻造，形成了一系列伟大精神，在长期奋斗中构建起中国共产党人的精神谱系。这些红色精神一脉相承、交相辉映，具有超越时空的恒久价值和旺盛生命力。依托丰富的红色资源、宝贵的红色精神和厚重的红色基因，我国红色旅游蓬勃发展，红色精神深入人心。近年来，红色旅游人数不断增加，红色旅游热度持续高涨，红色旅游市场规模日益扩大，在带动革命老区经济社会发展、助推乡村振兴战略实施、加强革命传统教育、弘扬和培育爱国主义精神等方面发挥了无可比拟的重要作用。

党的二十大报告指出："弘扬以伟大建党精神为源头的中国共产党人精神谱系，用好红色资源，深入开展社会主义核心价值观宣传教育，深化爱国主义、集体主义、社会主义教育，着力培养担当民族复兴大任的时代新人。"站在新的历史节点上，红色旅游迎来前所未有的发展机遇。进一步用好红色资源、激活红色文化、发展红色产业，是新时代红色旅游高质量发展重点关注的方面。

本书是集体之作。感谢北京第二外国语学院、北京旅游发展研究基地、湘潭大学、湖南师范大学、江西财经大学、福建师范大学、西安外国语大学、南开大学、中山大学、中南财经政法大学、北京理工大学、山西财经大学、辽宁师范大学、遵义师范学院、延安大学、南昌大学、洛阳师范学院、石家庄学院、西柏坡纪念馆、中共洛阳组诞生地纪念馆、吉林师范大学等机构（排名不分先后）的专家、学者对本书的支持。感谢国家社科基金重大项目"革命老区红色文化+旅游融合发展"（项目编号：21&ZD179）对本报告编撰的支持。感谢关注《红色旅游蓝皮书》的各级政府领导以及广大读者朋友，你们的指导和反馈意见是《红色旅游蓝皮书》持续进步的重要动力。

主编　王金伟

2023 年 10 月 31 日

摘　要

　　红色旅游是一项利党利国利民的重大战略举措，是推进实现中国式现代化的强大精神动力。党的十八大以来，党和国家高度重视发展红色旅游，陆续出台了多项相关政策，为推动实现红色旅游高质量发展提供了坚实保障。与此同时，红色旅游也已发展成为展示中国速度、中国力量和中国精神的重要窗口，并在统筹推进乡村振兴、文化强国建设等国家战略中发挥了关键作用。《中国红色旅游发展报告（2023）》立足中国式现代化的本质要求，阐述了新时代我国红色旅游发展的特征及成就，并通过分析经典案例提出了红色旅游高质量发展的针对性政策建议。

　　本书分为总报告、分报告、专题篇、区域篇和案例篇5个部分。总报告由2篇组成。第一篇"2022～2023年中国红色旅游发展形势分析与展望"全面梳理了全国红色旅游总体发展背景，总结了全国红色旅游总体发展成效，提出了全国红色旅游发展面临的问题和挑战，并在此基础上提出了促进红色旅游高质量发展的政策建议。具体而言，在党和国家的高度重视和大力支持下，红色旅游呈现市场发展势头强劲、综合带动作用显著、品质不断提升、"新时代红色精神"备受瞩目、红色研学市场规范发展、年轻化亲子化趋势明显等特点。但红色旅游仍然存在协同发展水平较低、资源整合力度不足、品牌营销意识薄弱、数字化建设不深入、专业人才素养有待提高等问题，未来有必要从深入挖掘红色文化内涵、加快资源融合创新发展、打造红色旅游特色品牌、推动景区数字化转型、完善红旅人才培养体系等方面出发，推动红色文旅产业高质量发展。第二篇为"中国红色旅游发展指数报告"，构建了红色旅游发展评价指标体系，对全国 31 个省级行政区（不含港澳台地区）、12 个红色旅游区及 18 个重点红色旅游城市的红色旅游发展进行了评价和分析。

分报告由"革命文物保护与利用研究报告""长征国家文化公园红色非遗保护传承研究报告""全国红色旅游经典景区新媒体传播力指数报告""中国红色旅游演艺发展报告"4 篇组成。其中，"革命文物保护与利用研究报告"在科学阐释革命文物保护与利用的历史价值、文化价值和艺术价值的基础上，总结分析了革命文物保护与利用的现状，并针对性地提出了革命文物保护与利用的创新路径。"长征国家文化公园红色非遗保护传承研究报告"系统梳理长征国家文化公园红色非遗保护传承的时代背景，并从国家战略、文化传承、产业经济和国民教育等维度明确了长征国家文化公园红色非遗的当代价值，而后探索性地构建了长征国家文化公园红色非遗保护传承的长效机制。"全国红色旅游经典景区新媒体传播力指数报告"选取百度搜索引擎、微信公众号、微博、抖音 4 个新媒体平台，分别计算了红色旅游经典景区在各平台的传播力指数及新媒体综合传播力指数，并对其进行了比较分析。"中国红色旅游演艺发展报告"在剖析红色旅游演艺发展背景、历程的基础上，总结了红色旅游演艺发展现状和挑战，并提出了促进红色旅游演艺持续健康发展的对策措施。

专题篇分别对革命纪念场馆红色旅游高质量发展、革命纪念地游客红色记忆与国家认同感、革命纪念地国际游客红色旅游体验与国际认同感、红色旅游研究共同体的知识生产、红色遗产原真性保护及旅游活化利用、红色文化与研学旅行高质量融合发展等重要议题进行了深入探讨。区域篇梳理并分析了湖南省、江西省、福建省、辽宁省、山西省、河南省等典型省份的红色旅游发展情况。案例篇聚焦贵州省遵义市红色研学旅行发展、红色旅游高质量发展的"延安模式"、长征国家文化公园（江西段）红色旅游高质量发展、河南省中共洛阳组诞生地纪念馆红色旅游高质量发展路径、江西省石城县红色文化和旅游深度融合发展、数字化赋能红色旅游产业发展的"方特模式"、红色研学旅行高质量发展的"韶山模式"、吉林省四平市红色旅游产业链发展、红色旅游高质量发展的"西柏坡模式"、唐山工业遗产的文旅融合等主题，并进行了深入分析。

新时代背景下促进红色旅游高质量发展有助于推动革命老区实现全面振兴、加快共同富裕进程。本书全面总结了新时代以来我国红色旅游发展取得的成就，并以专题、案例等形式对红色旅游发展过程中的重要议题进行了深入剖析，希望能为我国红色旅游事业添砖加瓦，为实现全体人民共同富裕贡献红色力量。

关键词： 红色旅游　红色文化　共同富裕　乡村振兴　高质量发展

Abstract

Red tourism is a significant strategic measure that benefits the Party, the country, and the people, and a powerful spiritual driving force for advancing the realization of Chinese modernization. Since the 18th CPC National Congress, the Party and the country have attached considerable importance to the development of red tourism and successively issued a number of associated policies, providing solid guarantees for promoting the high-quality development of red tourism. Red tourism is also a lens that showcases China's development speed, strength, and spirit, and is playing a crucial role in the implementation of national strategies for rural vitalization and cultural power development. The " *Annual Report on the Development of Red Tourism in China (2023)* " is based on the requirements of Chinese modernization, elaborating on the characteristics and achievements of red tourism development and proposing targeted policy recommendations for the high-quality development of red tourism through analyzing classic cases.

The report is divided into five parts: the general report, topical report, monographic section, regional section, and case study section. The general report consists of two articles. The first, " *Analysis and Prospects of Red Tourism Development in China (2022–2023)* ," comprehensively portrays the overall background of red tourism development nationwide, summarizes the notable achievements of red tourism in China, identifies the issues and challenges facing the development of red tourism, and proposes policy recommendations to promote higher quality development of red tourism. With the close attention and strong support of the Party and the nation, red tourism is demonstrating strong market growth momentum, driving economic, community and socio-cultural enhancements, and continuously improving in quality. "The spirit of the new era" is being deeply entrenched in red tourism, the development of the red education is becoming more uniform, and youthful engagement and family-oriented tourism are being enhanced. However, red tourism still faces issues, including low levels of coordinated development, insufficient resource integration, weak branding and marketing, lack of digitalization, and the need to improve the professional quality of human talent. The quality of red tourism will be improved by further researching and communicating its cultural meanings, accelerating the innovation and development of resources, creating distinctive red tourism brands, promoting digital transformation of scenic areas, and improving the human talent capacity development. The second article, *"Report on China's Red Tourism Development Index,"* explains an evaluation index system for red tourism development, evaluating and analyzing its development in 31 provincial administrative regions (excluding Hong Kong, Macao, and Taiwan), 12 red tourism regions, and 18 key red tourism cities.

The topical report consist of four articles: "Research Report on the Protection and Utilization of Revolutionary Cultural Relics," "Research Report on the Protection and Inheritance of Red Intangible Cultural Heritage in Long March National Cultural Park," "Report on New Media Dissemination Index of National Red Tourism Classic Scenic Spots," and "Report on the Development of Red Tourism Performances in China." The Research Report on the Protection and Utilization of Revolutionary Cultural Relics analyzes the current status of the protection and use of revolutionary cultural relics by explaining their historical, cultural, and artistic values, and proposes innovative ways for their conservation and application. The Research Report on the Protection and Inheritance of Red Intangible Cultural Heritage in Long March National Cultural Park explains the protection and interpretation of the red intangible cultural heritage in the Long March National Cultural Park, clarifies its contemporary value from the perspectives of national strategy, cultural inheritance, industrial economy, and national education, and explores long-term strategies for the protection and cultural transmission of red intangible cultural heritage in the Long March National Cultural Park. The Report on New Media Dissemination Index of National Red Tourism Classic Scenic Spots selects four new media platforms, namely the Baidu, WeChat, Weibo, and TikTok, calculates the communication power index of classic red tourism scenic areas on each platform and the combined new media communication power index, and conducts a comparative analysis. The Report on the Development of Red Tourism Performances in China analyzes the development and history of red tourism performing arts, summarizes the current status and challenges of their development, and proposes measures to promote their sustainable, healthy development.

The monographic section reveals crucial issues, including the high-quality development of red tourism in revolutionary memorial venues from the perspectives of visitor satisfaction, red memory and national identity, experiences and international identity transmission for international visitors, knowledge production of the red tourism research community, authenticity protection and tourism activation of red heritage, and the integrated development of red culture and educational tourism. The regional section analyzes the development of red tourism in provinces that include Hunan, Jiangxi, Fujian, Liaoning, Shanxi, and Henan. The case study section focuses on topics, including the development of red educational tourism in Zunyi, the "Yan'an Model" for the high-quality development of red tourism, red tourism in the Long March National Cultural Park (Jiangxi section), the development of red tourism in the Memorial Hall of Luoyang group of the CPC, the deep integration of red culture and tourism in Shicheng County, Jiangxi, the "Fantawild Model" for digitally enabling the development of red tourism, the "Shaoshan Model" of red study tour, the development of the red tourism industry chain in Siping, the "Xibaipo Model" of red tourism, and the integration of cultural tourism and industrial heritage in Tangshan.

Promoting the high-quality development of red tourism with the background of the new era will accelerate the resurgence of "old revolutionary base areas" and the process of achieving common prosperity. This book thoroughly summarizes the achievements of China's red tourism development in the new era and provides in-depth analyses of important issues in its development through special topics and case studies, aiming to contribute to China's red tourism industry and contribute more red power to achieving common prosperity for all people.

Keywords: Red Tourism; Red Culture; Common Prosperity; Rural Revitalization; High-Quality Development

目 录 ⟩⟩

Ⅰ 总报告

Ⅱ 分报告

Ⅲ 专题篇

Ⅳ 区域篇

V 案例篇

皮书数据库阅读使用指南

CONTENTS ⭦

I　General Reports

II　Topical Reports

III   Monographic Section

IV Regional Section

V Case Study Section

总 报 告

General Reports

B.1

2022~2023年中国红色旅游发展
形势分析与展望

王金伟 刘 蕾 袁佳欣[*]

摘　要： 在全面建设社会主义现代化国家的新征程上，推动红色旅游高质量发展具有独特的时代价值。本报告立足新发展阶段，对2022~2023年全国红色旅游发展成效进行了梳理总结，剖析了目前面临的问题和挑战，并据此提出了未来全国红色旅游高质量发展的建议。具体来看，全国红色旅游保持强劲发展势头、红色旅游综合带动作用显著、红色旅游不断提质升级、"新时代红色精神"备受瞩目、红色研学市场规范发展、年轻化亲子化趋势明显。但红色旅游发展仍然存在协同发展水平有待提高、旅游基础设施亟待完善、品牌营销模式仍待创新、数字化智能化水平不高、高素

---

* 王金伟，北京第二外国语学院旅游科学学院教授、北京旅游发展研究基地研究员，研究方向为旅游经济、红色旅游、乡村旅游；刘蕾，北京第二外国语学院硕士研究生，研究方向为旅游经济、红色旅游；袁佳欣，北京第二外国语学院硕士研究生，研究方向为旅游经济、红色旅游。

质专业化人才缺乏等问题，未来有必要深入挖掘红色文化内涵、强化融合创新发展、塑造红色旅游特色品牌、推进数字红旅转型发展、完善专业人才培养体系等，以推动红色文旅产业高质量发展。

关键词： 红色旅游　红色研学　科技创新　高质量发展

一　全国红色旅游总体发展背景

（一）党的二十大的科学指引

党的二十大报告指出："从现在起，中国共产党的中心任务就是团结带领全国各族人民全面建成社会主义现代化强国、实现第二个百年奋斗目标，以中国式现代化全面推进中华民族伟大复兴。"与此同时，报告从人口规模巨大、全体人民共同富裕、物质文明和精神文明相协调、人与自然和谐共生、走和平发展道路这5个方面深刻阐述了中国式现代化的特征。从本质上来看，红色旅游发展与中国式现代化建设存在内在一致性。第一，庞大的人口基数为发展红色旅游提供了良好的市场基础；第二，发展红色旅游能够为革命老区提供众多就业机会，带动相关产业发展，加快实现共同富裕；第三，发展红色旅游有利于提升文化自信，推动物质文明和精神文明协调发展；第四，良好的生态环境是众多红色旅游景区发展的基础资源，这就要求在开发过程中必须遵循人与自然和谐共生的原则；第五，红色旅游在促进国际合作、提升中国红色文化的对外宣传力与知名度等方面持续发挥作用，对推动走和平发展道路的现代化具有一定意义。同时，党的二十大报告明确提出，"用好红色资源""传承红色基因，赓续红色血脉"。大力发展红色旅游、促进红色旅游转型升级是新时代背景下的必然趋势，是推进中国式现代化进程的重要手段。在中国式现代化新征程上，红色旅游发展需积极响应国家号召，向现代化转型升级。

（二）顶层设计完善政策环境

近年来，中国红色旅游事业蓬勃发展，得到了国家的高度重视和支持。据不完全统计，2022~2023年，国家相继出台十余项相关政策文件助推红色旅游高质量发展，内容涉及革命文物保护、红色旅游融合发展、红色旅游精品路线打造、红色旅游专业人才培养等多个方面，成为新时期红色旅游创新发展的有力支撑和保障（见表1）。《"十四五"文化发展规划》明确指出，要依托革命博物馆、党史馆、纪念馆、革命遗址遗存遗迹等，打造红色旅游经典景区和经典线路。文化和旅游部发布的政策文件最多，其印发的《关于推动非物质文化遗产与旅游深度融合发展的通知》《关于开展2023年全国红色旅游五好讲解员培养项目的通知》等政策文件对如何传承和弘扬长征精神和保护利用革命文物、推动文化和旅游融合发展、强化红色旅游讲解员队伍建设等提出了具体要求。从地方层面来看，各省（区、市）也出台了众多相关政策，以推动红色旅游持续健康发展，同时，陕西省、江苏省、河北省、贵州省等均在乡村振兴促进条例中将红色旅游摆在重要位置。可以说，中国的红色旅游政策体系日趋完善，这将进一步推动红色旅游事业不断繁荣和壮大。

表1　2022~2023年国家发布的主要红色旅游相关政策

时间	政策文件	发文单位
2022年8月	《"十四五"文化发展规划》	中共中央办公厅、国务院办公厅
2022年11月	《支持贵州文化和旅游高质量发展的实施方案》	文化和旅游部、国家文物局
2022年12月	《关于公布全国红色旅游融合发展试点单位名单的通知》	文化和旅游部
2023年2月	《关于推动非物质文化遗产与旅游深度融合发展的通知》	文化和旅游部
2023年2月	《关于开展2023年全国红色旅游五好讲解员培养项目的通知》	文化和旅游部

时间	政策文件	发文单位
2023 年 3 月	《关于组织开展 2023 年文化和旅游消费促进活动的通知》	文化和旅游部
2023 年 3 月	《关于推动在线旅游市场高质量发展的意见》	文化和旅游部
2023 年 4 月	《关于开展以革命文物为主题的"大思政课"优质资源建设推广工作的通知》	国家文物局、教育部
2023 年 4 月	《关于加强 5G+智慧旅游协同创新发展的通知》	工业和信息化部、文化和旅游部
2023 年 5 月	《关于充分运用革命文物资源铸牢中华民族共同体意识的意见》	国家文物局、国家民族事务委员会
2023 年 8 月	《用好红色资源　培育时代新人　红色旅游助推铸魂育人行动计划（2023—2025 年）》	文化和旅游部、教育部、共青团中央、全国妇联、中国关工委
2023 年 9 月	《关于释放旅游消费潜力推动旅游业高质量发展的若干措施》	国务院办公厅

注：统计时间截至 2023 年 10 月。

（三）铸魂育人行动全面实施

红色旅游将传承红色基因、革命传统教育、爱国主义教育等重要价值融为一体，是一项重要的思想政治教育工程，也是培育和践行社会主义核心价值观的重要举措。习近平总书记强调："保护好、运用好红色资源，加强革命传统和爱国主义教育，引导广大干部群众发扬优良传统、赓续红色血脉，践行社会主义核心价值观，培育时代新风新貌。"① 为进一步发挥红色资源优势、加强青少年教育引导、全面实施"时代新人铸魂工程"，2023 年 8 月，文化和旅游部联合教育部、共青团中央、全国妇联、中国关工委印发了《用好红色资源　培育时代新人　红色旅游助推铸魂育人行动计划（2023—2025 年）》（以下简称"铸魂育人行动计划"），并对全面实施"时代新人铸魂工程"的总体要求和主要任务等进行了部署安排。该行动计划明确表示，"力争用三年

---

① 尹双红：《让革命文物焕发恒久光彩》，《人民日报》2024 年 4 月 9 日，第 5 版。

时间，针对青少年在全国打造百堂红色研学精品课程，推出千条红色旅游研学线路，开展万场红色旅游宣讲活动，覆盖上亿大中小学师生"，并将实施红色文化课程建设、开展系列宣讲活动、举办红色旅游品牌活动、提升红色教育服务水平作为铸魂育人行动计划的主要任务。铸魂育人行动计划的全面实施为红色旅游与爱国主义教育的有机结合提供了新时代解决方案，也是整合红色教育资源、扩大红色文化影响力、培养新时代红色事业接班人的重要途径。

（四）创新融合助推高质量发展

红色旅游创新融合发展有助于提高红色旅游资源开发和产品建设水平、完善红色旅游管理体系、提升红色旅游治理能力，是推动红色旅游高质量发展的必经之路[①]。因此，红色旅游创新融合发展成为近年来国家持续关注的重点工作。《中华人民共和国国民经济和社会发展第十四个五年规划和2035年远景目标纲要》明确指出，推动文化和旅游融合发展，推进红色旅游创新发展。2021年2月，国务院印发的《关于新时代支持革命老区振兴发展的意见》明确指出："推动红色旅游高质量发展，建设红色旅游融合发展示范区。"同年印发的《"十四五"文化和旅游发展规划》《"十四五"旅游业发展规划》，也提出要打造一批红色旅游融合发展示范区。2022年12月，文化和旅游部公布全国红色旅游融合发展试点单位名单，山西省长治市武乡县、江苏省淮安市淮安区、福建省龙岩市上杭县古田镇、江西省吉安市井冈山市、山东省临沂市、河南省信阳市新县、湖北省黄冈市红安县、湖南省湘潭市韶山市、广西壮族自治区桂林市全州县、陕西省延安市宝塔区等10个红色旅游目的地入选。目前，各个试点单位有条不紊地推动红色旅游融合发展试点建设，通过规划引领、项目破题、突破"瓶颈"等方式，逐步探索出具有可复制性和可推广性的红色旅游融合发展模式。这也为其他相关地区的红色旅游发展提供了有效借鉴样板。

---

① 吴若山：《创新开展融合试点 推进红色旅游高质量发展》，中国旅游新闻网，http：//www.ctnews.com.cn/gdsy/content/2023-01/12/content_135726.html，2023年1月12日。

（五）数字科技激发红色活力

伴随着人工智能、大数据、区块链、5G 等现代数字技术的兴起，全球范围内正在进入全新的数字时代。数字化、科技创新已成为我国经济高质量发展的重要驱动力。根据中国信息通信研究院发布的《中国数字经济发展研究报告（2023 年）》，我国数字经济不断增质提效，2022 年我国数字经济规模达到 50.2 万亿元，同比名义增长 10.3%[①]。数字科技在社会经济发展的各个领域都展现出巨大潜力，也成为带动红色旅游发展的新引擎。近年来，我国出台了多项相关政策，不断增强文旅行业"数字含量"。2021 年，文化和旅游部发布的《"十四五"文化产业发展规划》明确指出，要积极利用数字展示、虚拟现实、增强现实、全息投影等技术，加大数字化、沉浸式、互动性等文化和旅游项目设计开发。2022 年，文化和旅游部联合工业和信息化部、教育部等印发《虚拟现实与行业应用融合发展行动计划（2022—2026 年）》，鼓励文化展馆、旅游场所、特色街区开发虚拟现实数字化体验产品，让优秀文化和旅游资源借助虚拟现实技术"活起来"。数字时代下，信息科技在激发红色旅游新动能、创新红色旅游产品体系、打造沉浸式体验新场景、推动红色旅游转型升级等方面发挥着不可替代的作用。探索数字科技激发红色文化活力的新路径是推动红色旅游高质量发展的必由之路。

二　全国红色旅游总体发展成效

（一）红色旅游保持强劲发展势头

近年来，中央和地方政府不断加大资金投入，创新和丰富产品供给，促进旅游市场消费，红色旅游发展势头强劲。相关统计数据显示，从 2004 年

---

① 中国信息通信研究院：《中国数字经济发展研究报告（2023 年）》，2023 年 4 月。

到2019年，全国红色旅游接待量从1.4亿人次增长到14.1亿人次。2020年由于突发公共卫生事件的影响，旅游业受到严重冲击，但在各级政府的积极引导下，红色旅游表现出强劲韧性，全国出游量超过1亿人次。2022年是党的二十大召开之年，全国多地推出"喜迎二十大"主题红色旅游线路，红色旅游热潮涌动。同年的10月1日当天，天安门广场前聚集了21.8万人观看升旗仪式，创历史新高。据本课题组估测，2021年和2022年红色旅游接待人次分别突破4亿和8亿（见图1）。在红色旅游发展如此强劲的势头下，游客参与红色旅游的热情高涨，消费金额也有所提升。本课题组调查结果显示，2022年40.33%的红色旅游游客的消费金额在1000元以上，万亿市场规模指日可待（见图2）。

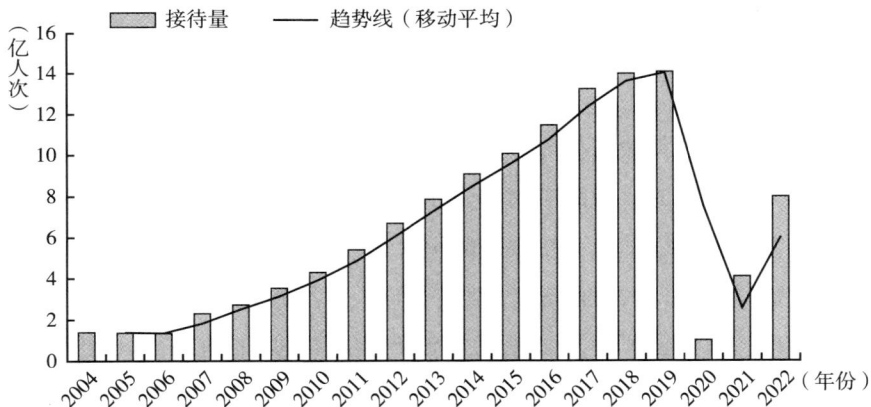

图1　2004~2022年全国红色旅游接待量

资料来源：《红色旅游蓝皮书》课题组根据国家历年旅游业统计公报、媒体公开报道等资料整理而成。其中，2005年数据缺失，取2004年与2006年的平均值；2021年和2022年的相关统计数据，国家尚未公布，表中数据为本课题组估测。

（二）红色旅游综合带动作用显著

红色旅游是我国的政治工程、文化工程、富民工程和民心工程，具有较强的综合带动作用。红色旅游资源包含着厚重的文化内涵，其所承载的革命

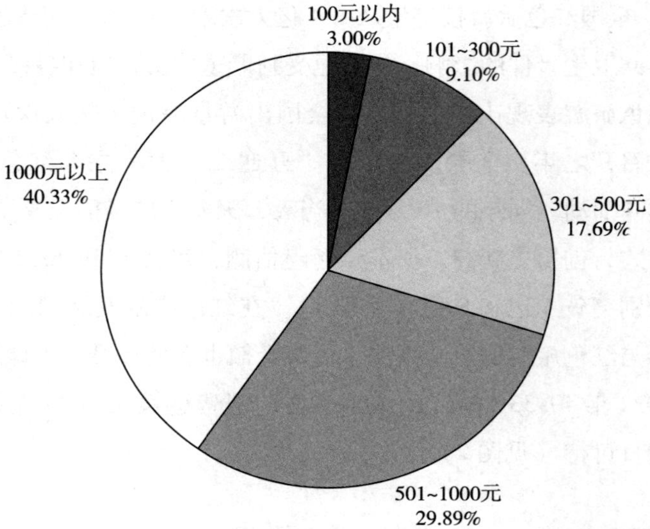

图2　2022年红色旅游游客消费情况

历史、革命事迹和革命精神等，具有思想政治教育的作用，能够达到凝心聚力、强基固本的目的。与此同时，发展红色旅游是新时期巩固脱贫攻坚成果、促进共同富裕、助力乡村振兴的重要途径。近年来，山东省沂水县为弘扬新时代沂蒙精神，大力推进"红色+研学""红色旅游助力乡村振兴"的融合发展模式，走出了一条以红色文旅带动乡村振兴的新路径。据统计，沂水县西墙峪村仅2022年就通过建立特色精品民宿、红色记忆馆等，实现了村集体收入30万元，人均可支配收入2.8万元①。此外，红色旅游还是增强文化认同感和民族凝聚力、丰富人民群众精神生活的动力源泉。《红色旅游蓝皮书》课题组调查结果显示，65.27%的游客对红色旅游"增强了爱国主义情怀"持非常同意的态度，63.07%的游客高度认同（"非常同意"）红色旅游可以让人"更加珍惜来之不易的幸福生活"。除此之外，"对红色文化感到自豪""更加热爱中国共产党"也是红色旅游游客们的主要精神收获（见图3）。

---

① 高飞、蒋欣然、王冠：《沂蒙老区刮起红色文旅风》，《农民日报》2023年8月17日，第1版。

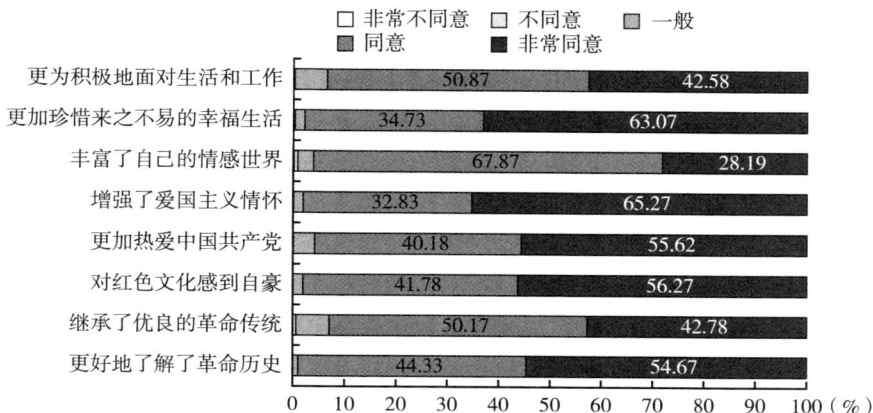

图3 2022年红色旅游游客收获情况

（三）红色旅游不断提质升级

近年来，全国各地红色旅游景区积极从完善基础配套设施、培育专业人才队伍、打造特色旅游产品等方面逐步提升红色旅游品质。其中，专业人才队伍是提高红色旅游服务质量的重要保障。2023年2月，文化和旅游部办公厅启动2023年全国红色旅游五好讲解员培养项目，将重点放在培养更多"政治思想好、知识储备好、讲解服务好、示范带头好、社会影响好"的红色旅游专业人才上。《红色旅游蓝皮书》课题组调查结果显示，游客对当前红色旅游的总体满意度较高，满意度达95.55%（包括"满意"和"非常满意"）（见图4）。具体来看，"文物保护""展陈设施""导游讲解"是游客满意度最高的3个方面，"非常满意"的游客分别占游客总数的51.32%、40.33%和39.33%（见图5）。此外，课题组还对游客的重游和推荐意愿进行了调查。结果显示，95.50%（包括"同意"和"非常同意"）的游客表示2023年会再次参观游览红色旅游景区（点），93.90%（包括"同意"和"非常同意"）的游客愿意将红色旅游景区（点）推荐给亲友（见图6）。可见，红色旅游市场口碑良好、热度不减，推进红色旅游高质量发展正当其时。

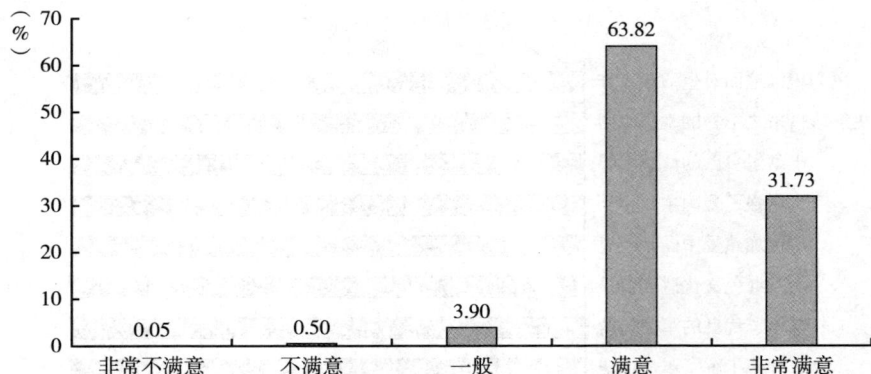

图4　2022年游客对红色旅游发展总体满意度情况

图5　2022年游客对红色旅游发展满意度评价情况

（四）"新时代红色精神"备受瞩目

红色旅游是传承红色精神的重要载体。随着时代和社会的发展，红色精神内涵不断丰富、外延不断拓展。红色精神不仅包含民族主义革命时期形成的井冈山精神、长征精神、延安精神等伟大精神，也包含在社会主义革命和建设时期形成的抗美援朝精神、"两弹一星"精神等爱国主义精神，

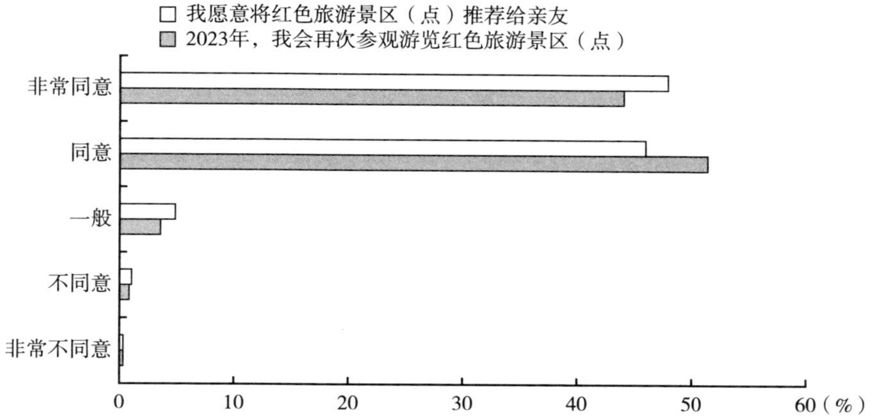

图 6　2022 年红色旅游游客重游和推荐意愿

以及在改革开放和社会主义现代化建设新时期形成的改革开放精神、载人航天精神、北京奥运精神等。同时，在中国特色社会主义新时代形成的脱贫攻坚精神等也是红色精神的重要组成部分①。在新时代红色精神的推动下，红色旅游发展也不断与时俱进，重大工程类及综合类红色旅游景区（点）应运而生，并成为新时代红色旅游备受瞩目的亮点之一。《红色旅游蓝皮书》课题组调查结果显示，新时代红色精神已受到越来越多的游客关注，有 31.33% 的游客选择参观游览"继往开来，中国特色社会主义新时代时期"的红色旅游景区（点）（见图 7）。尽管遗址旧址、纪念场馆等传统红色景点仍是最受欢迎的红色旅游景区类型，但国家重大工程（如贵州"天眼"）、载人航天工程（如酒泉卫星发射中心）、综合景区（如奥林匹克公园）等蕴含着新时代红色精神的旅游景区（点）也是人们出游的重要选择。具体来看，分别有 49.83%、25.14% 的游客选择综合类及重大工程类红色旅游景区（点）（见图 8）。新时代红色精神正引领着红色旅游创新发展。

---

① 吴德刚：《铭记百年光辉历史　赓续共产党人精神血脉》，《光明日报》2021 年 12 月 20 日，第 6 版。

景区类型（按阶段划分）

时期	数值

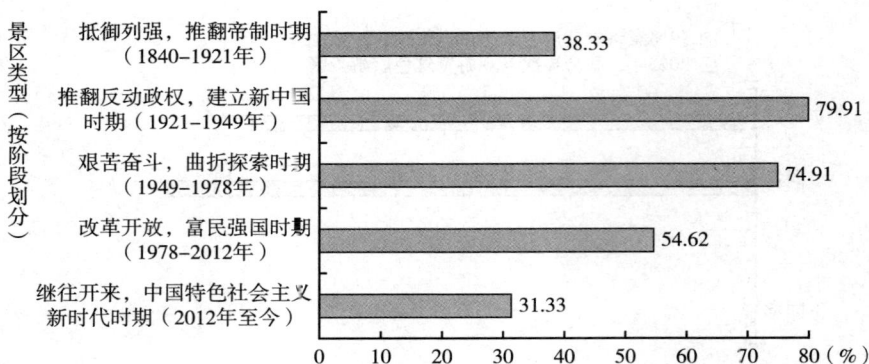

抵御列强，推翻帝制时期（1840~1921年） 38.33
推翻反动政权，建立新中国时期（1921~1949年） 79.91
艰苦奋斗，曲折探索时期（1949~1978年） 74.91
改革开放，富民强国时期（1978~2012年） 54.62
继往开来，中国特色社会主义新时代时期（2012年至今） 31.33

图7　2022年红色旅游景区游客到访情况（1）

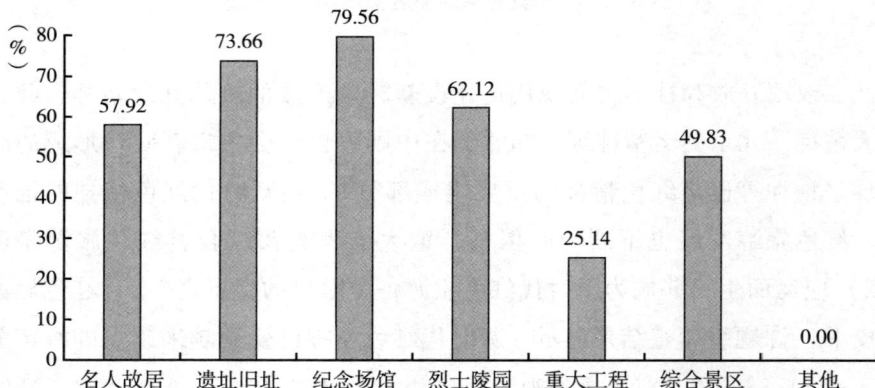

名人故居 57.92
遗址旧址 73.66
纪念场馆 79.56
烈士陵园 62.12
重大工程 25.14
综合景区 49.83
其他 0.00

图8　2022年红色旅游景区游客到访情况（2）

（五）红色研学市场规范发展

近年来，在党和国家的大力支持下，各地政府高度重视发展红色研学。为规范红色研学市场，山西省、湖南省、江西省、河北省等陆续发布并实施了红色研学旅行相关标准，不仅有效填补了全国红色研学旅行标准的空白，同时也为相关行业发展提供了规范指导（见表2）。与此同时，相关企业也从多层次多角度积极参与其中，不断为红色研学市场注入活力。例如，途牛旅游推出了"江西井冈山红色体验游"项目，通过现场教学、重走红军路模拟红军在井冈山胜利会师的场景，使游客加深了对红色历史的认识，沉浸式感悟井冈山革命精神①。在政府和社会各界的共同努力推动下，红色研学市场日益火爆，并成为青少年进行革命传统教育和爱国主义教育的重要方式。同时，红色研学的教育意义也被越来越多的人重视。《红色旅游蓝皮书》课题组调查结果显示，98.80%的游客认识到红色旅游对爱国主义教育具有重要作用，其中，超过半数的游客认为红色旅游对爱国主义教育十分有帮助（见图9）。红色研学已成为传承红色基因、厚植爱国情怀、培养担当民族复兴大任时代新人的重要"课堂"。

表2　全国红色研学旅行相关标准发布实施情况

序号	标准名称	标准类型	发布日期	实施日期	发布主体/主管部门
1	《中小学生红色文化研学基地建设规范》	地方标准	2020年9月18日	2020年9月28日	山西省市场监督管理局
2	《红色研学旅行服务规范》	地方标准	2021年11月9日	2022年1月9日	湖南省市场监督管理局
3	《红色文化研学基地服务规范》	地方标准	2021年12月15日	2022年1月1日	桂林市市场监督管理局
4	《红色研学旅游示范基地评定规范》	地方标准	2022年6月23日	2023年1月1日	江西省市场监督管理局
5	《红色研学基地评定规范》	团体标准	2023年3月29日	2023年6月1日	河北省红色旅游协会
6	《红色研学基地服务规范》	团体标准	2023年3月29日	2023年6月1日	河北省红色旅游协会

资料来源：《红色旅游蓝皮书》课题组根据相关政府网站资料整理而成。

（六）年轻化亲子化趋势明显

青年人及亲子群体日益成为红色旅游市场的主力。《红色旅游蓝皮书》课题组调查数据显示，35岁及以下的游客占游客总数的78.01%。其中，

---

① 张宇：《红色旅游市场提前"入暑"》，《中国旅游报》2023年6月1日，第6版。

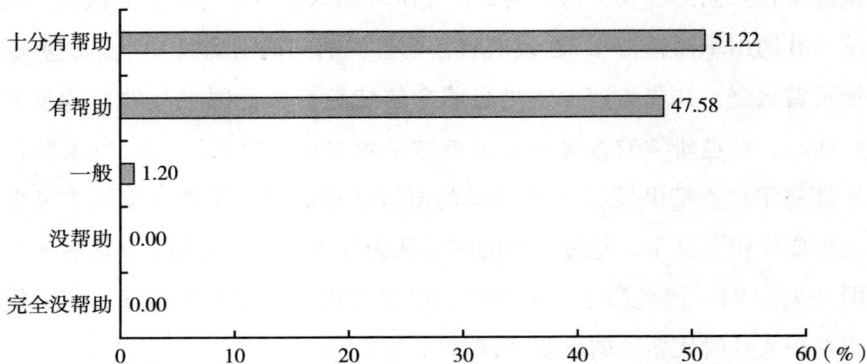

图9 2022年红色旅游爱国主义教育效果的游客认知

26~35岁的游客占游客总数的52.27%,是红色旅游消费市场中的主要群体(见图10)。除此之外,本课题组还发现,79.41%的游客选择与家人或亲友结伴而行,亲子团体成为红色旅游的另一主要客群(见图11)。红色旅游市场的年轻化和亲子化趋势明显,主要在于红色资源蕴含着丰富的革命精神

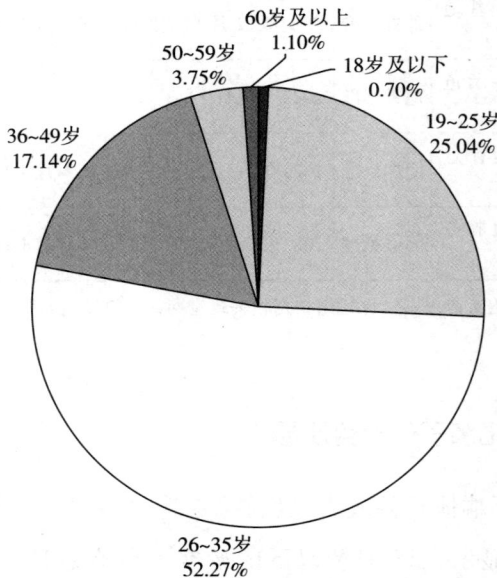

图10 2022年红色旅游游客年龄分布情况

和厚重的历史文化内涵，是对青少年进行爱国主义教育的深厚滋养。近年来，党和国家高度重视红色旅游创新发展，不断鼓励相关部门和企事业单位引入高科技，科技赋能红色旅游品质提升，以吸引更多青年人和亲子群体的参与。例如，全国首个红色文化高科技主题公园"赣州·方特东方欲晓"通过4D轨道车电影、幻影成像剧院等高科技手段，创造出具有强烈交互性的红色主题项目，备受青年群体欢迎，成为当地寓教于游的重要红色旅游品牌。

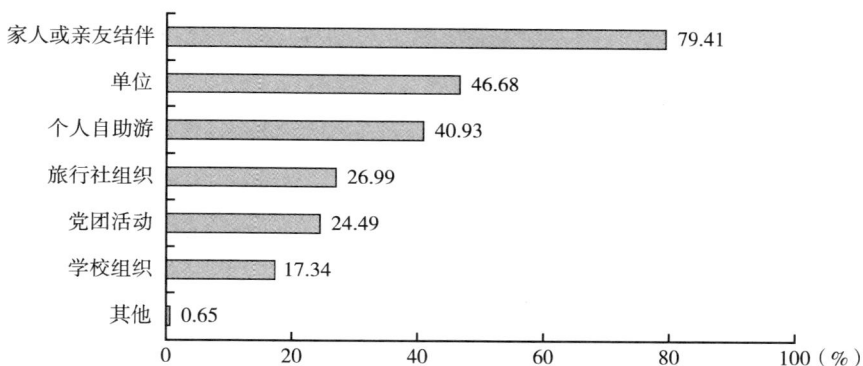

图11 2022年游客参与红色旅游的主要方式

三 全国红色旅游发展面临的问题和挑战

（一）协同发展水平有待提高

我国红色旅游资源分布广泛，隶属于不同的行政区域。这就要求在红色旅游资源保护与开发的过程中注重区域合作，整体提升红色旅游协同发展水平。近年来，全国各地红色旅游发展迅速并取得了前所未有的成绩，然而在协同发展方面仍存在诸多有待解决的问题。首先，协同机制不完善。红色资源保护与开发涉及多个地区和部门的合作，但目前缺乏统一和完善的协同机制，各方之间缺少有效的沟通和合作，难以实现资源的跨区域保护和合理利用。其次，责任界定不清晰。红色旅游资源的保护和修复责任分散，存在多个地方之间以及同一地方各部门之间权责界定不清晰的情况，这在一定程度上导致了资源保护利用的不连贯性和不一致性。此外，多元主体参与性不强。目前红色旅游仍处于政府主导开发的模式，在许多地方，相关文旅企业、社会组织、社区居民等主体未能充分参与到红色资源的保护与开发中来。最后，纵向发展不深入。红色旅游产业结构相对单一，缺乏深度开发和多元化发展。因此，建立一套权责分明、多元主体参与、系统全面的红色旅游协同发展网络体系，势在必行。

（二）旅游基础设施亟待完善

完善的基础设施是红色旅游持续健康发展的必备条件。我国红色旅游资源种类多、数量大，但有相当一部分分布在老少边地区，当地经济发展相对缓慢，基础设施建设较为滞后，严重制约了红色旅游的发展。首先，缺乏稳定的资金保障。基础设施建设需要大量的资金投入，然而目前红色旅游景区发展建设在很大程度上仍然依靠国家财政拨款，民间资本投入相对较少。这直接导致一些红色旅游目的地的基础设施建设滞后，自我发展能力受限。其次，规划建设不甚合理。目前红色旅游基础设施建设常常忽视当地旅游资源分布特点、环境因素以及市场需求等，缺乏系统化、科学性的建设论证和规划设计，导致基础设施建设与资源保护不协调、与市场需求不平衡的问题时有发生。再次，一些地方的基础设施仅能支持基本运行，红色旅游延伸服务处于"空白"状态，也未能在周边区域形成旅游公共服务体系。最后，管理水平有待加强。旅游基础设施的管理水平直接关系到相关设施的使用效益和服务质量，然而目前红色旅游发展过程中，一些地方旅游基础设施常常由于管理不善出现利用率低、老化更新不及时、安全管理不到位等问题，进而影响到基础设施的保障和服务功能的发挥。

（三）品牌营销模式仍待创新

目前，旅游市场竞争激烈，如何塑造好自身品牌形象，越来越成为占领市场制高点的关键问题。我国红色旅游景区（点）众多，且存在许多年代相近、革命历史背景相同、资源类型相似的红色旅游资源，加之缺乏合理的发展规划和品牌营销意识，常导致产品同质化、低水平重复，严重影响了红色旅游的发展质量。同时，一些目的地缺乏创新意识和明确的品牌定位，既没有很好地融入当地的历史文化和风土人情，也没有将一些现代元素引入其中，导致旅游品牌形象模糊、缺乏特色和吸引力。此外，部分经营者缺乏主动营销的思维，一味将重点放在资源开发上，而忽略了对游客需求的认知、挖掘和引导，红色旅游品牌营销观念仍停留在"产品观念"阶段，尚未形成品牌概念，缺乏真正意义上的品牌营销。最后，目前一些地方的红色旅游品牌营销主要依靠政府宣传，且传播方式较为传统。尽管部分红色旅游景区已开始通过抖音、小红书等新兴媒体平台进行宣传营销，但往往宣传内容缺少文化内涵、更新不及时和吸引力不足。因此，引入现代营销理念，深挖目的地文化内涵，塑造独具地方特色的红旅品牌，并利用多元媒体平台进行全方位宣传推广，尤为必要。

（四）数字化智能化水平不高

在以人工智能、大数据、区块链、5G 等现代信息技术为标志的数字时代浪潮中，全球旅游产业正经历着巨大变革。红色旅游的数字化、智能化转型已成为时代必然。但传统景区（点）在进行转型的过程中，存在诸多不容忽视的问题和挑战。首先，信息化基础设施不完善。现代化的信息基础设施是红色旅游景区向数字化、智能化转型的必备条件。然而，由于资金、技术等客观因素的限制，部分红色旅游景区的信息化基础设施并不能与其发展需求相匹配，这严重制约了红色旅游数字化的推广和应用。其次，数字化运营能力不足。数字化升级会产生海量数据，但目前一些红色旅游企业在数据挖掘和分析能力方面还有所欠缺，无法精确了解游客需求、行为和偏好，导致其难以在数字化运营中取得竞争优势。此外，数字化应用有待拓展。在红色文化呈现形式和旅游体验项目设置方面，多数景区仍然采用传统的展陈手段和单一讲解形式，智能导览系统、虚拟现实、增强现实等技术的应用仍有待推广和提升，在一定程度上影响了红色教育效果和游客体验质量。总的来说，完善信息化基础设施、加强数字化运营能力建设、拓展数字技术运用场景等是红色旅游景区迈向数字化、智能化的驱动力，未来有必要持续提升红色旅游的数字化智能化水平。

（五）高素质专业化人才缺乏

人才是红色旅游高质量发展的动力源泉。文旅融合背景下，红色旅游市场对从业人员提出了更高的要求，急需大量专业素质过硬、创新意识较强的复合型专业人才。在国家的大力号召下，全国范围内开展了多批次红色旅游培训活动，涉及范围广、参与人数多，并取得了显著成效。但目前，红色旅游专业人才队伍仍面临着从业人员专业素质不高、人才流动性大、缺少复合型知识及创新意识等问题。其主要原因如下：第一，缺少吸引人才的有利环境。多数红色旅游景区位于欠发达地区，由于区域内基础设施不完善、经济产业发展不协调、生产要素流动速度慢等，人才不仅"进不来"，而且容易"流出去"，因此当地红色旅游可持续发展的动力往往不足。第二，尚未形成完善的人才培养体系。近年来，政府部门、旅游企业、科研院所等开展了形式多样的红色旅游人才培训活动，但由于培训形式单一、前后连贯性差、对外交流机会少等原因，部分红色旅游培训效果欠佳。第三，配套激励机制尚不完善。目前，专业化的旅游人才极其缺乏，但是旅游行业的工作环境和薪酬待遇往往不甚理想，因此如何激发员工的积极性和创造力尤为关键。未来有必要建立一套完善的红色旅游人才激励机制，提高从业者的积极性和职业归属感，以更好地适应红色旅游发展对高素质专业人才的需求。

四　全国红色旅游高质量发展的建议

（一）深入挖掘红色文化内涵

文化是旅游的灵魂。发展红色旅游，关键是要深入挖掘红色文化内涵，思考如何在旅游中更好地弘扬革命精神、传承红色基因。第一，完善体制机制。加强政府主导，制定相关法律法规，建立健全红色资源保护利用责任机制，明确红色资源保护利用的标准和措施，确保红色资源得到有效保护。第二，凝练红色主题。在尊重历史事实、准确解读红色文化、深入理解红色文化内涵的基础上，明确各红色旅游地的定位，形成特色鲜明的红色旅游主题，彰显地域特色和时代价值。第三，挖掘红色故事。挖掘出一批感染人、激励人、教育人的新时代红色故事。同时，在讲解红色故事时，要善于挖掘"情感支点"，深刻演绎出红色精神内涵和红色智慧，让红色教育达到直抵心灵的效果。第四，创新表达形式。红色文化的演绎形式要多样化，与时俱进，要综合运用 AR、VR、全息投影等新兴技术来增强红色旅游的生动性、吸引力和感染力，打造具有时代感、体验感、沉浸式的红色旅游产品。

（二）强化红旅融合创新发展

强化红色旅游融合创新发展是优化资源配置、丰富旅游产品、增强红色旅游竞争力的有效途径。第一，各地政府、景区、企业之间应该加强合作，建立统一的规划和协同发展机制，明确区域之间红色旅游资源的布局与协作关系。同时，界定好各地对红色旅游资源的保护利用权力和责任，确保资源保护的一致性和连贯性。第二，加强资源共享和协同创新，努力推进"红+绿""红+蓝""红+古"等融合发展模式，推动"红色旅游+农业""红色旅游+工业""红色旅游+康养""红色旅游+体育"等多产业深度融合，着力延伸产业链条和价值链，实现资源整合、优势互补，促进产业协同发展。第三，建立红色旅游融合创新平台，提供资源整合、技术研发、市场推广等支持，吸引各类企业、科研机构和创新团队参与合作创新。通过平台的搭建和运营，促进旅游要素的自由流动和高效利用，推动行业创新发展。第四，运用大数据、人工智能、区块链、5G 等现代新兴技术，创新红色旅游融合发展形式，高效实现信息共享和资源整合，提升区域红色旅游协同发展的智慧化水平。

（三）塑造红色旅游特色品牌

塑造红色旅游特色品牌对扩大红色文化影响力、提高红色旅游产品竞争力、促进旅游目的地经济发展具有重要意义。在红色旅游品牌建设阶段，品牌定位和品牌营销是关键。第一，精准品牌定位。依托大数据分析、实地调研等手段，精准把握旅游目的地红色旅游资源优势及客源市场需求，将当地的历史文化和风土人情以及消费者的兴趣点充分融入品牌内涵之中，塑造具有差异化优势的红色旅游品牌。第二，转变营销观念。相比于"产品营销"，"品牌营销"更加注重对消费者需求的挖掘、认知和引导，也更容易获得消费者的认可与信任。文旅企业应积极转变营销观念，将消费者的需求放在首位，并鼓励消费者参与到红色旅游品牌形象的设计与宣传之中，加强消费者与品牌的情感联结。第三，创新营销手段。利用VR、AR、元宇宙等新兴技术全方位、立体化宣传红色旅游品牌文化，并综合运用整合营销、情感营销、体验营销等多元方式进行在线推广和销售，逐步扩大红色旅游市场。除此之外，文旅企业还可以与相关企业和机构进行合作，通过资源共享，共同推广红色旅游品牌。

（四）推进数字红旅转型发展

推动数字化转型是提升游客体验感、满足游客多元化需求的有效手段。第一，完善信息化基础设施。红色旅游景区可与互联网企业、电信运营商等相关企业建立合作机制，借助其技术及资源优势，共同推进景区信息化基础设施的建设与完善。第二，强化数字化运营能力。利用数字化平台对游客结构、消费走势、运营情况等进行分析与研判，深度挖掘数据价值，精准识别游客偏好，及时把握市场变化，提升红色旅游产品供给质量。第三，拓展数字化应用场景。在红色旅游景区中进一步推广AR、VR、元宇宙等新兴科技的运用，利用数字化技术打造沉浸式体验强、互动参与性高的红色文化场景，让红色文化处于"可视""可听""可感"的状态。第四，提升智慧化服务水平。将智慧化服务贯穿红色旅游全过程，并持续优化智慧化服务流程，提高服务效率和质量。例如，通过智能化的售检票系统实现快速入园；通过智能化的导览系统，提供更加精准的导游服务；同时，利用数字化平台最大程度缩短游客投诉解决时间，提升游客满意度。

（五）完善红旅人才培养体系

高素质专业化的人才队伍，是红色旅游发展之基。第一，建立培训标准体系。为规范红色旅游行业发展、提升红色旅游服务质量，建立一套规范化的培训标准十分必要。培训标准不仅要规范培训内容和方法，还要设置对红旅人才培养体系的评估和反馈，以确保培养出的人才具备红色旅游工作所需的专业技能和素质。第二，完善配套激励机制。在全面了解员工真实需求并结合企业发展实际的基础上，建立公平公正、及时性高、可操作性强的激励机制。同时，注重精神激励，通过营造积极向上的企业文化，提供良好的工作环境等方式来增强和提升员工的归属感和忠诚度。第三，注重多方合作培养。加强政府、企业、高校等多元主体的合作，其中政府可以提供政策支持和专项资金，企业可以提供实习和就业机会，高校可以开展相关研究和合作项目，多方共同推动红色文旅人才的培养和发展。第四，开展国际交流学习。积极开展国际交流与学习，推动国内人才"走出去"，学习和借鉴其他国家的经验和管理模式。同时，通过交流项目、学者互访等方式，促进国际人才交流和合作。

B.2
中国红色旅游发展指数报告

王金伟　曹淑婷　蒋红云　刘玉玲*

摘　要： 高质量发展是新时期红色旅游发展的战略任务。科学构建红色旅游发展评价指标体系有助于有效测度红色旅游并准确把握其发展重点与方向。本报告基于红色旅游发展目标，运用熵值法等构建了相应的评价指标体系。分析结果显示，我国红色旅游发展总指数较高的前10个省份依次为广东省、福建省、河南省、江苏省、湖南省、山东省、四川省、江西省、浙江省、湖北省。从全国重点红色旅游区发展总指数来看，排名前5的红色旅游区依次是湘赣闽红色旅游区、鲁苏皖红色旅游区、大别山红色旅游区、左右江红色旅游区、浙沪红色旅游区。从全国红色旅游重点城市发展总指数来看，排名前10的城市依次为武汉市、长沙市、苏州市、吉安市、延安市、赣州市、临沂市、龙岩市、遵义市、石家庄市。可以看出，我国红色旅游发展整体态势良好，但同时也存在区域发展不平衡问题，"旅游经济发展水平"和"红色旅游发展资源"是影响红色旅游发展的重要因素。

关键词： 红色旅游　发展指数　效应评估　高质量发展

---

* 王金伟，北京第二外国语学院旅游科学学院教授、北京旅游发展研究基地研究员，研究方向为旅游经济、乡村旅游、红色旅游；曹淑婷，北京第二外国语学院硕士研究生，研究方向为旅游经济、红色旅游；蒋红云，北京第二外国语学院硕士研究生，研究方向为旅游经济、红色旅游；刘玉玲，北京第二外国语学院硕士研究生，研究方向为旅游经济、红色旅游。

红色旅游是利党利国利民的政治工程、文化工程、富民工程和民心工程。作为中国文旅产业的重要组成部分，红色旅游具有重要的历史、文化和教育意义。近年来，随着国家对红色旅游的重视以及游客的青睐，红色旅游市场规模日益扩大，呈现出高速增长的态势。客观了解中国红色旅游发展现状和质量，构建一套科学、合理的红色旅游发展评价指标体系，将有利于对其发展动态进行评价和监测，为推动红色旅游可持续发展提供理论参考。

构建中国红色旅游发展评价指标体系的意义在于：（1）有利于了解红色旅游资源的开发和利用情况以及游客的满意度和消费行为，从而为政府和旅游企业提供科学的决策依据；（2）有助于评估红色旅游的环境影响和社会效益，从而提出合理的发展建议，保护好红色旅游资源，促进旅游业的可持续发展；（3）通过细化评价有利于认清红色旅游管理和服务方面的问题，为突破旅游管理瓶颈提供有针对性的解决思路和方案。

因此，本报告将基于红色旅游内涵和发展目标，构建红色旅游发展评价指标体系，并对全国 31 个省级行政单位（不含港澳台地区）、12 个重点红色旅游区及 18 个红色旅游重点城市的红色旅游发展水平进行评估，以全面了解我国红色旅游发展现状，并为深入推进红色旅游高质量发展提供决策参考。

一　中国红色旅游发展评价指标体系

（一）构建原则

1. 综合性

红色旅游的发展涉及社会生活的各个领域。因此，红色旅游发展评价指标体系虽然无法囊括所有因素，但所选择的指标应尽可能反映红色旅游涉及的各方面因素，以最大限度展现红色旅游全貌。

2. 层次性

整个社会系统由不同层次子系统构成，每个层次的子系统又由经济、资源、环境等构成，且拥有不同的属性和特征。本报告坚持从不同层次反映红色旅游的经济、资源、环境等方面的特征与状况，并凸显各指标构建的层次性。

3. 前瞻性

红色旅游发展评价指标体系的构建既需要立足于中国国情，积极捕捉与红色旅游发展相关的时代因素，又需要突出先进性和领先性，为中国红色旅游在未来更好地发展提供一定的指导作用。

4. 可操作性

红色旅游发展评价指标体系的构建需要充分考虑到指标的准确性和合理性，并且需要兼顾数据的可获得性，保证资料来源、计算过程的科学性，进而确保构建的指标体系能够客观地评价红色旅游发展状况。

（二）构建过程

红色旅游作为爱国教育的重要方式之一，其相关评价指标的构建必须紧扣时代主题。因此，本报告结合新时代红色旅游高质量发展的要求，分析了2022年全国红色旅游发展的总体状况，构建了中国红色旅游发展评价指标体系。该体系由多层级指标构成，以红色旅游高质量发展、旅游发展水平评价、爱国主义教育等方面的研究文献为基础，确定各级指标，最终构建一级指标5项，二级指标25项，如表1所示。

表1　中国红色旅游发展评价指标体系

一级指标	二级指标
旅游经济发展水平	旅游接待总人次
	旅游总收入

一级指标	二级指标
红色旅游发展基础	第三产业从业人数
	红色旅游相关政策出台数量
	A 级景区数量
	旅行社数量
	星级酒店数量
	艺术表演场馆数量
	公共图书馆数量
	博物馆数量
红色旅游发展资源	爱国主义示范基地/红色研学教育基地数量
	不可移动革命文物数量
	可移动革命文物数量
	全国红色旅游经典景区数量
	红色旅游精品线路数量
	红色文旅企业数量
旅游发展创新支撑	互联网宽带接入用户数量
	地区红色旅游论文发表数量
	路网密度
旅游发展生态环境	森林覆盖率
	PM2.5 排放量
	工业烟粉尘排放量
	工业废水排放量
	工业二氧化硫排放量
	生活垃圾无害化处理率

由表 1 可知，中国红色旅游发展评价指标体系包括旅游经济发展水平、红色旅游发展基础、红色旅游发展资源、旅游发展创新支撑和旅游发展生态环境共五个方面。

（1）旅游经济发展水平指标反映了目的地红色旅游发展的市场竞争力与红色旅游知名度，展现了目的地的重要经济来源与红色旅游品牌价值。因此，以旅游接待总人次和旅游总收入共两个二级指标，展现其旅游经济发展水平。

（2）红色旅游发展基础指标反映了目的地的基础设施、人才、政府支持情况等。基础设施是开展红色旅游活动的支撑，人才能够为红色旅游的发展注入新的活力，而政府支持为红色旅游的高效开展提供了保障。因此，本报告为红色旅游发展基础指标构建了第三产业从业人数、红色旅游相关政策出台数量、A级景区数量、旅行社数量、星级酒店数量、艺术表演场馆数量、公共图书馆数量、博物馆数量共8个二级指标，以客观反映红色旅游发展基础。

（3）红色旅游发展资源指标反映了目的地城市或地区的红色旅游发展的资源禀赋。红色旅游发展资源是红色旅游高质量发展的重要前提。因此，本报告为红色旅游发展资源指标构建了爱国主义示范基地/红色研学教育基地数量、不可移动革命文物数量、可移动革命文物数量、全国红色旅游经典景区数量、红色旅游精品线路数量、红色文旅企业数量共6个二级指标。

（4）旅游发展创新支撑指标反映目的地城市或地区红色旅游发展与创新的动力来源。因此，本报告为旅游发展创新支撑指标构建了互联网宽带接入用户数量、地区红色旅游论文发表数量和路网密度共3个二级指标。

（5）旅游发展生态环境指标反映了目的地发展旅游的自然环境状况和旅游可持续发展潜力。生态环境质量直接影响着旅游者对旅游目的地的选择。因此，本报告为旅游发展生态环境指标构建了森林覆盖率、PM2.5排放量、工业烟粉尘排放量、工业废水排放量、工业二氧化硫排放量、生活垃圾无害化处理率共6个二级指标。

（三）数据来源

本报告指标数据来源包括各地文化和旅游局官网、各省/区/市统计年鉴与统计公报、企查查网站、各地文物局官网、各地政府官网、中国知网等，具体如表2所示。

表 2　中国红色旅游发展评价指标体系资料来源

一级指标	二级指标	资料来源
旅游经济 发展水平	旅游接待总人次	各省/区/市统计年鉴与统计公报
	旅游总收入	各省/区/市统计年鉴与统计公报
红色旅游 发展基础	第三产业从业人数	各省/区/市统计年鉴
	红色旅游相关政策出台数量	各省/区/市政府官网
	A 级景区数量	各省/区/市统计年鉴与统计公报、各省/区/市 文化和旅游局官网
	旅行社数量	文化和旅游部发布的《2022 年度全国旅行社统 计调查报告》
	星级酒店数量	文化和旅游部发布的《2022 年度全国星级饭店 统计调查报告》
	艺术表演场馆数量	各省/区/市统计年鉴与统计公报
	公共图书馆数量	各省/区/市统计年鉴与统计公报
	博物馆数量	各省/区/市统计年鉴与统计公报
红色旅游 发展资源	红色爱国主义示范基地/研学教育 基地数量	各省/区/市文化和旅游局官网
	不可移动革命文物数量	各省/区/市文物局官网
	可移动革命文物数量	各省/区/市文物局官网
	全国红色旅游经典景区数量	各省/区/市文化和旅游局官网
	红色旅游精品路线数量	各省/区/市文化和旅游局官网
	红色文旅企业数量	企查查网站
旅游发展 创新支撑	互联网宽带接入用户数量	各省/区/市统计年鉴与统计公报
	地区红色旅游论文发表数量	中国知网
	路网密度	各省/区/市统计年鉴与统计公报
旅游发展 生态环境	森林覆盖率	各省/区/市统计年鉴与统计公报
	PM2.5 排放量	各省/区/市统计年鉴与统计公报
	工业烟粉尘排放量	各省/区/市统计年鉴与统计公报
	工业废水排放量	各省/区/市统计年鉴与统计公报
	工业二氧化硫排放量	各省/区/市统计年鉴与统计公报
	生活垃圾无害化处理率	各省/区/市统计年鉴与统计公报

（四）数据处理

1. 数据预处理

本报告分别以 31 个省级行政区（不含港澳台地区）、12 个重点红色旅游区和 18 个重点红色旅游城市为空间测量单位，建立评价指标体系，并对所收集的数据进行正向和负向的无量纲化处理。

2. 数据标准化

由于原始数据的量纲、数量级等各异，可能会对最后的结果产生影响，因此，本报告采用极值处理法对原始数据进行标准化的处理。当指标为正向指标时，则采用正向指标标准化的公式进行处理，公式为 $X'_{ij} = （X_{ij} - X_{ij\min}）/（X_{ij\max} - X_{ij\min}）$；当指标为负向指标时，则采用负向指标标准化的公式进行处理，公式为 $X'_{ij} = （X_{ij\max} - X_{ij}）/（X_{ij\max} - X_{ij\min}）$[1]。其中，$X_{ij}$ 为第 i 个地区第 j 个指标的数值，X'_{ij} 为第 i 个地区第 j 个指标标准化之后的数值，$X_{ij\max}$ 和 $X_{ij\min}$ 为该指标的最大值与最小值，i 为空间单元编号，j 为指标编号[2]。

3. 熵值法确定权重

本报告使用熵值法来确定各项指标的权重，这样可以更深入地体现出指标信息熵的效用价值，具有更大程度的客观性和合理性。根据熵值进行权重计算，权重值越大，说明某项评价指标的地区差异越大。

4. 指数得分区间

为提高数据的可比较性，本报告对各指数得分同比例放大，使数值位于 [1，100] 区间范围内。其使用的具体公式为 $X'_{ij} = c + d（X_{ij} - X_{ij\min}）/（X_{ij\max} - X_{ij\min}）$，其中 c 为区间最小值，d 为区间最大值与最小值之差[3]。

---

[1] 朱喜安、魏国栋：《熵值法中无量纲化方法优良标准的探讨》，《统计与决策》2015 年第 2 期，第 12~15 页。

[2] 俞立平、潘云涛、武夷山：《学术期刊综合评价数据标准化方法研究》，《图书情报工作》2009 年第 12 期，第 136~139 页。

[3] 《12 种数据无量纲化处理方式》，SPSSAU 数据科学，http://zhuanlan.Zhihu.com/p/225387114，2020 年 9 月。

二 省级行政区红色旅游发展指数分析

（一）指标体系和权重确定

本报告主要以 2022 年红色旅游数据作为样本数据进行统计。由于突发公共卫生事件的影响，部分省份并未统计 2022 年入境游客数与国际收入，部分数据缺失。为保持数据完整性，更好地描述与衡量旅游经济发展水平，该两项数据取用 2020 年的相关数据进行替代。最终本报告确定了 5 个一级指标，27 个二级指标，构建了 31 个省级行政区的红色旅游发展评价指标体系，具体指标与权重系数如表 3 所示。其中，一级指标中的旅游经济发展水平指标权重最高，为 0.374；旅游发展生态环境指标权重最低，为 0.119。

表 3　省级行政区红色旅游发展评价指标体系

一级指标	权重	二级指标	权重	综合权重
旅游经济 发展水平	0.374	入境游客数（2020 年）	0.311	0.116
		国内游客人数	0.156	0.058
		国际收入（2020 年）	0.364	0.136
		国内收入	0.168	0.063
红色旅游 发展基础	0.155	第三产业从业人数	0.110	0.017
		红色旅游相关政策出台数量	0.199	0.031
		A 级景区数量	0.084	0.013
		旅行社数量	0.098	0.015
		星级酒店数量	0.089	0.014
		艺术表演场馆数量	0.220	0.034
		公共图书馆数量	0.087	0.013
		博物馆数量	0.114	0.018
红色旅游 发展资源	0.204	红色爱国主义示范基地/研学教育基地数量	0.084	0.017
		不可移动革命文物数量	0.122	0.025
		可移动革命文物数量	0.353	0.072
		全国红色旅游经典景区数量	0.055	0.011
		红色旅游精品线路数量	0.101	0.020
		红色文旅企业数量	0.285	0.058

一级指标	权重	二级指标	权重	综合权重
旅游发展 创新支撑	0.150	互联网宽带接入用户数量	0.373	0.056
		地区红色旅游论文发表数量	0.335	0.050
		路网密度	0.292	0.044
旅游发展 生态环境	0.119	森林覆盖率	0.414	0.049
		PM2.5排放量	0.098	0.012
		工业烟粉尘排放量	0.083	0.010
		工业废水排放量	0.109	0.013
		工业二氧化硫排放量	0.224	0.027
		生活垃圾无害化处理率	0.073	0.009

（二）省级行政区红色旅游发展总指数分析

经过对31个省级行政区红色旅游发展的总指数进行分析、排序，发现排名前10的省份（指数从高到低）依次为广东省、福建省、河南省、江苏省、湖南省、山东省、四川省、江西省、浙江省、湖北省。总指数排名后10的省级行政区（指数从高到低）为黑龙江省、甘肃省、山西省、吉林省、西藏自治区、天津市、宁夏回族自治区、内蒙古自治区、新疆维吾尔自治区、青海省。在31个省级行政区中，超半数省级行政区的红色旅游发展总指数超过了平均水平（45.28）（见表4、图1）。

表4　省级行政区红色旅游发展总指数及排名

省级行政区	总指数	排名	省级行政区	总指数	排名
北京市	50.46	14	上海市	49.23	16
天津市	15.26	27	江苏省	73.57	4
河北省	41.60	17	浙江省	60.86	9
山西省	28.36	24	安徽省	58.66	11
内蒙古自治区	12.84	29	福建省	85.04	2
辽宁省	34.73	21	江西省	61.34	8
吉林省	27.14	25	山东省	66.16	6
黑龙江省	29.54	22	河南省	81.36	3

续表

省级行政区	总指数	排名	省级行政区	总指数	排名
湖北省	60.27	10	云南省	49.90	15
湖南省	70.84	5	西藏自治区	17.99	26
广东省	100.00	1	陕西省	51.26	13
广西壮族自治区	52.20	12	甘肃省	28.41	23
海南省	41.11	18	青海省	1.00	31
重庆市	37.06	20	宁夏回族自治区	13.51	28
四川省	62.80	7	新疆维吾尔自治区	2.19	30
贵州省	39.01	19	平均值	45.28	—

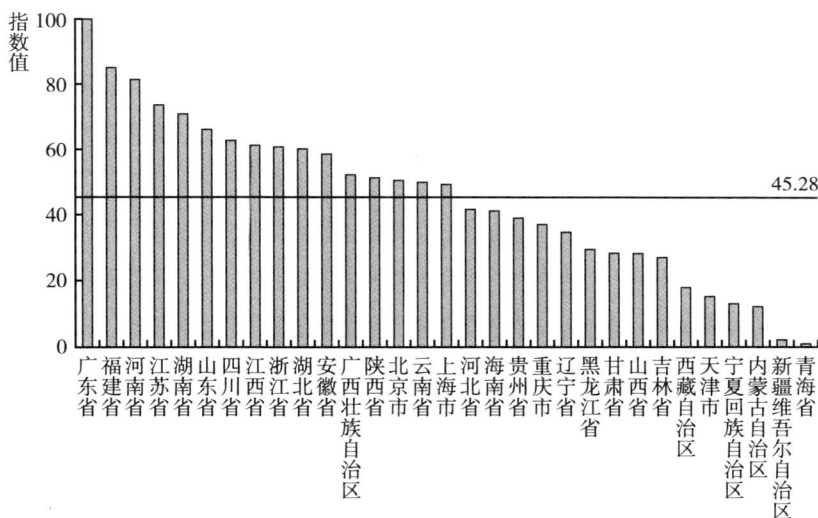

图 1　各省级行政区红色旅游发展总指数分布

（三）省级行政区红色旅游发展各指标指数分析

31 个省级行政区红色旅游发展的 5 个具体指标指数排名如表 5 和图 2 所示。

表5　省级行政区红色旅游发展各指标指数及排名

省级行政区	旅游经济发展水平		红色旅游发展基础		红色旅游发展资源		旅游发展创新支撑		旅游发展生态环境	
	指数	排名	指数	排名	指数	排名	指数	排名	指数	排名
北京市	20.12	16	67.64	7	40.45	9	20.95	25	82.35	5
天津市	10.66	21	15.18	28	6.45	30	18.33	27	44.73	20
河北省	14.35	18	76.07	5	37.12	12	44.98	21	24.47	27
山西省	13.23	19	46.57	14	34.89	15	25.15	24	28.32	25
内蒙古自治区	5.18	26	58.37	9	11.80	26	5.45	30	10.85	29
辽宁省	12.28	20	40.28	17	41.94	7	30.75	22	46.41	19
吉林省	9.16	22	33.90	20	13.11	25	17.09	28	68.20	11
黑龙江省	8.83	23	27.26	23	27.04	18	19.41	26	68.86	10
上海市	81.54	2	22.28	25	8.87	27	55.11	14	42.87	21
江苏省	65.58	5	100.00	1	38.04	11	78.79	5	25.60	26
浙江省	28.44	12	65.89	8	25.80	19	69.11	8	72.87	8
安徽省	32.54	9	51.48	11	34.99	14	72.61	7	61.85	14
福建省	76.19	3	37.10	19	100.00	1	52.61	16	89.82	2
江西省	28.09	14	43.91	15	52.41	3	59.61	10	82.82	3
山东省	34.63	7	91.78	2	48.05	5	100.00	1	7.75	30
河南省	71.55	4	87.48	3	39.58	10	93.49	3	41.96	22
湖北省	32.88	8	48.52	12	40.84	8	75.11	6	62.30	13
湖南省	25.65	15	55.21	10	95.04	2	58.72	11	73.54	7
广东省	100.00	1	83.19	4	43.43	6	99.22	2	73.81	6
广西壮族自治区	30.13	10	42.61	16	19.72	21	54.12	15	82.80	4
海南省	7.33	24	7.19	30	17.08	22	56.35	12	100.00	1
重庆市	5.83	25	21.63	26	21.24	20	55.16	13	70.79	9
四川省	28.30	13	73.74	6	36.17	13	83.70	4	47.65	18
贵州省	28.52	11	23.88	24	28.80	16	46.76	20	53.60	16
云南省	51.01	6	39.42	18	14.77	24	47.99	18	65.49	12
西藏自治区	1.00	31	18.05	27	7.67	28	30.53	23	48.18	17
陕西省	14.77	17	47.28	13	48.33	4	65.27	9	54.40	15
甘肃省	4.13	28	30.05	21	27.72	17	50.18	17	32.66	24
青海省	1.09	29	8.17	29	7.30	29	6.33	29	21.70	28
宁夏回族自治区	1.07	30	1.00	31	1.00	31	47.83	19	34.33	23
新疆维吾尔自治区	4.94	27	29.24	22	15.23	23	1.00	31	1.00	31
平均值	27.39	—	44.98	—	31.77	—	49.73	—	52.32	—

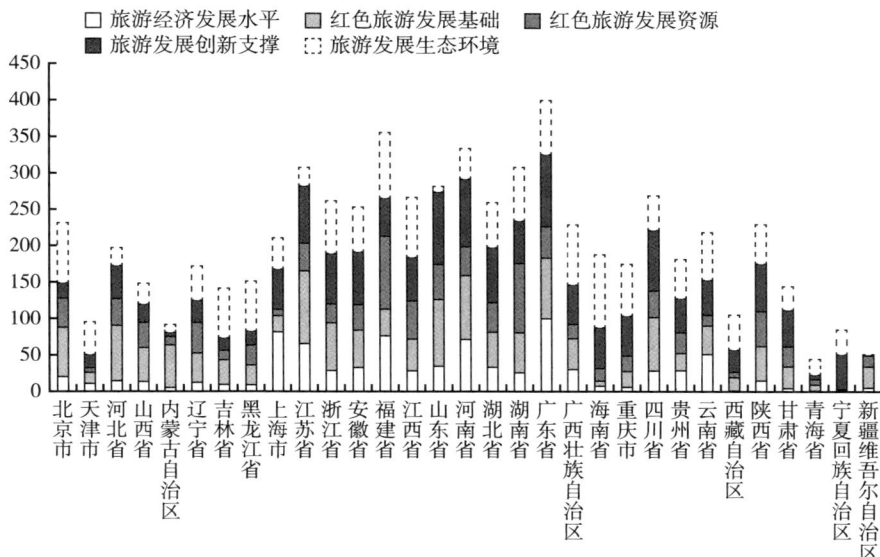

图2 各省级行政区红色旅游发展各指标指数构成

旅游经济发展水平指标指数前10从高到低依次为广东省、上海市、福建省、河南省、江苏省、云南省、山东省、湖北省、安徽省、广西壮族自治区。

红色旅游发展基础指标指数前10从高到低依次为江苏省、山东省、河南省、广东省、河北省、四川省、北京市、浙江省、内蒙古自治区、湖南省。

红色旅游发展资源指标指数前10从高到低依次为福建省、湖南省、江西省、陕西省、山东省、广东省、辽宁省、湖北省、北京市、河南省。

旅游发展创新支撑指标指数前10从高到低依次为山东省、广东省、河南省、四川省、江苏省、湖北省、安徽省、浙江省、陕西省、江西省。

旅游发展生态环境指标指数前10从高到低依次为海南省、福建省、江西省、广西壮族自治区、北京市、广东省、湖南省、浙江省、重庆市、黑龙江省。

三 红色旅游区红色旅游发展指数分析

（一）指标体系和权重确定

红色旅游区相关数据主要根据对应红色旅游区各个省级行政区数据进行取和、求均值等运算获得。在表 6 的 5 个一级指标中，旅游经济发展水平指标权重最高，为 0.262；红色旅游发展基础指标权重最低，为 0.097。

表 6 红色旅游区红色旅游发展评价指标体系

一级指标	权重	二级指标	权重	综合权重
旅游经济 发展水平	0.262	入境游客数（2020 年）	0.270	0.071
		国内游客人数	0.227	0.060
		国际收入（2020 年）	0.308	0.081
		国内收入	0.196	0.051
红色旅游 发展基础	0.097	第三产业从业人数	0.102	0.010
		红色旅游相关政策出台数量	0.150	0.015
		A 级景区数量	0.138	0.013
		旅行社数量	0.091	0.009
		星级酒店数量	0.077	0.007
		艺术表演场馆数量	0.194	0.019
		公共图书馆数量	0.124	0.012
		博物馆数量	0.124	0.012
红色旅游 发展资源	0.171	红色爱国主义示范基地/研学教育基地数量	0.126	0.022
		不可移动革命文物数量	0.132	0.023
		可移动革命文物数量	0.273	0.047
		全国红色旅游经典景区数量	0.065	0.011
		红色旅游精品线路数量	0.127	0.022
		红色文旅企业数量	0.276	0.047
旅游发展 创新支撑	0.228	互联网宽带接入用户数量	0.272	0.062
		地区红色旅游论文发表数量	0.366	0.083
		路网密度	0.362	0.083

一级指标	权重	二级指标	权重	综合权重
旅游发展 生态环境	0.241	森林覆盖率	0.234	0.056
		PM2.5 排放量	0.169	0.044
		工业烟粉尘排放量	0.173	0.045
		工业废水排放量	0.261	0.068
		工业二氧化硫排放量	0.097	0.026
		生活垃圾无害化处理率	0.066	0.017

（二）红色旅游区红色旅游发展总指数分析

对 12 个红色旅游区红色旅游发展的总指数进行分析、排序，总指数从高到低的红色旅游区依次为湘赣闽红色旅游区、鲁苏皖红色旅游区、大别山红色旅游区、左右江红色旅游区、浙沪红色旅游区、川陕渝红色旅游区、雪山草地红色旅游区、东北红色旅游区、京津冀红色旅游区、太行山红色旅游区、陕甘宁红色旅游区、黔北黔西红色旅游区。其中，有 4 个红色旅游区红色旅游发展总指数超过了平均水平（42.75）（见表 7、图 3）。

表 7　红色旅游区红色旅游发展总指数及排名

红色旅游区	总指数	排名
浙沪红色旅游区	40.68	5
湘赣闽红色旅游区	100.00	1
左右江红色旅游区	43.00	4
黔北黔西红色旅游区	1.00	12
雪山草地红色旅游区	32.93	7
陕甘宁红色旅游区	12.01	11
东北红色旅游区	28.23	8
鲁苏皖红色旅游区	88.71	2
大别山红色旅游区	83.89	3
太行山红色旅游区	14.81	10
川陕渝红色旅游区	39.79	6

红色旅游区	总指数	排名
京津冀红色旅游区	27.90	9
平均值	42.75	—

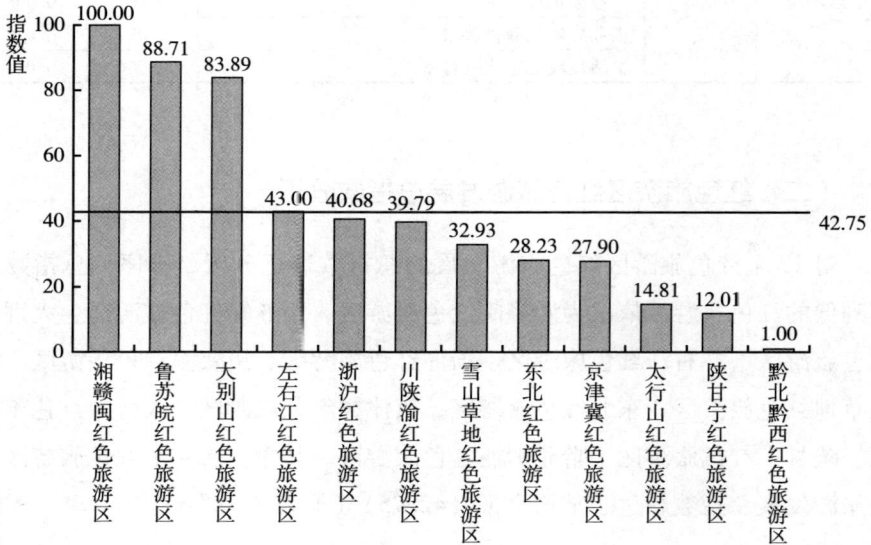

图3　红色旅游区红色旅游发展总指数分布

（三）红色旅游区红色旅游发展各指标指数分析

各红色旅游区红色旅游发展评价的5个具体指标排名如表8和图4所示。

表8　红色旅游区红色旅游发展各指标指数及排名

红色旅游区	旅游经济发展水平		红色旅游发展基础		红色旅游发展资源		旅游发展创新支撑		旅游发展生态环境	
	指数	排名	指数	排名	指数	排名	指数	排名	指数	排名
浙沪红色旅游区	73.09	5	30.03	11	8.10	11	30.66	5	100.00	1
湘赣闽红色旅游区	93.69	3	57.20	5	100.00	1	66.59	3	91.76	2
左右江红色旅游区	79.86	4	46.28	8	27.34	8	20.50	8	51.05	6

036

红色旅游区	旅游经济发展水平		红色旅游发展基础		红色旅游发展资源		旅游发展创新支撑		旅游发展生态环境	
	指数	排名	指数	排名	指数	排名	指数	排名	指数	排名
黔北黔西红色旅游区	7.22	10	1.00	12	1.00	12	7.83	11	82.94	3
雪山草地红色旅游区	55.75	6	63.10	3	30.80	6	1.00	12	23.35	8
陕甘宁红色旅游区	1.00	12	36.06	10	32.44	5	17.61	9	4.55	11
东北红色旅游区	9.01	9	46.76	7	29.49	7	28.62	6	47.66	7
鲁苏皖红色旅游区	96.37	2	100.00	1	46.60	2	100.00	1	1.00	12
大别山红色旅游区	100.00	1	79.53	2	41.95	3	78.96	2	52.96	5
太行山红色旅游区	7.15	11	47.20	6	20.84	10	22.98	7	4.99	10
川陕渝红色旅游区	25.46	7	62.54	4	38.96	4	43.14	4	14.65	9
京津冀红色旅游区	21.56	8	45.78	9	25.49	9	16.03	10	60.01	4
平均值	47.51	—	51.29	—	33.59	—	36.16	—	44.58	—

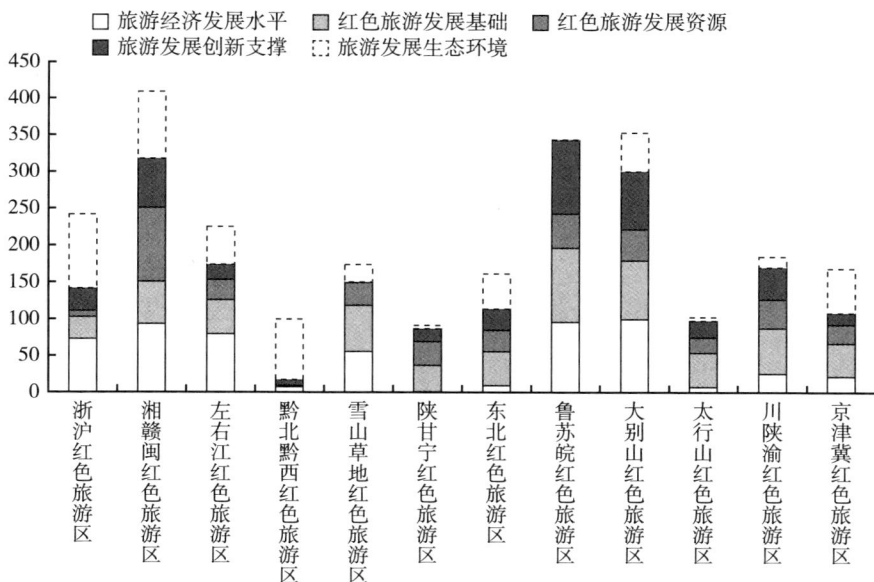

图4 红色旅游区红色旅游发展各指标指数构成

旅游经济发展水平指标指数从高到低分别是大别山红色旅游区、鲁苏皖红色旅游区、湘赣闽红色旅游区、左右江红色旅游区、浙沪红色旅游区、雪山草地红色旅游区、川陕渝红色旅游区、京津冀红色旅游区、东北红色旅游区、黔北黔西红色旅游区、太行山红色旅游区、陕甘宁红色旅游区。红色旅游发展基础指标指数排名前三位的分别是鲁苏皖红色旅游区、大别山红色旅游区、雪山草地红色旅游区。红色旅游发展资源指标指数排名前三位的分别是湘赣闽红色旅游区、鲁苏皖红色旅游区、大别山红色旅游区。旅游发展创新支撑指标指数排名前三位的分别是鲁苏皖红色旅游区、大别山红色旅游区、湘赣闽红色旅游区。旅游发展生态环境指标指数排名前三位的分别是浙沪红色旅游区、湘赣闽红色旅游区、黔北黔西红色旅游区。

四 重点红色旅游城市红色旅游发展指数分析

（一）指标体系和权重确定

本报告以 2022 年旅游数据为样本数据进行统计，并筛除了含有大量空白数据的指标，参照各省（区、市）及红色旅游区的指标体系，最终确定了 5 个一级指标，25 个二级指标，构建了 18 个重点红色旅游城市的红色旅游发展评价指标体系。由于大部分城市为市级城市，因此本报告将重点城市中的井冈山市、常熟市与瑞金市的相关数据更换成其隶属的吉安市、苏州市和赣州市的数据进行相应分析。其具体指标与权重系数如表 9 所示。其中，一级指标中的旅游经济发展水平指标权重最高，为 0.310；红色旅游发展基础指标权重最低，为 0.120。

表 9　重点红色旅游城市红色旅游发展评价指标体系

一级指标		二级指标		综合权重
旅游经济发展水平	0.310	旅游接待总人次	0.474	0.147
		旅游总收入	0.526	0.163

一级指标		二级指标		综合权重
红色旅游发展基础	0.120	第三产业从业人数	0.243	0.029
		红色旅游相关政策出台数量	0.239	0.008
		A级景区数量	0.063	0.006
		旅行社数量	0.165	0.018
		星级酒店数量	0.047	0.020
		艺术表演场馆数量	0.052	0.005
		公共图书馆数量	0.040	0.006
		博物馆数量	0.152	0.029
红色旅游发展资源	0.195	红色爱国主义示范基地/研学教育基地数量	0.065	0.013
		不可移动革命文物数量	0.153	0.020
		可移动革命文物数量	0.366	0.030
		全国红色旅游经典景区数量	0.101	0.007
		红色旅游精品线路数量	0.033	0.072
		红色文旅企业数量	0.281	0.055
旅游发展创新支撑	0.246	互联网宽带接入用户数量	0.398	0.098
		地区红色旅游论文发表数量	0.441	0.040
		路网密度	0.161	0.108
旅游发展生态环境	0.129	森林覆盖率	0.287	0.037
		PM2.5排放量	0.197	0.010
		工业烟粉尘排放量	0.077	0.025
		工业废水排放量	0.287	0.010
		工业二氧化硫排放量	0.078	0.037
		生活垃圾无害化处理率	0.075	0.010

（二）重点红色旅游城市红色旅游发展总指数分析

对18个重点红色旅游城市红色旅游发展的总指数进行分析、排序，总指数从高到低的城市依次为武汉市、长沙市、苏州市、吉安市、延安市、赣州市、临沂市、龙岩市、遵义市、石家庄市、黄冈市、湘潭市、嘉兴市、信阳市、六安市、百色市、广安市、安阳市。其中，前8个城市的总指数超过了平均水平（41.15）（见表10和图5）。

表 10　重点红色旅游城市红色旅游发展总指数及排名

重点红色旅游城市	总指数	排名	重点红色旅游城市	总指数	排名
临沂市	49.61	7	赣州市	51.54	6
六安市	21.09	15	广安市	7.78	17
武汉市	100.00	1	苏州市	76.35	3
长沙市	82.04	2	信阳市	23.33	14
龙岩市	47.63	8	遵义市	37.78	9
黄冈市	25.27	11	嘉兴市	23.83	13
湘潭市	23.98	12	安阳市	1.00	18
吉安市	64.49	4	延安市	54.71	5
百色市	13.68	16	平均值	41.15	—
石家庄市	36.67	10			

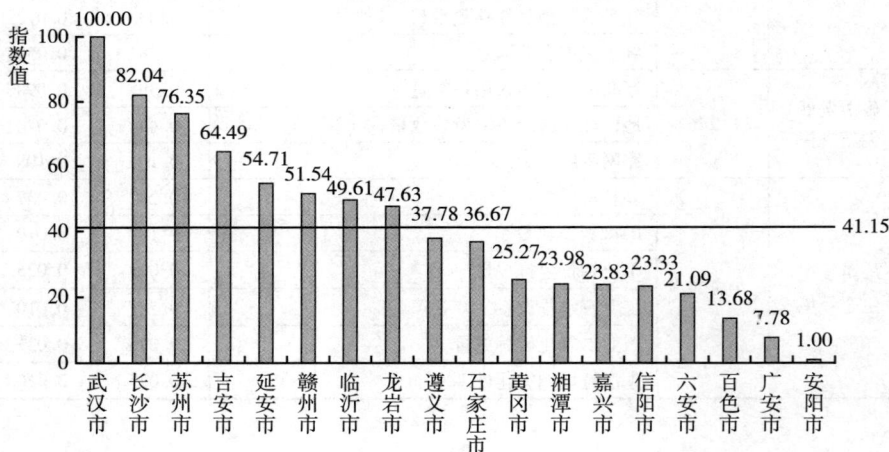

图 5　重点红色旅游城市红色旅游发展总指数分布

（三）重点红色旅游城市红色旅游发展各指标指数分析

各重点红色旅游城市红色旅游发展评价的 5 个具体指标指数及排名如表 11 和图 6 所示。

表 11　重点红色旅游城市红色旅游发展各指标指数及排名

重点红色旅游城市	旅游经济发展水平		红色旅游发展基础		红色旅游发展资源		旅游发展创新支撑		旅游发展生态环境·	
	指数	排名	指数	排名	指数	排名	指数	排名	指数	排名
临沂市	13.29	8	79.34	2	34.95	7	73.17	8	7.35	17
六安市	9.05	10	1.00	18	26.67	8	58.46	10	27.23	14
武汉市	100.00	1	100.00	1	17.14	9	80.16	6	12.64	16
长沙市	53.71	3	59.45	4	66.95	3	73.41	7	54.39	10
龙岩市	9.24	9	26.00	7	76.47	2	33.22	13	99.47	2
黄冈市	6.45	12	13.46	14	36.50	6	34.36	12	59.90	9
湘潭市	5.36	14	49.72	5	11.08	14	13.59	15	72.73	6
吉安市	46.42	4	17.08	13	37.29	5	100.00	1	89.52	5
百色市	6.05	13	8.32	16	11.10	13	5.50	17	100.00	1
石家庄市	16.77	7	32.59	6	12.64	11	98.01	2	20.26	15
赣州市	40.02	5	24.97	8	11.29	12	80.33	5	97.28	3
广安市	2.25	17	2.83	17	1.00	18	30.16	14	65.71	8
苏州市	62.55	2	72.77	3	6.07	15	94.51	4	72.30	7
信阳市	3.83	16	23.04	11	44.34	4	10.69	16	46.85	11
遵义市	32.11	6	23.10	10	16.43	10	61.49	9	29.77	13
嘉兴市	6.71	11	22.44	12	4.72	16	51.87	11	90.26	4
安阳市	1.00	18	24.20	9	2.49	17	1.00	18	1.00	18
延安市	4.60	15	10.03	15	100.00	1	95.24	3	46.58	12
平均值	23.3	—	32.8	—	28.73	—	55.29	—	55.18	—

　　旅游经济发展水平指标指数排名前 10 的城市依次为武汉市、苏州市、长沙市、吉安市、赣州市、遵义市、石家庄市、临沂市、龙岩市、六安市。

　　红色旅游发展基础指标指数排名前 10 的城市依次为武汉市、临沂市、苏州市、长沙市、湘潭市、石家庄市、龙岩市、赣州市、安阳市、遵义市。

　　红色旅游发展资源指标指数排名前 10 的城市依次为延安市、龙岩市、长沙市、信阳市、吉安市、黄冈市、临沂市、六安市、武汉市、遵义市。

　　旅游发展创新支撑指标指数排名前 10 的城市依次为吉安市、石家庄市、延安市、苏州市、赣州市、武汉市、长沙市、临沂市、遵义市、六安市。

　　旅游发展生态环境指标指数排名前 10 的城市依次为百色市、龙岩

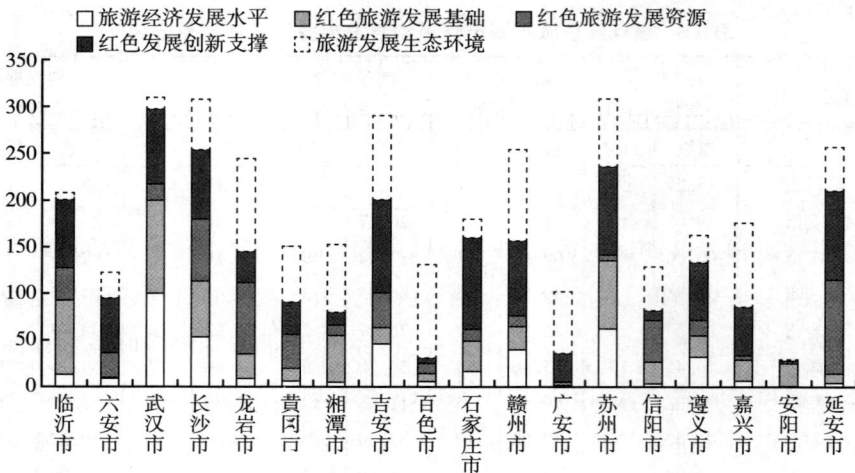

图6　重点红色旅游城市红色旅游发展各指标指数构成

市、赣州市、嘉兴市、吉安市、湘潭市、苏州市、广安市、黄冈市、长沙市。

通过对比分析可知，武汉市的旅游经济发展水平、红色旅游发展基础两个指标最具优势，均排名第1，旅游发展创新支撑指标处于中等偏上水平，但红色旅游发展资源与旅游发展生态环境两个指标的指数均较低，分别排名第9和第16。长沙市的旅游经济发展水平、红色旅游发展基础、红色旅游发展资源3个指标对比其他城市具有相对优势，旅游发展创新支撑指标处于中等偏上水平，而旅游发展生态环境位于第10，处于中等偏下水平，未来长沙市红色旅游发展应更加注重生态环境的保护，以实现旅游的可持续发展。苏州市除红色旅游发展资源处于第15位以外，另外4个指标的指数排名均相对靠前，分别位于第2位、第3位、第4位和第7位，未来苏州红色旅游的发展应积极发挥经济水平、创新能力、生态、基础设施等优势，补齐旅游资源短板。总体来看，旅游经济发展水平指标和红色旅游发展基础指标，与城市发展水平联系紧密，大城市的指数相对更高；红色旅游发展资源指标则与该城市的红色旅游发展状况关系更加密切，如延安市、龙岩市等以红色旅游闻名的城市在这方面更具优势；在旅游发展创新支撑指标方面，城市指数则重点反映了未来红色旅游发展的基础和方向；在旅游发展生态环境指标方面，小、中城市如百色市、龙岩市、赣州市等更占优势。

五　结语

本报告构建了红色旅游发展评价指标体系。分析结果显示，省级行政区红色旅游发展、红色旅游区红色旅游发展、重点红色旅游城市红色旅游发展均与旅游经济发展水平、红色旅游发展资源高度密切相关。相比较于省级行政区，红色旅游区、重点红色旅游城市的红色旅游发展与旅游发展创新支撑具有更强的密切程度。从旅游经济发展水平来看，东部省份、重点红色旅游区及重点红色旅游城市均排名靠前，这与我国东部地区发达的经济发展水平相一致，尤其是与东部沿海地区经济发展水平领先于中西部地区的客观现实相吻合。从红色旅游发展资源来看，中西部地区因地理地貌的优势孕育了众多革命老区和革命根据地，为红色旅游的发展带来了得天独厚的资源。除此之外，部分东部省份、重点红色旅游区及重点红色旅游城市因其独有的革命历史和革命传统，也榜上有名。在红色旅游发展创新支撑方面，经济发达地区良好的经济条件为其创新发展提供了物质基础，红色教育的先进性为助推培育时代新人和激发创新潜力提供了肥沃的土壤。在旅游发展生态环境方面，自然生态资源丰富、城市化进程较缓的地区具有领先的基础优势，但往往基础设施等配套服务不够完善，在吸引大批量红色旅游者上不占优势。

分 报 告
Topical Reports

B.3
革命文物保护与利用研究报告[*]

刘建平　曹旭辉[**]

摘　要： 革命文物是华夏儿女坚定文化自信的物质力量，是中国共产党人革命精神的物质见证，是弘扬红色文化、传承红色基因、赓续红色血脉、铸牢中华民族共同体意识的物质载体。众所周知，中国革命文物的保护与利用不仅是一个理论性问题，而且是一个实践性问题。党的十八大以来，以习近平同志为核心的新一代党中央领导集体高度重视革命文物的保护与利用工作，做出了一系列重要指示，提出了更多的实践要求，为革命文物的保护与利用指明了前进方向，提供了根本遵循。本研究报告在科学阐释中国革命文物保护与利用的历史价值、文化价值和艺术价值的基础上，总结分析中国革命文物保护与利用的现状，即良好的基础、取得的成绩和存在

---

[*] 本文系湖南省研究生科研创新项目 2023 年度项目"思想政治教育视域下新时代青年历史主动精神培育研究"（CX20230532）的成果。

[**] 刘建平，湘潭大学马克思主义学院教授，博士生导师，中国旅游研究院红色旅游研究基地首席专家，研究方向为红色旅游；曹旭辉，湘潭大学马克思主义理论博士研究生，研究方向为红色文化与红色旅游。

的问题，并针对性地提出了革命文物保护与利用的现实路径，进而为推动新时代革命文物的保护与利用贡献智慧和力量。

关键词： 革命文物　文物保护　文物利用

一　革命文物保护与利用的价值

（一）历史价值

保护与利用革命文物就是保护利用其重要的历史价值。一件件革命文物，一处处红色革命旧址，一片片红色旅游胜地，承载着中国共产党人坚如磐石的理想信念，彰显着中国共产党人矢志不渝的初心使命，记录着中国共产党人英勇不屈的革命牺牲精神，是100余年中共党史、70余年中华人民共和国国史、40余年改革开放史的重要历史见证。党的十八大以来，习近平总书记每到一处都会瞻仰当地的革命文物和革命旧址，询问当地革命文物保护与利用的真实情况，关心当地革命文物的保护与利用工作，并要求全体党员干部落实责任，坚定理想信念，树立革命文物保护利用大局观，切实把革命文物保护好、管理好、运用好，发挥中国革命文物在党史学习教育、革命传统教育、新时代爱国主义教育等方面的重要作用和时代价值，实现以文化人、以物育人的新时代发展目标，开创革命文物保护与利用的崭新局面，奋力书写中国革命文物保护与利用的崭新篇章。

历史和实践充分表明，革命文物是一部活着的历史，保护与利用中国革命文物的过程就是在彰显其无与伦比的历史价值，肯定其重要的历史地位。保护与利用中国革命文物的巨大历史价值集中表现在两个方面。一方面，有利于进一步肯定党的领导地位，坚持党的全面领导。党的百年历史经验告诉我们，中国共产党的领导地位是中国历史发展的必然和中国人民自觉选择的结果。革命文物见证了中国共产党由小到大、由弱到强、从胜利走向胜利的百余年艰辛历程，见证了中国共产党带领全体中国人民实现"站起来""富起来""强起来"的伟大飞跃，见证了中国共产党人不忘初心、牢记使命的历史责任和勇气担当。追寻一抹红色记忆，倾听一声历史回响。浙江嘉兴的"南湖红船"见证了伟大中国共产党的诞生，锻造了开天辟地、敢为人先，坚定理想、百折不挠，立党为公、忠诚为民的"红船精神"；湖南汝城的"半床棉被"彰显了中国共产党人同广大人民群众风雨同舟、血脉相通、生死与共的革命本色和人民情怀。中国共产党领导全体中国人民在革命、建设和改革的伟大实践中不仅创造了这些宝贵的革命文物，而且进一步肯定了党的领导地位，是继续坚持党的全面领导的物质动力，保护好、管理好、利用好这些宝贵的革命文物是新时代党和人民面临的重要课题。

另一方面，有利于实证中国共产党领导全体中国人民进行革命、建设、改革的光荣历史事实，有力地批驳历史虚无主义，巩固党的领导地位。用事实说话是批驳历史虚无主义最有效的方式，用实物证明是消解历史虚无主义最有力的武器。革命文物是中国共产党在马克思主义理论的指导下孕育的重要物质产物，是我党在推进"两个结合"的历史过程中形成的重要实物见证，具有重要的历史文化价值，充分证明了中国共产党带领中国人民推翻压在人民头上"三座大山"的历史事实，充分证明了马克思主义行，充分证明了中国共产党能，充分证明了中国特色社会主义好。

（二）文化价值

保护与利用中国革命文物就是保护利用其鲜明的文化价值。习近平总书记明确指出："文化是一个国家、一个民族的灵魂。"[①] 革命文物是中华文化的重要组成部分，具有独特的、重要的文化价值，是推动新时代文化大发展大繁荣的红色物质文化资源。革命文物的保护与利用蕴藏着巨大的"文化价值密码"，尤其在传承红色基因、加强社会主义精神文明建设和凝聚民族

---

① 《决胜全面建成小康社会 夺取新时代中国特色社会主义伟大胜利》，人民出版社，2017，第41~42页。

复兴伟力等方面具有无与伦比的优势，彰显着重要的文化价值。

保护与利用革命文物的鲜明文化价值集中体现在三个方面。首先，革命文物保护与利用有助于传承红色基因。总的来看，革命文物的保护与利用是一项政治工程、文化工程、民心工程和教育工程，是功在当代、利在千秋的崇高事业，是传承红色文化基因的重要方式。因此，国家层面上，党和国家要积极制定和实施保护革命文物的政策法规，积极开展保护利用革命文物的文化实践活动，积极构建省、市、县三级协同联动的保护利用大格局。社会层面上，政府要积极营造革命文物保护与利用的文化氛围，积极创造保护与利用的社会实践条件，积极开展以政府主导、公民参与的革命文物保护利用实践活动。公民层面上，广大公民要积极参与革命文物保护与利用的实践活动，了解革命文物的历史背景，讲好革命文物故事，弘扬好革命的优良传统，重温中国革命、建设和改革的光荣历史。保护利用中国革命文物的工作需要一代接着一代往下干，传承革命红色基因的使命需要一茬接着一茬往下传，必须激发全体中国人的爱国主义热情，厚植红色革命文化情怀，铸牢中华民族共同体意识，实现政治认同、思想认同、理论认同和情感认同的发展目标。

其次，革命文物保护与利用有助于加强社会主义精神文明建设。党的二十大报告指出："物质富足、精神富有是社会主义现代化的根本要求。"[1] 因此，社会主义精神文明是中国式现代化建设的内在要义，是衡量社会主义事业发展水平的一块"试金石"，是反映全体国民素质的重要指标。社会主义精神文明建设归根结底是对人的思想政治教育，即思想道德建设和科学文化建设，培育和践行社会主义核心价值观。革命文物作为加强社会主义精神文明建设的生动资源，保护和利用好革命文物是加强社会主义精神建设的有效方式。在新的历史方位下，我们迫切需要通过发挥革命文物在资政育人方面的独特性作用，激发全体中国人的爱国主义热情，提高人们的精神文化素

---

[1] 习近平：《高举中国特色社会主义伟大旗帜　为全面建设社会主义现代化国家而团结奋斗——在中国共产党第二十次全国代表大会上的报告》，人民出版社，2022，第22页。

养，凝聚人们的精神力量，提升全社会的精神文明水平。

最后，革命文物保护与利用有助于凝聚民族复兴伟力。众所周知，中国的近代史是一部屈辱史、血泪史和受压迫史，中国人民深受反动势力剥削和压迫而蒙难，中华民族遭遇外敌入侵而蒙辱，中国经济遭到外敌的掠夺而蒙羞，中华文化遭受外来文化冲击而蒙尘。因此，近代以来中华民族最伟大的梦想就是实现中华民族伟大复兴。新时代是一个机遇与挑战并存的时代，我们必须抓住历史新机遇，迎接时代新挑战，时时刻刻保持"犯其至难而图其至远"的精神文化追求，凝聚中华民族复兴伟力，奋力实现中华民族伟大复兴的中国梦。革命文物作为见证中国共产党"不忘初心、牢记使命"的物质载体，对其保护与利用不仅能够守住红色历史记忆、铭记伟大奋斗历程，还能够为实现中华民族伟大复兴的中国梦汇聚磅礴伟力。

（三）艺术价值

保护与利用革命文物就是保护利用其独特的艺术价值。革命文物是推动新时代红色旅游高质量发展的重要红色物质资源，既是革命历史和革命实践的实物见证，又是革命文化和革命传统的物质载体，还代表当时历史条件下中国人民的艺术水平和审美观念。其"使用的装备、设计流程、制作工艺等具有独特性、复杂性和实用性，本身具有的独特文化艺术品味，可以直接或间接地反映出不同历史时期和地区的整体审美情趣、艺术素养和社会背景。"[①] 因此，在革命文物保护与利用的过程中，我们不仅要注重其历史价值和文化价值，而且要传承和发展其艺术价值，通过艺术鉴赏，强化时代新人的革命情怀，培育时代新人发现美、欣赏美的能力，推动其创造性转化和创新性发展。

一方面，挖掘革命文物的艺术特色。历史事实告诉我们，革命文物门类丰富，种类齐全，大到一处处革命遗址，小到一句句宣传标语，都蕴含着别具一格的艺术特色，凸显着独特的艺术特点，需要我们细细体会、用心发现。

---

① 王金伟主编《中国红色旅游发展报告（2022）》，社会科学文献出版社，2022，第172页。

一是红色革命遗址的艺术特色。杨家岭革命旧址中的毛泽东、朱德窑洞位于整座建筑的正中央，其他各位领导人住所环绕四周，如此布局突出了二人在我党内部的核心地位，不但反映了当时人们对建筑体量、形式等建筑语言的艺术偏好，而且着重强调平面布局所表达的纪念性、象征性和代表性的政治特征。二是红色革命标语的艺术特色。语言生动："革命不怕死，斗争要认真""妇女要翻身，男女要平等"；主题鲜明："发展国民经济，改善工农生活"。三是诗词歌赋的艺术特色。既有"一桥飞架南北"的语言之美，又有"我失骄杨君失柳"的惋惜悼念之情，还有"万类霜天竞自由"的恢宏景象，更有"人间正道是沧桑"的哲理反思。每一样革命文物都有其独特的艺术特色，挖掘其艺术特色是革命文物保护与利用的基本要求。

另一方面，发展革命文物的艺术价值。革命文物是中华艺术的代表形式之一，它们集艺术审美、艺术鉴赏、艺术特色于一体，具有重要的艺术价值。例如，中华苏维埃共和国的国徽、毛泽东的画像、朱德的雕塑等，都是中国革命文物中的艺术珍品，发展其艺术价值就是指在革命文物保护与利用的过程中实现其创造性转化和创新性发展，用这些宝贵的艺术珍品教育领导干部坚定理想信念，教育青少年厚植爱国主义情怀，弘扬革命优良传统；引导青年一代树立正确的世界观、人生观和价值观，践行社会主义核心价值观；激扬全体国人的爱国热情，铸牢中华民族共同体意识。

二 革命文物保护与利用的现状

（一）良好的基础

基础不牢，地动山摇，良好的基础是革命文物保护与利用的"压舱石"和"定盘星"。新时代是中国红色旅游高质量发展的黄金时代，中国革命文物的保护与利用处于大有可为的重要战略机遇期和窗口期，拥有良好的基础。

一方面，党和国家高度重视和关心。从相关政策上看，2018年，中共中央办公厅、国务院办公厅联合印发《关于实施革命文物保护利用工程（2018—2022年）的意见》。2019年，财政部、国家文物局联合印发《国家文物保护专项资金管理办法》，规范了国家文物保护专项资金的管理，提高了国家文物保护资金使用效益和效率，并突出强调在资金分配上对革命文物保护与利用予以适当倾斜，支持革命文物保护利用片区整体陈列展示馆的建设。从活动通知上来看，通过在国家文物局官网上输入关键词"革命文物"搜索发现，近三年时间里，国家文物局官网发布关于革命文物保护与利用实践活动的通知和意见有十几次之多，更加证明了党和国家对革命文物保护与利用的重视。

另一方面，新时代中国红色旅游高质量发展。中国旅游研究院发布的《中国红色旅游消费大数据报告（2021）》显示，从2004年到2019年，参加红色旅游的人次从1.4亿增长到14.1亿。[1] 据相关数据统计，截至2022年6月，全国红色旅游经典景区从100家扩充至300家。2023年既是贯彻落实党的二十大精神，以中国式现代化全面推进中华民族伟大复兴的开局之年，又是坚持以文塑旅、以旅彰文，推进文化和旅游深度融合的破题之年。红色旅游作为国内旅游的重要组成部分，也必将不断升温，受到大家的热烈追捧。

（二）取得的成绩

革命文物保护与利用取得的成绩能够坚定我们继续走下去的决心和信心，用成就说话更能鼓舞发展斗志。党的十八大以来，在以习近平同志为核心的新一代党中央领导集体的关心和指导下，在各地区、各部门、各单位的通力支持和配合下，以及在全国各革命文物战线广大干部职工的积极努力下，革命文物保护与利用工作如火如荼地开展，并取得了极大的成效。

一是顶层设计逐步完善，体制机制不断健全。2018年7月，中共中央

---

[1] 刘源隆：《"红色旅游+"：革命精神放射新的时代光芒》，《中国文物报》2022年10月26日，第6版。

办公厅、国务院办公厅联合发布了《关于实施革命文物保护利用工程（2018—2022 年）的意见》，该《意见》首次阐明了切实加强新时代革命文物保护利用工作的重要意义，科学全面地确立了总体要求，规划了未来五年的工作任务，明确了建设的重点项目，以及进一步落实、落细保障措施。2019 年 7 月，中央全面深化改革委员会审议通过《长城、大运河、长征国家文化公园建设方案》，指出对各类文物本体及环境实施严格保护和管控。同年 11 月，国家文物局在中央机构编制委员会的授权下成立了中国革命文物司，实现了革命文物行政机构从无到有的历史性突破，革命文物保护与利用工作力量逐步壮大。截至 2021 年，17 个省、自治区、直辖市设立了革命文物处。中共中央党史和文献研究院在党史文献研究上、人力资源和社会保障部在职称改革等待遇问题上、中央军委后勤保障部在营区文物保护上也与革命文物部门保持密切合作，取得了明显成效。2023 年 10 月，国务院印发《关于开展第四次全国文物普查的通知》，揭开了开展第四次全国文物普查的序幕。这一系列的《通知》《意见》《方案》等是党和国家为推动中国革命文物保护与利用打出的"组合拳"，使顶层设计逐步完善，体制机制不断健全。

二是文物家底基本摸清，整体格局初步形成。从国家文物局官网上得知，全国革命文物资源家底已基本摸清，"全国登记的不可移动革命文物达到 3.6 万多处、国有可移动革命文物超过 100 万件/套。"① 革命文物资源普查是保护的前提和基础。中宣部、财政部和国家文物局等部门先后公布两批革命文物保护利用片区的名单，37 个革命文物保护利用片区包含了 31 个（省、区、市）268 个市 1433 个县，实现了由点到线、由线到面的保护格局，革命文物整体性保护格局已初步形成。

三是文物保护守正创新，展陈体系逐步构建。通过五年的努力，革命文物保护利用事业取得长足发展，累计推出各类主题展览 15000 多个，接待观众人数超 28 亿人次，这也显示了人们对革命文物的青睐。另据国家文物局

---

① 苏墨：《全国不可移动革命文物共 3.6 万多处》，《工人日报》2021 年 4 月 4 日，第 4 版。

官网公布的数据，全国革命纪念馆跃升至1600多家，中国共产党历史展览馆和上海中共一大会址纪念馆于建党一百周年之际建成开放。截至2022年底，全国重点文物保护单位革命旧址开放率达到94%。到2035年，中国的博物馆制度更加完善，博物馆的社会功能更加成熟，基本建成世界博物馆强国。

四是文物利用不断加强，独特效应充分发挥。政治教育上，革命文物在服务党史学习教育方面的热度不断攀升。以2021年的统计数据为例，全国范围内依托革命文物资源共举办党史学习教育约84万场，接待参观团体共约136万批，接受党史学习教育人群达4.29亿人次。经济上，革命文物资源保护与利用的项目促进了红色旅游高质量高标准发展，实现了文旅融合发展的既定目标，推动了乡村振兴战略的实施，提高了广大人民群众的经济收入。

（三）存在的问题

党的十八大以来，习近平总书记的红色足迹遍布全国各地，其重要论述为中国革命文物保护与利用工作提供了根本遵循，为革命文物保护利用工作取得良好成绩奠定了坚实基础。但在革命文物保护与利用工作开展的过程中，仍有一些问题亟待解决。

一是革命文物保护利用认识有待提升。革命文物作为中国革命、建设和改革历史重要见证的不可再生资源，具有历史价值、文化价值、艺术价值、社会教育价值等。由于人们思想认识不到位、保护意识不强，我国革命文物保护与利用出现诸多问题。一方面，革命文物保护与利用涉及的部门众多。与革命文物保护与利用相关的部门有中宣部、财政部、文化和旅游部、国家文物局、党史征集研究部等，革命文物的开发、管理、保护、利用分散在党史、民政、文化、旅游等相关单位，这就导致革命文物保护与利用的责任主体不够明确，管理和修缮权力分散、责任和义务不清，出现了管理不到位、保护缺位、利用失位的情况。另一方面，普通民众的思想认识不到位。从革命文物的分布来看，大部分的革命文物位于革命老区，受制于地理环境、交通条件等，革命老区发展相对滞后，普通民众致力于追求经济发展，改善自身生活状况，对革命文物保护利用态度淡漠，甚至出现破坏革命遗址、遗迹的个别现象，破坏了革命文物保护与利用的整体格局。

二是革命文物保护利用体系有待完善。革命文物保护与利用融合了政治、经济、文化、科技、管理、传播等多个领域，但在革命文物保护与利用的体系构建上，受各方面因素的影响，尚未形成一套科学完整的保护与利用体系。首先，革命文物资源的摸底工作不是一蹴而就的，而是一个长期、冗杂和系统的工作，离不开各部门广大革命文物工作者的努力、坚持和合作，但部分地区的革命文物保护部门敷衍了事，没有开展实地的调查研究，没有厘清革命文物资源的基本范畴，导致革命文物资源摸底工作不够彻底。其次，革命文物保护与利用离不开现代化技术的支持，但受制于资金、技术、人员等因素，部分地区现代化技术运用动力不足，没有建立革命文物数字化管理系统，易损文物没有进行数字化扫描、保存等。最后，革命文物保护与利用的相关法律法规不够完善，省级地方性法规仅河北一省出台实施，其他各省（区、市）仅出台相关的保护条例，保护力度不足。

三是革命文物历史故事有待深入挖掘。每一件革命文物都承载着可歌可泣的革命故事，是我们了解革命、建设和改革历史背景、事件和细节的重要红色物质资源。首先，随着时间的推移，由于部分地区不注重革命文物故事的挖掘、收集和整理，部分革命文物故事失传，丧失了宝贵的历史文化资源。其次，讲述革命文物故事的方式传统，没有采取形式多样的讲解方式，讲解的情景模式较为单一，未能引起青年一代对革命文物故事的浓厚兴趣。最后，部分非专业的讲解员历史知识贫乏，只能看着展板进行"说教式"讲解，缺乏对革命文物深度解读的能力和水平，导致讲解的故事内容不够丰富深刻。

四是革命文物展陈方式较为传统单一。传统单一的革命文物展陈方式严重制约着革命文物保护与利用工作的开展。其主要表现在以下三个方面。其一，展陈的形式单一。部分地区仍然采用线下展览馆的静态展陈方式，展览馆内环境单一，展示方式缺乏声、光、电等现代化技术的辅助。其二，展陈内容单一。部分地区展陈的内容仅为"一根棍子、一张桌子、一栋房子"或"一个铜像、一个故居、一个纪念馆";另外,革命文物的摆放没有划分不同的历史时期,顺序较为混乱。其三,展陈的针对性不强。未能根据不同人群制定不同的革命文物展陈"菜单",没有采取人们喜闻乐见的展陈形式,缺乏足够的吸引力。

五是革命文物保护利用专业人才不足。革命文物保护与利用最关键的因素是专业化的人才,然而目前的情况是,专业化的人才缺乏,其原因有以下三个方面。首先,培训系统不完善。部分地区忽视定期、长期、专业化的培训,不够重视革命文物保护利用人员综合素养的提高,人才培养体系不完善,专业化的革命文物保护利用人才队伍尚未建立。其次,人才引进力度不够。部分革命文物保护单位热衷于自培、自产、自销,忽视与高校进行合作和补充"新鲜血液"的重要性,导致革命文物保护利用人才青黄不接。最后,人才交流活动开展较少。忽视了人才交流活动的重要性,缺少互动交流的机会,导致出现"闭门造车"的现象。

三 革命文物保护与利用的路径

(一)提升保护利用思想认识

思想是行动的先导,认识是前进的指南。革命文物保护与利用的首要就在于提升革命文物保护与利用的思想认识,聚焦保护利用的责任主体,提升相关部门保护利用的思想认识,多措并举,双向激励,提升人民群众保护利用革命文物的意识,营造良好的革命文物保护与利用的社会氛围。

一方面,聚焦主体,提升相关部门保护利用的思想认识。党史征集部门要加强对革命文物的党史文化研究,摸清革命文物资源家底,为革命文物的保护利用奠定坚实基础;中宣部要做好革命文物保护与利用的宣传工作,增加宣传力度、广度和深度,承担好"金话筒"的角色;财政部要划拨好革命文物保护与利用的专项资金,为革命文物的保护与利用提供充足的资金支持；文旅部要推动新时代红色旅游高质量发展，为革命文物的保护与利用创造良好的环境；国家文物局作为革命文物保护与利用的牵头单位，在坚持"保护为主、抢救第一、合理利用、加强管理"文物保护方针的基础上，必须组织协调好各部门同向发力，一体推进，久久为功。2023年是贯彻落实党的二十大精神的开局之年，各部门、各单位都要认真领悟习近平总书记关于中国革命文物保护与利用的重要指示，强化革命文物保护与利用的责任意识，制定行之有效的保护与利用方案，拓宽革命文物保护与利用的资金渠道，允许民间资本有序进入，鼓励社会力量参与革命文物保护与利用工程建设，监督好革命文物保护与利用资金使用情况，对革命文物保护与利用项目进行不定期巡查和抽查，压实相关单位主体责任。

另一方面，多措并举，提高普通民众保护利用的思想认识。普通民众的思想认识对革命文物保护与利用工作的开展至关重要。一是加大宣传教育力度，向普通民众讲解革命文物保护与利用的价值、法律法规和科技知识，开展革命文物保护与利用宣传和党史普及，鼓励他们自觉分享革命文物背后的故事，讲述革命文物保护与利用的事例，增强革命文物保护与利用的意识，强化保护与利用革命文物的责任，履行好保护与利用革命文物的义务。二是奖惩并举。奖惩并举，双向激励，将革命文物保护利用作为常态化工作来抓，对参与革命文物保护与利用的先进个人给予经济激励，并予以表彰；对破坏革命文物的恶劣行为追究其法律责任，并通报批评。三是财政补贴。财政补贴是推动革命文物保护与利用的"强心剂"，各部门、各单位要加大财政补贴资金整合力度，做好年度预算，为革命文物保护利用提供充足的资金保障，适当补助因保护革命文物而受损的单位和个人，运用经济激励手段提升普通民众的思想认识，完成革命文物保护与利用的任务。

（二）科学全面保护革命文物

"革命文物承载着革命先辈们英勇奋斗、不怕牺牲、百折不挠的革命传统、革命精神，是中国人民和中华民族'不忘初心、继续前进'的精神财富和力量源泉。"① 因此，中华儿女必须承担好新时代新使命，厘清革命文物的基本范畴，贯彻革命文物保护利用方针，摸清革命文物基本家底，像保护自己的眼睛一样科学全面保护革命文物，弘扬好红色革命文化传统，传承好红色精神基因，增强国家文化自信，实现中华文化自强。

首先，资源摸底驱动革命文物保护与利用。厘清革命文物的基本范畴是开展革命文物资源摸底工作的重要内容。根据国家文物局的定义，革命文物不局限于革命时期的实物遗存，"对社会主义建设和改革时期彰显革命精神、继承革命文化的实物遗存，纳入革命文物范畴"②。厘清了革命文物的范畴就能很好地开展革命文物资源摸底工作，促进革命文物的保护与利用。而摸清革命文物资源家底是科学全面保护革命文物的基本前提。尽管国家文物局官网已公布，革命文物家底已基本摸清，但随着时间的推移和深层次革命文物探索工作的开展，更多珍贵的革命文物必将出现在我们的视野中，进一步摸清革命文物资源家底仍然是当前和今后工作的重点。因此，革命文物资源摸底工作应该常态化、深层次进行，既注重对重要文物、遗址遗迹、纪念地等物质革命文化遗产的摸底，又要注重对革命历史文献、红色歌谣、红军标语等非物质文化遗产的普查，为科学全面保护革命文物资源奠定重要基础。

其次，数字技术赋能革命文物保护与利用。新时代是数字技术广泛应用的时代，革命文物保护利用应该与时俱进，将数字技术引入其中，促进中国革命文物资源"活起来"。一方面，运用数字技术为革命文物"建档"。运用大数据、虚拟现实、3D影像等现代化技术手段，对平面类革命文物进行高精度扫描，对实物类革命文物实行360度环拍，对不可移动类（如革命建筑遗址）的革命文物进行精细化三维测绘、纹理采集及3D虚拟漫游模型制作，将革命文物资源转化为数字化模式，进行数字化留存。另一方面，建

① 卢世主、朱昱：《革命文物保护利用研究现状与进展》，《江西师范大学学报》（哲学社会科学版）2020年第6期，第146~153页。
② 《国家文物局印发〈关于报送革命文物名录的通知〉》，中国政府网，http://www.ncha.gov.cn/art/2018/10/18/art_722_152209.html，2018年10月18日。

立革命文物资源数据库。在收集、挖掘、梳理、整合的基础上，将革命文物数字资源纳入数据库中进行保存，避免个别文物因不可抗力因素损毁而无法留存，一旦现实需要修复，就可以从数据库中调出数据，为进行 1∶1 实物模型还原提供数据资源。

最后，法律法规助力革命文物保护与利用。法治力量是保护与利用革命文物、守住红色记忆、传承红色基因的重要抓手。一是保护利用革命文物，需要完善相关立法，坚持精细化立法原则，着力解决认识不统一、挖掘不深入、管理不规范、展陈效果不佳等问题，为革命文物保护利用提供法治基础。二是保护利用革命文物，需要监督法律实施，有法不依、执法不严、违法不究是对法律权威的亵渎，不利于革命文物保护与利用工作的开展。因此，相关部门必须严格落实革命文物保护与利用的相关法律法规，监督法律的实施，惩治破坏革命文物的行为，惩办亵渎革命英雄形象的个人。三是全国各省、自治区、直辖市在遵守国家革命文物保护法律法规的基础上，加紧制定和出台相关的革命文物保护与利用地方性法规，实现全方位、宽领域、多层次的保护利用，为革命文物的保护与利用"保驾护航"。

（三）讲好中国革命文物故事

革命文物不言，但它们默默地承载着红色革命故事，传承着红色革命基因，激励着一代又一代中华儿女不断前进。因此，讲好中国革命文物故事是新时代革命文物保护与利用的重要篇章之一，将革命文物的保护与利用放在实现中华民族伟大复兴中国梦的视域下，去解读、去体会、去感知其时代意义和重要价值，学会用革命文物储存的信息驱散思想的迷雾，看清前行的方向。讲好中国革命文物故事应当从讲什么、怎么讲、谁来讲三个方面下好功夫，把革命文物历史故事讲深、讲透、讲活，利用好革命文物历史故事的感染力和吸引力，做到以理服人，以事感人，以情动人，增强人们的情感认同和价值认同。

首先是讲什么。讲好中国革命文物故事的基本前提是明确要讲的具体内容。习近平总书记多次强调："要讲好党的故事、革命的故事、英雄的故事，把红色基因传承下去，确保红色江山后继有人、代代相传。"① 革命文物就是鲜活历史的重要见证，承载于革命文物的红色故事是鲜活历史的再现。浙江嘉兴南湖的红船、贵州遵义的一盏马灯、陕西延安的小炕桌、河北西柏坡的一张转椅、江西南昌起义的"红十字马灯"、渡江战役用的"小木船"、湖南汝城剪开的"半条被子"、长征路上的一条"扁担"……每一件革命文物的背后，都蕴藏着感人至深的历史故事。

其次是怎么讲。怎么讲好中国革命文物的故事强调的是创新讲述方法，让讲述中国革命文物故事的方式更加立体。一方面，线下教学，学校要组织开展线下研学旅游活动，奔赴爱国主义教育实践基地，带领大中小学生实地参观博物馆、纪念馆、革命遗址等，将思政课堂教学转变为现场教学，让学生目睹革命文物的具体形态，激发学生了解每一件革命文物的背景、细节和故事，举办"重走长征路"主题活动，打造沉浸式红色研学旅游体验，进而讲好中国革命文物背后的故事。另一方面，线上交流，组织开展"云"参观革命文物的现代化形式，打破时间、空间、地域上的限制，拓展学生了解革命文物的方式，开展线上讲解、交流、讨论，了解革命文物背后的故事。

最后是谁来讲。谁来讲是基于革命文物故事的讲解主体来说的。一是请专业的革命文物讲解员来讲，受过专业培训的讲解员拥有专业的素质，清楚革命文物的历史，能够清晰准确地讲述革命文物背后的故事，其生动的语言，温暖的表情和丰富的动作更能感染受众。二是请老一辈革命家来讲。老一辈革命家作为革命、建设、改革的亲历者，对革命文物拥有更深的情感，能把革命文物的故事讲得更真、更深、更暖，而且这种情感能传递给更多的人，打动更多的人，能够把革命文物故事讲得更吸引人。

（四）创新革命文物展陈方式

时代在发展，社会在进步，革命文物的展陈方式必须与时俱进，开拓创

---

① 《把红色基因传承下去（今日谈）》，人民网，https：//baijiahao. baidu. com/s？id＝1741716
132492517419&wfr＝spider&for＝pc，2022 年 8 月 21 日。

新，满足人民群众对新时代革命文物展陈方式的需求，让观众在历史的海洋中畅游。创新革命文物展陈形式应创新展陈形式、优化展陈内容、扩大展陈受众，采用更加贴近群众、更有亲和力、更符合观众要求的展陈方式，针对不同人群推出"菜单化服务"，提升展陈的实际效果。

一是创新展陈形式。展陈在形式设计上要着力创新，大胆突破。第一，红色是中国革命的底色，在坚持以红色为展览主色调的基础上，着力打破传统阴森的空间色调，从灯光和色彩设计上进行创新，既突出展览的政治性和严肃性，又彰显时代性和审美性。第二，开展专题展览，细致表达文物，专题展览更能凸显革命文物的特色，能够完整、系统地剖析一个专题的方方面面，其完整性、专业性、丰富性不言而喻，实现了表现形式、表现内容、表现内涵等多方面"活化文物表达"的目的。第三，合理运用现代多媒体技术。就目前的调查数据来看，年轻人更钟爱有创意、有技术含量的展陈方式，① 因此，展览馆要充分运用现代化技术（人工智能技术、三维数字化技术、VR 全景技术等），建立革命文物线上展陈平台，开通线上参观革命文物的通道，以此连接历史与现在，用技术"复活"革命文物，揭示文物的特定历史内涵，方便快捷地为公众提供学习教育信息资源服务。

二是优化展陈内容。内容决定形式，优化展陈内容是创新展陈方式的根本动力。一方面，融入情感。革命文物蕴含着革命先辈的精神和情感，在展示内容的设计上集中展示一批凸显革命先辈革命热情和优良作风的革命文物，聚焦革命精神内核，做到见人见物见精神，满足参观者的心理需求，激发参观者的联想和想象，引发参观者的情感共鸣。另一方面，划分时期。中国共产党带领中国人民在不同的历史时期创造了数不胜数的革命文物，通过划分不同的时期，梳理整合不同时期的革命文物，能够有效帮助参观者系统了解革命、建设和改革三个时期的历史，还原革命历史背景和细节，以真实的历史故事感染人、打动人、温暖人。

---

① 《创新展览展示，让文物"活"起来》，中国青年网，https：//baijiahao. baidu. com/s？ id＝
1738725362212451516&wfr＝spider&for＝pc，2022 年 7 月 19 日。

三是扩大展陈受众。一方面是针对广大网民。各革命文物保护单位应拍摄具有代表性的革命文物，整理成图片集附带文字介绍发布到网站上，供大家浏览、讨论、转发，并以革命文物和其承载的故事为切入口，集中力量创作出优秀的短视频作品和微电影，充分利用广播电视台、抖音、今日头条、百度、凤凰网、中红网、学习强国、搜狐、腾讯等热门网站进行专题式推广，向全国人民群众展示珍贵的革命文物，讲好党在革命、建设、改革过程中的感人故事，诠释党的初心和使命。另一方面是针对青少年群体。各革命文物保护单位要联合学校、教育部等相关单位推动实施"三进"工程项目，即进教材、进课堂、进头脑，聚焦革命文物传播的主体受众。一是进教材。科学把握革命文物的红色内涵，选取具有代表性的革命文物故事编入学生教材，为学生认识、了解革命文物奠定基础。二是进课堂。思政课教师作为落实立德树人任务的第一责任人，要优化课堂教育内容，带领学生了解革命文物相关知识，激发学生的爱国热情，培育担当民族复兴大任的时代新人。三是进头脑。教师要将革命文物承载的红色基因融入青少年的血液中，号召广大青少年弘扬革命优良传统，做一个对社会有用的人。

（五）培养革命文物保护利用专业人才

欲成就千秋基业，必以人才为先。人才是革命文物保护与利用的制胜之本、取胜之资和动力之源，离开专业化的人才，革命文物保护利用就无从谈起。革命文物保护利用工作高质量开展必须以人才作为其后盾和支柱，必须高度重视革命文物保护利用专业人才的培养，打造一支专业化的人才队伍。

首先，系统培训。系统化的培训是提升革命文物保护与利用专业人才能力和水平的必要手段。通过举办培训班、短训班、提高班等方式有效提升革命文物保护利用人才的专业化水平。因此，全国各文物保护单位要严格落实中央关于人才队伍培训的相关政策，开展常态化的业务培训和精准化的专业培训，学习革命文物保护利用的理论知识和经验，并以实战演练检验培训成果，提高人才的综合业务能力。

其次，"引进来"。"招兵买马"是壮大革命文物保护利用人才队伍的重要举措，"借用外脑"是构建革命文物保护利用人才队伍的有效途径。从中央到地方，全国各文物保护单位必须从思想上重视革命文物保护利用人才队伍建设，大力实施革命文物保护利用人才"引进来"计划，与高校开展密切的交流合作，把既有热情又专业的高校毕业生"引进来"，挖掘革命文物人才潜能，为其设置相应的职业规划，引导其职业生涯发展，提供合理有效的晋升通道，构建科学的人才激励机制，营造良好的干事创业氛围，打造爱才、育才、惜才、用才的良好风气，努力做到尊重知识、尊重人才、尊重科学，创造有利于革命文物保护利用人才实现自身价值的机遇和条件。

最后，"走出去"。"走出去"是提高革命文物保护利用人才能力和水平的关键一招，培养专业化的革命文物保护利用人才切记不可"闭门造车"。全国革命文物保护利用基地和单位是"一家"，各单位、各部门的革命文物保护利用人才应虚心学习，彼此之间要加强沟通交流，国家文物局应牵头组织全国革命文物保护利用人才的"比武大会"和交流研讨会，在交流中学习，在沟通中进步，在竞争中提高，提升革命文物保护利用人才的专业化水平。

B.4
长征国家文化公园红色非遗
保护传承研究报告[*]

王兆峰　陈勤昌^{**}

摘　要： 红色非物质文化遗产（简称"红色非遗"）是守护红色根脉、传承红色基因和发展红色旅游的鲜活载体。作为唯一的革命主题国家文化公园，长征国家文化公园是我国红色文化和旅游融合重大工程，也是促进红色非遗系统性保护和活态化传承的实践场域，有力推动着中华民族共有红色精神家园建设。本报告首先梳理长征国家文化公园红色非遗保护传承的时代背景，并厘清其内涵、特征和意义；继而从国家战略、文化传承、产业经济和国民教育等维度，明确长征国家文化公园红色非遗的当代价值；最后结合红色非遗保护传承现实困境，从红色文化研究发掘、非遗传承人培育、红色文旅融合发展、红色非遗数字活化等方面，构建长征国家文化公园红色非遗保护传承长效机制。

关键词： 长征国家文化公园　红色非遗　保护传承　活化利用

　　党的二十大报告明确指出，"弘扬革命文化""加大文物和文化遗产保

---

* 本文系国家社科基金重大项目"文旅融合视域下的长征国家文化公园建设研究"（21ZDA080）、湖南省研究生科研创新项目"新时期长征红色非物质文化遗产活化利用长效推进机制研究——以长征国家文化公园（湖南段）为例"（CX20230521）的研究成果。
** 王兆峰，博士，湖南师范大学旅游学院教授，博士生导师，研究方向为旅游管理、红色旅游；陈勤昌，湖南师范大学旅游学院博士研究生，研究方向为文旅融合、国家文化公园。

护力度""建好用好国家文化公园",为长征国家文化公园红色非遗的活态保护、活性传承和活化利用提供了基本遵循和根本指向。红色非遗指中国共产党领导的、在革命历史进程中创造的、以非物质形态传承至今的文化遗产①,是中华优秀传统文化中非遗项目与革命文化有机融合的产物,也是推进长征文化和旅游深度融合的基础资源,构成了中国特色文化遗产保护传承体系的关键要素。长征是中国革命从挫折走向胜利的重大转折,四支工农红军横跨 15 个省份,完成 65000 里②战略大转移,直接创造或间接派生了大量主题鲜明、形式多样的非物质形态文化遗产,成为马克思主义中国化、时代化和大众化的重要标志物,也是铸牢中华民族共同体意识的基础性资源。鉴于此,有必要厘清长征国家文化公园红色非遗保护传承的概念缘起、价值意涵和传承困境,系统构建红色非遗活化保护利用长效推进机制,推进红色旅游高质量发展和社会主义文化强国建设,进一步筑牢中国共产党人的红色精神谱系和中华民族的红色文化图腾。

一 长征国家文化公园红色非遗研究概述

"红色文化遗产"与红色文化相伴而生、互为表里③,首次出现于国家文件《2011～2015 年全国红色旅游发展规划纲要》。目前有关红色遗产在时间划分、存在形态和空间状态等方面存在认知差异。时间范畴上,上限为新民主主义革命或中国共产党创立时期,这一点基本达成共识,而时间下限上存在认知差异,如黄诚等学者认为红色文化遗产是中国共产党红色革命实践运动中生成的文化创造,侧重于与中国 28 年的革命历史实践相叠合;④ 魏子元将时间线延伸至 1978 年改革开放初期,指党领导全国各族人民在新民

---

① 史斌:《红色非物质文化遗产及其当代价值》,《湖南社会科学》2022 年第 6 期,第 161～168 页。
② 韩洪泉:《长征文化论纲》,《苏区研究》2021 年第 6 期,第 52～64 页。
③ 马静、刘玉标:《刍论红色文化的基本特征》,《理论导刊》2012 年第 10 期,第 83～86 页。
④ 黄诚、雷方俊:《论长征时期贵州红色文化遗产的形成、遗产类型及遗产体系建构》,《贵州民族大学学报》(哲学社会科学版)2021 年第 6 期,第 1～30 页。

主主义时期及社会主义建设初期创造的文化遗产。^① 存在形态上，红色物质文化遗产主要包括革命纪念建筑物、故居旧居、革命历史文献、革命遗址遗迹、革命遗物等有形红色遗存，而红色非物质文化遗产包括以红色为主题的文学、美术、歌舞、戏剧、曲艺、节庆以及生产生活类技艺等非物质形态文化或口述史^②，二者共同构成了红色文化遗产保护体系。空间状态上，有以革命文物保护单位为主体的点状红色文化遗产，有工农红军长征路线、抗战时期滇缅公路和华北平原抗战地道等线状红色文化遗产，有井冈山革命根据地、延安革命根据地、西柏坡革命根据地等面状红色文化遗产，基本奠定了我国红色资源空间分布格局。

"红色非遗"这一概念较早出现于2021年文化和旅游部非物质文化遗产司、中国非物质文化遗产保护协会组织的"非遗中的红色资源寻访活动"。江西、湖南、贵州、四川和重庆等长征途经省份，已积极推进红色非遗挖掘、整理、研究、保护和利用工作，如江西省大力组织"红色非遗"专项调查，整理出红色标语、红色家书、苏区歌谣、苏区舞蹈、苏区戏剧和红军医药等红色非遗115项；湖南汝城县——红军长征"半条被子"故事发生地——依托工农红军总后勤部旧址成立非遗传承基地"红星筑梦营"，创新推出12款红色非遗产品，设计打草鞋技艺体验活动；四川泸州市积极引导非遗传承人，创作出苗族蜡染《太平渡》、红色故事《船工号子》、石雕《石顶烽火》等红色非遗优质作品。红色非遗丰富拓展了红色资源内涵和类型，并呈现出主题鲜明、数量众多、类型复杂和分布广泛等特点，但思想认识不足、共识性概念"缺位"、资源底数不清和统筹协调机制不够健全等问题的存在，导致对建设长征国家文化公园的支撑力稍显不足。

本报告将携带长征红色基因的非遗资源视作保护传承的主体，并简称为"长征红色非遗"，即分布于红军长征沿线区域内的，深受长征文化及长征

① 魏子元：《红色文化遗产的相关概念与类型》，《中国文物科学研究》2020年第1期，第12~16页。

② 邓凌月：《加强红色文化遗产保护地方立法研究》，《理论学刊》2018年第4期，第93~100页。

精神直接或间接影响，其孕育、生成、积淀、发展、传播、创新和嬗变均与红军长征存在内在关联的非物质形态文化遗产与口述历史①。长征红色非遗兼具红色资源主题特质和线性文化遗产特征，因其保护传承尚处于前期探索阶段，须从生发机制、分布格局和文化基因等方面加以诠释。首先，从生发机制来看，该类型非遗与红军长征紧密相连，既包括红军长征直接创造的文艺作品和文化符号，也包括由长征文化与途经地生产生活方式相结合而产生的红色文化遗产，凸显出红色非遗的多元化、类型化和融合化特征。其次，从分布格局来看，集中分布于四支工农红军长征途经地，关联了苗族、土家族和侗族等十余个少数民族，具有明显的地域特色和民族元素，但并非对长征沿线所有非遗资源笼统归纳，而是将其融入长征文化生态系统。最后，从文化基因来看，长征红色非遗是红色基因的传承载体，是长征文化的重要组成和长征精神的外在表现，凝结着中国共产党及工农红军的精神内核与价值意涵，与新时代长征精神存在着互促共生的逻辑关系。

"让文化遗产活起来"是新时代关于文化遗产保护和利用的核心思想。本报告立足新发展阶段，以"两创"方针为根本途径，以"非遗中的长征红色文化基因最大化传承与彰显"为价值导向，满足新时期文化遗产保护利用新要求和建好用好国家文化公园新导向。就理论贡献而言，以红色非遗概念范畴为切入口，系统构造长征红色非遗活化保护传承利用理论分析框架和逻辑闭环，推进其全要素保护、全视角研究、全社会参与和全价值转化，为新时代红色文旅资源体系建设和大型线性文化遗产活化利用提供范式参考。就现实意义而言，构建红色非遗活化保护利用长效推进机制，将有效激活长征红色非遗蕴藏的"红色基因"，助力弘扬革命文化与长征精神，丰富拓展非遗保护传承和创造性开发实践路径，加速推进新时代红色文化与旅游深度融合，强力支撑长征国家文化公园从试点建设转向全面建设，赋能长征沿线革命老区振兴发展。这是时代之需，也是人民之愿。

---

① 王兆峰、陈勤昌：《长征红色非物质文化遗产：内涵特质、传承挑战与活化路径》，《旅游学刊》2023 年第 6 期，第 28~39 页。

二 长征国家文化公园红色非遗价值意涵

长征红色非遗根植于广大群众日常实践，注重将红色符号和革命记忆从伟大长征的宏大叙事中抽离，创造性转化为一种具象化和普及化的战略性资源，本报告从国家战略、文化传承、产业经济和国民教育等层面，构建多尺度的红色非物质文化遗产价值体系，全面彰显出长征文化的社会功能和当代价值。

（一）坚定文化自信，彰显国家战略价值

当今世界正处于大发展、大变革、大调整时期，各种思想文化交流、交融与交锋更加频繁，文化软实力在综合国力竞争中的战略性地位愈加显要，而在国际传播的文化话语体系中，"西强东弱"的旧传播秩序依然存在。从国家发展战略的角度来看，包括红色非遗在内的文化遗产是战略性资源的重要组成部分，与国家发展和民族复兴表里相依，是推进社会主义文化强国战略和加快中国式现代化征程的重要凭借。立足国内，保护长征红色非遗的核心内容就是守护中华民族传统文化和革命文化的多样性。种类繁多、意蕴丰富的红色非遗，成为民族文化与革命历史保存和传续的鲜活载体，为建好用好长征国家文化公园这一战略性文化工程提供了资源基础，极大地增强了人民群众的文化认同感和民族自信心。放眼全球，长征红色非遗是中国向世界彰显中华文化魅力的特色内容。新时代加快推进长征文化及红色文化遗产国际交流传播，是讲好中国故事、展现中国魅力、强塑中国形象的重要力量，有利于缓和我国文化产品和服务的被动处境，综合提升文化软实力和文化影响力，更好地构筑国家文化安全屏障和构建人类命运共同体。

（二）增进文化认同，凸显文化传承价值

"非遗"发端于民间，本质属于文化范畴，文化传承价值构成红色非遗价值体系的关键环节。从历史传承来看，长征红色非遗沿袭了各地区

各民族在长期实践中沉淀的民族思想、价值理念、意识形态、精神特质和文化基因等群体意识，具有明显的地域特色和民族元素，强化了长征红色非遗的多元化、类型化和融合性特征，同时也是长征时期革命形势、苏区发展、人民生活和文化氛围的真实写照，是对中国革命文化根脉的继承和发扬，成为社会主义核心价值体系的实践源头之一。从艺术审美视角来看，长征红色非遗作为中华优秀文化和革命文化的集大成者，众多无与伦比的艺术表现形式、文化技艺、文艺作品，其创作灵感、内容和典型素材，多源自千百年来人民日常生活实践和红军长征革命事件，承载着全国各族人民群众的理念、智慧、神韵和气质，具有震撼人心、引发共鸣的文艺审美价值。强化长征文化遗产的整体性保护，既是对历史传统和革命文化的传承，也是激发红色文化遗产的审美再造功能，进一步促进红色文化的普及、认同和共享。

（三）坚持铸魂育人，展现国民教育价值

习近平总书记多次重申，革命传统资源是全党全社会的宝贵精神财富，每一个红色旅游景点都是一个常学常新的生动课堂，蕴含着丰富的政治智慧和道德滋养。一方面，"政治教育功能"是长征红色非遗系统性保护和长征国家文化公园高质量建设的核心功能，将红色非遗作为提升爱国主义和淬炼党性的鲜活教材，唤醒和激扬红色非遗的政治教育功能，有利于强化人民群众的文化认同、民族认同和国家认同，切实筑牢社会主义核心价值观的大众根基。另一方面，将非遗有机融入国民教育体系，发挥了红色教育固本培元、凝心铸魂的作用，形成革命教育和文化教育融为一体的教育创新形式，营造全社会关注、挖掘、保护和传承红色文化遗产的良好氛围，是新发展阶段人文精神的回归。如重庆市举办"讲红色故事、讲革命精神"宣讲活动，让红色非遗走进校园、企业、社区和农村院坝，将爱国主义教育融入贯穿国民教育和精神文明建设全过程；四川巴中市积极探索"红色非遗+研学旅游"模式，推进"我为红军纺线织布""我为红军打草鞋"等传统手工艺体验活动，延伸了红色资源的应用场景和转化渠道。

（四）深化文旅融合，释放产业经济价值

"生产性保护"是我国非遗保护的主要方式之一，其关键在于借助产业化发展模式，提供形式多样、内容丰富、喜闻乐见的红色文旅产品，实现文化现象到文化产业的创造性转化和创新性发展，实现"输血式"到"造血式"发展转变。长征国家文化公园各段通过挖掘红色非遗丰富内涵和时代价值，持续壮大"湘赣红""红色桑植""长征出发地"等知名品牌，逐渐形成红色非遗品牌集聚效应和产业联动效应；2022年江西赣州红色旅游收入占到全市旅游收入（1045.5亿元）的1/3，其中，《一个人的长征》《盘山魂》《宁都起义》等赣南采茶戏，《苏区干部好作风》等兴国山歌剧，吸引了国内外红色旅游者争相观赏。红色旅游作为释放红色非遗价值的有效手段和重要方向，既要突出红色文化的核心内涵，更要强调旅游发展的产业功能和经济属性，通过创新长征红色非遗传承利用模式，建立健全红色非遗关联性产业链条，将其创造性转化为文旅产业生产力，持久绽放出革命文化的渗透力、融合力和生命力。

三　长征国家文化公园红色非遗传承困境

自理念酝酿、规划布局、试点建设以来，长征国家文化公园坚持以保护好、传承好、利用好红色文物和文化遗产为建设原则，在充分认识到长征红色非遗复合价值的同时，须客观研判和诊断其系统性保护和活态化传承存在的问题和症结，缩小与"建好用好长征国家文化公园"目标之间存在的差距。

（一）长征文化研究有待深化

当前，学界对长征文化、红色非遗和线性文化遗产研究不深，制约了长征国家文化公园红色非遗保护利用。首先，长征文化研究有待完善，长征历史事件尚待详尽梳理，长征文化内涵挖掘诠释有待深化，长征文化学科体

系、话语体系和学术体系建设尚处"缺席"状态。其次，红色非遗研究处于起步阶段，涉及红色非遗保护传承规律的研究不够深入，其留存状况、生存环境、涉危状况、活性特征、利用模式、保护政策均值得持续深化探讨。最后，大型线性文化遗产研究薄弱，长征主题线性文化遗产的空间构建、功能价值、遗产保护、建设重点、数字再现等方面研究浅表，亟须构建与长征国家文化公园相适配的理论框架和认知框架。

（二）非遗传承土壤日渐消解

非遗由人创造并依靠人承载和传递。实地调研获悉，包含红色非遗在内的非遗传承群体，普遍面临人口老龄化和传承土壤消解窘境，红色文化基因传承问题成非遗保护最大梗阻。一方面，代表性红色非遗传承人年事已高，加之老一辈红军及与其具有连接关系的人群逝去，部分红色非遗传承人缺少传续力量，诸多非遗项目或传统技艺濒临"人绝艺亡"的窘境。另一方面，随着人口迁移和人口流动的加剧，红色非遗传承的社会结构日渐消解，红色文化传承群体和传播范围日益收缩，部分依靠口传心授方式传习的技艺正濒临衰败甚至消失。如桑植民歌寨、苦竹古寨和十八寨等传统红歌传唱区，能唱多首桑植红色民歌的村民已然不多。

（三）红色非遗保护模式单一

长征沿线红色非遗保护传承既要回应市场经济新挑战，又要在数字时代寻求创新发展新途径。一是红色非遗保护理念传统，资金筹措投入机制不完善，也缺少对红色非遗立法制规专项保护，"红色非遗"保护与传承紧迫性加剧。二是非遗数字化程度偏低，5G、AI、3R、3D、8K 显示、360 全景展示、元宇宙等数字技术应用偏少，红色非遗数字化保护、数字化传承、数字化传播力度不足，科技创新对知识、经验和技艺的支撑作用不强。三是保护传承模式相对单一，多采用静态化、单点式、项目性保护传承模式，如红色标语、宣传画报、革命家书等多采用行政保护、标本式保护，抑制了红色非遗生存发展和转化创新活力和魅力。

（四）红色非遗产业基础薄弱

探索红色文化、非遗体验和旅游发展多元联结传承机制，既需要契合非遗产业化发展规律，也需要创新红色非遗生产性保护利用模式，而当前存在难点如下。一方面，长征沿线红色非遗项目多处于分散、封闭的生产管理状态，且非遗传承人缺乏生产性保护思维，如怀化、毕节和雅安等地文创产业发展滞后，经济效益体现不佳，可持续性生产和原真性保护存在困难。另一方面，旅游开发"过热"和非遗商业化过度，但以红色非遗为消费重点的文旅产品规模偏小，尚未完成从弘扬长征文化到促进长征红色非遗产业化转向的探索，制约红色文旅产业的链式开发和可持续经营，也难以打造"红色非遗"地域品牌。

四 长征国家文化公园红色非遗利用路径

长征国家文化公园作为首批国家文化公园，对协调推动中华优秀传统文化创造性转化创新性发展、推进长征沿线文物和文化资源保护传承利用提出更高要求和更大期待。本报告从"文化研究、资源整合、文旅融合、社会参与、科技创新"等方面着力，构建长征国家文化公园红色非遗保护传承长效机制。

（一）深化文化研究，健全长征红色非遗保护体系

非遗中的长征文化基因联结历史与未来，亟须深挖长征文化及红色非遗内涵特征、时代意蕴。首先，强化长征红色非遗系统性研究，加快线性文化遗产理论研究，深度把握红色非遗保护传承规律特点，有重点、有方向、有批次地组织理论研究和实践调研，为长征红色非遗系统性研究提供扎实的理论支撑和过硬的学术支持。其次，健全长征红色非遗保护传承体系，制定长征红色非遗普查标准、工作规程、技术规范和成果要求，完善非遗记录、标识、编目、存档等工作，搭建长征红色非遗数据库，加强长征红色非遗知识

产权保护，制定分类分级分批活化保护利用路径；此外，适时完善长征红色非遗动态调整机制，注重知识产权保护，推荐符合条件的长征红色非遗项目申报省级、国家级非遗代表性项目。

（二）加快资源整合，构建长征红色非遗主题游径

长征国家文化公园线长、面广，红色非遗点多、类杂，需要确立全线"一盘棋"、打好长征"一张牌"的发展思路，促进红色非遗资源一体化开发和整体性发展。首先，构建多元化协调机制，加强红色非遗资源整合和信息共享，在政策供给、资金筹措、交通建设等方面协调共商，高起点建设具有影响力的长征红色非遗文化景观群落。其次，塑造长征红色非遗特色品牌，支持江西、湖南、贵州、陕西等长征红色非遗大省，培育研学旅游、乡村旅游、体育旅游、自驾游等业态，打造一批全程贯通、蜚声海内外的红色非遗主题游径或红色旅游精品线路。最后，构建非遗节会营销推广机制，支持有特色、有亮点、有条件的地方筹办红色歌舞、红色画展、传统技艺等专题展演或大型赛事节会，联合沿线地区共谋长征红色非遗文化艺术节、博览会等一系列推广活动，立体提升长征红色非遗时代魅力。

（三）深化文旅融合，创新长征红色非遗产品服务

文旅产业融合是红色非遗开展生产性保护的重要方式，需要通过着力于产品供给、服务提升、保障完备等方向，推进红色文化与非遗旅游深度融合和高质量发展。首先，加大红色非遗产品供给，激发市场主体创新活力，围绕非遗旅游、民俗旅游、教育培训、研学旅游、乡村旅游和体育旅游等业态，积极孵化长征红色非遗文旅创新项目，打造一批契合时代需要和人民群众诉求的复合型文旅产品。其次，提升非遗体验服务质量，聚焦红色非遗旅游食住行游购娱等现实需求，制定标准化服务管理体系和规范指南，提高红色文化体验的品质感、沉浸感、互动感。最后，拓宽文旅融合要素供给，加大基础设施保障投入，建立多元化的资金筹措机制，构建便利的交通网络体

系，设计长征红色非遗标识系统和解说系统，全方位完善支持长征国家文化公园红色非遗生产性保护和活态化利用。

（四）扩大社会参与，提升长征红色非遗传承活力

群体参与是促进红色文化普及认同和保障红色非遗活态传承的关键因素，在长征国家文化公园红色非遗传承土壤日渐消解的今天，亟须代表性非遗传承人和社会公众的广泛参与，打造系统完整的保护体系和传承有序的社会环境。首先，构建红色非遗代表性传承人名录，加大长征主题红色非遗传承人扶持力度，鼓励国家级非遗传承人收徒、传艺、培训、交流，支持创作与长征相关的非遗作品，保障红色非遗传承人相关权益。其次，培育新生代非遗传承人，拓展长征红色非遗人才培育渠道，创新非遗人才培养方式，鼓励本地青年、高校学生、非遗爱好者掌握传统技艺，扩大红色非遗传承对象和范围。最后，推进红色非遗教育普及，支持大专院校增设非遗类相关学科与专业，开设非遗传承班和非遗特色课程，将青年学生培养为红色非遗的传承者、享有者和传播者。

（五）强化科技赋能，推进长征红色非遗数字再现

数字时代为文化事业和文化产业发展注入了新内涵，更为长征国家文化公园红色非遗保护、传播和利用提供了新途径。首先，加强红色非遗数字化保护，高标准建立长征国家文化公园官网，对长征主题文字、图片、声音和影像资料进行数字信息采集、存储、管理、展示，形成长征红色文化遗产数字化管理平台，持续完善非遗项目、代表性传承人等要素。其次，建立红色非遗数字传播矩阵，广泛利用微信、微博、短视频、网络直播等新媒体，构建全媒体宣传矩阵，形成常态化的运营推广机制，孵化一批红色非遗宣传"网红达人"，持续传播长征文化遗产的时代价值。最后，加快红色非遗数字化利用，利用 AI、3D、3E、8K 显示、全息投影、元宇宙等技术，创造性再现红色非遗背后的历史背景、文化基因、地域特色和周围环境，拓展红色非遗展示、阐释、利用的深度和广度。

B.5
全国红色旅游经典景区新媒体
传播力指数报告[*]

胡海胜　张静思　崔慧　杜雅琪　周旭兵[**]

摘　要： 红色旅游经典景区新媒体传播力指数是衡量红色旅游经典景区的营销效果和影响力的重要指标。本报告选取百度搜索引擎、微信公众号、微博、抖音四个新媒体平台，分别计算红色旅游经典景区在各平台的传播力指数及新媒体综合传播力指数，进行对比和分析。得出结论：全国红色旅游经典景区在新媒体传播力指数上表现不太理想，但较上一年小有进步；资源品级高、品牌影响力大、行政级别高的景区新媒体传播力更强；红色经典景区在新媒体平台的选择上各有偏好。本报告根据经典景区在新媒体上的表现情况，结合融媒体的时代背景，为红色旅游经典景区提升新媒体传播力提供思路，促进红色旅游高质量发展。

关键词： 全国红色旅游经典景区　新媒体　传播力指数

党的二十大报告指出，要坚持创造性转化，创新性发展，弘扬革命文化，满足人民日益增长的精神文化需求，同时强调"加强全媒体传播体系

---

* 本文系文化和旅游部部级社科研究项目"革命老区红色旅游融合发展内涵和实施路径研究"（23DY15）的研究成果。

** 胡海胜，江西财经大学工商管理学院教授，研究方向为旅游地开发与管理；张静思，江西财经大学工商管理学院硕士研究生；崔慧、杜雅琪、周旭兵，江西财经大学学生。

建设，塑造主流舆论新格局"。红色旅游经典景区是弘扬革命文化、促进红色教育和推动红色旅游发展的重要基础，也备受公众瞩目，在一定程度上反映了红色旅游的发展水平。随着互联网的普及，通过百度、微信、微博、抖音等新媒体平台搜索红色旅游景区已成为公众了解景区信息的主要方式。本报告在2022年报告的基础上，继续根据百度搜索引擎、微信公众号、微博和抖音四个平台的数据，计算2023年红色旅游经典景区的新媒体传播力综合指数和分项指数并进行排名，据此提出提升新媒体传播力的对策建议。本报告有助于反映红色旅游经典景区的红色旅游影响力，指导景区的营销管理实践，也为红色旅游高质量发展提供新思路。

一 研究方法与数据来源

（一）研究对象

2016年12月中共中央办公厅、国务院办公厅印发的《2016~2020年全国红色旅游发展规划纲要》公布了《全国红色旅游经典景区名录》，全国共有300处景区被列入名录。借鉴已有的相关成果[1][2]，本报告选择以景区名称为关键词，进行网络检索，需要注意的是：（1）名录中部分经典景区为系列景区，将其拆分为单个景区，如"晋中市昔阳县大寨展览馆及长治市平顺西沟展览馆"被拆分为"晋中市昔阳县大寨展览馆"和"长治市平顺西沟展览馆"，分别进行搜索；（2）部分景区与重大历史事件及纪念活动重名，在搜索时可在关键词前后加上县市、景区、纪念馆等字词加以区分，如"徐州市淮海战役纪念馆"；（3）每个经典景区只选取百度搜索量最高的一个关键词，如"中山陵"与"南京中山陵"为

---

① 唐鸿、许春晓：《中国红色旅游经典景区网络关注度时空演变及影响因素》，《自然资源学报》2021年第7期，第1792~1810页。

② 焦珊珊、李明、田逢军等：《中国红色旅游经典景区网络关注度分布格局及驱动机制》，《经济地理》2022年第1期，第211~220页。

同一景区，选择搜索量最高的关键词。最终筛选确定 645 处红色经典景区为研究对象。

（二）数据来源

考虑到各媒体平台的用户人数和市场占有率，以及数据获取的便利性和经济性，本报告主要采用百度搜索引擎、微信公众号、微博和抖音四个平台的数据①。

百度搜索指数是通过互联网用户的网页搜索和新闻搜索行为数据，以特定关键词为统计对象，通过在百度网页中搜索频次的加权，来显示互联网用户对该关键词的关注程度的一种数据。红色旅游活动是公众性行为，因此百度搜索指数可以在一定程度上反映游客对红色旅游经典景区信息的搜索量。搜索时间为 2023 年 6 月 15 日全天。

"两微一抖"是微博、微信、抖音三个平台的简称，其不仅是当下头部社交媒体平台，也是红色景区营销的典型代表。微博 2022 年第四季度及全年财报显示②，截至四季度末，微博月活跃用户达到 5.86 亿，同比净增1300 万，日活跃用户达到 2.52 亿，同比净增 300 万，四季度微博的月活跃用户中来自移动端的比例达到了 95%。抖音 App 日活跃用户数则早在 2020年 8 月便突破 6 亿，在短视频领域仍是用户首选，成为创新性营销利器。微博、微信和抖音三大平台几乎涵盖了中国网民，是名副其实的全民流量。通过检索新榜网、清博网等第三方数据平台和查询各经典景区账号，分别获得各经典景区在新媒体中的数据信息。经典景区微信公众号的数据截取了2023 年 5 月 29 日至 2023 年 6 月 18 日三周的时间，共检索到 245 个公众号，其中 142 个公众号的新榜指数有效，103 个公众号的新榜指数为零。微博和抖音的数据来源于清博数据平台，搜索时间为 6 月 24 日全天，运营微博账号的红色经典景区有 121 个，抖音账号有 134 个。

---

① 受数据平台、检索时间、检索方式等的影响，本报告所获四类数据与实际账号可能存在偏差。
② 数据来源于新浪财经，https：//baijiahao.baidu.com/s？id = 1759158879668425439&wfr = spider&for = pc。

（三）指数计算方法

1. 综合传播力指数

综合传播力指数(ORI) = 百度搜索指数排名($RGRI$) + 微信公众号指数排名($RWRI$)

$\qquad$ + 微博指数排名($RCRI$) + 抖音指数排名($RDRI$) $\hfill$ (1)

式（1）中：四个分项指数排名第一的指数为 1，综合传播力指数按排名加总计算，数值越小，排名越高，指数越好。

2. 百度搜索指数

百度搜索作为全球领先的中文搜索引擎，可帮助用户了解关键词在网络上的影响力[1]。在百度搜索引擎中输入对应的景区关键词，并比较景区名称与不同关键词所显示的搜索结果数量，数量越大表明景区的宣传效果越好，权衡后选择最高搜索量作为该景区的百度搜索指数。

3. 微信公众号传播力指数

微信公众号传播力指数根据"新榜指数"[2]进行微调，删除"在看数"指标，将其权重并入"点赞数"，指数越高影响力越大。计算公式为：

$$NRI = 0.75R + 0.05Rm + 0.1Ra + 0.05Rh + 0.05Rz$$

$$R = \frac{\ln(R+1)}{\ln(n \times \overline{R}+1)} \times 1000, Rm = \frac{\ln(Rm+1)}{\ln(\overline{Rm}+1)} \times 1000, Ra = \frac{\ln(Ra+1)}{\ln(\overline{Ra}+1)} \times 1000,$$

$$Rh = \frac{\ln(Rh+1)}{\ln(n \times \overline{Rh}+1)} \times 1000, Z = \frac{\ln(Z+1)}{\ln(n \times \overline{Z}+1)} \times 1000 \hfill (2)$$

式 2 中：R 为总阅读数，是指统计周期内所有发布内容的阅读数总和；Rm 为最高阅读数，是指统计周期内所有发布内容中的单篇最高阅读数；Ra 为平均阅读数，即统计周期内所有发布内容的阅读数平均值；Rh 为头条阅读，即统计周期内位置为头条的内容的阅读总数；Z 为总点赞数，即统计周期内所有发布内容的点赞数总和。

---

[1] 百度搜索，https：//baike. baidu. com/item/百度搜索/22311？fr=aladdin。

[2] 新榜指数 NRI 算法说明，https：//www. newrank. cn/public/about/reference. pdf。

4.微博传播力指数

微信传播力指数根据"清博指数"[①] 进行调整，将活跃度考量标准调整为微博数、关注数、粉丝数，并根据对活跃度的反映程度调整计算权重。将传播力考量标准调整为转发数、评论数、点赞数、总转赞评数，并根据对传播力的反映程度调整计算权重。计算公式为：

$$SCI = (20\% \times W1 + 80\% \times W2) \times 160 \tag{3}$$

式（3）中：活跃度 $W1$（20%）= ln（微博数+1）×30%+ln（关注数+1）×20%+ln（粉丝数+1）×50%；传播度 $W2$（80%）= ln（转发数+1）×30%+ln（评论数+1）×30%+ln（点赞数+1）×20%+ln（总转赞评数+1）×20%。

5.抖音传播力指数

抖音传播力指数根据"清博指数"[②] 进行调整，将发布指数，由新增作品数调整为作品数。将互动指数，由点赞数、评论数、分享数调整为获赞总数和关注数。将覆盖指数，由新增粉丝数、总粉丝数调整为粉丝数。并根据对抖音传播力的反映程度调整发布指数、互动指数、覆盖指数的计算权重。

计算公式为：

$$DCI = (发布指数 \times 20\% + 互动指数 \times 60\% + 覆盖指数 \times 20\%) \times 100 \tag{4}$$

式（4）中：发布指数为 ln（作品数+1），互动指数为 ln（获赞总数+1）×80%+ln（关注数+1）×20%，覆盖指数为 ln（粉丝数+1）。

二 结果分析

根据上述计算方法，经查询相关数据平台，对全国红色旅游经典景区的新媒体传播力指数的总排名和各单项排名情况说明如下。

---

① 微博传播指数 BCI（V9.0），https：//www.gsdata.cn/site/usage-2。
② 抖音号传播力指数 DCI（V1.0），https：//www.gsdata.cn/site/usage-16。

（一）新媒体传播力综合指数

在 645 个全国红色旅游经典景区中，共有 638 个景区入榜。"中国国家博物馆"以综合指数 15 排名第一，相较于上一年，"中国国家博物馆"的微信公众号运营情况有了进步，微信传播力指数排名由第 8 名上升到第 1 名。整体而言，全国红色旅游经典景区在新媒体传播力指数上表现不太理想，但较上一年，大部分景区新媒体传播力指数有所上升，只有少数景区的运营情况有退步现象。

在表 1 排在前 20 名的经典景区中，资源品级高、品牌影响力大，兼具纪念意义与科普功能的热门型景区占比较大，说明这些景区具有较强的新媒体应用意识和新媒体传播能力。但同时也发现，各景区在新媒体平台上的选择有明显的差异性和偏好特征，综合传播力较强的中国国家博物馆，在微信公众号传播力和微博传播力中均排名第一，天安门广场、中国人民革命军事博物馆分别在百度和抖音中排名第一。排名为后 20 名的经典景区在总指数上差距不大，无论是百度搜索指数还是其他三个新媒体平台上的数据都位居后列。

表 1　全国红色旅游经典景区新媒体传播力综合指数前 20 名

排名	景区名称	百度搜索排名指数	微信公众号排名指数	微博账号排名指数	抖音账号排名指数	综合指数
1	中国国家博物馆	7	1	1	6	15
2	中国人民抗日战争纪念馆	34	11	2	13	60
3	圆明园遗址公园	38	3	4	24	69
4	岳麓山景区	26	6	21	22	75
5	丹东市抗美援朝纪念馆	17	21	20	25	83
6	中国人民革命军事博物馆	99	14	7	1	121
7	东莞市鸦片战争博物馆	20	23	30	59	132
8	侵华日军南京大屠杀遇难同胞纪念馆	12	2	123	5	142
9	南京市中山陵	21	8	49	65	143

排名	景区名称	百度搜索排名指数	微信公众号排名指数	微博账号排名指数	抖音账号排名指数	综合指数
10	雨花台烈士陵园	93	20	27	4	144
11	北京奥林匹克公园	11	9	123	2	145
12	平津战役纪念馆	97	28	16	19	160
13	上海世博园	4	12	113	50	179
14	天安门广场	1	4	42	135	182
15	枣庄市台儿庄大战遗址	46	159	6	12	223
16	上海城市规划展示馆	39	17	44	135	235
17	南昌新四军军部旧址	125	80	19	14	238
18	嘉兴市南湖风景名胜区	3	159	25	53	240
19	安阳市林州市红旗渠	43	19	55	123	240
20	中国共产党第一次全国代表大会会址纪念馆	73	10	23	135	241

（二）百度搜索传播力指数

从全国红色旅游经典景区的百度搜索量来看，超过1000万的有96个景区，较2022年4月30日增加了33个景区，其中3000万以上的有25个，5000万以上的有9个，较上一年均有增长。"天安门广场"和"卢沟桥"两个景区百度搜索量高达1亿，为百度引擎搜索量能显示的最高级别，远超第三位"嘉兴市南湖风景名胜区"。100万~1000万搜索量的有258个，10万~100万的有284个，均较上年度有小幅度增长，两个层级的景区占比数据大致相当，两者比重加总超过景区总数量的84%。

在全国红色旅游经典景区百度搜索量排名前20名中，"天安门广场""卢沟桥""嘉兴市南湖风景名胜区""上海世博园""北京奥林匹克公园"分别对应着我国重大历史事件"新中国成立""卢沟桥事变""中国共产党成立""上海世博会""北京奥运会"等，具有里程碑意义，景区搜索量与历史事件影响力高度正相关。在百度搜索引擎上，搜索量靠前的景区内容经过精心策划，页面美观有吸引力，内容定期维护更新，在宣传本景区红色历史的同时，讲好新时期红色经典故事，创新利用新媒体技术传播红色文化。

同时也要关注搜索量未超过 1 万的三个景区，分别是"潼商县杨闇公旧居及烈士陵园""桂东县'三大纪律六项注意'颁布旧址""农八师周恩来总理纪念馆"，因为景区名含生僻字、影响力低、地区偏远等因素，故搜索量排名居最后三位。

表 2　全国红色旅游经典景区百度搜索量前 20 名

排名	景区名称	百度指数
1	天安门广场	100000000
2	卢沟桥	100000000
3	嘉兴市南湖风景名胜区	83200000
4	上海世博园	74000000
5	湖南第一师范学校旧址	66800000
6	鹤壁市石林会议旧址	65900000
7	中国国家博物馆	58600000
8	延安纪念馆	51700000
9	尚志市革命烈士陵园	47900000
10	陕甘宁边区政府旧址	41000000
11	北京奥林匹克公园	38600000
12	侵华日军南京大屠杀遇难同胞纪念馆	37100000
13	烈士陵园	36800000
14	房山区没有共产党就没有新中国纪念馆	33000000
15	河东区新四军军部旧址	33000000
16	乌兰浩特市内蒙古自治区政府成立纪念地	32800000
17	丹东市抗美援朝纪念馆	32700000
18	周恩来纪念馆和故居	32700000
19	枣园旧址	32500000
20	东莞市鸦片战争博物馆	32300000

（三）微信公众号传播力指数

在 142 个有效的新榜指数中，仅有 3 个公众号的传播力指数超过 700，11 个公众号的指数在（600，700）区间，23 个公众号的指数位于（500，600）区间，42 个公众号的指数在（400，500）区间，40 个公众号的指数处于（300，400）范围内，20 个公众号的指数在（200，300）区间，有 3 个公众号的指数在（100，200）区间。按公众号运营效果可分为七个级别：3 个公众号的运营状况极好，11 个公众号的运营状况非常好，23 个公众号的运营状况较好，42 个公众号的运营状况一般，40 个公众号的运营状况较差，20 个公众号的运营状况非常差，3 个公众号的运营状况极差。整体而言，各经典景区微信公众号的传播力指数差异明显，运营效果好的微信公众号为数不多。较上年相比，运营状况一般及以上的公众号减少了 39 个，各红色经典景区的微信公众号传播力指数整体有所下降。

本次统计时段中，微信新榜指数排名前 20 的景区如表 3 所示。按省份来看：北京 6 处、江苏 3 处、上海 3 处、广东 2 处，河北、河南、山东、湖北、湖南、辽宁省各 1 处入榜。中国国家博物馆以 267431 总阅读数、230561 头条阅读数、136794 平均阅读数、180324 单篇最高阅读数、1573 总点赞数、新榜指数 772.40，位列榜单第一。侵华日军南京大屠杀遇难同胞纪念馆以 740.64 的新榜指数位居第二，近 30 天内更新文章 23 篇，其中 4 篇推文的阅读数在 2.2 万~4.2 万，推文内容涵盖场馆信息、时事新闻、期刊荐读等多个方面，内容大多深刻且丰富，令人铭记。

（四）微博传播力指数

在 121 个有效的微博指数榜单中，有 9 个微博号的指数超过 1500，10 个微博号的指数在（1500，1300）区间，25 个微博号的指数位于（1300，1000）区间，55 个微博号的指数在（1000，400）区间，22 个微博号的指数处于（400，0）范围内。按运营效果可分为五个级别：9 个微博号的运营状况极好，10 个微博号的运营状况非常好，25 个微博号的运营状况较好，

表3 全国红色旅游经典景区微信新榜指数前20名

排名	景区	公众号	总阅读数	头条阅读	平均阅读	单篇最高阅读	点赞数	新榜指数
1	中国国家博物馆	国家博物馆	267431	230561	136794	180324	1573	772.40
2	侵华日军南京大屠杀遇难同胞纪念馆	侵华日军南京大屠杀遇难同胞纪念馆	199068	178710	40407	64824	613	740.64
3	圆明园遗址公园	圆明园遗址公园	226436	186595	10457	53913	342	732.23
4	天安门广场	天安门印象	90080	90080	33991	79298	45	694.91
5	深圳市博物馆（新馆）及莲花山公园	深圳博物馆	104428	90302	16828	29584	125	694.06
6	岳麓山景区	岳麓山橘子洲旅游区	75062	75062	75062	75062	45	692.86
7	青岛市中国人民解放军海军博物馆	中国人民解放军海军博物馆	102886	77159	3802	31939	212	681.84
8	南京市中山陵	南京钟山风景区	50101	47200	6490	13384	85	646.48
9	北京奥林匹克公园	北京奥林匹克公园	34732	34131	4383	14076	120	626.97
10	中国共产党第一次全国代表大会会址纪念馆	上海中共一大纪念馆	35335	21930	2910	6761	126	619.65
11	中国人民抗日战争纪念馆	北京中国人民抗日战争纪念馆	27878	26047	3663	12327	113	614.01
12	上海世博园	上海世博文化公园	24783	24783	9398	14913	19	612.50
13	湖北宜昌市长江三峡水利枢纽工程	三峡通航发布	27375	20364	2727	7242	137	608.07
14	中国人民革命军事博物馆	北京中国人民革命军事博物馆	22257	12577	5564	12577	88	604.57
15	石家庄市平山县西柏坡红色旅游系列景区	西柏坡纪念馆	20633	13020	4545	13020	30	596.60
16	中山市孙中山故居和纪念馆	孙中山故居纪念馆	11266	10652	5873	7645	13	566.68
17	上海城市规划展示馆	上海城市规划展示馆	12082	11307	3066	4704	14	562.43
18	辽沈战役纪念馆	辽宁辽沈战役纪念馆	10523	6774	3215	4286	36	557.26
19	安阳市林州市红旗渠	红旗渠旅游	11897	8787	1275	2980	9	550.10
20	江苏雨花台烈士陵园	中国雨花台	9657	8946	1891	4129	21	548.08

55 个微博号的运营状况一般，22 个微博号的运营状况非常差。整体而言，各红色旅游经典景区微博的传播力指数存在明显差异，运营效果一般的公众号占比 45%。与上一年相比，有效运营的微博账号增加了 45 个，新增占比超过 37%，运营状况较好及一般的微博号增加了 36 个，新增占比 45%，全国红色旅游经典景区的微博传播力有实质性进步。

从省份来看，如表 4 所示，前 20 名的活跃账号中，北京市占 4 个，占比最高，江西省、天津市、黑龙江省各占 2 个，微博运营效率高。

中国国家博物馆以 5159000 粉丝数、888 关注数、21053 微博发布数、1294365 累计转发量、446943 累计评论量、1247861 累计点赞量、2989169 转赞评总量、2167.39 传播力指数获得榜单第一名。中国国家博物馆每日坚持发布优质内容，内容以近期展讯、节日信息、国博馆藏视频介绍等为主，其中国博馆藏的视频介绍制作精良、内容翔实，播放量也屡次破万。视频介绍不仅能让微博用户线上欣赏国家馆藏，更能有利于文物背后历史文化知识的宣传和普及。中国人民抗日战争纪念馆以 2031 的传播力指数位居第二名。中国人民抗日战争纪念馆微博主要发布内容有历史影像、历史故事云课堂、历史记忆回溯等，发博的形式较丰富，既包括各种主题的视频，也有可读性很强的文字叙述。微博内容具有浓厚的红色历史气息，选题丰富，科普性和可读性都比较强。龙华革命烈士陵园微博以 1962.2 指数排名第三。龙华英烈微博坚持日更，内容以缅怀先烈、英烈介绍、幕后工作内容等为主。

（五）抖音传播力指数

在 134 个有效的新榜指数中，仅有 3 个抖音传播力指数超过 1300，11 个抖音传播力指数在（1000，1200）区间，23 个抖音传播力指数位于（800，1000）区间，38 个抖音传播力指数在（600，800）区间，48 个抖音传播力指数处于（400，600）范围内，有 6 个抖音传播力指数在（200，400）区间，5 个抖音传播力指数在（0，200）区间。按运营效果可分为七个级别：3 个抖音账号的运营状况极好，11 个抖音账号的运营状况非常好，23 个抖音账号的运营状况较好，38 个抖音账号的运营状况一般，48 个抖音

表 4　全国红色旅游经典景区微博指数前 20 名

排名	景区名称	微博名	粉丝数	关注数	微博发布数	累计转发量	累计评论量	累计点赞量	转赞评总量	微博传播力指数
1	中国国家博物馆	国家博物馆	5159000	888	21053	1294365	446943	1247861	2989169	2167.39
2	中国人民抗日战争纪念馆	中国人民抗日战争纪念馆	168000	848	12358	749204	128369	1292616	2170189	2031.00
3	龙华烈士陵园	龙华革命烈士	518000	90	3291	311894	63934	422316	6798144	1962.20
4	圆明园遗址公园	圆明园遗址公园	504000	204	5153	58053	52103	387763	49791900	1947.63
5	绍兴市鲁迅故居及纪念馆	浙江绍兴鲁迅纪念馆	14000	1073	36866	399203	416480	47672	862881	1916.16
6	枣庄市台儿庄大战遗址	台儿庄古城官方	99000	1291	10822	137383	73726	51562	262671	1800.99
7	中国人民革命军事博物馆	中国人民革命军事博物馆	213000	85	1237	24819	8891	72141	105851	1613.49
8	深圳市博物馆（新馆）及莲花山公园	深圳博物馆	240000	468	4875	14377	14480	24507	54898	1592.73
9	铜川市陕甘边照金革命根据地旧址	照金红色旅游名镇	13000	202	1576	38085	3440	22526	64051	1513.90
10	周恩来邓颖超纪念馆	周恩来邓颖超纪念馆	27000	526	1175	11108	3727	33478	48313	1487.57
11	铁人王进喜纪念馆	铁人王进喜纪念馆	24000	1158	5106	14160	6191	1956	22307	1441.16
12	宁乡县花明楼刘少奇故居和纪念馆	刘少奇同志纪念馆	18000	271	4048	9559	6924	4303	20786	1432.62
13	南昌八一起义纪念馆	南昌八一起义纪念馆	47000	295	54	6882	4615	14171	25668	1414.97
14	黑河市瑷珲历史陈列馆	瑷珲历史陈列馆	63000	343	6624	2958	2921	14524	20403	1411.39
15	青藏铁路拉萨站	拉萨火车站	47000	79	1303	1100	474671	604	2375	1402.86
16	平津战役纪念馆	平津战役纪念馆	22000	670	2751	3770	2736	12248	18754	1390.68
17	梅园新村纪念馆	中共代表团梅园新村纪念馆	3489	1437	5117	7423	3461	2987	13871	1363.25
18	江夏区中山舰纪念馆	武汉市中山舰博物馆	32000	598	1906	3249	2132	4978	10359	1338.91
19	南昌新四军军部旧址	南昌新四军军部旧址陈列馆	13000	100	634	5977	2335	3665	11977	1325.31
20	丹东市抗美援朝纪念馆	抗美援朝纪念馆	69000	77	372	2170	1150	7365	11000	1294.87

账号的运营状况较差，6 个抖音账号的运营状况非常差，5 个抖音账号的运营状况极差。整体而言，全国红色旅游经典景区抖音传播力指数存在明显差异，运营效果好的抖音账号为数不多。账号总体运营数量相较上一年减少 8 个，但相较上一年运营状况位于一般水平及以上的账号新增 13 个。整体上，全国红色旅游经典景区的抖音账号运营情况较上一年有微小进步。

在本次统计时段内，抖音传播力指数排名前 20 的景区如表 5 所示。按省份来看：北京 4 个，江苏 3 个，天津、河北、山西、吉林、黑龙江、上海、江西、山东、河南、广西壮族自治区、四川、贵州、陕西各 1 个入榜。中国人民革命军事博物馆以 10502000 粉丝数、1105 作品数、65262000 获赞总数、120 关注数、抖音传播力指数 1384.77 位列榜单第一。其抖音发布内容以各式军事武器和红色革命事迹讲解为主，在了解到革命先烈英勇顽强的奋斗事迹的同时，网友也能了解各式军事武器的细节与差异，具有很好的军事武器知识普及效果。北京奥林匹克公园以 1333.25 的抖音传播力指数位居第二，其抖音发布内容以各国运动健儿在赛场的英勇拼搏和充满乐趣的赛前赛后生活为主，使网友在感受运动健儿英勇拼搏精神的同时，也看到了他们风趣可爱的另一面。徐州市淮海战役纪念馆以 1324.39 的抖音传播力指数位居第三。其抖音发布内容以淮海战役老一辈革命先烈和国家现代军人为主，不仅具有浓厚的红色革命精神，同时聚焦每一位先烈与军人，细致展现中国军人的风貌与情怀。

表 5　全国红色旅游经典景区抖音指数前 20 名

排名	景区名称	抖音账号名称	粉丝数	作品数	获赞总数	关注数	抖音传播力指数 DCI
1	中国人民革命军事博物馆	军事博物馆	10502000	1105	65262000	120	1384.77
2	北京奥林匹克公园	奥林匹克运动会	1917000	653	65147000	67	1333.25
3	徐州市淮海战役纪念馆	淮海战役纪念馆	1527000	1028	52232000	53	1324.39
4	雨花台烈士陵园	中国雨花台	196000	1791	5330000	95	1191.78

排名	景区名称	抖音账号名称	粉丝数	作品数	获赞总数	关注数	抖音传播力指数 DCI
5	侵华日军南京大屠杀遇难同胞纪念馆	侵华日军南京大屠杀遇难同胞纪念馆	700000	505	10557000	5	1191.48
6	中国国家博物馆	中国国家博物馆	1023000	396	2192000	28	1137.67
7	新乡市南太行创业精神红色旅游景区	新乡南太行旅游度假区	87000	1015	1488000	76	1100.29
8	南充市仪陇县朱德故居纪念馆	朱德故里景区	59000	149	845000	3369	1072.45
9	代县雁门关伏击战遗址	雁门关景区	96000	368	503000	295	1046.10
10	易县狼牙山风景区	狼牙山旅游	55000	594	1114000	4	1033.71
11	龙州小连城要塞遗址	秀美龙州	30000	267	585000	232	1020.82
12	枣庄市台儿庄大战遗址	台儿庄大战纪念馆	16000	75	1012000	547	1019.62
13	中国人民抗日战争纪念馆	中国人民抗日战争纪念馆	275000	188	352000	55	1016.66
14	南昌新四军军部旧址	南昌新四军军部旧址陈列馆	62000	156	436000	108	1001.42
15	米脂县杨家沟革命旧址	米脂县杨家沟革命纪念馆	23000	456	325000	80	985.29
16	哈尔滨烈士陵园	哈尔滨烈士陵园	18000	238	258000	110	960.12
17	黔南州瓮安县、遵义市余庆县、遵义县和息烽县乌江景区	贵州乌江寨度假区	41000	185	277000	6	941.82
18	龙华革命烈士陵园	龙华英烈	31000	231	147000	5	908.38
19	平津战役纪念馆	平津战役纪念馆	13000	195	88000	160	902.48
20	陈云旧居	陈云纪念馆	25000	137	128000	12	896.33

三　提升红色旅游经典景区新媒体传播力的对策建议

根据前述红色旅游经典景区在新媒体上的表现情况，结合红色旅游发展趋势和新媒体平台迭代更新情况，课题组提出以下建议供各景区参考。

（一）传承红色风骨，注入时代血液

红色文化贯穿中国共产党和中华人民共和国成立、成长、成熟的全过程，蕴含着丰富的革命精神和厚重的历史文化内涵，彰显了社会主义先进文化的本质属性。当前，我国红色旅游经典景区在进行新媒体传播时，必须立足于红色历史文化，传承红色风骨，同时结合时代精神，注入时代血液，对景区红色精神进行丰富和拓展延伸，以此促进红色文化可持续发展。

（二）拓展传播渠道，扩大景区影响

红色旅游经典景区长期以来一直借助传统的纪念仪式和媒介传播活动来传递相关信息，而新兴媒体传播平台则经常被忽视，综合以上指数分析，仍有大量景区未在微信、微博、抖音等平台注册官方宣传账号，导致搜索引擎收录页面较少，相关话题也相对较少，景区影响力不大。我国的红色旅游经典景区必须顺应全媒体的时代潮流，积极拓展传播渠道，打造全媒体矩阵，形成各平台齐头并进的良好发展势头，充分发挥新媒体在信息传播、互动和营销等方面的优势。同时，加强对景区线上平台的优化，增加高质量的外链，打造优质、立体、常态化的新媒体传播空间，以扩大景区的网络影响力。

（三）加强信息传递，丰富互动方式

新媒体是景区与游客在平等的基础上进行信息互动和交流的媒介，景区重视新媒体平台的管理和运营，并提供乘客游玩体验反馈、旅游信息查询等多项服务，与游客共同推动红色旅游经典景区的新媒体传播，从而大幅提升景区新媒体传播的效果。红色旅游经典景区要充分利用新媒体的传播优势，策划丰富主客互动方式，提高游客参与景区信息传播活动的积极性，加强信息的双向传递，引导更多的游客积极参与内容创作，以此丰富景区信息来源、提升景区信息接收度、增强景区新媒体营销效果。如中国国家博物馆在官方网站专门设置"留言板"，供游客留言，并针对每一条留言认真及时地给出有效反馈，并针对游客意见不断改进提升，值得其他红色景区借鉴。

（四）加强活动营销，普及红色知识

许多红色景区都是历史事件的发生地和纪念地，拥有具有代表性的红色资源和红色文化，在对应的历史纪念日或者节假日，可以发布相关的宣传报道，而对于部分每年没有固定时间纪念或者庆祝的红色景区，则需要通过策划活动、制造产品、创新业务等方式，把握营销时机。当地红色旅游景区在策划旅游产品、旅游活动、旅游节庆等营销活动时，也要注意普及和宣传红色历史知识和红色文化魅力。比如红色景区可以在宣传平台中增加"知识共享"栏目，以点赞转发、分享讨论、学习打卡等形式传播历史文化、非遗技艺、人物故事，增强游客的文化认同感。

B.6
中国红色旅游演艺发展报告

阎友兵　钟　莉*

摘　要： 文旅融合新时代下，旅游者对红色旅游期待值不断提升，红色旅游发展更具多元化，红色旅游演艺成为重要专题。本报告通过对红色旅游演艺发展背景、历程的剖析，总结了其发展现状，指出了红色旅游演艺在发展过程中遇到的挑战，并提出了促进红色旅游演艺健康可持续发展的相应措施。具体来看，红色旅游演艺教育性突出、主题鲜明、共情强烈、地域性明显，但依然面临表现形式单一、专业人才匮乏、高成本危及生存、市场监管待完善、营销渠道单一等挑战，因此，未来有必要从加强科技融入、加强人才队伍培养、降低投资成本、加强市场监管、拓宽营销渠道等方面出发，促进红色旅游演艺健康可持续发展。

关键词： 文旅融合　红色旅游　红色旅游演艺　可持续发展

一　红色旅游演艺发展背景、历程与现状

（一）红色旅游演艺发展背景

1. 旅游演艺成为丰富和深化游客体验的重要手段

2004年12月，中共中央办公厅、国务院办公厅印发了《2004—2010年

---

* 阎友兵，博士，湘潭大学商学院教授、博士生导师，主要研究方向为红色旅游、旅游经济；钟莉，湘潭大学商学院硕士研究生，研究方向为红色旅游。

全国红色旅游发展规划纲要》，红色旅游正式进入大众视野。随着旅游的发展，为了丰富旅游产品，增强旅游者的体验感，旅游演艺逐渐推进。近年来，国家陆续颁布《2016—2020年全国红色旅游发展规划纲要》《关于促进旅游演艺发展的指导意见》《"十四五"旅游业发展规划》等政策推进红色旅游和旅游演艺发展。随着人民生活水平的提高，旅游形式需求多样化，如何在较短时间内更好、更多地了解景区的文化和历史，获得更深刻的旅游体验成为旅游者获得满足感的重要内容。在此背景下，红色旅游演艺作为红色文化与旅游演艺相结合的旅游产品被推上舞台，成为丰富和深化旅游体验的重要手段。红色旅游演艺可以满足人们对红色文化的探索和沉浸式体验的需求，红色旅游演艺是旅游市场需求发展下的必然趋势。

2. 红色文化的弘扬需要手段与方式创新

红色文化是中国共产党在伟大的斗争中积淀，在革命前进道路上战胜各种困难和挑战、不断夺取新胜利的强大精神力量，它记录了党领导中国人民不懈奋斗的全过程。它是中国文化的底色和灵魂，其深远的影响力和独特的文化价值具有伟大的传承意义。在此背景下，弘扬红色文化、讲好红色故事需要手段与方式的创新。发展红色旅游演艺在红色旅游景区纪念馆、革命旧址、伟人故居等历史"再生"基础上实现红色历史的"活化"，实现红色文化弘扬手段的创新化、多样化。红色旅游演艺对推广红色文化，提高人民群众对英雄事迹、革命传统、红色精神的认同，传承红色基因，激发爱国热情等方面有积极作用，红色旅游演艺是红色旅游发展过程中不可缺少的重要方式。

3. 文旅融合推动旅游演艺快速发展

文旅部数据显示：2019年国内旅游人数60.06亿人次，红色旅游人次为14.1亿；2020年，新冠肺炎疫情对旅游产业造成了巨大冲击，2020年国内旅游人数28.79亿人次，红色旅游约1亿人次；2021年，国内旅游总人次32.46亿，中国红色旅游迎来回温，接待游客人次约为1.13亿。综上可知，红色旅游作为旅游产业的重要组成部分，在文旅融合的加速推动下，迅速兴起并成为中国旅游业新的强劲增长点。国家在文旅融合的背景下，提出了发展红色旅游、提升其发展水平、创新其发展方式、构建完整旅游产业链的重要任务。在此背景下，红色旅游演艺作为一种深度融合的新型文化事业，得到了快速发展。红色旅游演艺能在很大程度上实现红色文化赋能旅游，促进文化产业和旅游业健康发展，完善旅游产业链。红色旅游演艺是文旅融合背景下红色旅游发展的必经之路。

（二）红色旅游演艺发展历程

1. 萌芽期（1982~2010年）

从新中国成立到"文化大革命"前期，在国家的支持引导下，文化艺术方面实行"百花齐放，百家争鸣"的方针，推动了我国演艺产业的迅速发展。1982年，由陕西西安歌舞剧院表演的《仿唐乐舞》作为我国第一台旅游演艺节目，开启了我国旅游演艺之路。20世纪90年代，随着经济发展，旅游演艺项目也逐渐增加。例如，1995年，深圳华侨城旗下的中国民俗文化村《中国百艺晚会》；1997年，杭州宋城的《宋城千古情》等。进入21世纪，2004年红色旅游兴起，红色旅游产品逐渐丰富多元，为了讲好红色故事，增强红色旅游教育性、体验感，2006年，湖北洪湖景区推出《洪湖赤卫队》，从此开创了"红色旅游+旅游演艺"的先河，拉开了红色旅游演艺的序幕。在此阶段，共有7台红色旅游演艺项目问世①。随着2008年江西《井冈山》、2009年山东《蒙山沂水》、2010年西安《延安保卫战》等陆续演出，红色旅游演艺萌芽，开始焕发生机，走向稳步发展道路。

2. 发展期（2011~2015年）

充满生机、发展态势良好的红色旅游演艺吸引了更多红色旅游景区的关注，红色旅游演艺项目陆续在多个红色景区落地。例如，2012年延安推出《延安保育院》《延安颂》，2013年推出《延安印象》；2013年韶山推

---

① 毕剑、李忠：《新时代背景下延安红色旅游演艺高质量发展研究》，《焦作师范高等专科学校学报》2021年第2期。

出《中国出了个毛泽东》；2016 年山西长治推出《太行山》等共计 9 台演艺项目①。随着各地红色旅游景区的积极响应，红色旅游演艺数量不断增加，规模逐渐壮大，进入发展期，成为旅游演艺领域的重要组成部分。

3. **繁荣期（2016年至今）**

近年来，随着国家对红色旅游的重视，对文化和旅游产业进一步融合的推进以及旅游产业链的进一步完善，红色旅游演艺成为传播红色文化的重要渠道。全国红色旅游演艺项目数量大规模增长，红色景区相继推出各种类型演艺作品。例如，2019 年在河北雄安演出的情景剧《新中国从这里走来》、2021 年在重庆演出的沉浸式剧场演艺《重庆·1949》、2021 年山东的情景话剧《微山湖》、2021 年江苏常熟的夜游实景演艺《暗战·沙家浜》、2022 年四川广安的话剧《平凡英雄》等。在此阶段，红色旅游演艺迎来繁荣期，红色旅游演艺与时俱进，为旅游者带来更个性化、更多元的旅游体验。

（三）红色旅游演艺的发展现状

1. 演艺模式发展多元化

旅游演艺是文化和旅游融合的产物，红色旅游演艺是时代发展下"红色旅游+演艺"业态创新的典型代表。红色旅游演艺是依托当地红色旅游资源，以中国党史、革命史、抗日战争史、英雄人物壮举等主题，融合红色文化、历史文化、艺术等元素，以演出的形式向游客展现红色文化内涵的一种旅游产品。旅游演艺在演出模式上分为实景演出、主题公园演出和剧场演出三类。

（1）实景演艺模式

实景演艺模式是基于旅游地的山水实景来策划并呈现演出内容的一种形式。实景类旅游演艺的主要特点是将民俗文化与知名山水旅游景点有机

---

① 毕剑、李忠：《新时代背景下延安红色旅游演艺高质量发展研究》，《焦作师范高等专科学校学报》2021 年第 2 期。

结合，以当地政府的主要投入为支撑，并鼓励多方合作参与。此类演出以超出常规的规模和表现力为特色，给观众带来独特的旅游体验和娱乐享受。例如，江西省井冈山红色革命历史主题大型实景剧《井冈山》、西安华清宫景区由"西安事变"改编的大型实景影画《12·12》、韶山景区为纪念伟大长征精神的韶山实景演出《中国出了个毛泽东》、海南的大型实景演艺《红色娘子军》、重庆的以"壮美红岩，心灵之旅"为主题的实景演艺《歌乐忠魂》、石家庄平山县的大型沉浸式红色教学实景演艺《梦回西柏坡》等。

（2）主题公园演艺模式

主题公园演艺旅游模式主要是在主题公园内打造演出剧目，通过演出与游园优势互补、共同打造的复合型旅游演艺项目。例如，成都欢乐谷景区打造的演艺项目《抓壮丁》、四川长征国家文化公园长期驻场演出的演艺项目《伟大转折》等。

（3）剧场演艺模式

剧场演艺模式是以著名旅游中心区为依托打造的旅游"特色演出"精品。此模式主要是通过社会资本或专业演出单位招揽"高、精、尖"艺术人才组建自己的特色演艺团队，创排自己的旅游演艺品牌节目，使之成为旅游消费者完成日间游览后的另一种精神享受和文化观摩，以增加旅游产品的人文内涵和吸引力，是近年来演艺业与旅游业有效合作的典型模式。例如，西安的《延安记忆》《再回延安》、韶山的《最忆韶山冲》、山东的《沂蒙四季·红嫂》、贵州的《遵义1935》等皆为剧场演出。红色旅游演艺以实景演出和剧场演出模式为主，红色旅游演艺以其独特的红色文化体验模式为广大游客提供品质化、个性化、多元化体验。

2. 政策引导飞速发展

为推动文化和旅游更广范围、更深层次、更高水平融合发展，丰富文旅产品，促进红色旅游、旅游演艺发展，拉动旅游业经济发展，政府出台了多项政策。《关于促进旅游演艺发展的指导意见》提出将推进旅游演艺的转型升级作为首要任务，《"十四五"旅游业发展规划》提出文化和旅游深度融合、相互促进，红色旅游、乡村旅游、旅游演艺、文化遗产旅游等蓬勃发展。从国家政策层面出发，中国红色旅游演艺行业相关政策的制定是红色旅游演艺行业飞速发展的有力支持，红色旅游演艺在政策支持下飞速进步。

3. 演艺产业规模日益扩大

随着中国居民人均可支配收入的提高，人们愈发重视对精神文化的追求，旅游演艺市场规模日益扩大。2016~2019 年是旅游演艺快速发展期，旅游演艺遇到中国旅游业的繁荣期，旅游演艺项目纷纷在各地上演，整体市场规模在 40 亿到 60 亿元[①]。2020 年疫情导致旅游演艺项目暂停，行业受到重创。2021 年根据旅游业恢复情况和演艺产业的上升趋势，中国演出行业协会发布的《2021 全国演出市场年度报告》数据显示，2021 年全国主要演出类型（不含农村演出、娱乐演出）演出共计 18.97 万场次，旅游演艺为 7.48 万场次，占比为 39.43%。旅游演艺市场规模初步核算达 30 亿元[②]。随着旅游演艺产业规模的日益增长，红色旅游演艺作为旅游演艺的重要部分，市场规模也迅速发展。例如，韶山旅游景区打造的《中国出了个毛泽东》大型实景演出、《梦回韶山》情景剧等红色旅游演艺项目，在 2019~2021 年三年时间共接待游客超 100 万人次，营业收入超 1 亿元；江西省井冈山市大型实景演出作品《井冈山》从 2008 年首演至 2021 年 4 月，共计演出 2800 多场次，旅游者超 300 万人次，门票收入上亿元；延安枣园文化广场演出的大型红色主题剧场演艺作品《延安·延安》从 2019 年 3 月改版至 2022 年 3 月已累计演出 1100 余场次，累计接待海内外观演游客 30 余万人次；海南三亚，由陕西旅游集团和北京春光集团联手打造的大型椰海实景演出《红色娘子军》自 2018 年开演至 2021 年 3 月底，已演出 780 余场次，接待观众 76 万余人次。

---

① 数据来源：前瞻产业研究院-经济学人《研究员专栏》，https://www.qianzhan.com/analyst/detail/220/230110-5767b5a9.html，2023 年 1 月。
② 数据来源：前瞻产业研究院-经济学人《研究员专栏》，https://www.qianzhan.com/analyst/detail/220/230110-5767b5a9.html，2023 年 1 月。

二 红色旅游演艺的发展特点

（一）教育性突出

红色文化是红色旅游演艺的灵魂，是红色旅游演艺可持续发展不可缺少的重要因素，红色旅游演艺促进了红色文化的延续和发扬，红色旅游演艺相比传统旅游演艺需要突出教育意义。在历史教育方面，红色旅游演艺通常围绕中国党史、革命史、抗日战争史等进行演出，旅游者在观看过程中，感受中国共产党在历史奋斗进程中取得民族独立的不易，在还原历史场景中感受红色文化的厚度和深度，让青少年对革命历史有更深刻的理解，增强青少年爱国主义情怀和历史文化方面的教育。在思政教育方面，通过红色旅游演艺，旅游者能够从中学习革命英雄人物的崇高品质和伟大精神，这有利于青少年树立正确的价值观和道德观。红色旅游演艺既是红色旅游又是精神教育文化活动。新时代，以红色旅游演艺为代表的文化活动，在娱乐性、经济性、欣赏性基础上，具有更鲜明突出的教育性，红色旅游聚焦于教育价值追寻和精神文化引领，能够增强民族自信和文化自信。

（二）共情强烈

红色旅游演艺与传统的红色旅游活动（参观红色文化纪念馆、红色文化博物馆伟人故居）相比，它不仅能实现目的地历史的"再生"更是让红色文化"活起来"，通过演艺（比如戏剧、音乐、舞蹈等）将红色文化和历史进行再现。传统的红色旅游主要依赖参观者的主动阅读、观察和思考，而红色旅游演艺则通过直观的视听表演方式，为旅游者提供更直接、更生动的历史体验。红色旅游演艺通过表演，将历史人物、事件、情感等具象化、生动化，使旅游者能更直观、更深入地理解和感受历史。表演艺术者通过声音、肢体、面部表情等表演手段，能直接触动旅游者的情感，使旅游者在情感上有更深的体验；红色旅游演艺通常会采用现代的演艺手法（如高科技音响和灯光、现代舞台设计等）来展现中国的革命历史，这使得历史故事更加生动、更加具有吸引力，旅游者产生强烈共情，进一步增强沉浸感。红色旅游演艺还会设计旅游者参与的环节，比如与表演者互动、参与表演等，这样的互动性使旅游者更加投入，体验感更强。由于红色旅游演艺的主题通常涉及国家和民族的荣誉，因此，它们通常更能引发旅游者的强烈情感共鸣。

（三）主题鲜明

红色旅游演艺与普通旅游演艺区别在于其特定明确的主题和红色历史背景。红色旅游演艺侧重于展示和传达革命历史、红色文化和革命英雄人物的爱国主义精神以及相关事件和地点的故事。它通常涉及中国共产党的土地革命斗争、抗日战争、解放战争等重大历史事件，并通过表演、舞蹈、音乐、戏剧等形式向旅游者传递深刻的思想内涵，突出红色文化特殊的意义，实现红色文化广范围的传播。相比之下，普通旅游演艺更加广泛，可以涵盖文化、历史、自然等各种主题和风格。它可能以当地的民俗文化、传统艺术、现代娱乐表演等为基础，为旅游者提供娱乐、欣赏和放松的体验。普通旅游演艺的主要目标是满足旅游者的娱乐需求，带给他们愉悦和享受，注重娱乐性和休闲性体验，而红色旅游演艺在娱乐性基础上更强调红色文化和思想的传承，主题更为明确。

（四）地域性明显

红色旅游演艺主要是将当地红色旅游景区中发生的红色故事，拥有的红色文化注入演艺作品中，每个红色旅游景区都是因为历史上某个具体的事件或者阶段而著名的。比如江浙红色旅游景区，主题形象是"开天辟地，党的创立"，主要景点有嘉兴南湖、鲁迅故里、浙江革命烈士纪念馆等，历史事件有中国共产党第一次全国代表大会在南湖一艘画舫召开等；湘赣闽红色旅游景区，主题形象为"革命摇篮，领袖故里"，主要景点有井冈山、瑞金共和国摇篮景区、毛泽东故居、刘少奇故居等，事件有"秋收起义""井冈山会师"等；陕甘宁红色旅游景区，主题为"延安精神，革命圣地"，主要景点有延安革命纪念馆、西安事变纪念馆等，事件有"西安事变"等。这些不同的红色故事在特定的地理位置发生，给这些地方赋予了特殊的历史意义，除发生的历史事件不同外，红色旅游演艺还会融入当地的文化元素，反映当地的人文环境，包括人们的生活方式、思维方式、价值观等。因此，红色旅游演艺具有明显的地域特征。

三　红色旅游演艺面临的挑战

（一）表现形式单一

红色旅游演艺作为红色文化与演艺的融合业态，应具有新颖、独特的特点，但现有部分红色旅游演艺作品，没有跟随时代脚步发展，存在产品表现形式单一问题。部分演艺作品将红色历史故事搬上舞台时，在具体的表现形式上，往往采用比较传统的叙事手法，平铺直叙，人物形象刻画不够生动，场景打造缺乏艺术，表现形式单一，无创新点。旅游者审美疲劳，无法真正沉浸其中，演艺效果大打折扣，得不到有效的旅游体验。红色旅游演艺需要注入新鲜科技力量，助力演艺形式创新。

（二）专业人才匮乏

红色旅游演艺项目的成功离不开舞台的烘托，更少不了一支专业队伍的建设。人才是创新发展的第一生产力，专业人才的培养发展是红色旅游演艺项目成功的重要因素。现阶段，红色旅游演艺依托红色旅游景区资源发展，运营队伍除导演、制片、灯光师、摄影师等专业人士外，专业演员较少，红色旅游景区大多在乡村，为节约开支，演艺剧组直接在乡村找大量临时演员，临时演员没有经过系统的培训，对红色文化精神挖掘不够，体验不深，流动性较高，发挥不稳定，造成制作精良的演艺项目演出结果差强人意，演艺质量未达预期。此外，专业旅游演艺从业人员缺乏，高层次的旅游管理人员不足，导致旅游景区管理不到位，服务能力不强，景区发展后劲不足，影响了红色旅游演艺的内涵魅力与良好发展。

（三）高成本危及生存

我国许多大型旅游演艺项目在取得较高知名度及认可度的同时，也呈现投资金额巨大、场面宏大等特点。据不完全统计，目前全国各地投资 200 万以上旅游演艺项目超 300 个，超过 50% 的项目投资在 1 亿到 3 亿元之间，超过 3 亿元投资的项目占 17%[①]。例如，江西省实景演艺项目《井冈山》投资1.7 亿元；陕西旅游集团和北京春光集团联手打造的大型椰海实景演出《红色娘子军》投资 5.8 亿元；重庆兴亚控股集团有限公司投资的大型红色舞台剧《重庆·1949》总投资 8 亿元。大型旅游演艺项目平均回本周期在 7~8 年，近几年受疫情影响，文旅景区经营惨淡，多地区旅游演艺项目存在阶段性停演，2021 年 7 月，西安华清宫景区宣布以"西安事变"为主题的实景影画《12·12》停演。大型演艺项目投入资金过高，回本周期过长，抗风险能力不高，存在停演风险。

（四）市场监管待完善

近年来红色旅游演艺发展迅猛，但在市场监管方面，存在一些需要改进和完善的地方。首先，演艺市场准入门槛相对较低，这可能会引发红色旅游演艺项目扎堆乱象，对发挥红色文化的价值引领作用和红色旅游景区的口碑产生一定的消极影响。其次，政府对不合格、不达标过度商业化和庸俗化的红色旅游项目没有进行有效检验和监督，无法真正保持红色旅游的纯洁性和庄严性。一大批品质不高、表演形式单一的演艺项目进入市场，这不仅影响消费者的体验，也可能对红色旅游演艺品牌的形象产生不良影响。最后，市场在发展红色旅游实景演艺时可能会破坏当地生态环境，对红色旅游演艺可

---

① 资料来源：《中国实景演艺票房达 34 亿，"票房之王"王潮歌的艰难与矛盾》，第一财经新闻，https://www.yicai.com/news/100019463.html。

持续发展产生消极影响。红色旅游演艺项目从立项、开发、招商到项目落地都离不开政府监管，红色旅游演艺的高质量发展离不开政府的推动。

（五）营销渠道单一

中国旅游演艺产品的营销推广渠道在很长时间内以线下渠道为主，互联网线上营销机制、购票机制不健全，客户来源大部分是线下旅行社和酒店的团队客人。这种方式虽然带来了大量稳定的客源，但造成市场开放程度有限，网络曝光率不够，市场宣传不够，制作精美优良的红色旅游演艺作品没有适配的宣传，其效果会大打折扣。此外，没有互联网购票平台，游客只能通过旅行社或酒店购票，购票方式单一，造成价格虚高，对游客不友好，长此以往，红色旅游演艺市场必然深受营销机制不完善、渠道单一的影响，特别是在经历过疫情之后，更容易造成市场惨淡，无法对当地旅游资源传播产生正向影响。

四　红色旅游演艺健康可持续发展的措施

（一）注重科技融入

随着科学技术的进步，加强科技融入对红色旅游发展具有重要作用，科技融入是指促进前沿技术的融入应用，也是创新发展理念的内在体现。全息投影、球幕、元宇宙及5G、VR、AR等数字技术为红色旅游演艺发展提供创新的动力支撑。例如，西安的《延安保育院》制作团队在创作之初，思考怎样在传统的表演形式中，增加红色旅游演艺不一样的魅力，最终在科技的帮助下解决了这个难题，通过现代科技与红色故事的交融，运用高科技舞台舞美和灯光营造出巍巍宝塔山、奔腾的黄河水、浪漫的星空、呼啸的战机、激烈的战斗等多维时空，展现革命年代生活场景；韶山的《最忆韶山冲》是科技赋能的又一代表，其打破传统舞台置景的观念，以180°镜框式舞台呈现更多的视觉想象空间。剧目通过超大规模矩阵舞台，突出光影矩阵复制延展特性，强化舞台声、光、电高科技手段以呈现唯美视觉听觉效果，以科技感、现代化、先锋性的艺术表现手法，为游客带来全新的旅游体验。通过数字化新技术打造红色旅游演艺新品，可以打破表现形式单一的桎梏，丰富游客游览和观赏体验，满足游客对文化审美、视觉震撼，场景艺术的追求，促进红色文化的弘扬。

（二）强化人才培养

在推动红色旅游演艺的可持续发展中，专业、优秀的旅游演艺人才，是红色旅游演艺维持永久生命的基石。为解决人才培养问题，可以从以下几方面入手。一是加强与旅游高校和演艺高校的合作，找专业对口人才，形成校企合作模式，共同培养专业高端旅游演艺人才，实现企业专业人力资源方面长久发展。二是在注重专业人才引进的基础上，对在职服务人员进行培训指导，对红色旅游演艺运营的专业知识、岗位知识、服务技能等进行培训，让其在工作中不断成长发展提高服务人员的专业能力。三是注重红色旅游演艺在管理、营销、创作方面人才的培养和储备。红色旅游演艺项目的成功不是依靠个人，而是整个团队的相辅相成，为完成高质量的旅游演艺，人才建设培养必不可少。

（三）降低投资成本

传统的大型旅游演艺项目投资巨大，回本周期长，其针对的主要客源人群范围广泛，包含国内外人群。但近几年由于疫情，游客出游时间减少和出游半径收缩，消费习惯改变，跨省或全国性旅游搁浅，城市周边游、省内旅游爆发式增长。根据红色旅游市场的发展趋势，红色旅游演艺市场也应当灵活调整演艺模式，从鸿篇巨制到短小精悍，利用红色旅游景区周边现有的场地资源，有效降低资源成本。政府方面也已意识到大型演出的弊端，提出了"鼓励打造中小型、主题性、特色类的文化旅游演艺产品"。显然过往动辄投资数亿元甚至几十亿元的旅游演艺项目，将会逐渐转变为投资更少、更具适应性、盈利能力更强的中小型旅游演艺产品。在内容方面，红色旅游有得天独厚的优势，每个地区都有对应的红色文化历史故事，通过经典再现的形式缩减创排和制作成本，增加抗风险能力。例如，由深圳鼎彝文旅集团策划、编创、制作、运营的位于西安市的实景演艺《二虎守长安》演出十分火热，该项目整体投资约5000万元，单场观众1705人，自开演以来，演出4800多场，观看人次达1400多万，运营第一年就盈利，即使在疫情影响下，5年也收回全部投资。

（四）加强市场监管

红色旅游演艺项目较之一般的旅游演艺而言具有一定的政治特殊性，其中蕴含着重要的革命精神、爱国精神和时代精神，必须依靠政府力量进行积极、正向的引导，以便实现红色旅游演艺对社会文化的正向传播。首先，针对演艺项目扎堆乱象，政府制定市场准入标准，杜绝粗制滥造、文化内涵不足的演艺产品进入市场，减少乱象带来的消极影响。例如，要求具备一定的演艺资质、人员培训和设施配备等，可以有效控制市场的总体质量。对高质量、高认可度的演艺作品加大宣传力度，以点带面，带动区域旅游发展。其次，有序整合各种演艺资源，走创新发展的道路，打造个性化、差异化、年轻化、小型化的作品。在设施配套方面，满足游客餐饮、住宿、交通、娱乐全方位需求，为旅游长远发展提供强有力的支持。最后，利用山水实景演出的演艺项目应当注意保护生态环境，红色旅游发展与自然环境的保护缺一不可，"红"与"绿"的结合才是红色旅游发展的长久道路，对于损坏自然环境的演艺项目，政府应当加强监督管理。

（五）拓宽营销渠道

互联网时代，散客已逐渐成为旅游的主流消费人群，红色旅游景区市场逐渐"80后""90后""00后"化，这些年龄段的旅游消费人群有很强的互联网基因，对互联网黏性很高且基数庞大。红色旅游演艺是红色文化和情感的双重体验，游客在观看过程中会有"惊叹""感动"的体验，这样的体验会转化成分享欲，而抖音、微信朋友圈、小红书、微博、论坛等互联网平台提供了这样的机会，这些情感的抒发和评论，成为演艺产品宣传推广的重要内容。在此方面，红色旅游演艺还可与拥有大量粉丝的网红博主、对红色演艺作品能进行正确深度解读的 UP 主建立合作关系，邀请他们到场体验、参与宣传并写下影评，为红色旅游演艺项目的宣传增加深度和宽度。因此红色旅游演艺加强与各种互联网平台合作，是提高旅游演艺项目知名度的有效营销手段。另外，完善互联网购票机制。除旅行社和酒店线下购票外，创设微信公众号购票平台或在其他互联网平台设置购票链接，方便游客购票，丰富购票渠道，增加观看人次。"互联网+"时代，是最好的营销时代，红色旅游演艺项目利用互联网进行宣传推广是必然趋势。

专 题 篇

Monographic Section

B.7

革命纪念场馆红色旅游高质量发展报告

储德平 吴梦佳 邵笑北 潘纪晓 王梓宁 阙小乙 周 姗 林欣芸*

摘 要： 本报告从发展基调、发展规模、发展水平等方面分析了革命纪念场馆红色旅游发展的总体形势；从意识形态、跨界融合、区际合作、年轻游客等方面分析了其主要特征；从经济效益、文化建设、社会事业等方面分析了其取得的主要成就；从旅游产品形式、人才队伍建设、基础配套设施、区域多元合作等方面分析了其存在的突出问题；从政治、资源、市场等方面分析了其有利条件；从传统理念、人力资本、技术条件、协同程度等方面分析了其制约因素；从数字化、一体化、融合化等方面分析了其重要趋向。最后提出"加强顶层设计""优化智力资源""完善配套设施""强化多方合作"四大高质量发展对策建议。

---

* 储德平，福建师范大学文化旅游与公共管理学院副教授、硕士研究生导师，研究方向为乡村旅游、城镇化与区域发展；吴梦佳、邵笑北、潘纪晓、王梓宁、阙小乙，均为福建师范大学文化旅游与公共管理学院硕士研究生；周姗，福建师范大学马克思主义学院硕士研究生；林欣芸，华中科技大学马克思主义学院硕士研究生。

关键词： 革命纪念场馆　红色旅游　红色文化　高质量发展

　　革命纪念场馆是指为纪念近现代革命史上的重大历史事件或杰出历史人物，依托现有的革命遗址、纪念建筑而设立的纪念性场馆①。党的十九大报告指出，我国社会主要矛盾已经转化为人民日益增长的美好生活需要和不平衡不充分发展之间的矛盾，而革命纪念场馆兼具政治教育、历史纪念、科学研究、文化休闲等多重功能，能够有效满足人民在精神生活层面的高品质需求。在文旅融合和高质量发展的时代背景下，革命纪念场馆红色旅游在传承和弘扬红色文化、促进革命老区经济社会发展、加强新时代爱国主义教育等方面发挥着不可或缺的作用，为全面建设社会主义现代化国家、实现中华民族伟大复兴提供强大精神力量。新时代推动革命纪念场馆红色旅游高质量发展，既能够促进革命纪念场馆转型升级，也将助力红色旅游高质量发展。

一　革命纪念场馆红色旅游发展的总体形势和主要特征

（一）总体形势

1. 红色旅游发展基调稳中有进

　　党的十八大以来，党和国家日益重视传承红色基因、赓续红色血脉，大力支持革命老区振兴发展。得益于此，红色旅游在新时代搭上了快速发展的顺风车。借助百度指数平台，对关键词"红色旅游"进行检索，本报告得到 2013~2022 年的网络关注度数据（见图1）。总体来看，十年间我国"红色旅游"网络关注度呈波动上升趋势，2020 年受新冠肺炎疫情影响出现较

---

① 曹慧娴：《革命博物馆、纪念馆文创产业高质量发展之我见》，《中国纪念馆研究》2020 年第 2 期，第 26~30 页。

大幅度下降，2021 年建党百年之际又达到高峰，这表明红色旅游在全国范围内的吸引力和影响力逐渐增强。统计数据显示，"十三五"期间红色旅游景区接待人数稳定增长，占国内旅游市场的份额保持在 11% 以上[①]。2021 年暑期，国内红色旅游出行人数同比增长 92%[②]。作为红色旅游景区的重要组成部分，革命纪念场馆为"红色旅游热"的持续升温提供了重要的场所支撑，"红色旅游热"也为革命纪念场馆的红色旅游开发与高质量发展提供了机遇和动力。

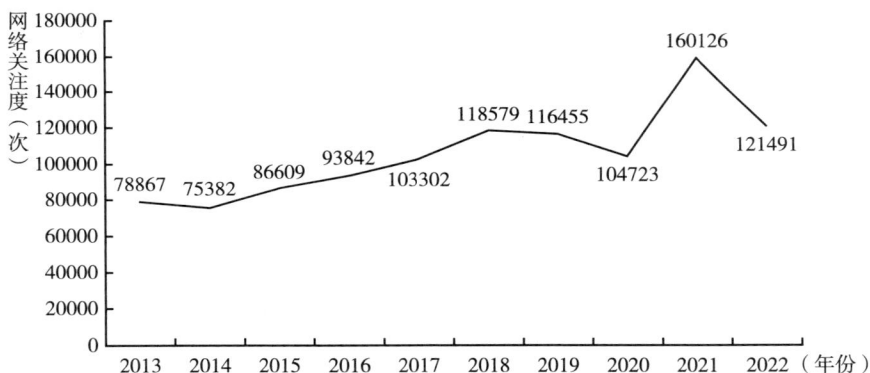

图 1　2013～2022 年全国"红色旅游"网络关注度

资料来源：百度指数大数据抓取。

2. 革命纪念场馆发展规模不断壮大

截至 2021 年，全国革命历史类博物馆、纪念馆总数超过 1600 家，其中 860 家被纳入中央免费开放补助范围。2018～2022 年，我国革命纪念馆累计推出主题展览 1.5 万个，接待观众超 28 亿人次。从类别来看（见图 2），登记在册的革命纪念场馆中，绝大部分为纪念馆，比重达 61.25%，其次是博

---

① 文化和旅游部：《今年全年红色旅游出游人数超 1 亿人次》，央视网，2020 年 12 月 17 日，https：//news. cctv. com/2020/12/17/ARTI2UIUOnasQUtulZRBNsz4201217. shtml。
② 《中国旅游研究院和马蜂窝旅游联合发布〈中国红色旅游消费大数据报告（2021）〉》，中国旅游研究院，2021 年 12 月 16 日，http：//www. ctaweb. org. cn/cta/gzdt/202112/d72ca9 beaf8f474b80d62caca4d0 3a69. shtml。

物馆和陈列馆，比重分别为13.14%和12.97%，名人故居占比6.57%，烈士陵园、展览馆、历史馆等其他类型占比6.08%。革命纪念场馆类型较为丰富，可满足不同群体的多样化需求。从各省（区、市）分布来看（见表1），四川省有123家革命纪念场馆，明显超过其他省份，彰显了四川革命文物大省的地位；湖南省和山东省次之，分别为76家、71家，湖南是中国共产党和中国革命的重要策源地，山东是伟大沂蒙精神的孕育地，两省的红色资源十分丰富；海南省和西藏自治区最少，均只有1家。

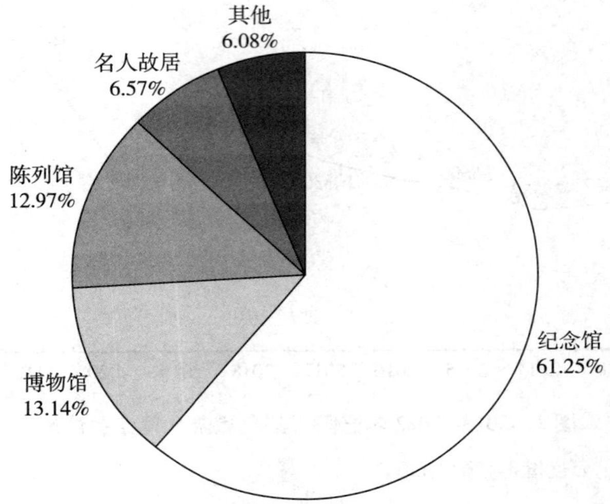

图2 全国革命纪念场馆类型占比

资料来源：根据国家文物局2021年度全国博物馆名录整理。

表1 各省（区、市）革命纪念场馆数量分布情况

单位：家，%

排名	省（区、市）	数量	所占比重
1	四川省	123	10.10
2	湖南省	76	6.24
3	山东省	71	5.83
4	江苏省	69	5.67
5	河南省	69	5.67

排名	省(区、市)	数量	所占比重
6	甘肃省	65	5.34
7	黑龙江省	62	5.09
8	贵州省	59	4.84
9	陕西省	58	4.76
10	广东省	56	4.60
11	浙江省	52	4.27
12	安徽省	46	3.78
13	湖北省	43	3.53
14	重庆市	40	3.28
15	河北省	37	3.04
16	云南省	33	2.71
17	山西省	32	2.63
18	上海市	32	2.63
19	江西省	26	2.13
20	辽宁省	23	1.89
21	内蒙古自治区	22	1.81
22	广西壮族自治区	21	1.72
23	北京市	18	1.48
24	福建省	17	1.40
25	新疆生产建设兵团	15	1.23
26	吉林省	14	1.15
27	天津市	13	1.07
28	宁夏回族自治区	10	0.82
29	新疆维吾尔自治区	10	0.82
30	青海省	4	0.33
31	海南省	1	0.08
32	西藏自治区	1	0.08

资料来源：根据国家文物局2021年度全国博物馆名录整理。

3. 革命纪念场馆发展水平显著提升

《革命文物保护利用"十四五"专项规划》指出，要着力打造高质量精品展陈，有效提升反映党的百年奋斗伟大历程的重要革命旧址展示水平。根据第六次博物馆运行评估（2019~2021年度）结果，我国革命纪念场馆中，被评为国家一级博物馆的有46家，占全国一级博物馆总数的22.5%；被评为二级的有70家，占全国二级博物馆总数的15.6%；被评为三级的有95家，占全国三级博物馆总数的16.8%。革命博物馆、纪念馆等级结构较为合理，在我国博物馆体系中占据一定的地位，已形成一批高质量场馆。近年来，革命纪念场馆积极响应重大热点事件，打造各具特色的高质量陈列展览。如2021年，国家文物局隆重推出"庆祝中国共产党成立100周年精品展览"109个，包括红军长征湘江战役纪念馆的"英雄史诗不朽丰碑"展、鄂豫皖苏区首府革命博物馆的"大别山革命文物陈列展览"等①，一系列展览引发了干部群众的强烈反响，取得了突出的社会效益。

（二）主要特征

1.意识形态功能日益突出

革命纪念场馆是传承弘扬革命文化和中国共产党人精神谱系的重要载体，旗帜鲜明讲政治是革命纪念场馆红色旅游高质量发展的本质要求。近年来，党对意识形态工作的重视程度不断提高，革命类纪念馆、博物馆的政治属性日益凸显，开展思想政治教育的实效性显著增强，意识形态前沿阵地作用得到进一步巩固。如中共一大纪念馆主题展览"伟大的开端——中国共产党创建历史陈列"，以极高的政治站位弘扬伟大建党精神，吸引全国各地游客前来瞻仰，对坚定"四个自信"、加强新时代社会主义意识形态建设起到了重要作用。

2.跨界融合形式丰富多样

近年来，随着"文博热"的兴起，博物馆跨界融合成为文物与博物馆事业的热门话题。革命纪念场馆作为特殊类型博物馆，与不同行业、机构跨界融合也是其提升吸引力、促进红色旅游高质量发展的有效路径。目前的主

---

① 《百馆百展颂百年——"庆祝中国共产党成立100周年精品展览"巡礼》，国家文物局，2021年7月7日，http://www.ncha.gov.cn/art/2021/7/7/art_2491_169817.html。

要融合方式如下。一是"纪念馆+研学",利用革命纪念场馆开展研学旅行活动。如韶山毛泽东同志纪念馆分别面向小学、初中、高中学生设计针对性研学课程。二是"纪念馆+文创",挖掘红色资源,设计红色文创产品,使其成为纪念馆的一大营收渠道。如北京新文化运动纪念馆推出"新青年"系列文创产品。三是"纪念馆+科技",利用现代数字化技术赋能革命纪念场馆。如南昌八一起义纪念馆推出"5G红色旅游示范区",游客通过沉浸式体验增强代入感,身临其境地感受南昌起义的震撼过程。四是"纪念馆+影视",借助红色影视作品加强纪念馆宣传工作。典型案例是2021年热播的电视剧《觉醒年代》带"火"了中共一大纪念馆、鲁迅纪念馆、龙华烈士纪念馆等一批革命纪念场馆,吸引众多观众前去拍照打卡、"圣地巡礼"。

3. 区际合作渠道陆续建立

随着区域协调发展观念的深入人心,革命纪念场馆的跨区域协调与合作逐渐被提上议事日程。2021年,全国革命文物展示联盟成立,合作单位包括全国20余家革命纪念馆、博物馆、革命旧址等,该联盟致力于构建跨学科、跨行业、跨部门的革命文物协同创新平台。类似的跨区域合作组织还有全国长征纪念馆联盟、渡江战役纪念馆(地)合作联盟、全国新四军纪念场馆联盟等。联盟成员单位可在学术活动、文物保护、科学研究、展览交流等方面开展合作,以促进革命文物资源共享,共同提高文物管理和展示水平,促进红色文化资源的区域联动开发与保护。

4. 年轻群体渐成游客主力

近年来,广大群众特别是年轻群体的价值认同、政党认同、文化认同不断增强,参与红色旅游的热情持续高涨。作为红色旅游的核心消费群体,"Z世代"最喜爱的红色旅游产品为红色遗址和革命纪念馆①。大数据分析结果显示,2021年革命纪念馆、博物馆参观者中,35岁以下青少年占比已

---

① 《Z世代红色遗址及红色纪念馆最受欢迎》,中国青年网,2021年6月23日,http://tour. youth.cn/xw/202106/t20210623_ 13043691.htm。

超过五成，且仍呈快速增长态势①。沉浸式、个性化是年轻游客偏爱的展览方式，为此多家革命纪念场馆推出沉浸式互动体验项目，如中国共产党历史展览馆的红军长征沉浸式"4D+六面"体验区、常熟市沙家浜革命纪念馆的沉浸式互动课程《春来迷局》等。

二 革命纪念场馆红色旅游发展的主要成就和突出问题

（一）主要成就

1. 经济效益大幅提高

红色旅游作为人民精神文化消费的重要方式，已成为众多城市经济发展的新引擎。马蜂窝数据显示，2021年，"红色旅游"搜索热度较上年同期增长176%，41.7%的游客一年内参加红色旅游3次以上。侵华日军南京大屠杀遇难同胞纪念馆、嘉兴市南湖革命纪念馆、中国共产党一大·二大·四大纪念馆、延安革命纪念馆、韶山毛泽东纪念园等均是当下热度较高的革命纪念场馆。文化、科技、体育等元素持续为革命纪念场馆红色旅游高质量发展赋能，"红色旅游+文创""红色旅游+演艺""红色旅游+民俗"等多元融合的产品不断突破业态边界。例如，大型红色情景剧《最忆韶山冲》10个月内演出达到380余场，观影游客达10万人次；十大热搜革命纪念馆红色主题文创产品年销售额超过3亿元。革命纪念场馆红色旅游在吸引大量游客的同时，充分带动了周边地区劳动力就业、农民生计改善。

2. 文化建设日趋繁荣

各地革命纪念场馆不断探索独具特色和富有感染力的陈列展览，为广大人民提供更具实效性的公共文化产品和服务，让观众成为精品展览的"参

---

① 《用好红色资源 赓续红色血脉 中国革命纪念馆高质量发展峰会·2021在宁举行》，网易，2021年7月23日，https://www.163.com/dy/article/GFJN04KM0550E728.html。

观者"、红色故事的"讲述者"、革命文化的"传播者"。例如，南湖革命纪念馆与20余家革命类博物馆、纪念馆共同举办中国革命精神联展活动，赴全国80多个地区送展，并引进12个重要革命精神展览；南昌八一起义纪念馆组建"百人志愿者宣讲团"，招募"展览推荐官""展览体验官"；国家文物局联合有关部门开展"见证新时代——晒晒我们的新物件"主题宣传活动；31个省份开展"革命文物最美守护人"等80多项主题推介活动和"革命文物青年说"等100多项短视频征集、广电节目制播活动。革命纪念场馆红色旅游在传承弘扬革命精神、促进红色文化繁荣发展方面发挥着重要作用。

3. 社会事业多元发展

各地在管理好、保护好革命文物的同时，不断推进革命文物活化利用，通过发展革命纪念场馆红色旅游，把红色文化资源的保护同促进革命老区发展、提高人民生活水平、增强人民幸福感和获得感结合起来。如福建省龙岩市上杭县古田镇作为中国工农红军史上著名的古田会议发生地，以古田会议遗址和古田会议纪念馆为核心资源开发红色旅游，成为全省首个5A级红色旅游景区。古田镇探索出"农业+红色培训+红色旅游"模式，将红色文化资源与生态农业、研学旅行等有机结合，加快革命老区脱贫攻坚、乡村振兴步伐。毗邻古田会议遗址的竹岭村2020年人均收入1.8万元，比三年前增长近50%，全村建档立卡贫困户全部摘帽。依托革命纪念场馆发展红色旅游，老区人民获得了实实在在的收益。

（二）突出问题

1. 旅游产品形式单一

在市场需求的推动下，红色旅游产品日渐趋向多样化，尽管目前革命纪念场馆红色旅游产品在不断丰富，但仍难以满足广大游客的体验需求，问题体现在以下方面。第一，现有的革命纪念场馆大多以静态陈列为主，与高新科技融合程度较低，红色旅游产品缺乏参与性和互动性，无法满足游客尤其是青少年的心理偏好。第二，不少文创产品设计未对革命文物的深层文化内涵进行挖掘，存在产品种类单一、产品同质化严重、产品质量不高等问题，导致供需错位，难以产生一定的经济效益。第三，在对革命纪念场馆进行开发时，文化IP建设不足，缺乏核心竞争力，传播范围小，游客认同感偏低。

2. 人才队伍建设薄弱

红色旅游的高质量发展需要高素质的人才队伍，目前革命纪念场馆人才队伍水平亟待提升，主要体现在以下方面。第一，部分场馆讲解导览人员专业水平不够，讲解内容和形式难以对游客产生吸引力和感召力；从业人员流动性大，系统专业培训的难度和成本增加。第二，人才梯队、人才评价、人才激励体制机制尚未健全，缺乏红色旅游规划、管理、策展、运营等方面的专业人才，导致红色旅游发展后劲不足。第三，对人才培养和引进的资本投入不足，薪酬待遇有待优化，难以稳定高水平人才队伍。第四，对高校合作共建重视程度不高，没有搭建与专业院校进行人才输送、对口培养的平台，导致多数革命纪念场馆发展红色旅游缺乏高素质人才。

3. 配套设施亟待升级

基础配套设施是红色旅游高质量发展的物质支持力，但革命纪念场馆在发挥旅游职能的过程中基础设施建设仍存在不少问题。第一，大多数革命纪念场馆分布在经济基础薄弱的革命老区，所处地理位置较为偏僻，交通可达性弱，景区通信设施、游客中心、停车场、厕所等基础配套设施建设水平不高，周围的旅店、餐馆、娱乐以及商贸等场所数量较少、等级较低，无法为游客提供高质量服务，极大降低了其综合竞争力。第二，革命纪念场馆数字基础设施建设较弱。数字化基础设施具有技术含量高、换代速度快等特点，建设数字化场馆在前期建设与后期维护都需要大量的资金投入，部分中小型场馆受到一定限制。

4. 区域多元合作不足

随着民众的文化需求渐高，单个革命纪念场馆远远无法满足，多主体之间的协作发展迫在眉睫，但目前革命纪念场馆之间的合作还存在一些问题。第一，区域革命纪念场馆协调发展不平衡，虽然部分场馆之间已建立有效的合作发展机制或联盟，但是"各自为政"的现象仍比较普遍，尚未形成区域联动效应，红色文化资源流动存在一定壁垒。第二，与异业单位之间合作不够，与图书馆、档案馆等在资源共享、联合办展等方面未建立常态化、规模化的协作发展机制，合作缺乏力度。第三，与其他业态融合的广度不够，革命纪念场馆与当地的第一、第二产业尚未建立广泛的合作共建关系，难以推进红色旅游与工业旅游、农业旅游的融合。

三 革命纪念场馆红色旅游发展的
有利条件和制约因素

（一）有利条件

1. 政治优势

红色是红色旅游的底色，也是革命纪念场馆最鲜明的特色。革命纪念场馆作为承载中国共产党革命历史和革命文化的重要载体，是中国共产党人坚定历史自信、增强历史主动的精神殿堂，具有很强的政治属性。2022年10月，党的二十大报告指出要弘扬中国共产党人精神谱系，用好红色资源；新一届中共中央政治局常委首次集体出行即选择延安革命纪念地，表明党中央传承革命先辈精神的坚定决心。国家文物局、财政部等相关部门相继出台了《关于加强新时代革命文物工作的通知》《革命文物保护利用"十四五"专项规划》《革命文物保护利用片区工作规划编制要求》《革命文物主题陈列展览导则（试行）》等一系列政策文件，为推动革命纪念场馆红色旅游高质量发展提供了有力政治保障。

2. 资源优势

革命先辈的奋斗足迹遍布华夏，为后人留下了丰富多样的革命文物、遗址遗迹和档案资料。2021年，国家文物局宣布，我国革命文物资源家底基本摸清，普查登记的不可移动革命文物3.6万余处、可移动革命文物逾100万件/套，已有31个省（区、市）和新疆生产建设兵团相继公布了第一批革命文物名录①。

①　赵晓霞：《全国不可移动革命文物逾3.6万处》，中国政府网，2021年5月20日，https：//www.gov.cn/xinwen/2021-05-20/content_5609040.htm。

经费投入方面，2018～2022 年，中央财政累计投入革命文物保护利用经费 41 亿元，省级财政投入超过 30 亿元[①]。对革命文物存量资源的掌握和资金支持力度的加大，为深入推进革命纪念场馆红色旅游高质量发展奠定了坚实的物质基础。

3. 市场优势

随着居民消费水平不断提高，尤其在庆祝建党百年、党的二十大胜利召开等重大历史事件的带动下，群众参与红色旅游的热情不断高涨，革命历史类纪念馆博物馆、革命人物故居、重要革命遗迹等已成为游客热门出行目的地，红色旅游市场迎来快速复苏的发展良机。为满足人民日益增长的个性化需求，革命纪念场馆正在转化为中小学生赓续红色血脉的研学基地、高校加强大学生思想政治教育的生动课堂及广大党员干部接受党性党风党纪教育的有效载体，这在客观上为革命纪念场馆红色旅游提供了多样化的客源与广阔的市场空间。

（二）制约因素

1. 传统理念

革命纪念场馆发展红色旅游，需充分激发馆藏文化资源的活力，但在实践层面容易被传统理念束缚。第一，多数革命纪念场馆管理者的经营理念未及时转变，场馆发展模式雷同，场馆服务多停留在保护和简单展示等方面，红色文化资源对游客的熏陶程度无法达到预期效果，对游客吸引力不高。第二，文创产品的创新能力不足，成效不高，部分革命纪念场馆的文创产品设计理念停留在纪念品开发层面，难以满足游客的多元文化诉求。第三，"孤岛现象"显著，多数场馆往往选择独自发展，合作意识薄弱，缺少多层次、多方位的合作形式，阻碍了红色旅游提档提质提效。

2. 人力资本

当前，革命纪念场馆红色旅游的发展还存在人力支撑不足的问题。第

[①] 龚莎：《全国革命历史类博物馆纪念馆总数超过 1600 家》，中国青年网，2023 年 5 月 31 日，http：//news. youth. cn/qdc/pic_ list/202306/t20230603_ 14560552. htm。

一，绝大部分场馆在发展人力资本的过程中存在从业人员开发不力以及文化科研滞后等问题，对红色旅游的可持续发展具有不利影响。第二，人力资本价值不高，从业人员专业化程度有待提高，高质量、高素质的人才储备低。第三，恶性的人力资源竞争，导致革命纪念场馆之间发展不平衡，经济欠发达的区域在竞争中处于劣势地位，人才流失严重。

3. 技术条件

革命纪念场馆在发展红色旅游过程中技术手段缺失，融合发展动力不足。第一，多数场馆科技水平有待进一步提高，展览形式单一，尚未运用现代智能技术来丰富展览形式、深化展览内容、提升展览效果，游客体验感较差。第二，部分景区基础设施过于老旧，缺乏数字技术、材料技术、生物技术等多科技的融入，无法为游客提供方便舒适的旅游服务。第三，部分中小型革命纪念场馆对于景点关注度、游客满意度、接待指数等旅游综合指标尚不能进行科学准确的数据计算，难以把握场馆整体发展态势，不利于红色旅游的高质量发展。

4. 体制机制

革命纪念场馆红色旅游高质量发展的体制机制还面临以下几个方面的困境。第一，管理制度存在障碍，红色旅游涉及宣传、文旅、教育、财政、自然资源等多个部门，各部门之间缺乏统一的协调与规划，不利于红色资源的科学开发和健康发展。第二，区域协同程度不高，相关合作活动亟待进一步细化落实，合作意愿受制于行动力不足。第三，产业融合发展层次浅，并未实现与吃、住、行、游、购、娱六大要素相关的多种业态融合，阻碍了旅游产业与其他产业的协调发展。

四 革命纪念场馆红色旅游高质量发展
重要趋向与对策建议

（一）重要趋向

1. 数字化

革命纪念场馆数字化发展是时代发展的必由之路，是顺应党中央实施革命文物保护利用工程的要求。随着科技与旅游的不断融合，AR、VR、AI、5G等新技术的出现，多家革命纪念场馆通过虚拟现实、人机交互等展示方式打造沉浸式展览环境；同时利用新技术将文物资源数字化，建设线上数字展厅、实景模拟等功能，实现红色文化数字化传播，满足观众多层次、多样化的文化需求。如延安革命纪念馆推出系列云端数字展览馆、四渡赤水纪念馆"金牌解说"VR真人讲解平台、闽北革命历史纪念馆数字展馆等。革命纪念场馆红色旅游的高质量发展必然要加快数字化建设。

2. 一体化

区域革命纪念场馆协同创新、共谋发展已成为中国文博事业发展的新局面。革命纪念场馆之间通过信息互通、资源共享、优势互补等方式来打破空间限制，从而更高效、更充分地利用红色旅游资源。如2021年，建党百年百条红色旅游精品航线的发布，串联了多区域的革命纪念场馆，建立由"点"带"线"，由"线"结"网"的红色旅游高质量发展格局。因此，共建协同发展常态化机制，共谋红色旅游一体化发展是革命纪念场馆的重要发展趋势。

3. 融合化

实施融合发展战略是促进革命纪念场馆红色旅游高质量发展的重要举措。革命纪念场馆与教育、科技、商业、传媒等业态紧密相关，建立"红色旅游+"发展模式，有利于促进红色旅游产业的多元融合。目前，多个革命纪念场馆成为研学旅行基地以及爱国主义教育基地，高校也将革命红色文化融入思政教育课程中，充分发挥革命纪念场馆的教育职能。除此之外，红色旅游结合乡村旅游发展，促进革命老区经济振兴，扩大革命纪念场馆红色旅游的社会效益和经济效益。革命纪念场馆朝着多业态的融合方向发展。

（二）对策建议

1. 加强顶层设计，丰富旅游产品类型

革命纪念场馆和政府有关部门应当做好红色旅游资源开发工作的顶层设计，明确场馆红色资源的开发思路，找准创新发展的有效途径，研发丰富的

旅游产品。一是科学设计。政府有关部门要统筹设计，指导规划革命纪念场馆的发展，并加强对中小型革命纪念场馆的扶持力度。二是因地制宜。依托红色资源和革命故事，将本地革命文化元素融入旅游产品中，开发红色影视、红色研学、红色文创等多样化的旅游产品。

2. 优化智力资源，加强人才专业素养

人才作为第一资源，革命纪念场馆必须重视人才的驱动作用，建立健全人才培养机制，打造出一支专业化红色旅游服务队伍。一是注重对文物保护、文物修复、陈列管理、专业讲解等专业技术人员的培训工作，定期邀请专家和学者对专业人员开展专业培训，夯实专业基础，提升业务能力，建设具有较强创新意识的复合型专业人才队伍。二是加强与高校及学术机构的结对共建，促进学术交流，改善革命纪念场馆学术科研薄弱的困境，加强学术氛围，激发革命纪念场馆的活力。

3. 完善配套设施，夯实文物保护基础

基础设施是革命纪念场馆的基石，要多措并举夯实革命纪念场馆的发展基础。一是全面加强基础设施建设，部分革命纪念场馆所处地理位置偏僻，要优先推动交通、通信、水电、环境等配套设施的一体化规划建设。二是完善数字化基础设施，提升革命文物数字化保护，加强纪念场馆数字化管理，创新线上线下数字化服务，打造数字革命纪念馆平台。

4. 强化多方合作，开创互利共赢局面

合作发展是革命纪念场馆提升旅游竞争力的需要，也是实现红色旅游可持续发展的必然趋势。一是革命纪念场馆要充分发挥社会功能，与学校共建革命教育基地，积极探索馆校协同育人模式，将革命纪念场馆建设成为立德树人与探索新知的红色文化平台。二是革命纪念场馆要加强与宣传、文旅、关工委等政府部门的沟通，深化与其他图书馆、档案馆、党校、党史研究部门等事业单位的合作。三是积极与其他红色景点、遗址共同打造精品红色旅游线路，借发展旅游业推动资源优化整合，激发红色文化活力。

B.8
革命纪念地游客红色记忆
与国家认同感研究报告

隋丽娜 王雪宁 梁晶*

摘 要: 革命纪念地承载了近百年的红色文化记忆,旅游者在其间的体验与认同机制尚不明晰,亟待研究。本报告聚焦于革命纪念地这一场所类型,以红色文化记忆为切入点,通过文化记忆理论和社会认同理论构建模型框架。基于此,本报告运用结构方程模型探究革命纪念地游客红色旅游体验与国家认同感联结机制。研究发现:①红色旅游体验显著地正向影响国家认同;②红色旅游体验对于红色文化记忆有显著的正向影响;③红色文化记忆在红色旅游体验和国家认同感之间的中介效应得到验证。本报告引入身份认同与旅游体验理论,丰富了红色旅游领域中旅游体验与国家认同的研究,并为革命纪念地旅游发展提出了建议。

关键词: 红色旅游 旅游体验 文化记忆 国家认同

党的十八大以来,针对我国传统文化的发展尤其是红色文化的传承问题,习近平总书记在讲话、回信中以及著作中曾多次提到,"在500多年文明发展中孕育的中华优秀传统文化,在党和人民伟大斗争中孕育的革命文化

---

* 隋丽娜,西安外国语大学旅游学院·人文地理研究所教授,博士,研究方向为旅游市场行为、遗产旅游;王雪宁,西安外国语大学旅游学院·人文地理研究所硕士研究生,研究方向为旅游体验、乡村旅游;梁晶,西安培华学院助教,研究方向为红色文化旅游。

和社会主义先进文化，积淀着中华民族最深层的精神追求，代表着中华民族独特的精神标识"①，强调"要把红色资源利用好、把红色传统发扬好、把红色基因传承好"②，并多次深入革命老区进行考察，追寻红色记忆。新时代下，红色旅游的发展涉及诸多领域的建设与发展，反映我国扶贫开发工作、文化发展工作、乡村振兴实施工作和国民素质教育发展工作等方面成效，有特定的政治价值以及经济价值。

近些年，认同理论的不断深入发展引起了红色旅游领域的相关思考和探索。在信息多元化的大环境里，受经济、政治、文化等社会领域飞速变化的影响，人们在一定程度上产生认同焦虑问题。红色旅游领域中的国家认同涵盖了公民个体与群体的文化认同、文化自信以及社会发展认同的现实问题，对于国家认同的研究也更符合时代发展需要。革命纪念地既是一种爱国主义教育示范基地，又是重要的红色旅游景区，应当给予当代民众以怎样的旅游体验，怎样在革命历史文化的再现和重演中加深红色记忆，而后又是如何影响着人们对于国家的认知以及文化的认同，有待进一步对其深究和阐释。

一　理论基础与模型构建

文化记忆是借助一些可见的客观的外部对象，如文字、图像、仪式等，表达在社会属性下从个体到群体的认同性和意识形态的特殊性，具有相对的传承性和延续性③。国家认同不仅是公民个体对国家产生的一种自然情感，而且能进一步地通过人为方式实施相应的对策和措施而不断增强认同感，包括政治认同和文化认同。红色记忆可以看作游客在旅游体验中对过去历史革

---

①　习近平：《在庆祝中国共产党成立95周年大会上的讲话》，《人民日报》2016年7月2日。
②　《习近平在视察南京军区机关时强调：要把红色资源利用好、把红色传统发扬好、把红色基因传承好》，新华网，2014年12月16日。
③　左路平、吴学琴：《论文化记忆与文化自信》，《思想教育研究》2017年第11期，第49~53页。

命记忆的提取和重塑，在这个过程中，革命遗址、纪念馆、红色演艺、图片和文字等作为主要的媒介促使游客记忆的产生和唤醒，从而增强游客对于社会和国家的认知和认同。基于 SOR 理论，在一个承载着浓厚的红色文化氛围的环境中，在各类活动的体验和环境的刺激之下，游客的红色记忆被唤醒，并由此产生国家认同，形成了"红色旅游体验—红色文化记忆—国家认同"的路径。

（一）红色旅游体验与红色文化记忆

哈布瓦赫在《论集体记忆》中指出，在历史记忆中，个人通过观看故事展示、聆听故事讲述等途径对历史事件进行回忆，或通过纪念活动和节日等特定场所下的特定活动生成记忆。运用到红色旅游中，游客的红色文化体验为红色文化记忆的形成与唤醒提供了场景。在动态的、具有象征性的特定环境和仪式活动的推动下，跟历史有关的场所以及对历史事件的回忆会不断地被留存下来[①]。红色旅游是保存和传承文化记忆的特殊时空场所，红色旅游体验则是这种记忆得以唤醒的重要刺激活动。因此，红色旅游体验能够正向影响红色文化记忆。

（二）红色文化记忆与国家认同

国家认同具有群体性和归属性的特点，包含文化认同和政治认同，主要来源于社会成员共同的认知，但国家认同的塑造源于外部环境的刺激和个体自身心理因素，几乎不会直接表现出来。若红色旅游目的地能够通过历史性和纪念性的回忆场所对游客产生感官刺激，并深入其认知领域形成文化记忆，那么游客对国家的认知会得到更新[②]，对国家的认同

---

① 李雅玲：《以历史记忆建构国家认同的三重维度论析》，《中共乐山市委党校学报（新论）》2020 年第 1 期，第 76~83 页。

② 李彦辉、朱竑：《地方传奇、集体记忆与国家认同——以黄埔军校旧址及其参观者为中心的研究》，《人文地理》2013 年第 6 期，第 17~21 页。

会随着记忆的形成而建构①。因此，在红色旅游中，游客对红色历史的深入了解能够促进其红色文化记忆的形成，增强自豪感和认同感，从而形成国家认同。因此，红色文化记忆能够正向影响国家文化认同与国家政治认同。

（三）红色文化记忆的中介作用

游客对目的地的历史文化等信息符号进行解读的过程，既是与目的地对话的过程，也是旅游体验的形成过程②。游览过程中，游客与目的地的对话会加深其关于目的地的记忆，并进一步提升游客的认知和认同感。因此可从地方视角通过符号、记忆与空间等构建旅游地场所—记忆—认同三者之间的关系③。红色旅游目的地是集体记忆唤醒的重要场所，其包含的文化认同、政治认同和国家认同亦是记忆之场的最终指向④。因此，在红色旅游中，游客对目的地的符号意义解读形成了其独特的旅游体验，旅游体验在唤醒红色记忆的同时又强化了其国家认同，即红色记忆作为中介变量影响游客红色旅游体验与国家认同的关系。

综上所述，游客红色文化记忆源于旅游体验过程，而红色文化记忆促进了游客对国家的文化认同和政治认同。红色文化记忆在游客红色旅游体验和国家认同中起着重要的中介作用。因此，提出以下模型（见图1）。

---

① 孙艳、李咪咪、肖洪根：《海外移民返乡家庭旅游的集体记忆和国家认同建构》，《旅游学刊》2022年第2期，第46~61页。
② 袁振杰、马凌：《行走的记忆，记忆的行走：旅游中体验与地方认同》，《旅游学刊》2020年第11期，第5~7页。
③ 孙九霞、周一：《遗产旅游地居民的地方认同——"碉乡"符号、记忆与空间》，《地理研究》2015年第12期，第2381~2394页。
④ 刘路、周彦岐：《"记忆之场"：红色主题纪录片〈留法岁月〉的集体记忆与国家认同》，《现代视听》2021年第10期，第43~46页。

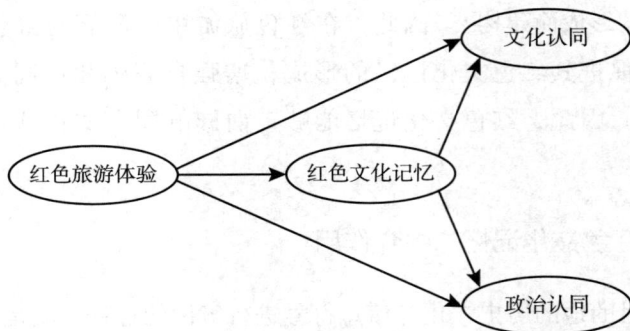

图 1　研究理论模型

二　研究方法与数据收集

（一）研究方法

研究方法主要采用访谈法和问卷调查法。通过访谈法对红色文化记忆要素维度进行提炼。在此基础上，借鉴相关成熟量表形成研究问卷，构建红色旅游体验、红色文化记忆与国家认同的结构模型，并进行模型检验。

红色文化记忆由于目前没有成熟的量表可借鉴，故先通过线下和网络访谈法对红色文化记忆的属性维度进行探索。共访谈 14 人（见表 1），对红色文化记忆访谈资料进行概念化归纳，总结出红色文化记忆主要包括情境记忆和情感记忆。同时借鉴潘澜等人的旅游体验记忆量表、胡俊青的旅游地社会记忆量表和高璟等人的怀旧旅游量表，进行红色记忆量表题项的设计。

表 1　访谈情况

序号	访谈对象	性别	年龄	访谈地点或方式	访谈日期
1	01FT-L-M	男	30	革命纪念馆	2021 年 11 月 19 日
2	02FT-Y-M	男	36	革命纪念馆	2021 年 11 月 19 日
3	03FT-W-M	男	50	革命纪念馆	2021 年 11 月 19 日
4	04FT-L-F	女	46	革命纪念馆	2021 年 11 月 19 日
5	05FT-C-M	男	55	杨家岭	2021 年 11 月 20 日
6	06FT-H-F	女	28	杨家岭	2021 年 11 月 20 日
7	07FT-L-F	女	21	杨家岭	2021 年 11 月 20 日

续表

序号	访谈对象	性别	年龄	访谈地点或方式	访谈日期
8	08FT-C-M	男	42	枣园	2021 年 11 月 21 日
9	09FT-W-F	女	24	枣园	2021 年 11 月 21 日
10	10FT-Z-M	男	27	枣园	2021 年 11 月 21 日
11	11FT-H-F	女	34	枣园	2021 年 11 月 21 日
12	12FT-L-F	女	41	枣园	2021 年 11 月 21 日
13	13FT-M-F	女	64	网络电话	2022 年 5 月 13 日
14	14FT-H-M	男	77	网络电话	2022 年 5 月 13 日

问卷由四部分构成：（1）游客人口统计学特征；（2）红色旅游体验量表；（3）红色文化记忆量表；（4）文化认同与政治认同量表。第（2）～（4）测量题项采用 Liket 5 点量表，从"非常不同意"到"非常同意"分别由低到高赋值 1~5。具体量表题项及其来源如表 2 所示。其中红色旅游体验量表参考左冰和张红艳等人的研究；红色文化记忆量表则是访谈归纳和参阅胡俊青、潘澜等，高璟等人的研究；认同量表参阅郭俊伶等、Burgoyne et al.、马得勇等人的量表而设计。

表 2　量表题项及其来源

潜在变量	题项编号	观测变量	量表来源
红色旅游体验	ex1	红色旅游教育性体验	左冰[1]、张红艳等[2]
	ex2	红色旅游独特性体验	
	ex3	红色旅游娱乐性体验	
	ex4	红色旅游真实性体验	
	ex5	红色旅游知识性体验	
红色文化记忆	my1	自我关联符号记忆	胡俊青[3]、潘澜等[4]、高璟等[5] 及访谈结果
	my2	社会象征符号记忆	
	my3	再现性记忆	
	my4	生动性记忆	
	my5	认可归属情感记忆	
	my6	怀旧反思情感记忆	

潜在变量	题项编号	观测变量	量表来源
文化认同	ci1	红色文化认同	郭俊伶等[6]、Burgoyne et al.[7]、马得勇[8]
	ci2	地方文化认同	
	ci3	历史文化认同	
	ci4	家国文化认同	
政治认同	pi1	政治体制认同	
	pi2	法律体制认同	
	pi3	经济体制认同	
	pi4	收入分配认同	
	pi5	教育体制认同	

①左冰：《红色旅游与政党认同——基于井冈山景区的实证研究》，《旅游学刊》2014 年第 9 期，第 60~72 页。

②张红艳、马肖飞：《新格局下基于国家认同的红色旅游发展》，《经济问题》2020 年第 1 期，第 123~129 页。

③胡俊青：《社会记忆对红色旅游地吸引力的影响研究》，湖南师范大学硕士学位论文，2020。

④潘澜、林璧属、王昆欣：《探索旅游体验记忆的影响因素——中国旅游情景下的研究》，《旅游学刊》2016 年第 1 期，第 49~56 页。

⑤高璟、李梦姣、吴必虎：《知青怀旧旅游情感与行为的关系研究》，《地域研究与开发》2017 年第 2 期，第 61~67 页。

⑥郭俊伶、卢东、金鹏：《红色旅游中敬畏情绪对游客国家认同的影响研究》，《资源开发与市场》2018 年第 7 期，第 1026~1031 页。

⑦Burgoyne C., Routh D., The psychology of the European Monetary Union in the UK: "No S. E. C. please, we're British", *Journal of Comparative & Physiological Psychology*, 1998, 2：278-285.

⑧马得勇：《国家认同、爱国主义与民族主义——国外近期实证研究综述》，《世界民族》2012 年第 3 期，第 8~16 页。

（二）数据来源

正式数据搜集前，课题组在延安革命纪念地（纪念馆、枣园、王家坪、杨家岭、凤凰山、清凉山、四·八烈士陵园等）对 31 名游客进行了现场的预调研，根据反馈结果对问卷进行了修订。随后利用问卷星在线调查平台分别于 2022 年 6 月、2022 年 10 月、2023 年 6 月收集数据，调查对象为曾去延安、井冈山或其他红色革命纪念地（包括纪念馆博物馆、革命旧址等）的游客，累计发放问卷 412 份，收回有效问卷 406 份，有效回收率为 98.5%。

三 数据分析

（一）样本人口统计学特征

所获样本中（见表3），男女比例差别不大，年龄集中于19~44岁，教育背景多为本科，月收入集中在8000元以下，职业分布较分散，居住地以陕西省外居多。

表3 样本人口统计学特征

单位：人，%

项目	选项	频数	比例	项目	选项	频数	比例
性别	男	186	45.8	职业	学生	153	37.7
	女	220	54.2		教育工作者	34	8.4
年龄	18岁及以下	58	14.3		工人	33	8.1
	19~24岁	95	23.4		政府职员	21	5.2
	25~44岁	103	25.4		企业职员	53	13.1
	45~64岁	86	21.2		农民	4	1.0
	65岁及以上	64	15.8		军人	2	0.5
教育背景	高中及以下	73	18.0		个体经营者	36	8.9
	中专或大专	117	28.8		离退休人员	63	15.5
	本科	154	37.9		其他	7	1.7
	硕士及以上	62	15.3	政治面貌	党员	120	29.6
月收入	≤2000元	149	36.7		共青团员	117	28.8
	2001~5000元	57	14		群众	161	39.7
	5001~8000元	87	21.4		其他党派	8	2.0
	8001~10000元	56	13.8	居住地	陕西省内	169	41.6
	10001元以上	57	14		陕西省外	237	58.4

（二）验证性因子分析

1. 测量模型拟合优度检验

验证性因子分析结果显示（见表4），初始模型的GFI小于推荐值

0.9，经模型修正删除 my6 题项后，各项数据均达标，表明测量模型拟合度良好。

表 4　测量模型拟合系数

	χ^2/df	RMSEA	GFI	IFI	CFI	TLI	NFI
初始模型	1.562	0.045	0.895	0.974	0.974	0.971	0.930
修正模型	1.706	0.050	0.915	0.976	0.976	0.972	0.945

2. 信度检验

对测量指标进行信度分析（见表 5），可知模型中各潜变量的 Cronbach's alpha 值，均大于标准值 0.7，说明量表信度良好。

表 5　验证性因子分析结果

潜变量	观测变量	克隆巴赫系数 Cronbach's alpha	标准负载	平均提取方差 AVE	组合信度 CR
红色旅游体验	ex5	0.924	0.797	0.657	0.905
	ex4		0.785		
	ex3		0.794		
	ex2		0.771		
	ex1		0.9		
红色文化记忆	my5	0.924	0.766	0.612	0.887
	my4		0.803		
	my3		0.777		
	my2		0.772		
	my1		0.793		
文化认同	ci4	0.876	0.793	0.64	0.877
	ci3		0.786		
	ci2		0.818		
	ci1		0.802		
政治认同	pi5	0.898	0.782	0.639	0.898
	pi4		0.763		
	pi3		0.816		
	pi2		0.81		
	pi1		0.824		

3.效度检验

效度反映的是指标变量对于其所测量潜在特质的实际测量程度，用来验证问卷的有效性。本研究主要通过聚合效度和区分效度来进行检验。

（1）聚合效度。由表5可知各题项的标准负载均大于0.7，各潜变量的平均提取方差均大于标准值0.5，组合信度均大于标准值0.7，说明聚合效度良好。

（2）区分效度。从表6可知各变量间两两相关系数值均小于0.85且小于该构面 AVE 值的平方根，说明量表区分效度较好。

表6　平均提取方差值的平方根及相关系数

	红色旅游体验	红色文化记忆	文化认同	政治认同
红色旅游体验	0.811			
红色文化记忆	0.646***	0.782		
文化认同	0.649***	0.722***	0.800	
政治认同	0.606***	0.664***	0.715***	0.799

注：对角线上的数值为 AVE 的平方根，对角线下的数值为潜变量之间的相关系数；*** 表示 $p<0.001$。

综上可知，量表信度和效度较好，可进一步对模型进行总体分析。

（三）结构模型分析及结果

采用极大似然法进行标准化参数估计。结构模型适配结果为：$\chi^2/\mathrm{df}=1.769$，RMSEA = 0.052，GFI = 0.910，IFI = 0.974，CFI = 0.974，TLI = 0.970，NFI = 0.942。各项指标均在合理范围内，适配情况较理想。

最终理论模型分析结果表明，红色旅游体验对红色文化记忆产生了显著的正向影响（$\beta=0.974$，$p<0.001$），红色文化记忆对文化认同产生了显著的正向影响（$\beta=0.991$，$p<0.001$），红色文化记忆对政治认同产生了显著的正向影响（$\beta=0.973$，$p<0.001$）。

（四）中介效应检验

为检验红色文化记忆在红色旅游与国家认同之间的中介作用，采用 Process 检验的 Model 4（Model 4 为简单的中介模型）[1]，在控制性别、年龄的情况下进行中介效应检验。首先，验证红色文化记忆对红色旅游体验和文化认同之间关系的中介效应（见表7），分别建立回归方程，M1：红色旅游体验和红色文化记忆对文化认同的回归方程，M2：红色旅游体验对文化认同的回归方程，M3：红色旅游体验对红色文化记忆的回归方程。

表7　红色文化记忆对红色旅游体验和文化认同之间关系的中介效应

回归方程	结果变量	预测变量	R^2	F	t	β
M1	文化认同	性别	0.782	248.664	0.816	0.022
		年龄			−0.968	−0.027
		红色旅游体验			6.109	0.375 ***
		红色文化记忆			8.681	0.532 ***
M2	文化认同	性别	0.723	241.766	0.981	0.031
		年龄			−0.729	−0.023
		红色旅游体验			26.891	0.849 ***
M3	红色文化记忆	性别	0.791	351.383	0.554	0.015
		年龄			0.284	0.007
		红色旅游体验			32.464	0.889 ***

注：β 系数为标准化后的值；*** 表示 $p<0.001$。

由 M2 可知，红色旅游体验对文化认同有直接的正向影响（$\beta=0.849$，$p<0.001$）；由 M3 可知，红色旅游体验对红色文化记忆有直接的正向影响（$\beta=0.889$，$p<0.001$），当加入红色文化记忆这一中介变量后，由 M1 可知，红色文化记忆对文化认同影响显著（$\beta=0.532$，$p<0.001$），同时红色旅游体验对文化认同的直接影响有所下降，但依然显著（$\beta=0.375$，$p<0.001$）。

---

[1] 温忠麟、张雷、侯杰泰等：《中介效应检验程序及其应用》，《心理学报》2004 年第 5 期，第 614~620 页。

由此说明，红色文化记忆在红色旅游体验与文化认同间有部分中介效应，中介效应占总效应的 55.8%，因此中介效应成立。

其次，验证红色文化记忆在红色旅游体验和政治认同之间的中介效应（见表 8）。分别建立回归方程，M4：红色旅游体验和红色文化记忆对政治认同的回归方程；M5：红色旅游体验对政治认同的回归方程；M6：红色旅游体验对红色文化记忆的回归方程。

表 8　红色文化记忆对红色旅游体验和政治认同之间关系的中介效应

回归方程	结果变量	预测变量	R^2	F	t	β
M4	政治认同	性别	0.772	234.477	0.520	0.149
		年龄			−0.691	−0.198
		红色旅游体验			6.896	0.433***
		红色文化记忆			7.748	0.470***
M5	政治认同	性别	0.726	245.368	0.703	0.022
		年龄			−0.515	−0.016
		红色旅游体验			27.107	0.851***
M6	红色文化记忆	性别	0.791	351.383	0.554	0.015
		年龄			0.284	0.007
		红色旅游体验			32.464	0.889***

注：β 系数为标准化后的值；*** 表示 $p<0.001$。

由 M5 可知，红色旅游体验对政治认同有直接的正向影响（$\beta=0.851$，$p<0.001$）；由 M6 可知，红色旅游体验对红色文化记忆有直接的正向影响（$\beta=0.889$，$p<0.001$），当加入红色文化记忆这一中介变量后，由 M4 可知，红色文化记忆对政治认同影响显著（$\beta=0.470$，$p<0.001$），红色旅游体验对政治认同的直接影响有所下降，但依然显著（$\beta=0.433$，$p<0.001$）。由此说明，红色文化记忆在红色旅游体验和政治认同之间有部分中介效应，且中介效应占总效应的 49.1%，因此中介效应成立。综上所述，红色文化记忆在红色旅游与国家认同之间的中介作用成立。

四　结论与讨论

（一）研究结论

第一，红色旅游体验对红色文化记忆的产生有显著的正向影响。红色旅游体验在很大程度上取决于游客在旅游过程中所获得的信息，文化遗产、纪念地及特定的社会生活场景是具有象征符号系统集合而成的特定文化场域，是人类社会文化记忆的储存方式和符号载体，承载着国家记忆和集体文化记忆。"我是跟随单位组织采延安学习，以后也会带儿子来，来到这不仅是旅游，更多的是让我们参观和学习，我觉得红色旅游就是要有教育意义，对我们这一代，对下一代，这样才能刻在我们的记忆里。"（访谈对象02FT-Y-M）

革命纪念地展示的是中国共产党革命斗争的历史，旅游者通过红色旅游特定场域的在地沉浸体验来追溯历史、感受文化，完成个体与民族历史、民族文化的互动与交流，唤醒了游客关于国家的集体红色文化记忆。"来延安旅游，跟平常出来旅游的心情和感受都有很大的区别，我会一直牢记红色精神，为我们的历史文化感到骄傲。"（访谈对象09FT-W-F）

第二，红色文化记忆对游客国家认同有显著的正向影响。游客的文化记忆是认同的基础和首要环节，它对于形成对国家的归属感、认同度以及产生凝聚力，都有着基础性的作用。"每年我都会来延安一次，从以前到现在不管是延安的风貌还是红色建筑，纪念馆的改造，都能够让我大概想象到原来的生活场景、生活状态，其实从革命老区的发展能够看出我们国家的文化经济都在一步一步发展。"（访谈对象08FT-C-M）游客通过参观革命纪念馆、革命遗址遗迹等具有革命象征的场所和空间，加深对于我国红色历史和解放革命的了解，并通过革命老区的整体风貌体会到国家和社会的逐渐强大，引发对于国家发展历程的回忆与感慨，产生对国家文化和功能制度方面的认同和一种与国家同在的爱国主义情感，这种认同和情感态度在行为影响上就反映为积极的国家认同行为。"在这一个很小的地方，我们党闯出了一片很大

的天地，真的是时代在进步，国家在发展。"（访谈对象 08FT-C-M）

第三，红色文化记忆对红色旅游体验和国家认同之间关系具有显著的中介效应，即红色旅游体验对于游客形成国家认同具有正向的积极影响，但这种影响并不是直接的，而是通过对游客红色文化记忆的唤醒这个中介变量对国家认同产生的间接影响。记忆是旅游者体验的一部分，直接参与和串联了旅游地与旅游者之间的互动，在构建旅游认同上有独特的作用。"只有亲身经历过、感受过，这种精神和文化才能刻在心里，每个年代有它不同的记忆，但延安时期的革命年代是专属的红色记忆，代表了传统文化。"（访谈对象 14FT-H-M）游客借助红色旅游空间对革命历史进行一系列的回顾与纪念，在这个过程中形成了他们关于红色旅游目的地独特且深刻的旅游体验，通过体验活动游客置身于革命历史的旋涡之中，与红色文化和国家记忆发生了强烈的关联与互动，进而萌发出对国家文化保护与传承的使命感以及对于国家制度的认可与依赖感，最终产生了与国家命运紧紧连接的责任和认同。"你去过了延安，就知道以前那里的环境有多么苦，有了党和国家的带领，环境、条件都慢慢变好，以前不敢想象社会发展得这么快，这么好！"（访谈对象 13FT-M-F）

（二）研究启示

针对本研究结论，对红色旅游目的地而言，要重视游客的旅游体验—记忆—认同的转换过程。

第一，记忆是塑造和解读旅游景观符号意义的关键，革命纪念地应开发参与融入式产品以创造真实体验，唤起文化记忆。在大众旅游时代，游客身份的多重性也决定了其体验的丰富性，因此红色旅游目的地进行旅游产品开发时，应深入挖掘开发参与融入式的红色旅游产品，实现资源的动态化和生动化表现，创新开发参与融入式的红色旅游体验产品，将红色资源景观通过游客参与进行体验式活化与互动，构建和营造红色旅游独有的氛围和场景，为游客创造真实的旅游体验。具体实践中，提供给游客多感官红色情境体验，采用场景营造技术制造氛围，也可将红色文化的知识内容通过自制短视频、战争剧本模拟、知识问答小剧场等方式表现出来，吸引游客主动参与进来，提高大众参与程度和接受程度，促进游客的评价、感知、联想与反思等，从而唤起旅游者的红色文化记忆。同时，在技术应用上对游客体验过程进行跟踪和管理，以保证可持续性体验。

第二，为加强国家认同的建构，革命纪念地应充分利用红色记忆符号资源，同时与社会公民加强交流，促进游客爱国情感的产生。丰富红色记忆载体和媒介，借助通俗语言和文学、特色建筑等载体将红色记忆以静态的、多维的形式呈现出来，利用节日仪式活动将红色记忆以动态的、全方位的形式表现出来，综合激发游客的红色记忆，不断提高游客与过去红色历史的互动强度，增强其对于国家和社会发展的认知和感悟，以此宣扬爱国主义，促进游客爱国情感的产生。同时，由于公民自身的红色记忆来源于对红色文化的认知，除红色旅游目的地展现的红色记忆符号之外，还要加强与社会的交流与联系，例如红色旅游景区举办慈善、公益等性质的活动，不仅参与到社会公共空间中，更是将红色记忆与革命精神带入群众的生活空间中，让公民切身感受到红色旅游与社会的发展是密切相关的，感受到国家对社会生活的关注与支持，增强公民的认知与认同感。

第三，在红色文化记忆的保护与传承中，革命纪念地应采取措施唤起游客情感共鸣与认同感并以创新方式强化游客认知。红色旅游氛围下游客从个人到群体的情感共鸣和认同感来源于其共同的文化记忆，但随着时间流逝和时代的变化，红色文化记忆也会变得逐渐模糊，最后被其他记忆替代。因此，红色文化记忆可持续性的留存和传承对于目的地来说是一项非常关键的工程，借助科技的外部作用作为激发点，充分满足游客的全方位多感官刺激需求，推动以往红色旅游中单一的解说模式向多维度互动式讲解转变；在此基础上充分改善红色旅游中资源的存储形式，从单方面的实物展示向电子存储展示转变，促进红色旅游中资源的浏览方式创新性和教育途径多元化，这种创新方式的转变既能够强化游客对红色旅游目的地历史文化资源的多层次和多方面的了解，又能够从技术层面上存储红色记忆和从游客心理认知层面上传承红色文化记忆。

B.9
革命纪念地国际游客红色旅游体验
与国际认同感研究报告

龙潜颖　王红玉　李　中*

摘　要： 当前红色旅游革命纪念地正在成为国际社会了解中国、认识中国社会的新型重要载体。本报告运用深度访谈、文本分析、语义网络分析等方法，对国际游客来华的红色旅游体验与国际认同进行研究探索。研究发现，国际游客存在学习、朝圣与偶然三种不同红色旅游动机，其发展出"动机—体验""文化对比—体验""文化关联—动机—体验"三类差异化认知与体验互动模式。报告随后探讨了国际游客红色旅游体验与其国际认同结果之间的关系。基于以上发现，笔者认为当前我国红色旅游革命纪念地应加强历史叙事能力、与其他文化遗产进行联动营销并针对国际游客提升服务体验设计。

关键词： 红色旅游　国际认同　国际游客　旅游体验　旅游式学习

一　研究背景

近年来，红色旅游国际化被提上国家议程。2013 年，汪洋副总理对红色旅游做出重要指示，要求"红色旅游不断提高发展水平，加强宣传推广，

---

* 龙潜颖，博士，江西师范大学历史文化与旅游学院讲师，研究方向为旅游消费者行为、红色旅游体验；王红玉，博士，南开大学旅游与服务学院助理研究员，研究方向为红色旅游与旅游式学习；李中，南开大学旅游与服务学院博士，研究方向为红色旅游、服务质量、品牌管理。

积极探索红色旅游的国际合作"；2015 年，纪念中国人民抗日战争暨世界反法西斯战争胜利 70 周年，原国家旅游局在俄罗斯、白俄罗斯、波兰、比利时等多个国家开展红色旅游推介，将红色旅游作为讲述中国故事、传播中国声音的创新内容。到目前为止，在"一带一路"倡议带动下，中国已与俄罗斯、朝鲜、越南、古巴、法国、德国等建立了红色旅游国际合作。随着红色旅游的国际影响力不断扩大，近年来到访红色旅游景区的外国人、海外侨胞等国际游客逐年增加，国际社会不再满足于通过媒体等了解中国，而是希望能实地感受中国，探究这些年中国经济发展和社会进步背后的逻辑和中国共产党人的历史逻辑①。红色旅游正在成为国际社会了解中国、认识中国社会的新型载体。

旅游被认为是促进理解与社会交流、推动"民间外交"的重要渠道。来自遗产旅游领域的研究发现，巴黎公社遗址等革命纪念地吸引了全球的游客，游客的参观评论体现出全球普世性的精神感受，这些纪念地因唤起世界性的社会记忆形成了跨越国别、民族的国际认同感，而非对民族偏见、历史争议或战争的批判②。根据社会认同理论及相关研究③，这一"国际认同"感受的产生主要来源于两个方面。第一，游客可能在革命纪念地等的参观中获得与自身认知与经历有关的熟悉体验，进而形成对与自身或所在文化群体近似文化的认同，如来自前社会主义阵营国家塞尔维亚的游客对我国社会主义革命历史的熟悉与赞扬；第二，遗产旅游的游客可能形成关于"他者"的认识评价，通过差异性进一步强化对"他者"的身份确认与积极理解，例如，欧美国家游客通过游览革命纪念地将我国近现代抗战历史视为"二战"中世界反法西斯运动重要组成部分。从旅游体验的角度来看，由于多数国际旅游活动在跨文化情境下展开，通过对不同文化的了解与学习，游客

---

① 戴斌：《红色旅游的价值取向与责任担当》，中国旅游研究院，2019 年 1 月 21 日，http://www.ctaweb.org.cn/cta/ztyj/202103/f03ceabcbac04e908115c9bae9ac40a3.shtml。

② Winter, & Caroline. "Ritual, Remembrance and War: Social Memory at Tyne Cot". Annals of Tourism Research, 2015 (54): pp. 16-29.

③ Brown R. "Social Identity Theory: Past Achievements, Current Problems and Future Challenges". European Journal Social Psychology, 2000, 30: pp. 748-778.

对目的地文化的了解可能增加，这一过程中将可能对目的地产生积极的认知态度与联结[1]；同时，旅游活动中游客与当地人、导游、组织者的交流与互动，将促进人际信任，也有助于形成对目的地国家的情感认同[2]。因此，从理论上看，红色旅游的国际认同存在可能性，国际游客可能对红色文化形成外部视角的、识别中国差异性的他者认同，也可能产生基于相似性与共鸣的文化认同与价值观认同。不论是何种，认同的产生离不开国际游客在实地的切身感受与体验。

红色旅游是我国近代历史文化遗存"活化"利用的一种方式，所涉及的历史文化遗存包括自 1840 年以来中国大地上发生的以爱国主义和革命传统精神为主题、有代表性的重大事件和重要人物。这些历史文化遗存在旅游产品谱系中具有"本质主义的真实性"，这一特性使红色旅游在供给设计和需求体验上都与学习联系在一起。目前对红色旅游国际化的研究有诸多理论视角，包括跨文化传播、外宣翻译、意识形态、社会主义、国际市场开发等，各理论视角的研究为红色旅游国际化提供了必要理论指导或实践建议，但总体上缺少微观层面上的游客体验，特别是从游客学习体验视角出发的探索。因此，本研究从学习视角对国际游客在革命纪念地的红色旅游体验展开调查研究，不仅从新的研究思路分析国际来华游客的红色旅游体验，也将为红色旅游国际化提供直接的实践启示。

二　研究设计

（一）以来华留学生为对象开展的预调研

本研究首先通过对来华留学生的访谈对国际游客的红色旅游认知和态度

---

① Williams D. R., Patterson M. E., Roggenbuck J. W.. "Beyond the Commodity metaphor: Examining Emotional and Symbolic Attachment to Place". *Leisure Sciences*, 1992, 14（1）: pp. 29-46.

② Cohen E.. "Toward a Sociology of International Tourism". *Social Research*, 1972, 39（1）: pp. 64-82.

进行了初步的调查和研究。留学生群体是红色旅游来华游客的一个特殊群体，他们往往掌握了基本的语言和中国文化知识基础，并对中国文化有着较为积极的态度。有关旅游式学习的研究表明，旅游中的学习体验是主客体互动的过程，不仅目的地异质化环境与作为吸引物的人、物、景等会影响旅游式学习的最终效果，作为学习主体的游客的个人特质，如动机、年龄、知识基础、旅行经验、文化倾向等也将很大程度上影响着学习行为及与其相关的旅游体验[①]。因此，对于留学生的调查旨在初步了解国际游客的个人特质、对红色旅游的认知基础及其对参观游览红色旅游景区意愿的影响。

利用留学生素质拓展课程时间，本研究共访谈 35 位南开大学留学生。访谈问题包括"中国自近代鸦片战争以来，经历了反抗侵略的战争如抗日战争等，您对这段历史是否了解？""如果了解的话，想到这段历史，您会联想到哪些词？请用 5 个词进行概括""与这段历史相关的战争遗址、名人故居等纪念馆、展览馆等革命纪念地，你是否有兴趣参观？"根据对访谈内容的整理，对以留学生为代表的国际人士红色旅游认知情况进行分析归纳。

表 1　来华留学生群体访谈样本

类别	来华留学生情况	人次
年龄	18~22 岁(本科生)	16
	23~25 岁(硕士研究生)	11
	26 岁及以上(博士研究生)	8
性别	男	24
	女	11
国家	巴基斯坦	5
	柬埔寨	3
	越南	5
	马来西亚	1
	泰国	3

① 王红玉、白长虹：《旅游式学习：理论回顾与研究议程》，《南开管理评论》2018 年第 2 期，第 192~198，209 页。

类别	来华留学生情况	人次
	韩国	4
	日本	4
	法国	2
国家	意大利	2
	哈萨克斯坦	4
	也门	2
	波黑	2

注：访谈分别在本科生、硕士生、博士生中进行，因此年龄主要按学历阶段划分。

资料来源：基于调研数据整理。

根据访谈结果，留学生对红色旅游的认知情况分为三种：不了解、有一点了解、认为应该去了解。"不了解"的认知情况主要因为没有专业学习过这段历史，所以对红色旅游讲述的事情都不了解；同时，大部分被访留学生表示对中国（特别是古代）文化感兴趣，但是并不想了解战争，也没有参观意愿。表示"有一点了解"的被访留学生其认知来源主要有以下几种：①中国历史课程讲述；②来中国留学前选修了中国历史和中国文化课程，如法国留学生在来华留学前要求选修两门与中国相关的课程，他们通常选择上述两门，对这段战争历史有些了解；③与中国朋友聊天时谈起；④在本国网站上有时会有相关内容。但是留学生从来没听说过有这类博物馆或纪念馆，有一定的参观兴趣。表示"认为应该了解"的来华留学生的认知情况，其原因主要为：①中国周边友好国家，如柬埔寨留学生，因为毛泽东和柬埔寨国王是好朋友，并且两个国家是很好的关系，认为应该去学习这段历史并去实地参观；②鉴于设置的相关课程，留学生需要了解中国历史。

总体上，来华留学生对红色旅游的认知水平较低，主要表现为：①了解历史，但不知晓纪念馆、博物馆等革命纪念地的存在；②了解一些城市如延安、井冈山、韶山，但不知道其具体区位；③了解一些伟人，如毛泽东、周恩来、邓小平等，但不了解发生的事或具体的人物事件。此外，留学生群体对红色旅游参观有一定兴趣和意向。另外，中国有大量的历史文化名胜古迹，在有限的时间内留学生优先访问与古代史相关的知名历史景点，特意参观红色旅游景区的概率较低。

（二）以国际游客红色旅游体验网络文本进行的质性研究

第二个研究将国内的红色旅游国际宣传文本和国际游客关于红色旅游的评论内容进行对比分析，以探究国际游客对红色旅游的认知与国内官方媒体的报道在视角和关注点上的差异。国内文本来源于全国红色旅游协调小组办公室的相关文件和报道；国际游客的评论内容来自 *China Daily* 国际观察板块的新闻报道、运用 Google 搜索收集的博客文章与游记，以及国内新闻报道约有关国际游客红色旅游的采访文章和国际游客评论。

表 2　红色旅游国内宣传与国际游客评论文本高频词语

单位：%

国内高频词语	百分比	国际高频词语	百分比
文化	45	中国	52
旅游	42	红色	30
红色	32	旅游	23
中国	22	游客	17
国际化	11	参观	14
国家	10	历史	13
价值观	9	革命	11
传播	8	文化	11
历史	8	发展	9
发展	6	地方	8
理解	6	外国人	8

因为三年疫情影响，国际游客访华受限，因此质性文本主要收集了2019 年 12 月 31 日之前的部分报道文本，其中国内文本 2.83 万字，国际文

本 4.33 万字。接着，研究运用文本分析软件 ROST 对文本进行词频和语义网络分析。为了消除两份质性文本字数不同导致的词频差异，本研究用高频词语百分比替代频次。同时，为了进一步分析文本内容差异，进行语义网络分析，识别语义网络中心词。由图 1 可以看出，国内文本的网络中心词为"文化"与"红色"，对比之下也出现了"价值观"等国际文本中未出现的词；国际文本的网络中心词则为"历史"与"中国"，强调"游客"的"参观"体验以及对"革命""历史"的关注。因此，两者在红色旅游的关

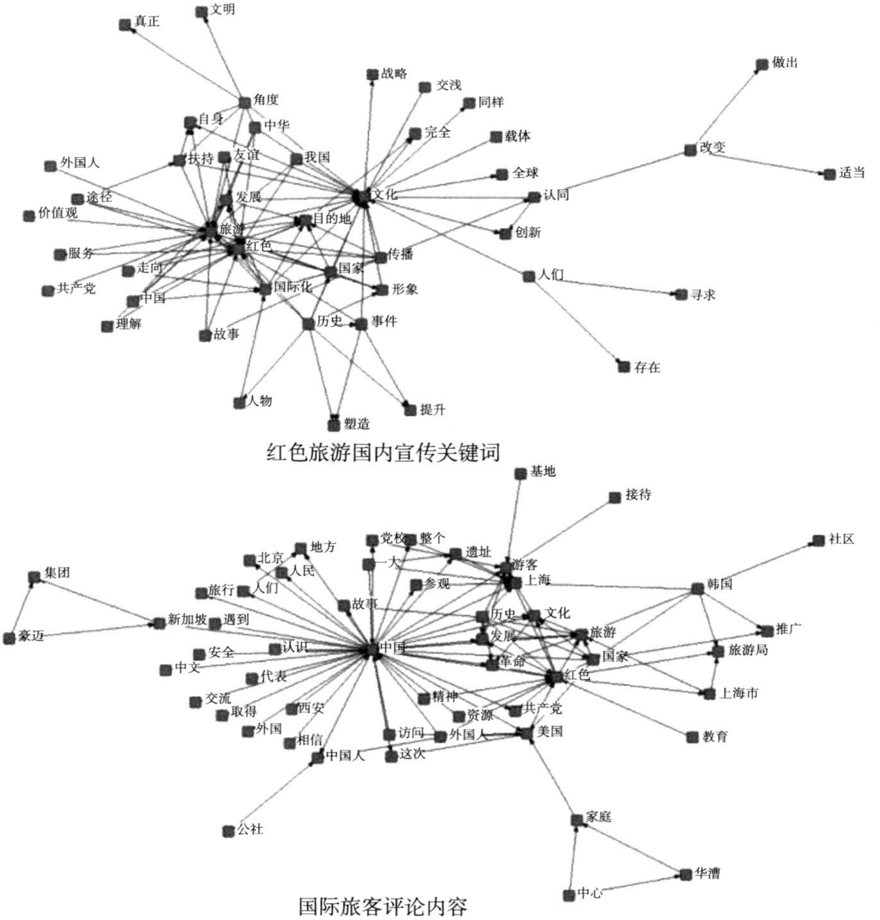

红色旅游国内宣传关键词

国际旅客评论内容

图 1 国内红色旅游宣传与国际游客评论语义网络分析

注点上存在着很大的不同，国内将红色旅游更多作为一种沉淀在民族精神中的重要文化组成部分，强调了国内游客由于红色旅游体验带来的身份认同与价值观认同；而国际新闻报道或国际游客评论更多地将红色旅游归类为中国历史的一部分，与古代历史并列，是革命历史更为突出的一段，且游客更为关注自身的参观体验。

（三）红色旅游景区的实地调研

在预调研阶段，本研究在江西井冈山景区、湖南韶山景区、贵州遵义会址景区、中国国家博物馆、北京卢沟桥中国人民抗日战争纪念馆进行国际游客调研。尽管5处案例地都是知名的红色旅游城市（景区），并在全年有一定的国际游客接待规模，但是笔者通过为期2个月的观察发现，除中国国家博物馆之外，4个景区的国际游客访问量低，国际游客调研难以开展。因此，本研究的调研案例地最终选择中国国家博物馆，该馆是首批全国红色旅游经典景区之一，由原中国历史博物馆和原中国革命博物馆组建而成，是一座系统展示中华民族悠久文化，反映中国古代、近现代、当代历史的综合性博物馆。《复兴之路》作为国家博物馆2011年改扩建工程的开馆之展和基本陈列，是目前唯一一个全面展示中华民族170余年复兴之路的主题展览，展览内容时间跨度自1840年起，至2011年，共分五个部分，分别为"中国沦为半殖民半封建社会""探求救亡图存的道路""中国共产党肩负起民族独立人民解放历史重任""建设社会主义新中国""走中国特色社会主义道路"，前三部分为近代史部分展厅，分布在国家博物馆东侧，是展示中华民族近代以来反对外来侵略的抗争史和中国共产党领导人民的奋斗史与创业史的重要平台。

本研究通过在国家博物馆《复兴之路》近代史部分展馆内部随机访谈外国游客参观《复兴之路》这一红色旅游革命纪念地的动机、参观体验以及参观收获来获取第一手数据，访谈时间为2019年4~5月，共计访谈37人，每位游客的访谈时间为10~30分钟，年龄范围涵盖19岁到60余岁，国籍涉及亚洲、欧洲、美洲、非洲等地，被访国际游客的具体信息详见表3。本研究将从国际游客对红色旅游革命纪念地的感知与熟悉度、出游动机、体验与认同等方面介绍调研发现。

表3 调研样本基本信息

序号	性别	国籍	年龄	来华次数	序号	性别	国籍	年龄	来华次数
01	女	巴基斯坦	31	1	20	女	英国	—	1
02	女	巴基斯坦	27	1	21	男	塞尔维亚	44	1
03	男	巴基斯坦	28	1	22	女	塞尔维亚	43	1
04	男	柬埔寨	24	1	23	男	德国	60+	4
05	男	日本	23	2	24	男	德国	60+	2
06	男	日本	33	1	25	女	美国	23	1
07	男	也门	24	3	26	女	荷兰	45+	1
08	男	也门	20	1	27	女	荷兰	19	1
09	男	意大利	27	1	28	男	荷兰	22	1
10	男	意大利	24	1	29	男	德国	40	1
11	女	意大利	19	1	30	男	比利时	31	1
12	男	韩国	22	1	31	男	希腊	45	1
13	女	韩国	22	1	32	女	波黑	21	1
14	男	巴基斯坦	21	1	33	女	塞尔维亚	23	1
15	男	马来西亚	22	2	34	女	泰国	27	2
16	男	韩国	26	2	35	女	越南	24	1
17	女	泰国	24	1	36	女	印度尼西亚	16	1
18	男	法国	25	1	37	男	南非	30+	1
19	男	英国	29	1					

资料来源：根据调研信息整理。

三 研究发现

（一）国际游客对红色旅游的感知和熟悉度

数据分析显示，国际游客对《复兴之路》展厅感知主要为"历史的"和"文化的"。笔者通过进一步访谈了解到，大多数游客表示展厅主要介绍中国近代史，并且采用中国的方式进行讲述；另有部分游客认为这是关于中国文化的展览，这些历史和事件是在证明中国特色。

被访谈人在接受本研究调研前均没有听说过"红色旅游"概念，研究人员介绍"红色旅游"后，多数被访谈人表示"很有趣""能够更好地了解中国"，另外一些人则表示"会不会太悲伤""是不是会让人难过"等忧虑。同时，通过访谈可以发现，国际游客对中国近代史的了解程度较低，除2名曾经出版过关于中国的图书的德国游客和1名来华一年多的留学生之外，国际游客几乎没有正式接触过中国近代史内容，一小部分游客对中国近代史的了解来自大学期间选修的"全球史""中国历史"课程。被访谈人的同类主题的旅游经验几近空白，除少数人曾参观过本国及越南的类似景区之外，都没有参观过与战争、革命相关的同主题景区或展馆。对《复兴之路》展厅的了解多数在抵达博物馆后，通过展厅指示和说明了解到相关信息，更有游客进入展厅前根本不清楚该展厅的主题和内容。

表4 国际游客对革命纪念地的感知及结构化数据描述统计

单位：人

调查项目	频数	调查项目	频数
1. 景区属性感知		4. 是否参观过类似景区	
关于历史	23	否	29
关于文化	9	是的，并且在中国	3
2. 对红色旅游的了解程度		是的，在本国内	2
几乎不了解	37	是的，在其他国家	3
3. 对中国近代史的了解程度		5. 获知《复兴之路》近现代展厅的渠道	
几乎不了解	27	到达国家博物馆后	32
有一些了解	7	到达国家博物馆之前	
比较了解	3	完全没有了解展厅的信息	

资料来源：调研信息整理。

上述数据表明本研究调研的群体对景区相关的文化、景区展示内容并不熟悉，这与已有文献中"遗产旅游是熟悉的消费"论述有所不同，国际游客对红色旅游的体验建立在不熟悉的前提下，这构成本研究与已有研究的差别，并为探索文化熟悉度与遗产消费的关系提供新的情境。后续分析将在该前提下展开并进行讨论。

（二）国际游客的旅游动机

本研究发现，国际游客对红色旅游的出游动机有学习动机、朝圣动机和偶然动机三类。

在学习动机上，国际游客在《复兴之路》展厅内希望学习的内容包括"中国社会发生的巨大政治变革""中国如何把人民组织起来"等。在国际游客看来，中国社会发生了"令人惊讶"的变化，这使得中国与欧洲国家非常不同，这里是国家级的博物馆，在一个国家博物馆里应该会有详细丰富的内容讲述"谁让变化发生"（who was in the change），"这样的变化为什么会发生"（why these things happened）以及"这些变化如何发生"（how the changes happened）。另有游客对这段历史并没有明确学习动机，而是出于通过此次旅行"想了解中国"的总体动机，认为对作为国家博物馆展览一部分的《复兴之路》的参观有助于此愿望的达成。

国际游客的朝圣动机包括"这是国家级的展馆"、"认为同古代展馆一样会精彩""中国历史上非常热血的时期""毛泽东很伟大"四种。前两种动机与景区属性紧密相关，游客出于对"国家级展馆"的想象和参观过古代中国展馆的联想，赋予《复兴之路》展厅重要地位和积极评价，这能够部分解释大多数游客在对展厅内容不熟悉的情况下前来参观的原因。另外，游客将《复兴之路》展厅内容与中国近代社会变革建立联系，出于对中国社会变化的惊叹前来参观，这与国家博物馆的级别和《复兴之路》紧密相关，其他红色旅游景区能否使游客产生这种"朝圣"动机难以据此推测。

国际游客的偶然动机包括"工作人员建议""还有剩余时间""事前不知道这个展馆是什么内容"三类，这与前人研究指出的"历史属性""吸引人的场所"有所不同，这些动机并没有建立在"吸引人的场所"的基础之上。

表 5 国际游客的动机类型

动机类型	频数
学习动机	13
想了解中国社会发生的巨大政治变革	3
想了解中国如何把人民组织起来	2
想了解不同视角的这段历史	2
想了解事件背后的原因	3
中国的经济很令人惊讶，想知道中国与众不同的点	2
想了解中国文化	1
朝圣动机	18
因为这是国家级的展馆	3
认为同古代展馆一样会精彩	9
因为这是中国历史上非常热血的时期	4
毛泽东很伟大	2
偶然动机	6
场馆工作人员建议参观这个展览	2
参观完展览还有剩余时间	3
事前不知道这个展馆是什么内容	1

资料来源：调研数据分析整理。

（三）国际游客的体验

国际游客对《复兴之路》展示内容的实际体验包括"中国人很爱国""中国人很有爱，他们互相帮助"，"只有简略的事件，没有更详细内容""与自己国家的历史非常不同"等。少部分游客因为看不懂讲解，并没有了解展览内容。除这部分游客外，其他游客普遍表示获得了学习体验，学习体验的获得与感知和动机无关，主要取决于参观获取的信息量。由于《复兴之路》近代展厅以时间为脉络展现了 1840~1949 年中国近代史的主要事件，不同动机的被访问者均表示获得学习体验主要源于展厅内容本身具有较高的知识性。例如，带有朝圣动机的游客通过对展览内容的认真参观、误入展厅的游客通过和研究人员的交流沟通，均认为"学习到了新的历史知识"。Moscardo 的研究指出历史主题的旅游意味着更密集的信息传递和思想体现，游客会觉得他们从中学到了更多东西。①

一些游客表示获得猎奇体验，这些内容"与自己知道的事情非常不同"，"中国的历史与本国的历史非常不同"，与游客已有知识的巨大差异使得国际游客获得一种全新的历史视角和全然不同的历史知识。同时，本研究发现，不同感知和动机的国际游客在猎奇体验上没有差异，主要取决于其是否将展厅内容视为一种"来自不同文化背景的呈现"。由于国际游客访问《复兴之路》展厅几乎没有情感层面的动机，也几乎没有与中国近代史或红色历史文化遗存建立联系的愿望，因此深层次的特殊意义体验或身份体验没有发生。

表6　国际游客的感知、期望与实际体验

单位：人

关于本次参观	频数
参观前的期望	
很丰富的内容	11
非常有趣	6
能帮助了解中国	11
带着开放的态度来了解一下	9
实际体验	
中国人很爱国	7
中国人很有爱，他们互相帮助	7
只有简略的事件，没有更详细内容	5
与自己国家的历史非常不同	4
只能猜测发生了什么，讲解看不懂	10

资料来源：根据调研数据分析整理。

（四）国际游客对红色旅游的认同

根据对访谈材料的分析，本研究发现国际游客红色旅游认知存在三种模

---

① Moscardo, G. "Mindful Visitors". *Annals of Tourism Research*, 1996, 23（2）: pp. 376-397.

式，不同认知模式在认同上存在区别。

一是"动机—体验"模式。对访谈文本的分析表明，尽管进入《复兴之路》展厅的国际游客多数没有明确的参观动机，但一小部分有明确动机的游客，在期望和实际体验上与其他游客有着显著区别。这部分国际游客往往对中国近代史有一定了解，并且参观前对《复兴之路》展览内容有了解，因而对展厅内容没有过高期望，认为"展示内容客观、真实、安排合理"，参观时能够领会展览的重要意义，并认可所讲述历史对人们了解这段历史的重要贡献"People know this history on a good way"，这部分游客既不与既有历史知识进行对比，亦很少与所在国的情况进行联系对比，只单纯探索并享受参观过程中的学习体验，因而该类模式的游客总体上没有表现出明确的与认同相关的态度。

二是"文化对比—体验"模式。由于多数国际游客对中国近代史和《复兴之路》展示内容不熟悉，因此会根据捕捉到的信息进行关联、对比，寻找有突出特征、有显著差异的内容或事件，并联想此前知晓的历史或本国的历史事件。如法国青年参观中国反抗日本侵略的内容时，联想法国对德战争；塞尔维亚青年参观中国社会主义建设展览时联想到所在国家曾经在社会主义上的实践。该模式下的国际游客主要来自欧洲国家。他们多数对红色历史文化遗存没有明确的参观动机，但通过观看展览意识到中国近代史在很多方面与他们熟知的世界历史有所联系，例如认识到中国的抗日战争是"二战"中世界反法西斯战争的重要组成部分。游客的文化对比进一步强化了中国"他者"身份，表现出外部认同特征，即强化对中国的认识并增进了对中国近代革命历史的积极认知态度。

三是"文化关联—动机—体验"模式。除了与已知文化进行对比之外，另有游客会联想与之相似或相关的事件，在访谈期间无意识谈起本国与中国的友好关系、与中国的相似之处，访谈内容中多次提及对中国人民的同情。该模式下的国际游客主要来自波黑、塞尔维亚、越南、泰国、巴基斯坦等与中国有密切友好往来的国家。文化关联动机的游客有一定的情感纽带，能够阐述对中国人民承受苦难的道德认同与情感认同。

四 研究结论与启示

（一）主要研究结论

根据以上三部分调研数据，并结合后续对访谈文本中动机、体验及认知互动模式的发现，本研究对国际游客在红色革命纪念地景区参观的体验形成如下结论。

1.国际游客对红色旅游有较高学习意愿，但学习体验未达到理想状态

本报告发现，参观《复兴之路》展览的国际游客多数具有较高学习动机和参观兴趣，但一方面部分游客缺少对红色革命纪念地展示内容的认知基础，另一方面革命纪念地展厅内的场景因素包括展示方式、新奇程度、游客管理等与游客的期望有较大差异，从而导致整体参观过程中游客往往较早进入疲倦状态，参观停留时间普遍较短，无法获得觉知的学习体验。总体上，国际游客认为红色旅游革命纪念地展厅是学习场所，有更多的信息传递和思想体现，但对红色旅游普遍缺乏了解。熟悉度是消费的重要前因变量，红色旅游国际化还需要大力提升国际游客的认知水平和熟悉度，为红色旅游国际市场开拓奠定基础。

2.国际游客普遍认为红色旅游是"历史性的中国叙事"

国际游客倾向将红色旅游视为具有国家象征意义的历史主题旅游，与国内传播希望国际游客了解红色文化的精神内涵有一定差距。红色旅游国际宣传推广的高频词为"文化（4590）""红色（3290）""中国（2290）""价值观（990）""历史（890）"，围绕"文化"和"发展"形成话语网络；国际游客对红色旅游体验的高频词为"中国（5290）""红色（3090）""历史（1390）""文化（1190）""发展（990）"，围绕"中国"和"历史"形成认知网络。二者之间的差距导致国际游客实际体验中无法获得完整的历史叙述，对红色文化内涵也缺少认同，阻碍了红色旅游国际化初衷的实现。

3. 国际游客在红色旅游体验后进一步强化了中国的"他者"身份

与自身的关系影响游客的情感结构和文化归属，由于国际游客将红色旅游视为"中国的"符号，与红色旅游的接触与互动主要是对中国特色的发现，与自身缺少情感纽带，共享情感和情绪等重要的深度体验没有发生。同时，革命纪念地的参观过程缺少必要的针对国际游客的外文讲解服务，展陈内容介绍不够详细，国际游客只能捕捉零散信息，无法整合形成对历史事件的完整认识，有限的学习体验和收获限制了国际游客对红色旅游的认同形成，只有少部分人对中国人民的"苦难、充满爱、互相帮助"以及顽强反抗日本侵略战争表示道德认同。因此，国际游客对红色旅游的解读主要是进一步对中国"他者"身份的确认，很难与红色旅游建立个人联系。

（二）红色旅游国际化对策建议

随着经济全球化的不断推进，红色旅游这一具有中国特色的旅游形式，不仅成为国内旅游的热点，也呈现出超越国界的吸引力。但是红色旅游的国际化推广策略、景区接待设施和景区的展陈水平等仍有一定的提升空间。

建议一：红色旅游应与其他文化遗产联动营销

国际游客对中国古代史有浓厚兴趣，并且与中国古代史相关的参观使国际游客获得"令人惊讶""非常棒"的旅游体验，国际游客知晓红色旅游的相关介绍后将其与"中国历史"建立联系，并期望参观红色旅游景区能帮助其"了解中国"。除少数对中国近代史有浓厚兴趣的游客之外，多数游客没有特意访问红色旅游景区的动机。因此，红色旅游国际化在起步阶段，有必要与其他代表性文化遗产进行联动营销，串联成"中国历史"参观路线，从古代的伟大成就至近代的救亡图存连贯呈现了一个全面的中国。借助联动营销首先提升游客对红色旅游的认知和了解水平，只有具备认知评估，开展情感营销与价值传播才有可能实现。

建议二：红色旅游应加强历史叙事能力

国际游客对红色旅游的感知是"中国的""历史的"，参观过程中希望通过完整详细的事实内容获取对中国历史、中国近代史的基本了解。目前，红色旅游的展示主要服务于传播红色文化内涵和艰苦奋斗的精神，有选择性地呈现符合条件的人物、事件、地点，缺少整体叙事和连贯呈现。当前的叙事表达导致国际游客在参观后认为这是"属于中国的""给中国人看的"景区，强化了其对"中国很不同"的认识，无益于理解与认同的提升。

建议三：红色旅游景区应提升游客体验设计

导致国际游客对红色旅游的认识和体验均没有达到期望水平的重要原因之一，是红色旅游景区的国际游客服务有很大提升空间，以国家博物馆为例，除社会团体预约外没有讲解服务，游客可以使用手机下载国博 App，通过 App 收听讲解但场馆内没有无线网络，所以国际游客都没有下载 App。《复兴之路》展厅内的讲解除五大主题介绍采取中英双语之外，具体的图画、展品只有中文讲解，国际游客的参观过程大部分是"看图猜意"，且"黑白照片"易让人感觉疲惫。因此，红色旅游景区需要从讲解服务、展示说明、场馆导览、展示设备等方面提升体验环境，可根据需要率先在已经有国际游客到访的红色旅游景区开展探索。

（三）研究不足与未来展望

在国家博物馆的调研发现，国际游客在红色旅游景区内的参观体验有限。未来为了进一步探究国际游客的红色旅游行为，有必要在多个景区，延长研究时间，进行可持续的观测，并在现有研究基础上，从动机、期望、体验、学习收获四个方面进行量化测量，通过大样本调研形成更全面、深刻的认识和判断。

从供给设计视角看，红色旅游景区管理的一项重点工作是增强教育功能，从产品研发、活动设计、展示陈列、导游讲解、设施设备应用等方面充分体现红色文化内涵，使前来景区参观的游客受到红色精神洗礼。通过有关博物馆、遗产地等同样具有教育功能场所的游客体验研究发现，游客的在馆学习体验与游客的认知状态紧密相关，根据游客的认知状态系统性地设计展陈内容，能够使游客获得高质量的学习体验①。与这些具有教育功能场所类似，红色旅游景区供给端的设计工作实质上也是依据认知规律进行学习环境的构建和设计的过程，需要使产品、活动、展陈、讲解、设备尽量符合游客的认知习惯或者能够唤起认知投入。

---

① Falk, J. H., Moussouri, T., & Coulson, D.. "The Effect of visitors' Agendas on Museum Learning". *Curator the Museum Journal*, 2010, 41（2）: pp. 107-120.

B.10
红色旅游研究共同体的知识生产研究报告

左冰 袁雄渝 庄赞新 戴昊炜 张丽娜 黄幸吟 *

摘　要： 知识生产是一种具有强烈社会应用导向的实践活动。既往关于红色旅游知识生产的综述性文献重点关注研究内容与知识进展，对于影响红色旅游知识生产的环境因素及其与产业实践之间的关系关注不足。本报告使用文献计量法描述了 2004 年至今国内重要中文期刊发表的红色旅游研究文献的知识库结构、话题演变以及研究趋势，进而剖析了红色旅游知识生产成果与地方红色资源禀赋和市场发展状况之间的关系。研究发现：（1）红色旅游知识库形成了资源开发与保护、红色旅游市场与产业发展、游客体验与感知、环境与可持续发展、数字技术与数字经济共五大知识主题，且形成了明显的核心—边缘层次结构。（2）红色旅游知识生产有着较为显著的政策导向性与时代性，展现出中国红色旅游知识生产共同体以实践为导向，服务社会、服务国家的研究价值取向。（3）高质量红色旅游资源赋存对于红色旅游产业发展以及红色旅游知识生产具有重要影响，但知识生产对产业发展和创新的贡献有待提升。（4）红色旅游知识生产和红色旅游发展均呈现出较强的资源依赖性特征。红色旅游资源富集地区的地方性高等院校是红色旅游知识生产的主体，跨学科、跨区域的合作性研究成果相对较少。未来需要提升红色

* 左冰，博士，中山大学旅游学院教授，研究方向为旅游经济与金融、旅游吸引资产权、文化与旅游贸易；袁雄渝，中山大学旅游学院硕士生，研究方向为旅游产业经济；庄赞新，中山大学旅游学院旅游管理与规划系本科，研究方向为国际关系与出入境旅；戴昊炜，北京大学法学院硕士生，研究方向为公司法与证券法；张丽娜，中山大学旅游学院旅游管理与规划系本科生，研究方向为旅游休闲体验；黄幸吟，中山大学旅游学院旅游管理与规划系本科生，研究方向为旅游目的地形象。

旅游研究的细粒度，强化红色旅游产业发展实践与知识转化，开展跨学科、跨区域研究合作，推动红色旅游高质量发展。

关键词： 学术共同体　知识生产　产业发展　产学研合作

一　引言

知识生产是一种具有强烈社会应用导向的实践活动①。德国社会学家舍勒指出，任何知识、思想、直觉和认识的全部形式都具有社会特性②。首先，从事知识生产活动的人无法脱离其社会角色。知识生产者作为一种社会角色而存在，其思想、信念与其所在集体的利益与目的紧密关联。这使得知识的生产具有强烈的个人目标取向性，既包含生活经验和兴趣偏好，也包含对诸如专业名声、职业利益、经济利益等社会利益的考虑③。这种复杂而特殊的价值关系使得知识生产成为一种独特的社会建制④，因而群体行动在知识生产中屡见不鲜。弗·兹纳涅斯基使用"社会圈子"和"无形学院"等概念来描述和说明知识生产领域的群体行动意图。库恩则在《科学革命的结构》中将其称为"科学共同体"，认为知识生产活动就是科学共同体中的人与学科范式的相互作用⑤，这使得知识生产表现为个人偏好与群体利益的联结⑥。

其次，知识生产具有历史语境性。知识既是科学的，也是社会的。知识

---

① 蒋益：《信息时代的知识生产方式的哲学思考》，上海社会科学院硕士学位论文，2017。

② 〔德〕舍勒：《知识社会学问题》，华夏出版社，2000，第75页。

③ 王佳鹏：《知识的起源、碰撞与综合——曼海姆的知识传播思想及其贡献》，《国际新闻界》2021年第7期，第80~95页。

④ 曹南燕：《科学活动中的利益冲突》，《清华大学学报》（哲学社会科学版）2003年第2期，第50~55页。

⑤ 〔美〕托马斯·S.库恩：《必要的张力——科学的传统和变革论文集》，纪树立等译，福建人民出版社，1981，第224页。

⑥ 蒋友梅、蒋友莲：《中国大学知识生产方式演变的动力机制——知识社会学的阐释》，《江苏高教》2019年第4期，第25~31页。

生产所处的制度环境①②以及市场结构③等客观大环境影响着知识生产的类型及过程，不同的知识生产活动由不同的社会角色及其所处的社会境况所决定。客观存在的社会过程以及其他社会环境因素都制约着人的认知方式④。在中国，知识生产深深地嵌入中国社会转型演变之中。国家对于红色旅游的发展规划等方针政策的制定深刻地塑造了红色旅游学术共同体的知识生产议题焦点⑤。

高校是我国重要的知识生产场所，是国家创新体系的核心构成⑥。2021年，中国高等学校的研究与试验发展经费（R&D）支出达2180.5亿元，占全社会 R&D 经费的58.65%⑦。高校知识生产呈现以国家资助为主线辅以知识商品化为趋势的发展特征，知识生产成为驱动中国经济高质量发展与社会变迁的重要源泉⑧。产学研合作是高校知识生产成果转化的一种重要方式，为企业创新及区域内经济增长提供动力⑨。相较于其他领域的旅游研究，红色旅游知识生产及其成果转化具有其独特性。这是由于红色旅游发展与地方红色历史、红色资源存在紧密关联。无论是其知识生产本身，还是在产学研合作中的成果转化，都在一定程度上受到地方红色资源赋存与

---

① Jefferson G. H., Huamao B., Xiaojing G., et al.. R&D Performance in Chinese Industry［J］. Economics of Innovation and New Technology，2006，15（4-5）：345-366.

② 戴魁早：《制度环境、区域差异与知识生产效率——来自中国省际高技术产业的经验证据》，《科学学研究》2015年第3期，第369~377页。

③ Broadberry S., Crafts N.. Competition and Innovation in 1950's Britain［J］. *Business History*，2001，43（01）：97-118.

④ 肖瑛：《反身性与"曼海姆悖论"——兼论相对主义社会学的可能性》，《社会学研究》2004年第3期，第47~57页。

⑤ 许弘智、柳建坤：《社会转型与知识生产——对改革以来中国"社会不平等"议题的知识社会学分析》，《中国研究》2022年第1期，第204~229+342页。

⑥ 常旭华、贾月莹、刘海睿：《高校技术转移研究：进程、热点及中外比较》，《科学学与科学技术管理》2022年第2期，第150~167页。

⑦ 国家统计局：《中国统计年鉴2021》，中国统计出版社，2021。

⑧ 欧阳光华、沈晓雨：《创业型大学的功能模型与组织建设》，《重庆高教研究》2021年第3期，第14~23页。

⑨ 赵冉、郭成、柴佳琪：《地方引进高校推动了区域经济发展吗？》，《重庆高教研究》2022年第3期，第24~37页。

红色旅游发展状况的影响并反过来对地方红色旅游资源的开发和产业发展产生影响。

本报告旨在构建红色旅游研究知识库，通过对自 2004 年至今国内重要中文期刊发表的红色旅游研究文献的分析，并基于 KleinGerg（2003）算法进行特征词爆发检测，描述红色旅游研究前沿主题与演变历程，并尝试验证红色旅游资源禀赋、红色旅游发展与高校知识生产三者之间的相关性，剖析红色旅游研究中"资源—市场—知识"三者的相关关系。

二　数据来源与研究方法

（一）文献来源与数据清洗

本报告以中国学术期刊全文数据库为文献来源，将来源类别限定为中文核心期刊要目总览（北大核心）、中文社会科学引文索引（CSSCI）、中国科学引文数据库（CSCD）和中国人文社会科学期刊（AMI）收录的文章，以确保文献质量的一致性。以"红色旅游"为主题词检索文献，检索起始时间不限、检索截至日期为 2023 年 4 月 30 日，共获得 1085 篇包含题目、作者、所在机构、来源期刊、关键词、摘要以及发表时间等数据的期刊文献。由于检索出的部分文献属于新闻报道与评论或缺少作者等数据信息，故予以清除。总计剔除 238 篇文献，最终形成由 847 篇完整文献构成的研究数据库。数据库中关键词共计 24633 字，总词数 6677 个；摘要字数共计 209059字，总词数 64436 个。平均每篇文献约有关键词 6 个，摘要 246 字，与国内出版规范基本相符。

（二）特征词提取

本报告使用 TF-IDF 算法提取特征词，从 6677 个关键词词语中提取出特征词共计 1595 个（未剔除重复），从 64436 个摘要词语中提取出特征词7162 个（未剔除重复）。基于上述特征词，本报告将进行共现与相关性分析，从而确定红色旅游学术研究知识库的主要结构，并利用 Citespace 等软件进行可视化分析。

（三）语义网络与关键词突现分析

语义网络（Semantic Network）是一个由三元组连接而成的有向图。如果将不同概念定义为节点，这些主题概念间的语义关系可定义为边，这样可形成一个由节点和边（弧线）组成的语义网络图，用以表示概念之间的结构化方式，即形成知识库内容的可视化表达[①]。

突现关键词（keyword Gurst）是指在短期内频次发生显著变化的关键词，通过对突现关键词的寻找及时区计算，可以发现不同时期的研究热点话题，从而判断各时期的研究前沿内容[②]。

（四）相关性分析

为探究"资源—市场—知识"之间的关系，采用非参数指标斯皮尔曼系数进行相关性分析，以衡量两两间的相关性。斯皮尔曼相关系数对于两个变量的分布形态、样本数量和连续性均无要求。当两个变量的变化趋势一致时，斯皮尔曼相关系数为正；当两个变量的变化趋势相反时，斯皮尔曼相关系数为负。其数学表达式为：

$$\rho = \frac{\sum_{i=1}^{n}(x_i - \bar{x})(y_i - \bar{y})}{\sqrt{\sum_{i=1}^{n}(x_i - \bar{x})^2 \sum_{i=1}^{n}(y_i - \bar{y})^2}} \quad (1)$$

在发文数量上，使用清洗后的文献数据库进行地理分布统计，以作者所在城市的红色旅游相关发文数量作为红色旅游知识生产成果。统计后发文数量不为 0 的城市有 116 个，占全部城市比重为 33.43%。在红色旅游市场规

① 李洁、丁颖：《语义网、语义网格和语义网络》，《计算机与现代化》2007 年第 7 期，第 38~41 页。
② 王梓懿、沈正平、杜明伟：《基于 CiteSpace Ⅲ 的国内新型城镇化研究进展与热点分析》，《经济地理》2017 年第 1 期，第 32~39 页。

模度量方面，使用作者所在发文机构所属城市的红色旅游景区的百度搜索指数作为代理指标；考虑到疫情影响，选用 2019 年 1 月 1 日至 2019 年 12 月 31 日整个年度的 PC 端加移动端百度指数的整体日均值。

考虑数据可得性，使用作者所在发文机构所属城市的红色旅游 A 级景点数量、红色旅游经典景区数量构建红色旅游景区数加权得分，作为衡量红色旅游资源禀赋的代理指标。其中，红色旅游 A 级景点数包括所有共计 272 个 2A～5A 级红色旅游景区，数据来自博雅旅游分享网（http：//www. Gytravel. cn/）；红色旅游经典景区数量来自《全国红色旅游经典景区名录》。参考赵东喜[①]等学者的赋值方法，给予红色旅游经典景区 9 分的权重、红色旅游 A 级景区 5 分的权重进行加权求和，最终得到 53 个红色旅游景区数加权得分不为 0 的城市，在全部 347 个城市中占比 15.27%。

三　文献基本分布特征

（一）时间分布特征

国内红色旅游研究最早可追溯至 2001 年，2006 年、2012 年和 2022 年（2023 年未纳入其中）出现了 3 次研究小高潮（见图 1），皆与国家相关政策出台时间以及国家重大历史性纪念活动紧密关联。例如，2004 年底中共中央办公厅与国务院办公厅联合下发《2004－2010 年全国红色旅游发展规划纲要》，2005 年又为我国抗日战争胜利 60 周年，2005～2006 年红色旅游研究文献激增；随着《2011－2015 年全国红色旅游发展规划纲要》的出台，2012 年再次迎来红色旅游研究高潮；为纪念建党 100 周年，红色旅游相关研究在 2021～2022 年达到历史最高峰。

---

① 赵东喜：《中国省际入境旅游发展影响因素研究——基于分省面板数据分析》，《旅游学刊》2008 年第 1 期，第 41～45 页。

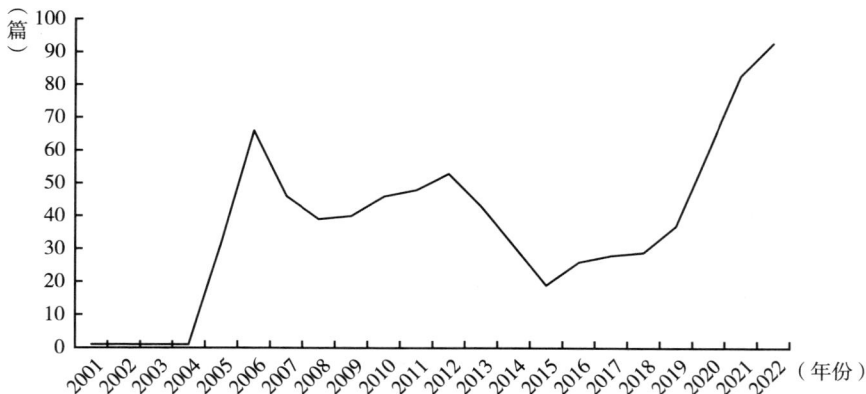

图 1　2001~2022 年年度发文数量（截至 2023 年 4 月 30 日）

（二）机构与空间分布特征

对清洗后文献作者所在机构统计，机构发文数量最多的前五位的高校依次为湘潭大学、南昌大学、华东交通大学、湖南师范大学和遵义师范学院（见图 2）。按照研究机构所在城市发文数量排序，排名前五的城市分别为：南昌市、长沙市、北京市、西安市和湘潭市（见图 3）；按机构所属省份排序，则依次为：江西省、湖南省、北京市和陕西省。其中，江西省是红色革命根据地，南昌起义、秋收起义、井冈山会师、中华苏维埃临时中央政府成立等重大红色历史事件都发生于此。湖南省则是毛泽东、刘少奇、彭德怀等老一辈无产阶级革命家的诞生地，也是湘南起义、平江起义等重要革命历史事件发生地；北京市是新民主主义革命重地，新文化运动、卢沟桥事变等历史事件发生于此；而陕西省则是红军长征胜利会师之处，相关重大事件有清涧起义、西安事变、扶眉战役以及中共七大等。可以初步看出，研究机构所在地与地方深厚的红色历史渊源具有极强的关系。

（三）作者分布特征

对清洗后的文献第一作者进行统计发现，卢丽刚、许春晓、黄细嘉、

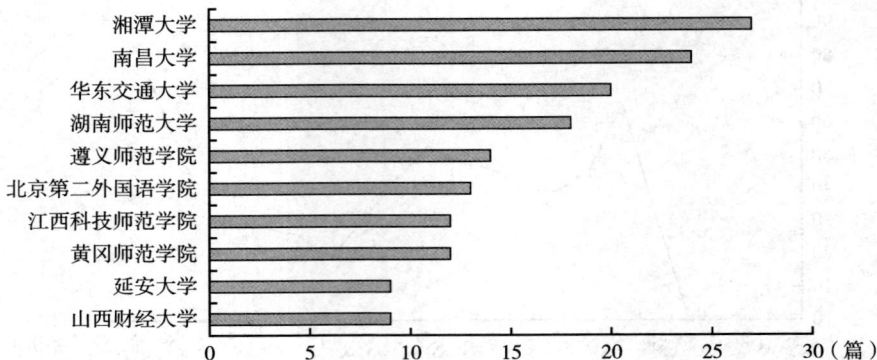

图2 2001～2022 年红色旅游研究机构发文数

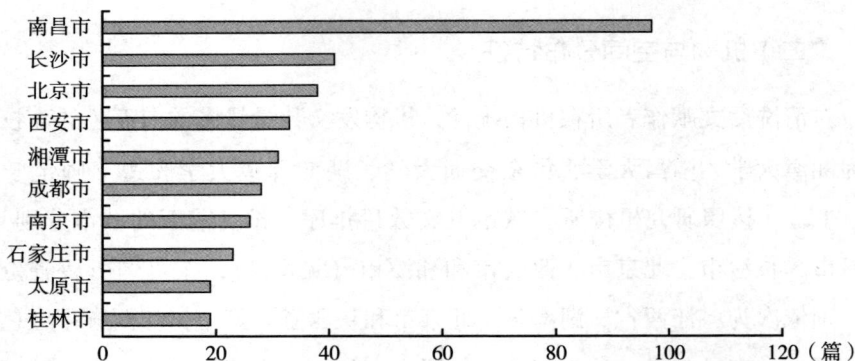

图3 2001～2022 年红色旅游发文机构所在城市发文数

方世敏以及张河清等学者在红色旅游研究领域发文较多。华东交通大学马克思主义学院的卢丽刚教授的主要研究活跃期在 2007～2010 年，其研究侧重红色旅游资源保护与开发，关注红色旅游的可持续发展。湖南师范大学旅游学院的许春晓教授的研究自 2009 年起一直活跃至今，研究角度较为丰富，包括红色旅游产业空间结构、旅游者行为与网络关注度时空演变等，并将"共生"概念引入红色旅游研究领域。南昌大学江西发展研究院的黄细嘉教授研究自 2007 年活跃至今，其研究主要关注江西省红色旅游资源开发、利用与可持续发展等。湘潭大学的研究者对红色旅游景区的核心竞争力和竞争态势等进行了研究。上述学者的研究涉及马克思主义、区域发展与旅游管理等多个学科，相关研究案例往往取材自其所在城市或周边地区，这也在一定程度上反映了地理环境对于红色旅游知识生产的影响。

四 红色旅游知识库结构及主题演变

（一）知识库的主题分布

基于 TF-IDF 算法的特征词共现与聚类分析表明，红色旅游知识库由五大主题研究领域构成。图4反映了这些特征词所属主题及其相互之间的关系。图中圆点代表特征词，不同主题特征词按图例进行区分。特征词间的距离反映词语间的相关性，距离越短表示相关性越强；连接词语的线条粗细表达包含该组特征词的文章数量，线条越粗表示数量越多。

第一类主题涉及红色旅游资源开发与保护，包括遗址、革命文物、红色文化，以及空间分布、规划设计、模式等特征词。该主题关键词所涉及的连接线条数量较多且较粗，说明该主题是红色旅游研究领域长期关注的核心领域，其余四类主题均与其有着或多或少的联系。

第二类主题涉及红色旅游市场与产业发展。特征词包括景区、旅游产品、文旅融合、高质量、耦合、效率、投融资等。该主题与开发与保护、环境与可持续发展两个主题相邻近，说明在涉及红色旅游市场及产业发展的研究文献中，如何制定有效的开发保护措施并实现旅游业可持续发展，是红色旅游市场和产业研究者共同关注的重点。

第三类主题涉及红色旅游体验与感知，涉及情感、情绪、认同、感知、形象、关注度等词。该主题关注红色旅游者的旅游体验，讨论红色旅游对游客情绪唤起以及情感、认同等心理状态的影响，同时也涉及形象传播、营销、区域合作等话题。

第四类主题涉及红色旅游环境与可持续发展。在该主题中，特征词

"生态""环境"分别出现了 143 次和 133 次，同时包括"可持续""共生""绿色"等词。这说明可持续发展内涵贯穿于红色旅游研究中，研究者普遍关注如何在环境、社会、经济三效合一的基础上进行红色旅游开发。

第五类主题涉及数字技术与数字经济。该主题与数字文旅、智慧旅游等领域密切相关，具体涵盖数字化、大数据、平台、信息技术、数字经济、AR、5G 等词。数字技术如何赋能红色旅游发展已经成为新兴的重要话题。

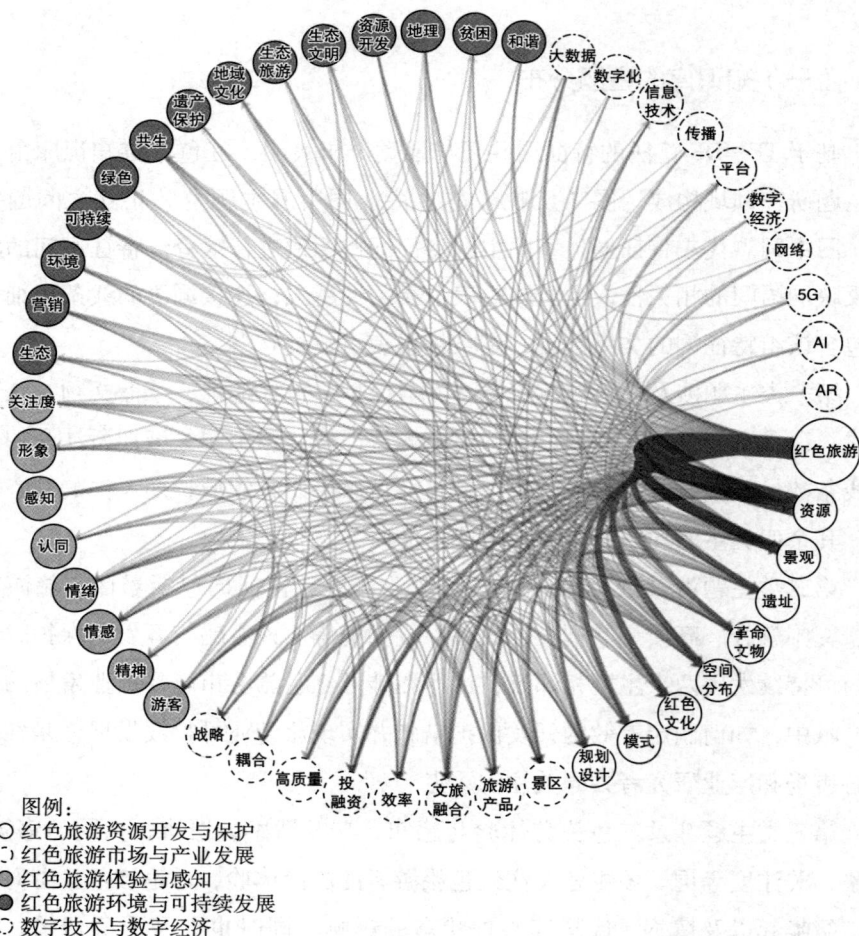

图例：
○ 红色旅游资源开发与保护
◌ 红色旅游市场与产业发展
◉ 红色旅游体验与感知
● 红色旅游环境与可持续发展
◌ 数字技术与数字经济

图 4　红色旅游文献摘要的特征词共现关系

（二）知识库主题关联性

为探究各红色旅游主题间的具体联系，进一步对红色旅游知识库文本数据进行语义网络分析。图5展示了基于相关系数的特征词语义网络分析。

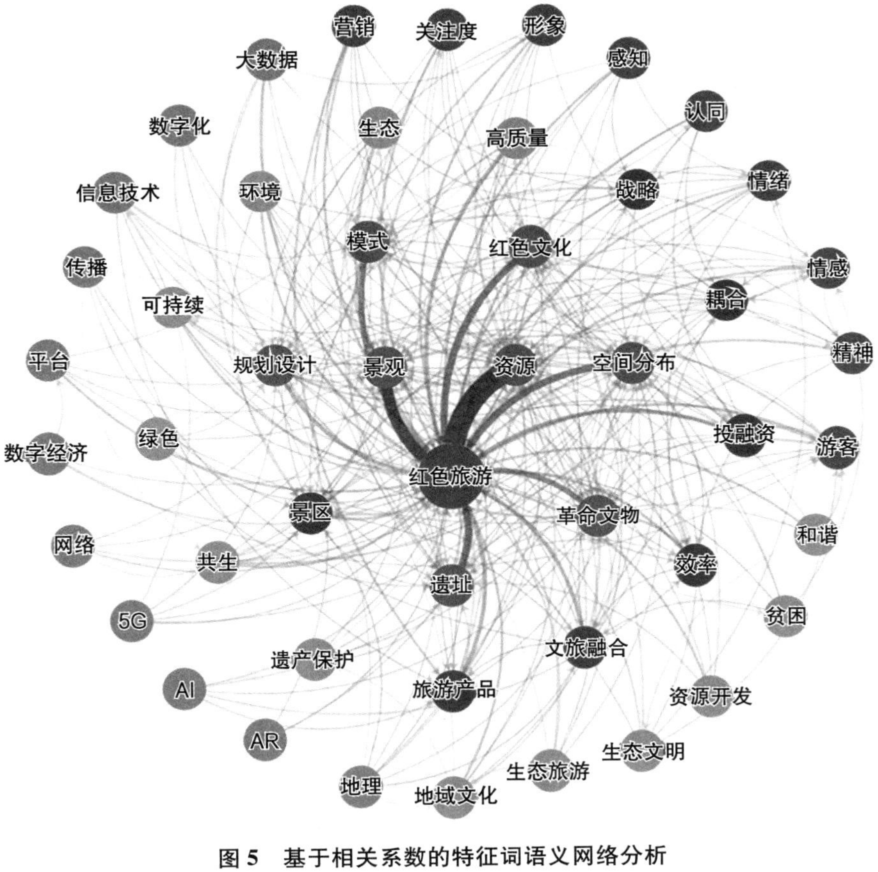

图5　基于相关系数的特征词语义网络分析

从语义网络结构上看，第一类主题位于红色旅游知识生产的核心位置，其余主题基本上是这一主题相关蕴含概念的延展。文旅融合、旅游产品、效率等涉及市场与产业发展的特征词分布于网络的中间区域。认同、感知、情感等涉及环境与可持续发展、游客感知与体验等细分特征词则出现在语义网络外围，位于知识库的边缘。

（三）主题关联性的演变

为探究红色旅游知识生产的主题关联性演变趋势，选择三期《全国红色旅游发展规划纲要》发布时间节点以及发文高峰年，即 2005 年、2011 年、2016 年、2021 年进行对比研究。图 6~图 9 展示了主题变化的过程。

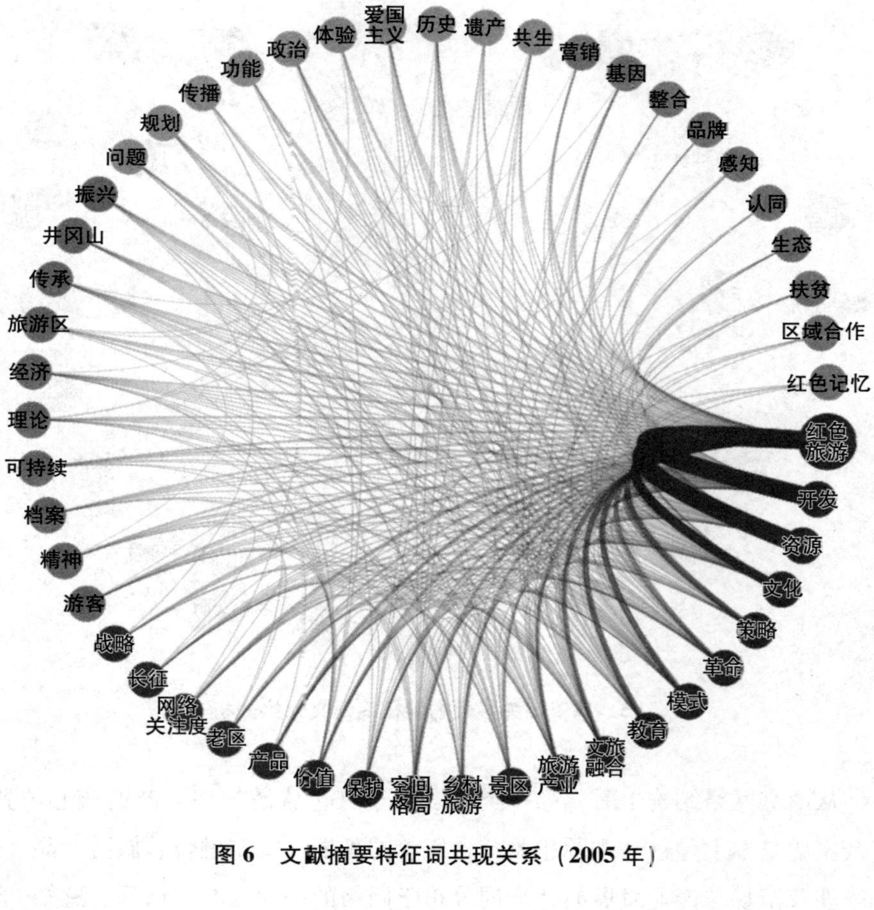

图 6　文献摘要特征词共现关系（2005 年）

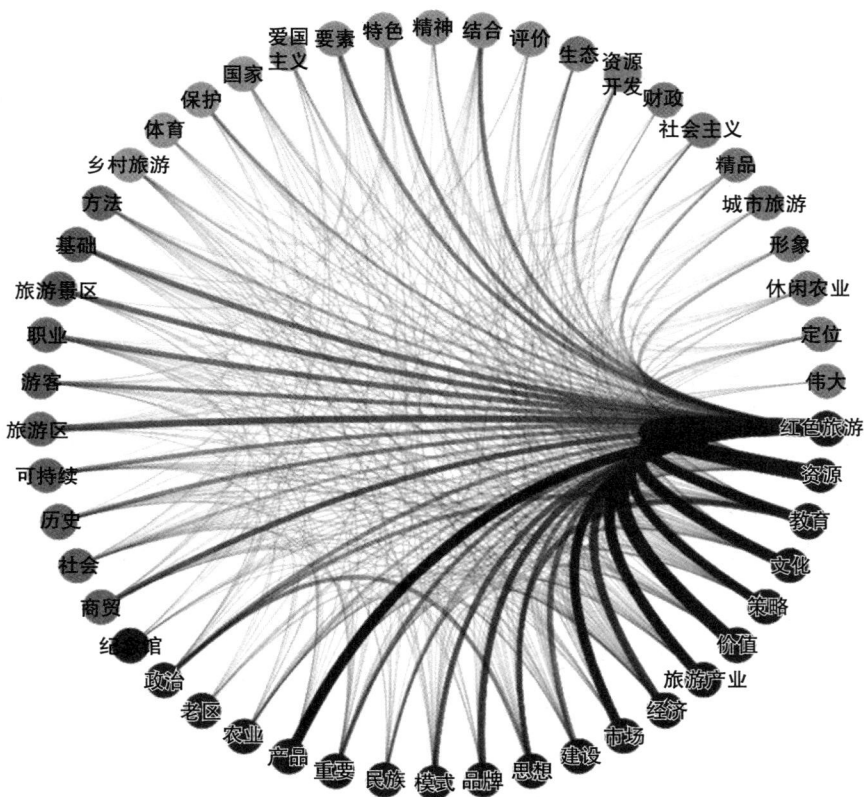

图 7　文献摘要特征词共现关系（2011 年）

比较四幅图的变化可以发现，在红色旅游研究的早期阶段（2005 年前），知识生产中主要关注红色旅游资源保护与开发，其间虽然也产生了多个细分话题，但相互间未形成紧密的知识关联（图 6 中弧线细小且稀疏）。进入 2011 年，各个主题间的联系得到增强，教育、文化、产品等细分话题文献量开始变得丰富，相互间联系强度增大，研究者开始将资源开发保护与市场产业发展相关联，同时兼顾文化传播、教育等理念。这与《2011－2015年全国红色旅游发展规划纲要》所提出的"以爱国主义和革命传统教育为主题，遵循旅游产业发展规律，深入挖掘红色旅游思想文化内涵，不断丰富发展内容"的指导思想相符合。

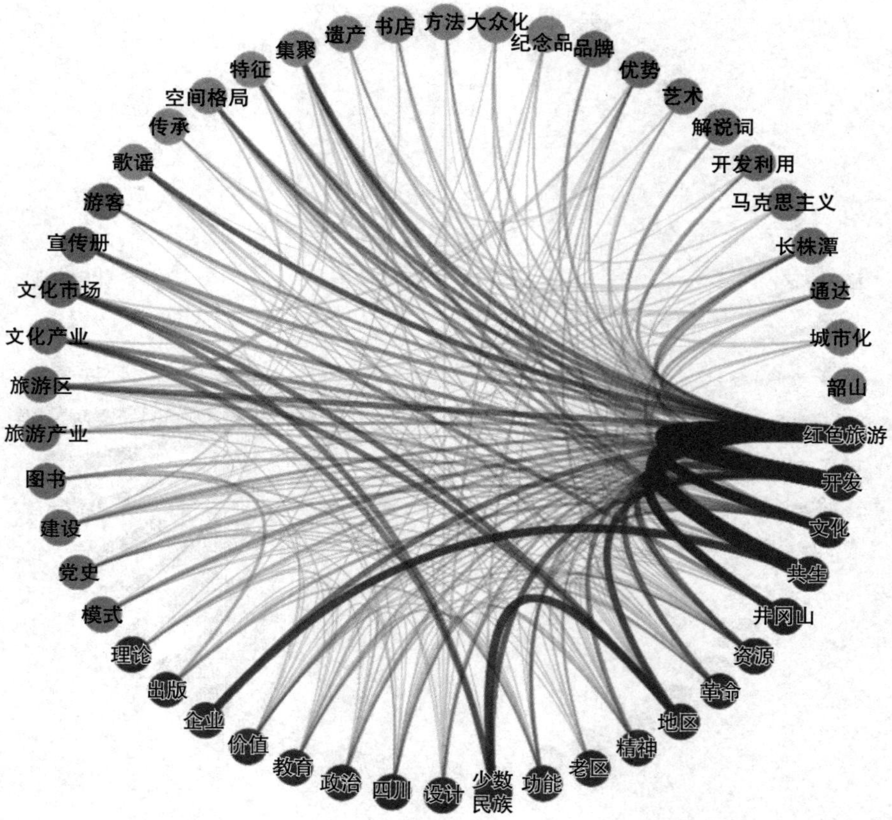

图8　文献摘要特征词共现关系（2016年）

在第三期纲要发布后的2016年，红色旅游研究内容更为多样。市场与产业发展、环境与可持续发展、游客感知与体验等大类主题下涌现出更多的文献，相互间联系更为紧密，"融合发展"成为时代主题。到了2021年，老区、乡村旅游等特征词数量增多，红色旅游与游客、空间格局、文化、旅游产业、文旅融合、情感、教育之间的语义关联大幅增强，生态、网络、数字化等话题开始吸引学者关注。红色旅游研究与国家的脱贫攻坚、乡村振兴、文旅融合发展战略日益紧密结合。这既反映了社会发展的时代主题对红色旅游知识生产的深刻影响，同时也展现出中国红色旅游知识生产共同体以实践为导向，服务社会、服务国家的研究价值取向。

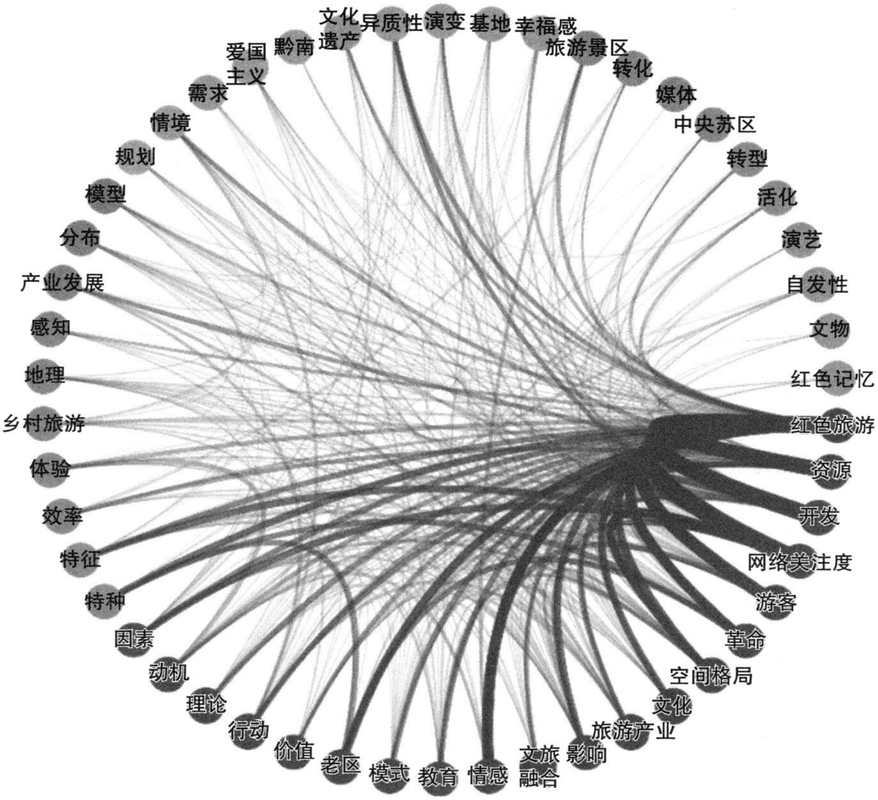

图9 文献摘要特征词共现关系（2021年）

（四）研究主题前沿演变

通过对突现特征词的分析可进一步表现红色旅游知识库研究主题前沿的演变趋势。如图10所示，开发对策、发展模式、保护策略等特征词在《2004-2010年全国红色旅游发展规划纲要》颁发后于2005年开始涌现，并在之后再次以遗产保护、发展模式、开发利用等词持续活跃于研究前沿，成为红色旅游知识库中的经典研究话题。可持续发展概念曾活跃于2006~2008年，之后又以文化传承、共生理论等研究话题重新被激活。红色教育、满意度、党史文化、文创产品等特征词则活跃于2008~

2018 年；而文旅融合、数字化则出现在党的十九大报告之后。总体来看，红色旅游知识生产有着较为显著的政策导向性与时代性，在紧跟国家发展战略的同时，随着社会发展理念、科技进步而与时俱进。与之同时，也可以看出，红色旅游研究者对于旅游市场、旅游产业发展、企业经营管理等方面的关注有所不足，需要强化知识生产与产业发展实践之间的联系。

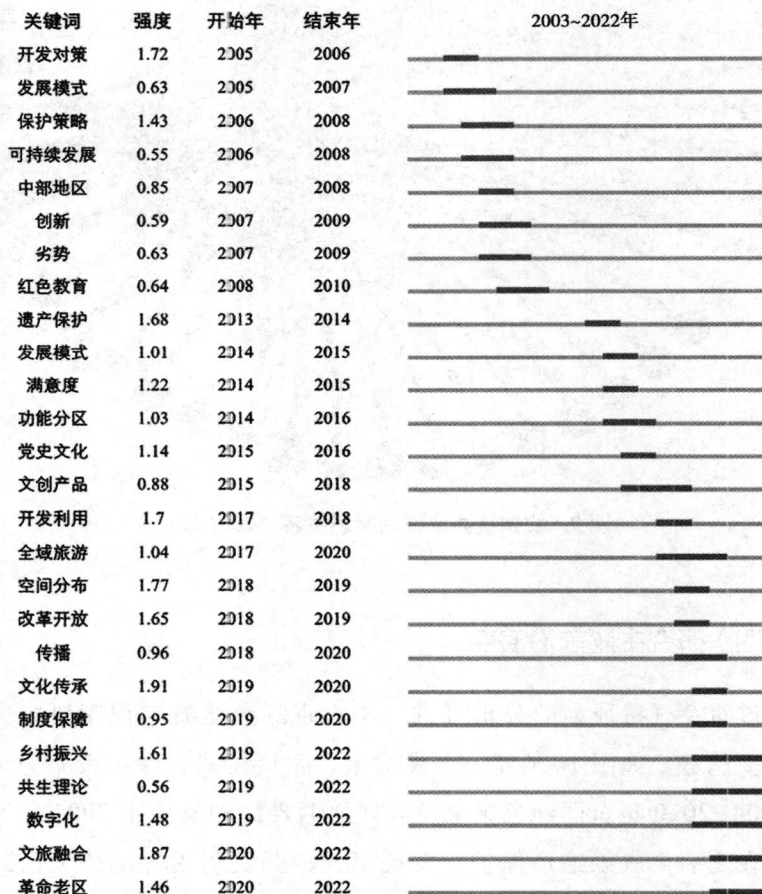

关键词	强度	开始年	结束年	2003~2022年
开发对策	1.72	2005	2006	
发展模式	0.63	2005	2007	
保护策略	1.43	2006	2008	
可持续发展	0.55	2006	2008	
中部地区	0.85	2007	2008	
创新	0.59	2007	2009	
劣势	0.63	2007	2009	
红色教育	0.64	2008	2010	
遗产保护	1.68	2013	2014	
发展模式	1.01	2014	2015	
满意度	1.22	2014	2015	
功能分区	1.03	2014	2016	
党史文化	1.14	2015	2016	
文创产品	0.88	2015	2018	
开发利用	1.7	2017	2018	
全域旅游	1.04	2017	2020	
空间分布	1.77	2018	2019	
改革开放	1.65	2018	2019	
传播	0.96	2018	2020	
文化传承	1.91	2019	2020	
制度保障	0.95	2019	2020	
乡村振兴	1.61	2019	2022	
共生理论	0.56	2019	2022	
数字化	1.48	2019	2022	
文旅融合	1.87	2020	2022	
革命老区	1.46	2020	2022	

图 10　2003~2022 年红色旅游研究突现特征词

五　"资源—市场—知识"相关性分析

本报告利用 ArcGIS 对各城市的红色旅游研究机构发文数、市场规模以及红色旅游资源禀赋（红色旅游景区数量）进行了核密度分析发现，红色旅游"资源赋存—市场发展—知识生产"三者之间具有较强的空间分布一致性。从资源禀赋来看，湘赣边界、北京市及周边、上海市及周边是核密度较高的三大核心地带，次一级核心则主要分布在广东广州、陕西延安、鲁豫苏交界处以及川渝贵交界处。研究机构发文数在空间上保持了与资源禀赋基本一致的分布。但从红色旅游市场发展来看，空间集聚效应更加明显，除上述三大核心外，广州、深圳分别作为近代革命策源地和中国特色社会主义先行示范区也获得了不少市场关注，成为首位度较高的第四大红色旅游核心区。

由于所有数据不符合正态分布，利用斯皮尔曼系数进行相关性分析。表1展示了分析结果。资源禀赋与市场规模之间的斯皮尔曼系数为 0.371，在 0.05 水平上显著，说明红色旅游市场规模与该地拥有的红色旅游资源赋存紧密相关，反映出目前我国红色旅游发展具有资源依赖型特征。经典的红色旅游景区往往具有较高的市场知名度与较大的市场规模。

从红色旅游知识产量与旅游资源禀赋之间关系来看，红色旅游研究机构发文数与该地所拥有的红色旅游资源禀赋之间存在较高且非常显著的关联性，其斯皮尔曼系数为 0.573，在 1% 的显著性水平下显著。红色旅游是国家和地方共同推动发展的结果。地方政府发展红色旅游的初衷和动力，在于通过发掘当地红色旅游资源，大力发展经济和改善革命老区群众生产生活条件。高校作为旅游知识生产的主要场所，在为地方红色旅游发展出谋划策的同时，也获得了开展研究所需的进入性、条件和机会，这些因素也推动了高校关于红色旅游的知识生产。特别是当地区高质量红色旅游景区数量较多时，该地区往往会涌现出更多的红色旅游研究成果。

表 1　斯皮尔曼相关性分析

	知识产量	资源禀赋	市场规模
知识产量	1.000	0.573 **	0.385 *
资源禀赋	0.573 **	1.000	0.371 *
市场规模	0.385 *	0.371 *	1.000

注：** 表示在 0.01 级别（双尾）相关性显著；* 表示在 0.05 级别（双尾）相关性显著。

虽然红色旅游知识生产与市场规模之间也存在一定的正相关关系（斯皮尔曼系数为 0.385，在 0.05 水平上显著），不过其相关性弱于资源禀赋与知识产量之间的关系。未来需要强化红色旅游的知识生产与市场规模以及产业发展之间的实践应用关系，将知识作为核心生产要素创造有现实回报的经济收益，推动红色旅游高质量发展。

六　研究结论与展望

中国红色旅游研究自 2001 年开始起步，在诸多学者推动下，生产并积累了大量知识。本文使用文献计量法描述了过去二十年来红色旅游研究领域的知识生产总体情况，分析了红色旅游研究共同体关注的重要话题以及新兴趋势，揭示出红色旅游知识生产与地方红色资源禀赋以及红色旅游市场发展之间的紧密联系。

其一，红色旅游研究知识库存在明显的核心—边缘层次结构，由单一、松散网络形态向多元、复杂网络演变。其中，红色旅游资源开发与保护是经典主题，红色旅游市场与产业发展居于第二层级，而环境与可持续发展、红色旅游体验与感知等主题位于网络外围。数字技术与数字经济是当前红色旅游研究的新兴热门话题。

其二，红色旅游知识生产有着较为显著的政策导向性与时代性，研究主题在紧跟国家发展战略的同时，随着社会发展理念、科技进步而与时俱进。这既反映了社会发展的时代主题对红色旅游知识生产的深刻影响，同时也展现出中国红色旅游知识生产共同体以实践为导向，服务社会、服务国家的研究价值取向。

其三，红色旅游知识生产与地方红色旅游资源禀赋以及红色旅游市场发展规模之间具有显著的正相关关系。经典的红色旅游景区往往具有较高的市场知名度与较大的市场规模；拥有较多高质量红色旅游景区的地区也往往涌现出更多的红色旅游研究成果。这反映出目前我国红色旅游知识生产和产业发展两方面都呈现出较强的资源依赖型特征。

其四，红色旅游资源富集地区的地方性高等院校是红色旅游知识生产的主体，它们具有研究红色旅游的优势条件；但研究者仍主要基于自身所在地区开展红色旅游研究，关注区域发展与旅游开发，跨学科、跨区域的合作性研究成果相对较少，学术成果对产业发展和创新的贡献有待提升。

高质量红色旅游资源禀赋对于红色旅游产业发展以及红色旅游知识生产具有重要影响。红色旅游资源富集地区的大学和科研机构具有"产学研一体化"的现实基础，需要加强研究共同体对于地方红色旅游市场和产业发展的学术关注并提升研究的细粒度和精细程度，以强化知识生产对产业高质量发展的推动作用。红色旅游资源富集地区的高校可以充分利用"前辈的遗产"优势，走"专精特新"路线，积极支持红色旅游研究，并加强高校之间的合作，形成红色旅游研究集群，提升学科影响力和竞争力。研究者也需要强化红色旅游的知识生产与市场以及产业发展之间的实践应用关系，为企业的研发服务，将知识生产转化为创造财富。同时，期待更多综合性高等院校的研究者参与红色旅游知识生产，壮大红色旅游研究共同体，推动红色旅游跨学科研究合作，关注红色旅游产业发展实践与知识转化，推动红色旅游高质量发展。

B.11
红色遗产原真性保护及旅游
活化利用研究报告

邓爱民　汪晓航　桂橙林　朱虹　胡兵[**]

摘　要： 目前我国红色旅游市场正迈向高质量发展的新阶段，新的历史时期对红色旅游的发展方式提出了新的要求，而红色遗产作为红色旅游的核心资源，对它的保护和利用就显得尤为重要。本研究通过对原真性相关理论的发展脉络进行梳理，尝试在红色旅游情境中探讨红色遗产原真性的研究必要性，同时选取河南省信阳市、湖北省黄冈市等著名革命老区城市的红色旅游景区开展了实地调研工作。在游客原真性感知情况的调研过程中，将原真性分为客观主义原真性、建构主义原真性和存在主义原真性，并从这三个方面进行测量，探究调研结果背后的理论内涵。研究发现，游客存在主义原真性感知得分最高，建构主义原真性感知得分次之，客观主义原真性感知得分最低。最后，本研究从创造性转化和创新性发展两个维度提出了游客红色遗产原真性感知的提升思路。

关键词： 红色旅游　原真性　冷认证　热认证

* 本文系 2021 年度国家社会科学基金重大项目"革命老区'红色文化+旅游'融合发展研究"（21&ZD178）、中南财经政法大学中央高校基本科研业务费专项中研究生科研创新平台项目"红色旅游体验对游客红色记忆建构的影响机制研究"（202311013）资金资助的研究成果。

** 邓爱民，中南财经政法大学教授，主要研究方向为乡村旅游、红色旅游等；汪晓航，中南财经政法大学博士研究生，主要研究方向为红色旅游、文旅融合等；桂橙林，中南财经政法大学讲师，主要研究方向为组织行为、红色旅游等；朱虹，南昌大学教授，主要研究方向为红色旅游、文化旅游等；胡兵，南昌大学教授，主要研究方向为旅游发展战略、红色旅游等。

习近平总书记在党的二十大报告中强调"用好红色资源，……持续抓好党史、新中国史、改革开放史、社会主义发展史宣传教育"，[①] 这种表述再次重申了红色旅游发展的核心功能——进行红色教育，传承红色基因，接受红色洗礼。在市场层面，红色旅游市场复苏势头强劲。文旅部数据中心的数据显示，2021 年一季度全国红色旅游总人次比 2019 年同期增长 1028%，2021 年上半年全国红色旅游总人次比 2019 年同期增长 268.8%。红色旅游及其所蕴含的红色文化正在成为新一代年轻人追捧的网红热潮。

目前，红色旅游的发展正实现从单纯数量上的增长进入高质量发展的阶段。而红色旅游产业要走高质量发展之路，就必须重视红色遗产旅游资源的保护和开发。红色遗产是革命老区所独有的旅游资源，是推动革命老区新时代振兴发展的宝贵财富。红色旅游资源的原真性是红色旅游得以开展的前提和基础，针对红色旅游资源的原真性保护能够促进红色旅游的可持续发展，可以为挖掘资源内涵、提升旅游品质提供源源不断的动力。

一 原真性与红色旅游

（一）原真性相关理论的发展脉络

原真性的概念最初是在遗产保护领域的实践中产生的，正式提出于 1964 年颁布的《威尼斯宪章》，要求各国在进行遗产保护时以充分完备的原真性将遗产传承下去，表 1 展示了原真性概念从 1964 年开始到现在的整体演变过程。通过对其演变过程的梳理，本研究发现，原真性的概念从最开始局限于对遗产的建筑布局、室内装饰和周遭环境的保护，逐步拓展到精神与情感、传统与技术等文化遗产的范畴。同时对红色遗产原真性的认证过程也进行了拓展，将书面型、口头型的信息来源纳入原真性的信息源范畴，同样要求对其加以保护。

---

① 《高举中国特色社会主义伟大旗帜　为全面建设社会主义现代化国家而团结奋斗——在中国共产党第二十次全国代表大会上的报告》，人民出版社，2022，第 44 页。

表 1　原真性概念的历史演进

代表文献	发表年份	概念阐释	积极意义
威尼斯宪章	1964	不仅要保护"最早的状态"而且要保护所有时期的正当贡献,不能改变布局和装饰,要保护古迹周围环境	首次采用了"原真性"这个概念
奈良文献	1994	原真性应该包括:形态与设计、材料与材质、使用与功能、传统与技术、位置与环境、精神与情感以及其他内部因素与外部因素	强调文化遗产的多样性和评价标准的灵活性
中国文物古迹保护准则	2000	文物古迹必须有历史的真实性,保留历史的原状并对历史原状中须保存和不必恢复的对象做了明确界定	充分体现了中国文物保护与国际文物保护准则的融合
实施世界遗产公约的操作指南	2005	对遗产价值的认识取决于"信息源"的可信性与真实程度,并明确界定了"原真性"的信息源,具体包括"所有的物质型、书面型、口头型和图像型的信息来源"	反映了国际遗产界的最新共识

随着遗产保护等实践领域对于原真性概念的不断拓展,学界对于原真性的理论研究也在不断深入。自从社会学家 MacCannell 于 1973 年将原真性的概念引入旅游学研究以来,目前依据所研究的视角,原真性的相关理论共形成了三大流派。最初原真性的概念仅针对博物馆展出的原始文物或遗址类旅游资源等旅游客体展开研究,MacCannell（1973）将原真性认定为旅游客体的一种基本属性,这种属性是所有游客所追求的核心目标,因此旅游景区需要力求保证本景区的原真性以吸引游客前往。进入 20 世纪八九十年代,受到建构主义思潮和存在主义思潮的影响,学者开始将原真性的研究视角从旅游客体转移到旅游主体——游客本人身上,Cohen 等人（1988）认为原真性并不是旅游客体的一种固有属性,而是应该由游客自身对景区的感知所决定。而存在主义原真性的观点更加深入,Wang 等人（1999）认为原真性是游客对真实自我的追求,与旅游客体无关,旅游过程本身只会促进游客追寻真实的自我。

表 2　三种原真性的理论流派

理论流派	代表学者	主要观点
客观主义原真性	1970 年代 MacCannell（1973）	游客不满足于现实生活的虚伪，他们出游目的就是追求原真性。原真性是旅游客体的一种基本属性（旅游客体）
建构主义原真性	1980 年代 Cohen（1988）	"客体传统特质"和"游客认知"共同作用下，原真性"浮现"（旅游客体+旅游主体）
存在主义原真性	1990 年代 Wang（1999）	在完全不属于客观原真的景点，游客也可以通过旅游寻找到真实的自我（旅游主体）

（二）原真性应用于红色旅游研究的必要性

我国的红色旅游市场正迈向高质量发展阶段，高质量发展阶段对红色旅游产业的发展提出了新的目标，要求红色旅游从过去单纯的规模增长模式向量质齐升的模式转变。发展模式的转变意味着需要向内寻求突破，即对红色旅游产业的核心——红色遗产进行深入的再挖掘和再利用。这时将原真性的概念引入红色旅游的研究之中，就显得十分必要。原真性正是从旅游客体的基本属性出发，从原初性、真实性和权威性的视角去衡量红色遗产的价值。党的二十大报告还提出，推进文化自信自强，铸就社会主义文化新辉煌。这就要求红色旅游产业要牢牢把握其教育和传承的两大核心功能，用好红色资源，持续抓好党史的宣传教育，引导人民知史爱党、知史爱国。游客通过对红色遗产原真性的感知，认识到真实的历史，更有助于建构深刻的红色记忆，进而提升其对于政党和国家的认同。

从两者之间的匹配程度来看，原真性的概念同样适用于红色旅游领域的研究。红色旅游作为一种特殊形式的文化旅游，依据旅游客体原真性的研究视角，红色旅游资源也可以分为客观主义原真性和建构主义原真性两种类型。例如西柏坡·七届二中全会会址等景点即属于历史事件发生地，在原真性类型上属于客观主义原真性景点，而南昌的八一起义纪念馆等景区应属于建构主义原真性景点。

二 基于实地调研的游客原真性感知情况分析

（一）问卷设计

为深入了解游客对红色旅游景区的原真性感知情况，本研究小组特地前往鄂豫皖根据地的多家红色旅游景区调研游客的原真性感知情况。鄂豫皖根据地在党史上的地位非常显著，土地革命时期是仅次于中央苏区的第二大革命根据地，其范围主要包括河南、安徽、湖北三省交界的大别山地区。新中国成立后，经过多年的发展，该地区已经发展成为我国十二个重点红色旅游区之一———大别山红色旅游区。本次调研选取了河南省信阳市的鄂豫皖苏区首府革命博物馆、豫皖苏区首府烈士陵园，湖北省黄冈市的黄麻起义和鄂豫皖苏区纪念园、七里坪革命遗址群共四个景区，调研是通过发放纸质问卷的形式来搜集数据的，要求受访者在完成整个景区的游览之后再进行填写。问卷共分为两个部分：第一部分为受访者的基本资料，包括性别、年龄、受教育程度、政治面貌、职业和月平均收入等人口统计学特征；第二部分为对红色旅游游客的原真性感知测量。本研究按照学界常用的分类方法，将游客的原真性感知分为客观主义原真性感知、建构主义原真性感知和存在主义原真性感知三个方面。其中客观主义原真性感知从文物保存、建筑布局、权威认可和历史记载四个维度进行测量；建构主义原真性感知从生活方式、还原历史、文化体现和展现习俗四个维度进行测量；存在主义原真性感知从解脱自我、自我实现、居民关系和游客关系四个维度进行测量。问卷的具体题项均来自国内外相关研究的成熟量表，且均采用 Likert 量表 7 点量表，从强烈不同意到强烈同意共分 7 个等级。最终本研究回收问卷 421 份，其中有效问卷400 份。

（二）红色旅游客群画像

在 400 份有效问卷中，男性占比 71%，女性占比 29%。从年龄结构看，仍然以中青年为主，其中 31~40 岁的年龄层占比最高，达到了 25%。具体年龄结构可见图 1。在受教育程度方面，随着我国义务教育的普及，人民受教育程度明显提高，本次调研的游客以高学历人群为主，本科及以上学历游客占比超过 45%，具体分布情况见图 2。红色旅游需要调查的一个比较特殊的人口统计学特征为其政治面貌，本次调研的受访者中，中共党员占比最高，达到了 42.14%，群众及其他政治面貌仅占比 36.43%（见图 3）。从这组数据的对比来看，党员身份所赋予党员游客的共同体身份会更加促进其产生一种对群体认同感的需求，进而转化为对红色旅游景区的旅游动机。同时，游客所从事的职业也具有非常显著的特征。其中，党政机关和事业单位的受访游客占比超过了 47%，是占比最高的职业类型（见图 4）。

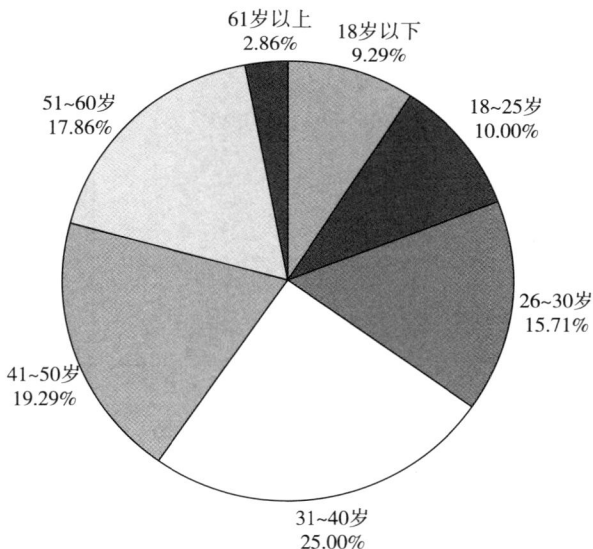

图 1　受访游客年龄分布

（三）游客红色遗产原真性感知情况

游客对红色遗产原真性的感知共分为三个部分，下面对其分别进行测量。在客观主义原真性的感知中，首先除自我实现维度外，其他得分均超过

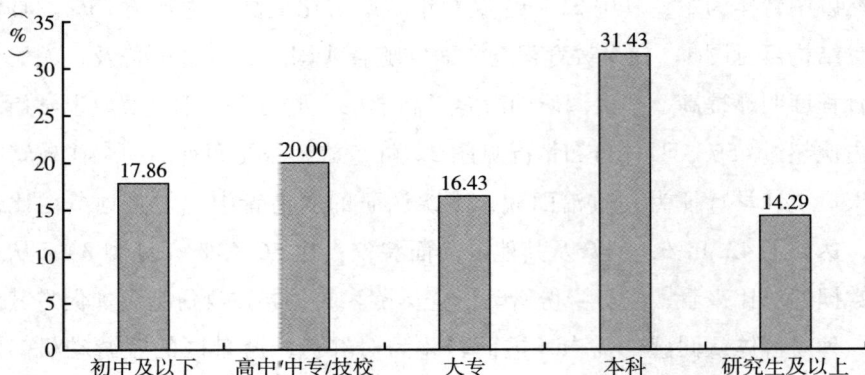

图2 受访游客受教育程度分布

图3 受访游客政治面貌构成

平均值，这表明游客对红色旅游景区的客观主义原真性比较认可。其中，历史记载维度的得分最高，为6.06，权威认可维度的得分为5.94（见图5）。这说明一般情况下很少有游客会对红色景区的文物及建筑细节有详细的了解，因此很难从整个景区的革命文物保存情况和建筑布局还原程度来感知客观主义原真性，更多的是从历史记载中对该景区产生基础印象，从权威部门颁布的"文物保护单位""名人故居"等认证中初步感知到景区原真性，并通过游览该景区来印证历史记载和权威认可所带来的客观主义原真性。

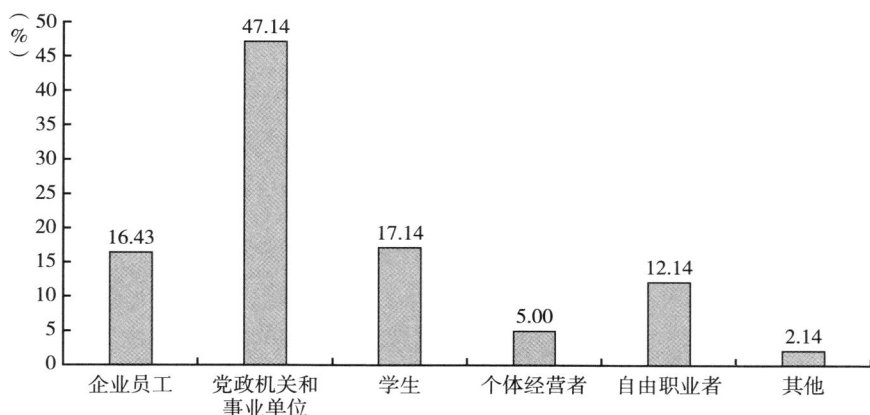

图4 受访游客从事职业分布

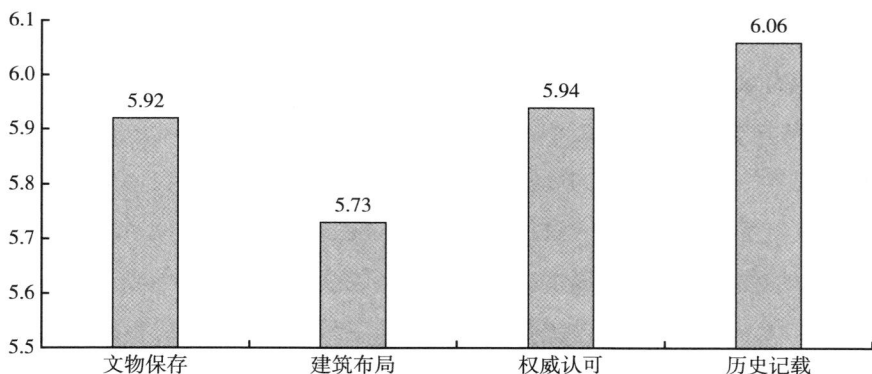

图5 客观主义原真性感知得分

游客的建构主义原真性感知得分均值在5.98，认可度较高。其中文化体现和还原历史维度得分最高，分别达到了6.04和6.01（见图6）。这表明红色旅游属于一种典型的文化和精神旅游类型，参与其中的游客很大程度上是为了体验景区所承载的文化和精神内涵。因此，游客对一个景区建构主义原真性感知的得分主要取决于景区所营造的红色文化氛围和历史还原程度。相反，生活方式和展现习俗维度更偏向日常生活，这对于专注于体验文化精神产品的红色旅游游客来讲，并不是所关注的重点。

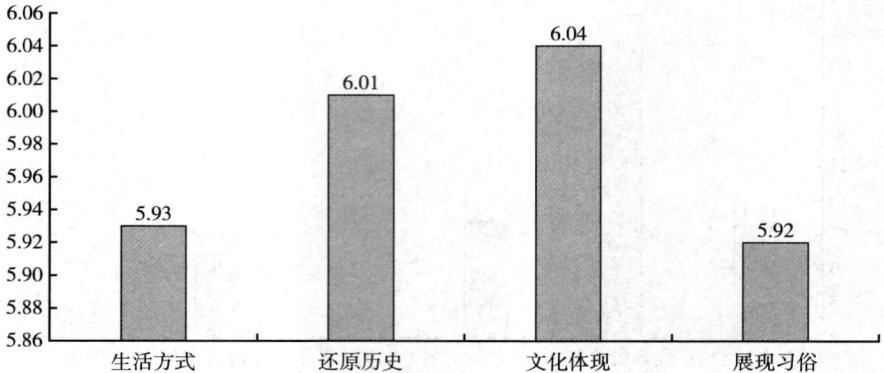

图6 建构主义原真性感知得分

　　游客的存在主义原真性感知得分均值6.05，得分在三种原真性感知中为最高（见图7）。其中游客与居民关系、游客之间关系的融洽程度得分最高，分别为6.21和6.26。而解脱自我和自我实现维度的得分均低于6，分别为5.99和5.73。存在主义原真性感知是专注于旅游主体——游客个人感受的，他与旅游资源本身的真实、原始程度无关。因此，存在主义原真性感知更多地与游客在旅游体验过程中的娱乐程度、放松程度和关系融洽程度息息相关。红色旅游的教育属性决定了它并不能成为以娱乐为核心目标的旅游产品，因此，对红色旅游的游客而言，存在主义原真性的解脱自我和自我实现维度的感知并不强烈。相反地，红色旅游会促使游客建构属于我们这个集体的红色记忆，这种集体记忆会促使游客与当地居民和其他游客之间产生强烈的群体认同感，进一步促使其增强与居民、游客之间的关系，使两者之间的关系变得非常融洽。

　　本研究进一步对红色旅游的三种原真性感知进行横向对比，其中存在主义原真性感知的得分最高，建构主义原真性感知略高于客观主义原真性感知。Zhang等人[①]在检验三种原真性感知的相关关系的一篇研究文章中得出

---

① Zhang T. , Yin P. . Testing the Structural Relationships of Tourism Authenticities ［J］. *Journal of Destination Marketing & Management*，2020，18.

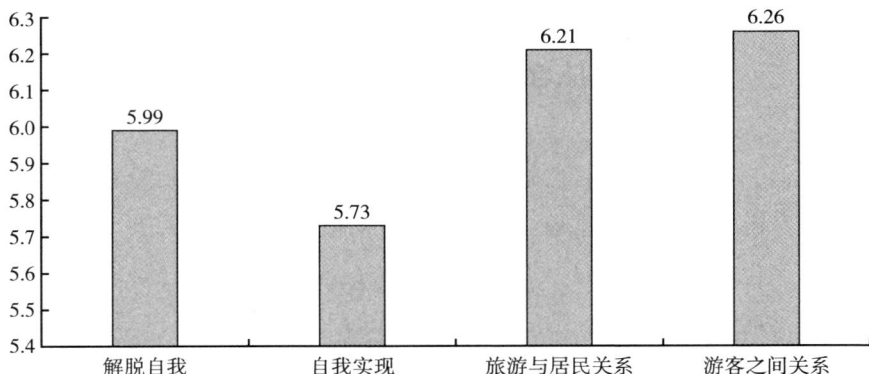

图7 存在主义原真性感知得分

的结论可以有效地解释这种结论。他认为三种原真性感知之间是递进式的促进关系，游客的原真性感知以客观主义原真性感知为基础，客观主义原真性感知对建构主义原真性感知有着正向影响，同时，客观主义原真性感知和建构主义原真性感知又对存在主义原真性感知有着正向的促进作用，三者之间存在一种三角促进关系（见图8）。因此，本研究小组认为产生这种得分结果的原因在于，客观主义原真性感知仅来源于游客对景区的文物保存、建筑布局、权威认可和历史记载的感知，而建构主义原真性感知除了游客对景区的感知之外，还受到了客观主义原真性感知促进作用的影响。同理，存在主义原真性感知除了本身所感知到的原真性之外还受到了客观主义和建构主义原真性感知的共同作用。

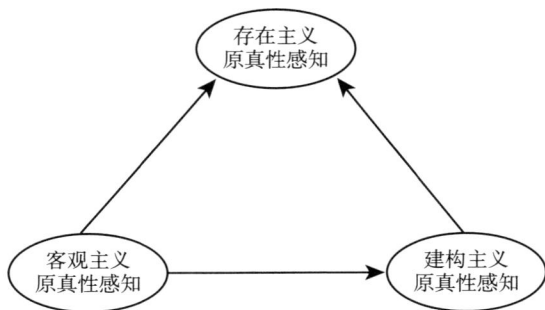

图8 三种原真性感知的相关关系

三 红色旅游原真性的认证过程探究

当我们获得了游客对红色旅游原真性的感知情况后，本研究将进一步探究如何提升游客的原真性感知。在制定提升策略之前，我们需要对游客原真性感知的产生过程进行研究。学界对原真性本身的概念界定已经取得了丰硕的成果并形成了多个流派，随后多位学者开始对原真性认证过程展开研究。认证（authentication）的英文单词来源于原真性（authenticity）的演变，它被定义为一种过程。通过该过程，游客将景区、文物、文化氛围和仪式活动确认为原始的、真实的和值得信赖的。Cohen 等人①提出游客对原真性认证过程应该分为冷认证和热认证两种模式。将两者进行区分的核心原则在于认证的授权主体、评定原则和授权过程。从授权主体来看，冷认证的授权主体为带有官方属性的权威机构，而热认证并没有确定的授权主体，它是由众多参与者共同决定而产生的。因此，冷认证授权主体的权威性远高于热认证。从评定原则来看，冷认证需要专业机构依照严谨的科学理论知识进行专业鉴定和检验，同时对红色遗址文物的授权还需要史实资料的支撑。但是该授权过程一般只进行一次，一旦通过检验，将会被永久授予该认证资质。而热认证的授权则需要多个参与主体以极高的参与度去完成该过程，且该过程是一个逐步积累的动态过程。一个游客游览完该景区后，对其进行了热认证授权，并将其推荐给其他游客。随后，源源不断的游客前往该景区游览，逐步对其进行热认证授权，最终形成一个共同的热认证。在实践领域，诸如"世界自然遗产"和"世界文化遗产"的申报和评定过程就是典型的冷认证过程，获得授权的景区将获得对其原真性的有力佐证。而诸多游客每年都会参与的泰山祭拜、清明节前往烈士陵园扫墓等民间自发组织的仪式，就属于典型的热认证过程。

---

① Cohen E., Cohen S. A.. Authentication: Hot and Cool [J]. Annals of Tourism Research, Oxford: Pergamon-Elsevier Science Ltd., 2012, 39 (3): 1295-1314.

在两种认证方式的对比中，Lee 等人[①]在一项关于韩国民俗旅游原真性的研究中提出，民俗文化景点所提供的重演、演出、参与活动是"热"认证（动态认证、仪式性认证、渐进式认证、参与性认证、表演性认证）的典型代表，且认为热认证是一种更好的认证方式。因为，他认为冷认证主要是与物品（而不是工作人员和游客）进行互动。在这种情况下，真实性感知成为一种评价，而不是一个过程。韩国的北村景区可以为游客提供体验韩国传统生活方式的机会，例如体验传统美食和重现前现代韩国人的日常生活。在保留传统民居的基础上，北村景区通过热认证的方式确保原址在观感上更加客观真实，从而提供更好的旅游体验。

四 提升游客原真性感知的发展建议

党的二十大报告提出，弘扬中华优秀传统文化要坚持创造性转化与创新性发展，红色文化属于中华优秀传统文化的重要组成部分，在通过红色旅游弘扬红色文化的过程中同样要将这两点贯彻到底。

（一）创造性转化

创造性转化强调的重点在于外部形式的转化，要以原有的文化内涵为基础，对其表现和传递形式加以改造，赋予其新的现代化表达形式，重新激活其生命力。创造性转化的理念对于提升游客的原真性热认证过程有着重要的指导意义。从热认证的参与主体来看，热认证主要是由参与其中的游客以非常主动、随意的形式在体验过程中产生的。热认证的认证过程不够严谨，认证主体也不够权威，但是他对认证主体的参与程度有着极高的要求。这是一个需要在不断重复参与的过程中提高游客涉入度的认证过程。因此，如何吸引游客重复参与，并不断提升游客涉入度就成为提升游客热认证过程的关键

---

① Lee S., Kim M., Kim H.. Relationality of Objective and Constructive Authenticities: Effects on Existential Authenticity, Memorability, and Satisfaction [J]. Journal of Travel Research, 2022.

因素。对于红色旅游的游客而言，他们前往红色旅游景区很大程度上是受到了红色文化的吸引，前往实地体验红色文化的氛围。其核心吸引物为景区所承载和传承的红色文化，因此我们需要完善红色文化的弘扬方式，即创造性地转化红色文化。创造性转化的思想内涵与建构主义原真性的理论内涵不谋而合，它意味着将现有的红色旅游资源转化为更好地被游客理解和接受的体验形式。以下是几类创造性转化的成功案例。

首先，红色旅游景区可以将典型的革命遗址遗迹进行集中性再造，从而建构特色的红色文化主题街区，让游客能够在这种氛围下获得较好的红色文化体验。这些红色街区的再造，不单是历史景观的静态还原，更是旅游者参与互动的动态沉浸式体验场景的创造。由万达在延安打造的延安红街景区，经过3年的疫情洗礼，目前已经成为红色旅游沉浸式体验的标杆景区。延安红街以革命战争时期的延安中央大街为模板，提炼其建筑风格，在现有的基础上打造而成。除建筑风格承接自延安古城之外，其内部还设置了多家红色文化体验点，例如年画收藏馆、蜡像馆、英雄馆等。让游客在延安红街游览时，仿佛回到了峥嵘的革命岁月，有一种强烈的历史在场感。这些沉浸式场景的应用与展示，让旅游者在进行红色旅游活动的过程中形成对那个时代群众生活与积极抗战思想的认同感，进而更为深入地了解人民热烈支持与拥戴中国共产党的精神，对红色文化的精髓内容也形成了深刻的理解。在红色旅游景区除在场体验过去的建筑风格之外，新时代的游客也开始喜欢在景区观看各类红色演出。伴随延安红街开街上映的《再回延安》是我国首部红色室内情景体验剧。这种演艺形式的特点在于运用新媒体技术，带给游客超越声光影的多维度体验，同时还会与游客在剧情演艺过程中进行互动，革命性地改变了以往坐看表演的形式，参考长征之路而创造性地采取了"走着看"的全新形式。通过对这些经典红色故事的解构与再现，游客可重新感受那段革命热情似火的峥嵘岁月。通过这种沉浸式演艺的方式，游客在视觉技术、听觉技术的加持下，深刻感受到红色文化深厚的底蕴及革命英雄将革命进行到底的决心，进而增强游客的爱国情怀。除了光影技术上的创新之外，与经典艺术门类的结合同样是对红色文化的一种创造性转化。将红色文化与传统黄梅戏结合而创作的黄梅戏《李四光》、将红色文化与芭蕾舞结合而创作的《红色娘子军》、将红色文化与京剧结合而创作的《洪湖赤卫队》等，都是以传统曲艺为媒介，创造性地推出了与时俱进的红色主题曲目。

（二）创新性发展

创新性发展指向红色文化的内涵提升，提升的方向有向内和向后两种。向内是指对原有的红色文化内涵进行丰富，持续挖掘内涵所指向的历史细节和历史资源，让两者之间能够相互对应和佐证。红色文化内涵的向内拓展，很大一部分进展来源于学界关于党史的研究。然而，党史研究的脉络纷繁复杂，其研究路径又呈现出多维的趋势，仅从历史文献资料中推导出的结论往往难以令人信服，因此党史相关研究进展缓慢的主要原因是由于其缺乏实物史料的支撑。文献史料与实物资料相互补证在党史研究方面已成为一种趋向。实物资料并不局限于博物馆内收藏的枪炮等革命文物，平民百姓之间来往的书信、革命时期所使用的证件、革命先烈后代所口述的亲身经历等都是红色文化的历史证明。随着时间的流逝，革命战争年代的亲历者在逐渐地逝去。未来，我们的后代再无法从亲历者口中听到宏大的红色历史叙事与个人经历相结合的历史资料。因此，在我们这一代人还有机会与亲历者接触的宝贵时间，我们需要抓住时机，持续进行实地调研、深入访谈，不断挖掘红色文化的历史细节。例如中共党史研究室在全国革命遗址普查基础之上汇总成果，组织出版了《全国革命遗址普查成果丛书》，翔实全面地介绍了各地丰富的革命遗存资源。中国人民大学组织编撰了《抗战家书——我们先辈的抗战记忆》一书，该书中收录了左权、谢晋元等抗日先烈的家书及其背后的历史时期，从家庭的视角解读了抗日英雄们奋斗的心路历程，丰富了革命先烈的形象，补充了历史事件发生之时个人视角的历史细节。

创新性发展的向后维度是指结合新时代发展的新情况、新挑战，对其进行补充、拓展和完善，使其在新时代中焕发新的魅力和风采。红色文化长久不衰的秘诀就在于它能结合时代特性，持续补充先进的文化内涵，进而保证其源源不断的生命力。过往的研究大多将红色旅游和红色文化的研究范围局限于革命战争时期的革命历史和革命精神，这种概念的界定忽略了改革开放以来中国共产党领导人民取得伟大成就的历史进程所蕴含的强大精神力量。红色旅游的核心功能是使游客通过对红色历史真实的体验而塑造其对这段历史进程的红色记忆，进而建构起人民对政党认同，增强其对国家的归属感和自豪感。因此，除了体验过去的、个体未曾经历的红色历史之外，让游客还能够体验其亲身经历过的当代重大历史事件的新时代红色旅游景区，是一个非常重要的建构途径。从记忆的建构过程来看，无论怎么复现历史，亲历者体验过程中所产生的原真性感知对记忆建构的促进作用是无可替代的。因此，本研究小组认为除了挖掘革命年代的红色旅游资源以外，应该加强对新中国成立以来那些非传统、非历史遗迹类的大国重器旅游资源的开发工作，我们这一代人亲身经历的诸如改革开放、中国航天、港珠澳跨海大桥、青藏铁路建设等伟大的历史事件发生地均可以开发成红色旅游景区。同时，这种新红色旅游景区的开发过程既能提升红色旅游的产业发展，也能对红色旅游景区原真性进行保护。对于亲历者而言，对这些历史事件的记忆往往是从个体的角度出发进行建构的，彼此之间往往会出现局部的矛盾和冲突，未来会逐渐演变成记忆的衰减。因此从一开始就做好旅游景点的原真性保护工作，将其建筑布局、史料等保护起来，提炼成高度凝练的文化记忆，进行广泛传播，才是对红色遗产原真性的"保护性挖掘"。

B.12
红色文化与研学旅行
高质量融合发展报告[*]

陈小亮 田逢军 唐继刚 胡海胜 陈龙[**]

摘 要： 依托红色文化作为旅游资源赋存的新时期红色研学旅行是文旅产业高质量融合发展的一种新兴方式。随着文化和旅游部门、教育部门与旅游企业的政策方针推动，以及旅游产业的创新发展与素质教育的课程革新，当代红色研学旅行已经被纳入国民素质提升、党员干部思政教育拓展、青少年学生爱国主义教育、革命传统教育课程体系建设，并且融入国民休闲旅游教育、党员干部与青少年学生的工作、学习与生活范畴，作为旅游产业、教育产业的创新方式逐步发展兴盛起来。本文尝试在结合红色文化与旅游产业融合发展的基础上，对红色研学旅行高质量发展现状进行梳理分析，探讨其中存在的具体问题，以期在红色文化历史传承、研学旅行创新发展与旅游教育深化改革等方面提供一些借鉴。

关键词： 红色文化 研学旅行 高质量发展 融合

* 本文系江西财经大学校级青年课题"赣南红色旅游政策扶持研究"（04662015）后续研究成果之一。

** 陈小亮，江西财经大学工商管理学院讲师，研究方向为旅游管理学、旅行社管理、旅游项目策划；田逢军，江西财经大学工商管理学院教授，博士生导师，研究方向为人文地理；唐继刚，江西财经大学工商管理学院副教授，研究方向为旅游市场营销；胡海胜，江西财经大学工商管理学院副院长，研究方向为旅游地开发与管理；陈龙，赣州市宁都县教育科技体育局。

一　红色文化及其现行政策聚焦

就目前来说，学术界对于红色文化内涵尚未完全达成共识，但是综观各类观点，实际上存在共通之处。从广义的视角来分析，红色文化是指中国近代以来，特别是在中国共产党的领导下，通过抵御外来侵略、争取国家独立及民族解放、追求国家繁荣的历史进程中，积累与创造的全部精神和物质财富的总和；从狭义的视角来分析，红色文化是中国共产党成立后，在探索中国特色社会主义的历史进程中，依托中华民族优秀传统文化而创造的一种先进文化。它指的是社会的意识形态以及与它相适应的社会制度、组织结构、社会风俗等，专指精神层面的文化，包括价值观念、思维方式等。

当前，要落实好以推动高质量发展为重点、以构建新发展格局为重点，以实施供给侧结构性改革为重点的新发展理念。① 探索与构建红色文化与研学旅行高质量融合新发展格局，挖掘红色文化特有的政治、经济、文化、思政价值，以及研学旅行独有的教育价值功能，实施供给侧结构性改革，这是一个重大区域战略，具有全局性意义。

二　研学旅行概述

（一）研学旅行及其教育价值

研学旅行是一种依托自然和文化遗产资源、大型公共设施、知名院校、工矿企业、科研机构，并以青少年学生作为教育学习的主体，围绕既定的教学研究目的，明确一定的教育学习主题，由教学研究部门或者旅游企业组织的旅游教育活动。从旅游产业发展来分析，研学旅行是旅游产业的深入发展和分工细化、多业态融合的变革与创新。从旅游教育学界来分析，研学旅行

---

① https：//www.gov.cn/zhuanti/zggcddescqgdbdh/sybgqw.htm.

是新时代旅游教育方式与教学理念的变革与创新。研学旅行有着极其深厚的教育价值。

（1）从教育方式与教育理念来分析，研学旅行是现代旅游教育方式与理念的一种变革与创新。研学旅行对教育资源进行优化配置与有效组合，将传统模式当中受教育者的被动接受转变为主动探究式学习，拓展受教育者的学习视野，重塑受教育者的知识体系建构。

（2）从教育内容来分析，研学旅行提升了教育内容的系统化。研学旅行使得青少年回归世俗生活世界，提升综合素质，获得文化旅游认知与社会生存之道，弥补学校教育的短板，使得学校教学内容更为饱满与完善。

（3）从受教育对象来分析，研学旅行吸引了更为广泛的教育受众文化圈。在教育受众的年龄结构、知识水平层次、职业构成、旅游消费等诸多方面，研学旅行都有逾越传统旅游实践教学的价值体现与发展潜力。

（二）红色文化与研学旅行融合发展情况

国家政府部门于2013年2月提出了"逐步推行中小学生研学旅行"的设想[①]。在此之前，将研学旅行作为推进素质教育的一项重要内容来开展，已在国内多个地区进行尝试。此后，研学旅行作为一项撬动素质教育改革的杠杆之举，作为探索旅游转型发展的全新途径，逐渐进入国内教育和旅游领域的研究视野，成为促进实践育人研究的热点领域。国务院、文旅部、教育部等先后印发了一系列文件纲要，在研学旅行的定义、开展意义、规范化管理、资金扶持以及基地建设等诸多方面，逐步给出了系统而完善的文本规范。这对于研学旅行在新时代的规范发展起到了有力的推动作用。

国家"十四五"规划指出，支持特殊类型地区加快发展。要统筹推进革命老区振兴，传承弘扬红色文化等工作；要促进文旅融合发展，推进红色旅游工作创新发展。

---

① 国务院办公厅：《国民旅游休闲纲要（2013—2020年）》（国办发〔2013〕10号），2013年2月2日。

我国拥有十分富饶的红色文化资源，红色文化与研学旅游高质量融合发展具备厚重历史文化根基与新时代发展机遇。自新中国成立以来开展的事业型旅游接待，经过萌芽期、初步成长期、发展成熟期几个阶段，已然取得巨大的政治、经济与文化效益。通过参观革命纪念地、纪念物，感受其中承载的革命精神，以现代旅游作为基本形式，组织接待游客，旨在帮助游客学习革命历史知识、接受革命传统教育，激发精神，放松身心，扩展视野。这种融合红色革命精神与现代旅游的活动，代表了红色文化与现代旅游的完美结合。当然，在漫长的红色旅游发展史中，红色文化与研学旅行高质量融合发展的探索与创新之路充满了挑战与机遇。

其一，革命老区各地研学旅行开发与发展处于不均衡状态。在当前中国旅游产业化进程中，各研学旅行目的地在其旅游资源禀赋、旅游市场开发程度、旅游产品创新深度、研学旅行产业链的优化配置效果等方面存在差异性。

其二，在客源市场方面，因红色研学旅行客源群体的特殊性，部分地区存在以青少年学生群体作为主要客源的客观现状，再加之优惠政策的不健全等因素，旅游消费相对比较低，研学旅行产业链纵深发展不足。因而亟待社会各方面协调统筹境内外客源市场的进一步开拓。

其三，红色研学旅行中存在过度追逐商业利益的经营行为，这已然背离红色旅游开展的宗旨与原则。部分地区存在豪华团研学旅游，出现"重旅轻学"或者"只学不旅"现象。这需要各级相关部门的协调合作以及正确的旅游教育思想的积极引导。

其四，实现高质量融合发展必须要继续深度思考如何深化供给侧结构性改革这一当前面临的紧迫问题。当前社会的主要矛盾反映在研学旅行产业上，显化为旅游产品供需结构长期以来仍处于不均衡态势，矛盾的主要方面在供给侧。现有的红色研学旅行产品并不能完全满足游客细分市场研究性学习的需求，其产业发展模式尚不足以滋养、支撑其生态体系的生成、发展、构建与规模化。

三 红色文化与研学旅行高质量融合发展

（一）红色文化与研学旅行高质量融合发展的意义

（1）红色文化与研学旅行的融合，是新时代红色旅游的创新模式之一，也是红色文化融入旅游教育思想的探索发展。要传承弘扬红色文化，推动红色文化和旅游融合发展，推进红色旅游创新发展。当代社会处于多元价值观的多维度博弈之中，这给社会发展提供了更为广阔的视野，然而也在一定程度上对主流核心价值观的传播提出了更高的要求。因而在研学旅行中，将传统的显性教育方式转换为隐性的研学旅行教学方式，将红色文化融合到旅途学习过程当中，使得受教育者沉浸其中、感同身受，主动而又自然地接受嵌入特定情景环境的价值观念。

（2）红色文化与研学旅行的融合，是探索实现文化自信自强的新途径，也是为铸就社会主义文化新辉煌的前瞻性思考。推进文化自信自强，再铸社会主义文化新辉煌。红色研学旅行不仅仅是旅游体验感知，更重要的是一种红色文化教育，也是赋予了人性关怀的素质教育，这是以提高人的生命质量为终极追求的教育，是对整个传统教育的深度理性反思与深刻意义探索。

（3）红色文化与研学旅行的融合，是培养全面发展的社会主义建设者和接班人的历史使命，他们需要具备德、智、体、美、劳的综合素养；同样这也是加快建设高质量教育体系的红色工程。

全面贯彻党的教育方针，加快素质教育体系建设和高质量教育步伐，这是实现高质量发展、办人民满意教育的关键。在研学旅行过程当中，应当把具有教育性的原则作为红色文化推广的首要目的和特色。大力推广红色文化、红色精神，宣传积极向上的正能量文化精神，加强研究性学习环境的精心打造与建构。

（二）红色文化与研学旅行相互融合的教育实践探讨

1. 红色研学旅行的教学目标设置

研学旅行课程的教学目标一般包括知识结构、能力结构、研究价值领域、核心素养培养、思政教育目的等几个维度。游客可以通过参与红色研学活动来深入了解旅游目的地的红色文化历史、故事，以及该地的旅游资源、开发现状、文化建设、市场推广与营销、可持续发展等内容。研学旅游通过激发研学者的任务意识和探求精神，提升红色故事演绎、红色文化规划与开发、项目策划、市场推广与营销的专业技能，以及培养学习思考与研究创新能力，从而提升关键性能力，为综合发展奠定基础。通过研学活动，从感性到理性，融会贯通，在学习中感悟，在实践中体验，最终提升对社会责任的担当觉悟，涵养敬业、乐群、和谐的人文精神。

2. 红色研学旅行教学内容与原则

研学旅行是一种结合学术研究和实地考察的教育活动，旨在通过亲身体验和实践，促使研学旅行者树立任务意识并激发他们对事物本质和规律的探求。

（1）红色研学旅行教学内容。红色研学旅行内容的主线或者主题就是：促使研学者了解我党与人民群众同心同德，为实现民族独立和人民解放、救亡图存而英勇奋斗，为国家繁荣强盛和人民共同富裕而艰辛探索的历史。

研学旅行具体的教育目标和学科内容决定了研学主题维度可以根据研学者的年龄、学科需求和教育目标进行调整和组合，以提供丰富多样的研学旅行教学体验。红色研学旅行教学内容涵盖了历史、文化、地理和教育等多个维度，旨在通过亲身体验和实践活动，让研学者更加全面地了解和感受中国的红色文化和革命历史，通过感知表层红色文化知识，提升研学者的爱国主义、文化自信等内在情感认知，秉承社会主义核心价值观，坚定共产主义信念，并且通过研究性学习获得个体实践技能。这种多维度的教学内容设置可以达到帮助在校学生实现德智体美劳全面提升的学习目的。

（2）红色研学旅行教学设计的原则。红色研学旅行教学设计应当确保教学活动的目标清晰明确；应该综合多个学科领域的知识和技能；应当通过互动增强学习效果；通过实践去亲身体验所学知识的应用；注重可持续发展；关注学习成果的跟踪评估，及时调整教学策略，提供个性化的学习支持。研学旅行教学设计的原则还需要考虑到受教育者的年龄特点，以及受教育者所处的国情、省情、县情等地域文化特点，受教育者需求的差异性直接影响教学设计原则的制订。对这些原则的深刻理解，有助于设计出更有针对性和有效性的红色研学旅行教学活动，从而提高受教育者的学习效果和综合素质。

3. 红色研学旅行课程的评价机制问题

首先，可以评价学生对红色历史和红色精神的理解程度，包括他们对相关事件、人物和思想的掌握情况。这可以通过测试、问卷调查、小组讨论等方式来进行评价。其次，可以评价学生对实地考察和参观活动的参与程度和反馈。这包括他们对参观地点的观察和理解、对导游或讲解员提问的积极性、对所见所闻的感受和思考等方面。这可以通过观察、访谈、写作或绘画等方式来进行评价。另外，还可以评价学生在红色研学旅行课程中所展现的团队合作能力、领导才能以及个人成长等方面的表现。这可以通过小组项目、角色扮演、个人陈述等方式来进行评价。

"综合素质评价是对学生全面发展状况的观察、记录和分析，是对深入素质教育的一项重要制度"，具有"切实改变人才培养模式"的重要意义。[1]其主要方式就是以手册、文件的形式，以事实为依据，用手册记录学生的成长，让学生将感悟收获记录在研学旅行手册上，研学旅行陪伴成长，这是一个持续性的、长期的过程。管理方应该按科学的理论去设计教学评价标准，将红色研学旅行纳入综合课程，并且建立科学的效果评价机制，以此来促进旅游教育业的公平竞争和进步。

---

[1] 北京市教育委员会：《北京市普通高中生综合素质评价实施办法（试行）》（印发），2017年7月5日。

（三）红色文化与研学旅行的高质量融合发展是新时期红色旅游教育的现代化探索之路

近年来，中国高度重视和支持红色文化与旅游教育的融合发展，发展红色旅游教育是历时性革新的战略构想与布局。应该遵循科学发展愿景的战略思维，确保红色文化基因传承和红色旅游教育的可持续发展，有助于提升红色旅游教育的多维度教育功能。

1. 推动红色旅游教育发展具有深远的意义

从思想政治教育的角度来分析，融合红色文化与旅游要素的红色旅游能够引导游客汲取革命传统文化的核心价值理念，从而自发地发扬和宣传社会主义核心价值观；游客接受红色旅游教育，经历革命圣地的洗礼，感知革命先烈赴汤蹈火、勇于献身的坚强意志和崇高理想，从而提高思想觉悟和爱国热情；可以增强与坚定中国特色社会主义道路自信、理论自信、制度自信、文化自信。从经济发展的角度来分析，红色旅游能够推动旅游经济的发展，发挥旅游产业的关联带动作用，促进相关产业的发展，从而推动经济全面繁荣。从教育发展的角度来分析，旅游机构可以设计和推出更多与红色旅游教育相关的旅游产品，满足实际教学需求。

2. 新时期红色文化与研学旅行高质量融合的现代化发展正面临新的挑战与机遇

"十四五"期间，我国将全面进入大众旅游时代，旅游业的发展尚处于一个重要的战略机遇期，其发展面临着巨大的机遇和挑战。无论是机遇还是挑战，都存在着发展中的新变化。旅游业在进入新的发展阶段之后，面临高质量发展的新要求。

红色文化是社会主义国家的革命历史和文化记忆，而研学旅行则提供了一种深入了解、体验和研究这些历史文化的崭新方式。

一方面，这种文旅融合面临着一些挑战。首先，红色文化的传承需要与现代化的需求相结合，以吸引更多的年轻人参与其中。这意味着需要以创新的方式来呈现红色文化，使其更具吸引力和互动性，以便年轻一代能够更好地理解和接受。再则，研学旅行的高质量需要有专业的组织和指导来保障，以确保参与者能够获得真正的学习和体验。这需要投入大量的资源和人力来提供优质的教育和旅行服务，以此来保证其可持续发展。另一方面，这种文旅融合也带来了许多机遇。首先，红色文化与研学旅行的结合可以为年轻人提供一种全新的学习方式，使他们更加深入地了解历史和文化。这种体验式学习不仅可以增加他们的知识，还可以培养他们的思考能力和跨文化交流能力。再则，红色文化与研学旅行的融合也可以促进旅游业的发展，这为旅游业带来了新的机遇。红色文化的传承和弘扬，也能成为吸引更多游客前往体验的重要旅游资源。

总的来说，红色文化与研学旅行的融合在当前世界的现代化发展中既面临挑战，也带来机遇。通过创新的方式呈现红色文化，提供高质量的研学旅行服务，可以实现这两者的有效融合，促进文化传承和旅游业的发展。

3. 红色文化与研学旅行高质量融合发展的现代化途径

红色文化是我党成立以来，在领导人民群众追求民族解放、国富民强的共产主义征途中，凝练出来的具有中国特色的人类文明历史遗产。它与优秀历史传统文化融合在一起，并且与世界现代文明和谐融通，与时俱进，不断创新，持续担负历史使命，具有极其深远的历史意义和现代价值。红色文化与研学旅行高质量融合发展是红色旅游资源吸引力核心要素的外化与显现，这是红色旅游在新时代文旅融合发展中的尝试与探索。文旅融合高质量发展，涵盖了谋划决策与发展格局、项目运营与产品服务、人才服务与科技创新。

当前，学术界与产业界对红色研学旅行高质量融合发展的研究与探讨主要关注：研学旅行政策趋势、行业痛点、消费热点、业态开发、基地打造、课程设计、产品质量规范、研学联盟建设等。

（1）资源融合。资源的有效融合是红色文化与研学旅行融合发展的坚实基础，也是协调发展理念的内在需求。[①] 在遵循旅游可持续发展原则的指

---

① 朱虹、宋丹丹：《红色文化与旅游融合发展的实现路径》，《旅游学刊》2023 年第 1 期，第 10~11 页。

导下，将红色文化资源与各地丰富的研学旅行资源同步规划、开发、推广。《"十四五"旅游业发展规划》指出，要支持革命老区发挥特色旅游资源优势，各地进一步规划打造一批红色旅游融合发展示范区，并且持续优化建设300处红色旅游经典景区。①

与此同时，促进产学研进一步融合。进一步加强政府、企业、高校与研究机构协同研究，对于部分地区碎片化的红色文化研学资源，应当对其进行科学、合理的规划与整合，开发设计出优质红色文化研学旅行产品，满足市场细分态势下多层次、多类别的游客需求。这依赖于破除行政壁垒，跨区域联合开发，创新红色文化内涵与研学资源赋存相互融合模式。这样才能进一步实现区域红色文化资源相互融合、各级相关部门之间政策相互吻合、开发商与经营者之间效益相互融合、教育管理部门与旅游者之间相互契合，并且多方面优势互补、协调发展的红色文化研学旅行教育目标。

（2）人才融合。红色文化与研学旅行高质量融合发展应当充分体现以人为本的现代化思想。以人为本，将服务于人民群众作为首要任务，才能构建符合人性、满足大众需求、健康科学的现代化红色旅游教育体系。

作为科学发展观核心的以人为本，要以人才为本，充分认识到发展依靠人才，人才又推动发展。因而，人才的融合是推动红色文化与研学旅行融合发展的关键动力。实现人才融合不是一件易事，要做好这一点需要多方面的持续努力。在具体的操作环节上，以课程建设促进人才培养，与有关高校与科研机构合作，设计涵盖红色文化、研学旅行等领域的课程体系，加快培育一批兼具红色文化和旅游知识的复合型人才；可以通过开展红色文化和研学旅行讲解员大赛，全面培养和提升研学旅行师的综合素质，以此促进专业知识与实操能力的融会贯通。

（3）市场融合。市场融合指的是红色文化与研学旅行需求的有机结合，是融合发展的市场成果。我们需要积极创造有利的商业环境，鼓励社会资本的参与，以共享发展理念为导向，持续完善食宿、交通、旅游、购物、娱乐

---

① 《"十四五"旅游业发展规划》，中华人民共和国中央人民政府，2021年12月22日。

等全方位的服务设施,建立完整的红色研学旅行产业链和目的地服务体系,以满足主客共享的需求。立足健全现代旅游业体系,加快旅游业供给侧结构性改革,加大优质旅游产品供给力度,激发各类旅游市场主体活力,促进旅游与其他产业关联互动,形成多产业融合发展新局面。[①]

(4)目标融合。把红色研学旅行内容与教育部门倡导的"德智体美劳"全面发展的人才培养目标相结合。目前红色研学旅行主要是德育功能,在教学目标的设计上,可以依托革命先辈的智慧、军事演练方式等,开展智育、体育教育,可以依托红歌、非物质文化遗产等资源开展美育、劳育教育。

因而,红色文化资源需要被不断赋予新的时代价值,红色研学旅行与之融合,需要构建符合时代发展的教育价值,以此来满足教育部门教学发展的需要以及新时代受教育者全面提升的要求。

(5)技术融合。技术融合是指促进前沿技术的融合应用,也是创新发展理念的内在体现。大数据、云计算、物联网、区块链、元宇宙以及5G、VR、AR等数字技术为红色文化与研学旅行的融合发展提供了强大的技术支持。

利用虚拟现实、人工智能等科技开展线上与线下相结合的红色研学旅行,并把科技教育贯穿其中,以融合科学教育和红色文化教育。把红色研学旅行与现代科技相融合,加强馆校结合,助推线上研学,突破传统教育模式,实现高质量融合发展迭代升级。借助数字媒体技术宣传红色文化,利用好新的科技通信工具为旅游受众提供各种类型的定制功能,进而在世界范围内增加受众,达到深化红色基因传承的目的。要助推博物馆资源多元化开发利用,研究博物馆和学校合作的常态化机制,提升博物馆的教育职能。[②]

(6)效益融合。红色文化建设的社会效益、经济效益、生态效益可以通过开展研学旅行的方式相交相融,从而实现综合平衡。国家政府部门提出,全社会需要认同健康、文明和环保的旅游休闲理念,从而显著提高国民

---

① 《"十四五"旅游业发展规划》,中华人民共和国中央人民政府,2021年12月22日。

② 《教育部 国家文物局关于利用博物馆资源开展中小学教育教学的意见》,2020年10月。

旅游休闲的质量，逐步建立适应小康社会需求的现代国民旅游休闲体系，并且鼓励学校通过寓教于乐的方式，组织学生进行课外实践活动。① 学校教育和社会教育要相融合，要求学生不仅读好万卷书也要行好万里路。

国家政府部门提出部署培育现代休闲观念、保障旅游休闲时间、优化旅游休闲空间、发展现代休闲业态、提升旅游休闲体验等 10 项重点任务。② 千方百计地满足人民群众的精神文化需求，使得红色研学旅行成为一种国民旅游休闲的时尚生活方式。

要处理好社会稳定和谐与经济发展的关系，将红色文化社会教育功能目标的实现与研学旅行经济利益的实现相互融合。清醒认识思想政治教育的形势要求，冷静分析与把握经济建设发展的实际需求，不断探索新时代红色研学旅行高质量融合发展的内在规律。这对于继续维护和谐稳定的文明社会、丰富人民群众的精神世界、促进人与自然和谐共生，推动构建人类命运共同体，创造旅游发展新业态，都有着不可或缺的历史意义。

（7）体制机制融合。教育行政主管部门与文旅、工商等部门要相互协作，共同推进红色文化和研学旅行的双向奔赴，促进红色文化资源与研学资源的活化利用。国家建立旅游工作协调机制，加强对全国旅游业发展的综合协调，完善文化和旅游融合发展体制机制。③ 把握文旅融合发展规律，把红色文化建设同新时代研学旅行战略有效衔接，与游客需求有效对接，以文带旅、以旅促文、以研育人、以学化人、以旅感人、以游怡人，不断提升游客的红色文化获得感、终身学习幸福感、休闲养生愉悦感、文化自信自豪感。

---

① 国务院办公厅：《国民旅游休闲纲要（2013—2020 年）》（国办发〔2013〕10 号），2013 年 2 月 2 日。
② 《国民旅游休闲发展纲要（2022—2030 年）》，2022 年 7 月。
③ 《"十四五"旅游业发展规划》，中华人民共和国中央人民政府，2021 年 12 月 22 日。

区 域 篇

Regional Section

B.13

湖南省红色旅游发展报告

何银春 彭铮华 陈果*

摘 要： 湖南省有着丰富的革命历史和红色文化遗产，为红色旅游的发展提供了坚实的基础。本报告介绍了湖南省内红色旅游资源的概况，并在此基础上对湖南红色旅游发展现状进行了分析，发现湖南红色旅游产业规模日益扩大、发展机制逐步完善、基础设施日益健全、品牌形象更加凸显。同时，本报告指出湖南红色旅游目前还存在红色文化内容挖掘不足、旅游资源与营销宣传不匹配、景区形式单一、缺乏有标识的景区、缺乏与周边景区的紧密协作等问题，提出了要深挖当地红色文化内容、统筹红色旅游营销策略、打造红色旅游创新项目、建立标识性红色旅游品牌故事、增强红色旅游景区间合作的发展建议。

---

* 何银春，博士，湖南师范大学旅游学院副教授、硕士研究生导师，研究方向为文化遗产、红色旅游；彭铮华，湖南师范大学旅游学院研究生，研究方向为红色旅游；陈果，湖南师范大学旅游学院研究生，研究方向为红色旅游。

关键词： 湖南省　红色旅游　红色文化

一　湖南红色旅游资源概况

湖南是中国共产党建党、建军、建政的重要策源地之一，被称为"革命摇篮、伟人故里"。1927 年秋，毛泽东同志领导的秋收起义爆发于毗邻湖南的江西萍乡安源，这是中国工人运动和共产主义运动的开始。此后，湖南成为中国革命与建设时期的重要阵地，有着丰富的革命历史和红色文化遗产，如湘赣革命根据地旧址，红二、六军团长征出发地，湘鄂川黔革命根据地等。此外，湖南还是一个孕育英雄的地方，毛泽东、刘少奇、贺龙、彭德怀、粟裕等革命领袖都是湖南人，他们的英勇事迹和崇高品格激励了一代代中国人奋发向前，其故居也被世人代代瞻仰。习近平总书记在湖南考察期间多次指出，湖南红色资源丰富，十步之内必有芳草。

湖南省拥有丰富多彩的红色旅游资源，包括全国重点革命文物、红色旅游经典景区、爱国主义教育基地等多种类型。截至 2022 年 12 月，全省共有红色旅游全国重点文物保护单位 64 处、省级文物保护单位 331 处[①]、不可移动革命文物 1700 余处，国有可移动革命文物藏品 8 万余件（套）[②]。根据文化和旅游部、国家文物局等多部门公布的《革命文物保护利用片区分县名单》，全省共有涉及 9 个片区的 13 个市（州）72 个县（市、区）列入其中（见表 1）。全省先后认定革命老区县（市、区）104 个，另有 4 个管理区，占湖南区县总数的 85%[③]。

---

① 湖南省文物保护与考古处：《湖南省全国重点文物保护单位名录和省级文物保护单位名录》，湖南省文物局，http：//wwj.hunan.gov.cn/wwj/c100310/c100312/202302/t20230220_29251578.html，2023 年 2 月 20 日。

② 湖南省文化和旅游厅：《2023 湘沪红色旅游合作交流会在上海举行》，中华人民共和国文化和旅游部，https：//www.mct.gov.cn/whzx/qgwhxxlb/hn_7731/202304/t20230418_943148.htm，2023 年 4 月 18 日。

③ 湖南省老区办：《湖南省革命老区县名单》，湖南省民政厅，http：//mzt.hunan.gov.cn/mzt/xxgk/tjsj/202003/t20200318_11814812.html，2020 年 3 月 18 日。

表1　湖南省红色旅游经典景区名录

名称	包含景区/景点
长沙市红色旅游系列景区	湖南第一师范学校旧址,中共湘区委员会旧址暨毛泽东、杨开慧故居,宁乡花明楼刘少奇故居和纪念馆,浏阳市文家市镇秋收起义会师旧址纪念馆,长沙县杨开慧故居和纪念馆,岳麓山景区,何叔衡、谢觉哉故居,湖南雷锋纪念馆
郴州市红色旅游系列景区	宜章县湘南暴动指挥部旧址、桂东县"三大纪律六项注意"颁布旧址、汝城县湘南起义汝城会议旧址
怀化市红色旅游系列景区	怀化市芷江县中国人民抗日战争胜利受降旧址、飞虎队纪念馆
怀化市红军长征通道会议旧址	怀化市红军长征通道会议旧址
衡阳市衡东县罗荣桓故居	衡阳市衡东县罗荣桓故居
衡阳市南岳忠烈祠	衡阳市南岳忠烈祠
胡耀邦故居和陈列馆	胡耀邦故居和陈列馆
湘潭市韶山市毛泽东故居和纪念馆	湘潭市韶山市毛泽东故居和纪念馆
湘潭市湘潭县彭德怀故居和纪念馆	湘潭市湘潭县彭德怀故居和纪念馆
湘潭市湘乡东山学校旧址	湘潭市湘乡东山学校旧址
湘西土家族苗族自治州永顺县湘鄂川黔革命根据地旧址	湘西土家族苗族自治州永顺县湘鄂川黔革命根据地旧址
岳阳市红色旅游系列景区	平江县平江起义旧址、汨罗市任弼时故居、华容县湘鄂西革命根据地
株洲市红色旅游系列景区	茶陵县工农兵政府旧址、炎陵县红色标语博物馆
张家界市红色旅游系列景区	桑植县贺龙故居和纪念馆、刘家坪红二方面军长征出发地

目前湖南全省共有爱国主义教育基地470余处,其中包括全国爱国主义教育示范基地38处;共有红色旅游经典景区14处。红色旅游景区和爱国主义教育基地一方面充分发挥了红色旅游资源的功能作用,另一方面也为传承和弘扬革命文化、加强国家和民族的凝聚力做出了贡献。从空间分布上看,湖南拥有的爱国主义教育基地在省内东侧呈纵向条带状分布,西侧呈散状零星分布;红色旅游经典景区多与爱国主义教育基地重叠,说明在资源利用、旅游开发上二者具有一致性。湖南省拥有的全国重点革命文物空间分布较为均匀,但其与红色旅游经典景区、爱国

主义教育基地的空间分布还存在错位，对全国重点革命文物的活化利用还需进一步加强。

二 湖南红色旅游发展现状

（一）红色旅游产业规模日益扩大

近年来，湖南省委、省政府高度重视红色旅游的发展，将其作为文化强省战略的重要组成部分，列入"十四五"规划，先后出台了《湖南省"十四五"旅游业发展规划》《"十四五"支持革命老区振兴发展实施方案》等一系列政策措施，着力打造红色旅游精品景区、精品线路和精品项目，红色旅游产业已具规模。湖南省委、省政府把发展红色旅游作为重点扶持项目，大力发展革命老区，支持革命老区立足于红色文化、民俗文化、生态文化共同发展，为红色旅游高质量发展提供前进路径。目前，湖南已逐步形成以"红色旅游+"为主题的产业格局，包括以韶山、芷江抗战受降旧址等为代表的革命纪念景区，以花明楼等为代表的革命旧址群，以衡山、韶山等为代表的红色旅游区，以安化黑茶、湘莲、湘绣等为代表的特色产业园区，以永兴、汝城等为代表的红色民俗村寨和红色教育基地。从旅游收入来看，2023年湖南省文化和旅游厅公布了全省端午假期文旅市场情况，全省纳入假日统计监测相关单位共有957家，累计接待游客416.39万人次，同比增长80.60%，实现营业收入额达4.82亿元，同比增长53.88%。其中，有56家红色旅游区接待游客72.21万人次，同比增长74.07%，实现营业收入额5672.16万元，同比增长89.55%。红色旅游已成为湖南发展新的经济增长点。湖南省充分利用现有的红色资源优势和区位优势，按照"红绿结合"的原则，大力开发和利用当地的生态环境和人文环境资源，充分发挥革命旧址、纪念地、遗址、公园等载体的作用，突出"红""绿"结合和爱国主义教育功能，促进红色旅游与自然景观、人文景观协调发展。

（二）红色旅游发展机制逐步完善

湖南省委、省政府高度重视红色旅游发展，从政策、资金、人才等方面给予大力支持，在加大对红色旅游的扶持力度方面，政府将拨出更多的财政资金用于红色旅游景区的建设和改造，并对符合条件的红色旅游景区进行补贴和奖励，加大对红色旅游企业的贷款和税收优惠政策等方面的支持。同时，政府还将鼓励和支持各地对红色旅游资源进行开发和利用，扶持创新性的红色旅游项目，打造更多富有特色的红色旅游线路。此外，为加快红色旅游发展，湖南成立了湖南省红色旅游发展领导小组、湖南省红色旅游发展指导委员会，对全省红色旅游资源进行全面整合和统一规划。在此基础上，2019年12月，湖南省委、省政府出台《关于进一步加强全省革命文物工作的实施意见》（湘发〔2019〕6号），对进一步加强全省革命文物工作做出全面部署；2020年12月30日，《湖南省革命文物保护利用工程实施方案》（湘发〔2020〕4号）正式印发；2021年3月27日，湖南省委办公厅、省政府办公厅印发《关于深入推进革命文物保护利用工程实施方案》（湘办发〔2021〕7号），对进一步做好全省革命文物保护工作做出了具体部署；2021年5月6日，省文化和旅游厅、省文物局联合印发《湖南省革命文物资源整合利用实施方案（2021-2025年）》；等等。这一系列文件推动了全省红色旅游发展。在充分整合各方力量的基础上，湖南还在全国率先建立了由省发改委、省旅游局、省财政厅、省文化厅、省广电局、团省委等单位组成的湖南红色旅游发展联席会议制度。各成员单位在研究制定相关政策措施时，把发展红色旅游作为重要内容，把对革命文物的保护和利用纳入本部门职责范围。

（三）红色旅游基础设施日益健全

为加强红色旅游景区建设、提升红色旅游景区服务水平，湖南各地围绕提升红色旅游基础设施和服务水平，不断加大红色旅游基础设施建设投入，建成了一批红色旅游景区景点。首先，湖南省的红色旅游景区得到了大力改造和升级。红色旅游景点的数量和覆盖面积都在不断增加和扩大，各景区的场馆、标识、卫生和安全等设施也越来越完善。同时还有许多旅游景区的设施更新、环境优化和规划完善，为游客提供了更好的旅游体验。例如，胡耀邦故居、杨开慧故居、彭德怀故居、平江起义纪念馆等著名红色旅游景点都进行了全面改造提升。其次，湖南省的红色旅游交通基础设施也得到了长足的发展。高速公路、铁路、民航、水运等交通工具的网络覆盖日益完善，方便了游客的出行。同时，景区内的交通也进一步便捷化，除常见的公交车、观光车等交通工具，部分地区如大王山还推出云巴、索道等便捷出行方式。最后，湖南省的红色旅游服务水平也有了大幅提升。旅游从业人员的职业素质和服务水平得到了提高，为游客提供更加周到、细致的服务。同时，各种特色红色旅游产品也层出不穷，如"伟人故里·红色潇湘路""红色潇湘·不忘初心游"等精品线路让游客能够更好地领略和体验湖南省的红色文化和旅游资源。湖南省红色旅游基础设施的日益健全，为湖南红色旅游的发展提供了有力支持，也为广大游客提供了更加便捷、安全、舒适和愉悦的旅游体验。

（四）红色旅游品牌形象更加凸显

湖南省地域辽阔、物产丰富、文化底蕴深厚，在长期的发展中积累了丰富的资源和人才，具备了发展红色产业的条件和潜力。近年来，湖南在推动红色旅游、红色文化、红色产业发展方面下足了功夫，取得了明显的成效，逐步确立了湖南红色品牌形象。首先，在红色旅游方面，湖南以"建设全国重要的国际红色旅游目的地区"为目标，积极推动红色旅游资源的保护和开发。同时，湖南也在积极推动红色文化与高端旅游的融合，开展文化创意设计、民俗文化体验、古建筑保护等活动，使红色旅游产业逐步成为湖南的支柱性产业。其次，在红色文化方面，湖南以"挖掘红色文化资源，打造湖南文化品牌"为目标，通过举办红色文化节、修缮红色文化景点、制作红色文化影视作品等举措，不断提升湖南红色文化的影响力和知名度。目前湖南已经打造了一批具有全国影响力和知名度的红色旅游品牌。其中包括"湘赣边红土地""百里杜鹃""花明楼""韶山冲"等国家5A级景区、全国爱国主义教育示范基地、全国国防教育基地等国家级红色旅游经典景区。

三　湖南红色旅游高质量发展存在的问题

湖南省红色旅游资源丰富，近年来红色旅游不断发展，如韶山毛主席故居在全国红色旅游目的地中脱颖而出，受到游客的广泛关注，但湖南省在发展高质量红色旅游时仍然面临以下几个方面的问题。

（一）红色文化内容挖掘不足

湖南省是最早发展红色旅游的省份之一，红色革命文化氛围浓厚，但在发展红色旅游时仍然只以韶山、花明楼等景区为主。在文旅融合的时代要求下，"文化+旅游"的形式，即旅游与体育、生态、教育等多行业相互融合，越来越成为大众所认可的旅游发展方向。湖南在"红色旅游+教育"方面走在了前列。目前省内共建设全国爱国主义教育基地470余处，与学校、党校进行深度合作开展爱国主义教育，教育活动丰富，教育意义重大，典型的活动有韶山党性教育活动、"追寻红色足迹，践行使命初心"的主题革命教育活动，还有讲故事、读经典、观展品、比竞赛等多类活动。但大部分历史故事叙事方式老套、观念陈旧，展现的红色文化知识较少，没有挖掘多元红色文化。显然，湖南红色旅游的教育意义已得到全面发展，但多行业、多科技、多方式的红色内容挖掘、融合仍有待改进。

（二）红色旅游资源与营销宣传不匹配

湖南不仅走出了毛泽东、彭德怀、刘少奇等许多共和国功勋人物，同时也是多场历史革命战争的主战场。红色旅游的实质内涵与其他旅游不同，红色旅游带有历史背景的严肃，具有一定的政治特征，而湖南的部分景区在宣传红色旅游时缺乏准确适宜的营销定位，一方面过度拔高其他旅游要素，如橘子洲给人印象最深的是"橘子洲烟花"，其次才是"毛泽东雕像"；另一方面没有根据实际红色文化背景进行营销，导致红色旅游营销没有与之匹配的营销策略与方式，如通道转兵纪念馆的宣传中仍然只是突出其在革命历史中的地位，但实际上通道转兵发生在侗族聚居地，反映多民族共同奋斗的历史，这应当是区别于其他红色景点的宣传重点。此外，部分景区宣传手段较为传统，以新闻、官网、旅行社等途径进行推广，然而在流量时代，通过在小红书、抖音等自媒体平台创建官方账号，结合景区文化内核发布接地气、有创意的视频、文案，才能达到宣传的目的。

（三）红色景区形式单一，缺乏创新

在发展红色旅游中内容千篇一律，旅游项目种类过少，大多为观光游览，游客沉浸式体验不足，近年来部分景区增添了实景演出，如 2013 年韶山推出了大型实景演出《中国出了个毛泽东》，在多次演出后大受好评；到了 2021 年张艺谋导演策划推出了《最忆韶山冲》舞台剧，吸粉无数。但总体而言湖南大部分红色旅游景区仍以传统观光旅游为主，由于景区资金投入不足，大多为较偏远的村庄，基础设施条件薄弱，没有将近几十年积累的绚丽红色文化进行挖掘开发，融入旅游发展中，并且多种旅游产品随着时间的推移，缺乏创意与个性化设计，同质化严重，多个红色旅游景区商铺售卖的红色文创产品都是同一种类型，主要为主席雕像、徽章、扇子等实物，与其他红色旅游景区毫无区别，让游客产生视觉疲劳，无新鲜感。同时景区各种现代化建筑设施不断出现，冲淡了红色文化氛围。

（四）有影响力的标识性景区数量有限

据携程 2021 年湖南红色旅游景区游客数据，有 85% 的游客来湖南旅游会去韶山毛主席故居，毛主席故居俨然成为湖南红色旅游的标志。但与此同时，其他在革命历史中地位不低、具有重要意义景区的影响力还未充分发挥，如通道转兵纪念馆、花明楼景区等。在网络发达的当下，长沙凭借"网红城市"的身份吸引了大量游客涌入长沙感受"魅力长沙"，充分的外部市场条件已具备，丰富有影响力的标识性红色景区是将游客留住的关键所在。因此需要对红色旅游形象进行塑造，将其他有价值的红色旅游景区通过新科技、新营销手段进行主题化发展，打造经典 IP，深度挖掘文化内涵，发现真正品牌故事，加强对于红色旅游景区品牌形象的树立，最终提高景区影响力。

（五）缺乏与周边景区的紧密协作

湖南的红色旅游资源开发以革命遗址为主，革命遗址大多留存于乡村、古村落等地区，因此大部分红色旅游景区分布在农村、革命老区等偏远地区，交通不便，与其他的旅游类型相比可进入性较差。对于湖南红色旅游核心景区如韶山、花明楼等，现已有高铁、大巴等交通工具直达，但对于其他红色旅游景区如杨开慧故居、黄兴故居、许光达故居等目前均只能通过自驾游或者跟团游才能到达，因此大部分游客在湖南红色旅游景区仅以游览核心区域为主，针对其他红色景区游览较少。交通不便导致景区与景区之间缺乏交流与合作，形成"信息孤岛"，造成了目前景区间的协作与共享程度不足。湖南应充分依托周边资源优势，与省内多地及江西、贵州等省外革命老区展开合作，开发旅游精品路线，通过景区间的协作共享，将湖南特色红色文化主题的景区运送到各协作区域，加强游客的体验感。

四　湖南红色旅游高质量发展建议

（一）深挖当地红色文化内容

时代在不断进步，有些传统文化也在不断流失。根据可持续发展理论，新时代中国特色社会主义思想强调要传承保护我们优秀的民族文化，增强文化自信。湖南是"革命摇篮、伟人故里"，是一个红色文化资源大省，有着门类齐全的红色文化物质资源和其承载的精神资源，有着光荣的革命传统。湖南在发展红色文化旅游时要发挥其现代价值与意义，强调其红色文化资源对党、国家、人民都有着重要的凝聚力。另外，红色文化在湖南长期形成和发展中，融合了湖南当地区域文化，体现了湖南人民的精神、节气与价值。无论是发展红色旅游革命遗址，还是纪念馆、博物馆，都应该与湖湘文化结合发展高质量特色红色文化旅游，深度挖掘独具魅力的红色文化历史故事，打动游客，吸引游客，真正留住游客。并且湖南少数民族众多，多数红色旅游景区都分布在少数民族聚集地，如桑植、通道、邵阳等地，苗族、土家族、侗族等少数民族在这里形成了独具特色的民族文化，如建筑、服饰、饮食、歌舞、手工艺、民俗活动等多种文化，这些民俗文化与红色文化的碰撞融合，将给游客带来新的旅游体验，让民俗与红色文化共生，最终铸牢中华民族共同体意识。

（二）统筹红色旅游营销策略

从湖南大部分景区公众号关键词可以看出，对于红色旅游营销的市场定位关键词没有形成聚类词，说明对于市场定位的相关研究较少。红色旅游要想区别于其他旅游形式，就要做好其市场定位，塑造出与众不同、鲜明的个性和形象，使其在市场上有一定竞争能力。因此湖南可构建红色旅游信息平台，以"革命摇篮、领袖故里"为窗口核心，以"将帅革命烈士故居""工农活动热土""光辉战斗遗迹"等景区为主体，采用"大带小""点带面"等多种模式，全面打造湖南红色旅游。在各大信息平台宣传革命活动与主题活动，又结合建党、建军、建国等重大革命事件和革命伟人进行系统策划以及促销。对于红色旅游，国家宏观政策从顶层设计出发，引领其稳步前进发展，聚焦党的百年奋斗史，革命史、英雄史等，传承红色基因，引导中小学生厚植爱国主义情怀，不断增强跟党走的决心。这些政策的发布，能让红色旅游景区有更加明确方向的指导与强大的宏观环境支撑，为红色旅游高质量发展提供稳定的外部保障。借助国家政策，实施差异化营销，根据每个地方的红色资源、政策帮扶等，制定符合本地整体历史背景、人文故事、城市形象的营销战略。

（三）打造红色旅游创新项目

红色旅游因其政治性而吸引力不足，但在发展红色旅游时应增强游客的体验感，建立完整的景区产品体验环境，可从人的五种感觉入手创新，即视觉、听觉、嗅觉、味觉、触觉。视觉从景观建筑与颜色搭配进行统一规划；听觉可以在景区融入红歌作为背景音乐，使游客沉浸其中；嗅觉可以种植绿植与花草，彰显大自然的芬芳；触觉和味觉则可设计特色纪念品和美食。景区打造新时代的旅游项目也很有必要，紧跟时代步伐。如湖南可借鉴吸收井冈山"六个一"工程建设经验，将现在火爆的沉浸式体验、研学、夜间经济与红色旅游景区互嵌式融合，打造"湖南红色旅游模式"，形成独具特色的本土红色旅游体系，并且结合农业生态打造新型产业链，如桑植宣传红色旅游时，利用生态优势，将本地白茶、粽叶、猕猴桃等特产以自主采摘模式联合发展，实现研学、农耕、科考等多模式的新型旅游。红色旅游本身具有社会教育价值，能够让青少年了解历史革命文化，更好地宣传弘扬传统文化，培养爱国主义情怀，且湖南红色景区分布的地方少数民族较多，让游客在红色文化的独特魅力中既获得身、心、精神的和谐统一，又增强对少数民族的认知，增强对本民族的多文化自信。在研学旅途中，游客可感受文创产品的制作过程，通过现代高科技了解历史、物质文化遗产的相关知识、技艺手法。也可开发手工艺术品的精品课程，制作 DIY 课程，如航天航空、军事体验、走红军路，让游客更沉浸式地体验红色旅游。

（四）建立标识性红色旅游品牌故事

现如今在互联网大背景下，宣传手段多种，如搜索引擎、抖音、小红书、微信、微博等，因此，湖南要想把红色旅游做大做强，就有必要借助抖音等新媒体 App 进行线上与线下系统营销，虚实共生，实现功能的全面提升与可持续发展，树立一个良好的线上品牌；近年来利用微电影做红色旅游宣传的也不在少数，利用艺术性、可视化、可移动等特征单独成片，找准市场，进行拍摄。如利用微电影促进韶山红色旅游发展，制作了《韶山宣传片》《红色旅游》等宣传片、纪录片，并且也有《恰同学少年》等影视剧讲述各个伟人的革命事业，宣传了湖南众多革命圣地，建立了湖湘红色文化品牌故事，打造经典旅游景区。湖南虽红色资源丰富，但有代表性的景区较少，应增加政府投资以提升其他有内涵有故事的红色旅游景区的知名度，打造红色旅游吉祥物、征集红色景区宣传口号，形成湖南红色文化品牌效应，让整个湖南的红色文化旅游景区真正火出"圈子"。

（五）增强红色旅游景区间的区域合作

湖南大部分红色旅游景区发展模式是以政府主导、企业参与为主，应该让居民参与其中，发挥当地人的重要作用，以他们为主导，助力乡村发展。此外，加强与其他地区开展区域合作，整合特色资源。红色文化景区以红色文化为核心，搭配附近周边自然景观环境，提高景区接待能力，打造一系列精品旅游路线。红色旅游景区在发展红色旅游时其地理位置、景区规模不占优势，若偏远革命景区如贺龙纪念馆，湘鄂川黔省委、省革委、省军区旧址联合周边吉首、张家界等组成集山、水、民俗风情、红色历史文化名城于一体的旅游品牌，将能实现景区资源、客源、设施共享，打开更广阔的市场，实现更大的经济、社会、生态效益。

B.14
江西省红色旅游发展报告[*]

肖　刚　　邹勇文[**]

摘　要： 2022~2023 年，江西省围绕红色文化创新红色旅游发展路径，采取建设长征国家文化公园、丰富红色旅游产品供给、数字赋能红色文化资源、护好管好用好革命文物等措施，充分挖掘江西优秀红色旅游资源，涌现出一批新产品、新业态、新融合发展模式，进一步推动江西建设成全国红色旅游首选地。

关键词： 红色旅游　江西省　业态融合　红色基因传承

为深入贯彻落实党的二十大精神，江西省充分挖掘利用红色文化资源，创新开发红色旅游数字化产品，创意打造沉浸式游客体验新业态，推动红色旅游产业链价值跃升，助推江西省建设中国式现代化旅游强省。

一　建设长征国家文化公园，打造文化公园"江西样板"

（一）加强组织领导，统筹细化执行

一是成立建设工作领导小组。省委、省政府高度重视长征国家文化公园

---

 * 本文系文化和旅游部部级社科研究项目"革命老区红色旅游融合发展内涵和实施路径研究"（23DY15）的研究成果。

** 肖刚，江西财经大学工商管理学院副教授，博士，应用经济博士后，硕士生导师，江西财经大学旅游发展研究院副院长；邹勇文，教授，博士，硕士生导师，江西财经大学赣州研究院院长。

江西段建设工作,由省委主要领导任组长。省委、省政府主要领导多次召开会议,调度推进规划和方案编制、机构成立、经费落实等重大问题。二是市县积极行动。赣州、抚州、吉安三市以及规划重点建设区 19 个县区参照省里,成立长征国家文化公园建设工作领导小组。市县两级组建了工作专班,制定了工作清单,细化明确了重点工作任务、牵头单位、责任单位等,建立了定期调度和通报、项目快审等机制。各级领导经常调度、过问建设工作,及时协调解决有关问题。

(二)完善顶层设计,强化规划引领

一是完成顶层规划。江西省正式印发实施《长征国家文化公园江西段建设保护规划》,同时,各市县认真对接省级规划,组织编制区域性规划和有关方案。如赣州完成编制《长征国家文化公园赣州段建设保护规划》和《长征国家文化公园赣州段长征步道概念性规划》;吉安完成编制《吉安市长征国家文化公园建设实施方案》;抚州完成编制《长征国家文化公园抚州段建设工作实施方案》。二是做好长征步道方案设计。为凸显长征国家文化公园江西段特色与亮点,江西省精心设计长征步道方案,制定《江西省长征步道建设设计方案》,作为各地建设参考指南。

(三)组织项目申报,拓展资金渠道

一是组织文保项目申报。根据中共中央宣传部、国家文物局《关于申报长城、大运河、长征国家文化公园文物保护项目的通知》要求,江西省组织开展了长征国家文化公园革命文物保护项目计划书、计划表的编制。国家文物局现批复同意第一次全国苏维埃代表大会会址(含中华苏维埃共和国临时中央政府旧址)维修保护等 4 个项目计划。二是遴选文化保护传承利用工程项目。根据国家《文化保护传承利用工程实施方案》总体目标和建设任务,以及《文化保护传承利用工程中央预算内投资专项管理办法》具体要求,经国家部委联审、专家评审、地方复核公示,遴选确定了赣州市于都县长征国家文化公园中央红军长征出发纪念馆改扩建项目等 9 个长征国家文化公园项目入选江西省"十四五"时期文化保护传承利用工程项目储备库。三是多渠道筹措建设资金。长征国家文化公园江西段建设累计获得中央和省财政近 8 亿元资金，省级及以上专项资金累计投入 7.9 亿元，推进 36 个省级重点调度项目有序开展。各地还通过向上积极争取专项资金、发行专项债券等多种渠道，积极筹集建设资金，如吉安市已发行地方专项债 21 亿元，建设 10 个省重点项目，并打造了"十送红军""长征先遣"两个红色品牌。另外，将长征国家文化公园江西段重点建设纳入民生实事工程，统筹资金 2.4 亿元对重点建设区 19 个县给予支持①。

（四）聚焦重点项目，有序推进建设

江西省长征办（江西省文旅厅）经认真梳理优化，最终确定江西段 36 个项目为省级重点调度项目。全省各地正按照省里统一部署和要求，大力推进项目建设。如赣州市全域 18 个县（市、区）均被列入长征国家文化公园赣州段的建设规划中，国家级项目长征历史步道于都段已贯通，共打造 19.34 公里红军小道示范路段，吸引了不少游客和团体抢先体验；信丰长征突破第一道封锁线战场遗址保护展示项目、遂川县工农兵旧址等即将完成。吉安市将永新—泰和—井冈山—遂川长征历史步道示范段建设项目列入全市"四个清单"重点项目进行调度。截至 2023 年 3 月底，被列入省重点调度的 10 个项目中，井冈山市新城长征军需小镇、永新县长征国家文化公园革命遗址保护项目、遂川县先遣学院项目、永新县湘赣革命纪念馆提升改造项目、遂川县工农兵旧址提升改造项目、井冈山市挹翠湖历史文化街区等 6 个项目已建设完成；抚州市将广昌、黎川划入重点建设区，将资溪、金溪划入拓展建设区。在国家规划中，广昌红色文化资源保护传承项目被列为国家级重点项目②；上饶市采用多类型重点项目建设长征国家文化公园江西段。

---

① 殷琪惠：《我省今年投入超 20 亿元推进文化强省建设工作》，《江西日报》2022 年 12 月 30 日。
② 《集思广益谋发展　凝聚共识向未来》，《抚州日报》2022 年 12 月 22 日。

（五）加大宣传推广，塑造长征文化品牌

江西省大力宣传长征精神与品牌，积极配合中央电视台"长征之歌"专题片拍摄，中央广播电视总台新闻频道 CCTV13 新闻直播间专题报道江西省长征国家文化公园建设情况。江西各地积极加强长征文化品牌宣传推广，扩大品牌影响力，如赣南艺术创作研究所创演的大型赣南采茶戏《一个人的长征》顺利举行公演，该剧先后入选中宣部、文旅部、中国文联共同举办的庆祝中国共产党成立 100 周年优秀舞台艺术作品展演剧目等四项国家级扶持（展演）项目，荣获第十七届文华奖、第十六届精神文明建设"五个一工程"优秀作品奖、第四届"江西省文学艺术奖"等多个大奖。赣州市设计红色题材课程 100 个，打造多门长征精神课程和多个现场教学示范点等；抚州围绕"浴血广昌，舍命担当"主题，打造万里长征从抚州打卡寻源再出发长征文化品牌，加强推广，并推出一批抚州段长征精神文化主题突出的文艺精品①。

二 丰富红色旅游产品供给，推动旅游业态新融合

（一）制定出台红色旅游相关标准法规

江西省陆续出台政府文件发展红色旅游，推动红色旅游向高品质化发展，如江西省人民代表大会常务委员会通过了《江西省促进革命老区振兴发展条例》，江西省发展改革委牵头编制了《赣州革命老区高质量发展示范区发展规划》，江西省文旅厅制定发布《江西省红色旅游发展行动方案（2023-2025）》。丰富红色旅游产品高质量供给，推动红色旅游标准化升级，规范业态融合，如由江西省文化和旅游厅提出、江西财经大学江西旅游发展研究中心起草编制的《江西省红色研学旅游示范基地评定规范》和

---

① 《集思广益谋发展 凝聚共识向未来》，《抚州日报》2022 年 12 月 22 日。

《江西省红色旅游优质服务规范》。其中《江西省红色研学旅游示范基地评定规范》规定了红色研学旅游示范基地评定的必备条件及研学产品、配套设施、安全管理、质量控制和评定管理等方面内容;《江西省红色旅游优质服务规范》规定了红色旅游服务示范景区评定的基本原则及游览服务、配套服务、管理服务和环境保护等方面要求。

(二)持续打造红色旅游融合业态品牌

江西省积极落实《国务院关于新时代支持革命老区振兴发展的意见》、国务院印发的《"十四五"旅游业发展规划》关于"建设全国红色旅游融合发展示范区"等要求,全省红色旅游融合发展示范区建设成效显著,其中井冈山成功入选全国十个红色旅游融合发展试点单位(见表1)。加强红色旅游景区业态融合品牌建设,大余梅关、德安县万家岭大捷纪念园、芦溪县袁水源红色文化园、泰和县马家洲革命历史纪念园、遂川县草林红圩小镇等5家红色景区成功创建4A级旅游景区,吉安井冈山市、赣州市于都县获评江西省首批"风景独好"旅游名县,赣州市于都县"共和国第一国企"中华钨矿公司旧址入选江西省工业遗产旅游基地,引领推动江西红色旅游转型升级,目前全省共有5A级红色景区2家,4A级红色景区23家。大力推动"红色文化+研学"融合发展,江西省教育厅印发《江西省"十四五"教育事业发展规划》,要求遴选10个省级红色研学基地,评选100个红色文化特色校园,录制100节红色文化线上优质课,讲述一批红色故事,传唱一批经典红色歌曲,开展一系列红色研学实践活动[1]。如2023年4月,江西省教育厅发布《关于全省第三批中小学研学实践教育基地名单的公示》,安源红领巾少儿研学实践教育基地、赣州方特东方欲晓研学实践教育基地、瑞金红源记忆研学实践基地、兴国红领巾少年军校研学实践教育基地、红兴谷研学营地、万载县仙源湘鄂赣红色研学实践教育基地、

---

[1] 《江西省人民政府关于印发〈江西省"十四五"教育事业发展规划〉的通知》,《江西省人民政府公报》2022年6月20日。

井冈山沃土胜境研学实践教育基地、井冈山红圣研学实践教育基地、井冈山市青少年求实研学实践教育基地等入选，这些基地以红色文化资源为载体，开展红色研学实践活动，推进红色研学旅行融合发展。

表1　全国红色旅游融合发展试点单位名单

序号	试点单位
1	山西省长治市武乡县
2	江苏省淮安市淮安区
3	福建省龙岩市上杭县古田镇
4	江西省吉安市井冈山市
5	山东省临沂市
6	河南省信阳市新县
7	湖北省黄冈市红安县
8	湖南省湘潭市韶山市
9	广西壮族自治区桂林市全州县
10	陕西省延安市宝塔区

资料来源：文化和旅游部办公厅发布《关于公布全国红色旅游融合发展试点单位名单的通知》。

（三）创新做特做优红色旅游精品线路

按照文旅融合思路，梳理出"嘉游赣"红色旅游精品线路等6条旅游精品线路（见表2），主要包括"八一起义"之旅、"秋收起义"之旅、"井冈摇篮"之旅、"共和国摇篮"之旅、"长征出发地"之旅、"赣东北革命根据地"之旅，进一步打响做亮"江西风景独好"红色旅游品牌，助力文旅消费稳步恢复。2023年4月，开通"井冈山—韶山"红色专列，车厢内部将根据沿线红色景点、红色元素进行设计，多方位、多元素营造车厢氛围，形成一车厢一特色、一专列一情怀的鲜明风格。专列创新开发"红色移动课堂"，主要包括政治课——入党誓言我重温、红色党课我聆听，历史课——红色党史我传承，语文课——红色故事我宣讲、红色经典我诵读，音乐课——红色歌曲我唱响，地理课——红色资源我介绍，体验课——红色餐饮大家品等六门课程，进一步促进湘赣两地共同携手，大力弘扬红色文化，实现红色专列客源实质性互通互送，开启新时代红色旅游产业高质量发展的崭新征程。

表2　江西省红色旅游精品线路

序号	线路名称	线路编排内容
1	"八一起义"之旅	南昌·八一起义纪念馆·八一起义纪念塔·江西省革命烈士纪念堂—抚州—宜黄—广昌
2	"秋收起义"之旅	修水·秋收起义纪念地—铜鼓·秋收起义纪念地—萍乡·秋收起义广场·莲花—支枪纪念馆
3	"井冈摇篮"之旅	永新·三湾改编旧址—井冈山—遂川·青原·东固
4	"共和国摇篮"之旅	广昌—石城—瑞金—会昌—寻乌
5	"长征出发地"之旅	瑞金—于都·中央红军长征集结出发地纪念园—赣县区—信丰
6	"赣东北革命根据地"之旅	乐平·中共赣东北特委旧址·方志敏旧居—横峰·葛源—玉山·中国工农红军北上抗日先遣队纪念馆

资料来源：作者根据相关资料整理。

（四）做大做强红色旅游融合发展平台

积极组织各设区市及湘赣边相关县、市参加在湖南韶山举办的2022年中国红色旅游博览会及2022年中国红色旅游推广联盟年会，启动2023年在江西主场举办的中国红色旅游博览会及中国红色旅游推广联盟年会承办地申请工作，持续引领带动全国红色旅游创新发展。大力推动全国红色基因传承示范区建设，实施红色基因传承攻坚提升行动。持续抓好长征国家文化公园江西段建设，高质量推动瑞金中央红军长征决策和出发重点展示园、瑞金干部学院、长征历史步道瑞金段等一批国家级、省级项目建成开放。

（五）培养高素质红色旅游讲解员队伍

高素质讲解员队伍是红色旅游高质量发展的关键人才保障，也是生动讲解好红色文化故事、传承好红色基因的重要载体，江西省指导 3 名优秀红色讲解员入选文旅部 2021 年全国红色旅游五好讲解员培养项目，联合省教育厅、团省委开展"赓续红色血脉 培育时代新人"红色讲解员进校园等活动。大力提升讲解员宣讲能力，如井冈山市锤炼讲解队伍，推行讲解员评星定级，开展红色旅游五好讲解员大赛，1 人获评全国红色旅游五好讲解员，6 人获评省级金牌红色旅游五好讲解员，神山村宣讲团宣讲微视频获评全国优秀理论宣讲微视频；创新宣讲表现形式，打造"永远的井冈山"情景宣讲报告会，开展宣讲大篷车"五进"活动，推出《旧物初心》等特色课程，制作井冈山精神网络课程，累计宣讲 108 场次，线上线下观众十余万人次，网络传播曝光量近 1 亿。

三 数字赋能红色文化资源，推动旅游产业高质量发展

（一）推动数字保护，让红色文物资源"活"起来

全面开展红色文物保护数字化工程，采用数字技术精准刻画红色文物画像，系统保存图文音影资料，推动信息高清数据采集，建立红色文物数据库和开放共享平台，为红色旅游发展提供"源头活水"。充分运用 VR、AR、人工智能、区块链等现代科技，推动沉浸式体验、虚拟展示、高清视频、数字化产品和场景应用等创新服务，深化拓展省级红色革命博物馆智慧化成果，加快推动设区市、县级红色革命博物馆数字化、智慧化建设。如通过引入仿真人等现代展陈技术，瑞金中央革命根据地纪念馆切实还原苏区工作、生活场景，给游客以历史的真实感、融入感。

（二）激活数据价值，让红色旅游产品"火"起来

通过建立红色旅游大数据智慧平台，深度分析红色旅游全产业链运营，深入挖掘数据价值，精准识别游客消费行为偏好，研判红色旅游市场与产品

未来发展趋势。江西文旅微信公众号平台发布的《五一假期 全省博物馆客流创高峰》表明（见表3），2023年"五一"期间，江西省众多博物馆成为热门打卡地，其中井冈山、南昌、瑞金、于都、萍乡安源等地革命纪念馆"当红不让""万人游红色历史场馆"的火热景象每日生动上演，前三日客流迭创高峰。"五一"假期前两天，井冈山景区累计接待游客5.79万人次、实现旅游总收入2729.99万元，同比分别增长71.81%、91.74%，较2019年分别增长15.80%、27.87%。

表3　2023年"五一"假期全省热点革命博物馆、纪念馆

序号	名称	游客人次（万）
1	井冈山革命博物馆	11.4
2	瑞金中央革命根据地纪念馆	7.8
3	南昌八一起义纪念馆	7.7
4	于都中央红军长征集结出发历史博物馆	7.2

（三）加强云端营销，让红色旅游消费"旺"起来

拓宽红色旅游宣传渠道，加大线上宣传力度，采用官方网站、微信公众号、微博、短视频等线上平台，将历史事件、革命精神、先进事迹、红色故事、精品路线等数据化，全景式立体式展示红色资源，突破时间空间限制，实现网络人气与实地客源的融合转换[1]。如南昌八一起义纪念馆，推出"5G+VR"红色旅游直播巡展，游客可以"云上"进行VR实景、沉浸式直播参观，获得许多年轻游客喜爱[2]。井冈山革命博物馆推出《星火燎原》720°VR云展厅，2023年1月以来，该VR云展厅线上观众达4万人次[3]。

---

[1] 刘晶：《数字赋能老区红色旅游业》，https：//m.gmw.cn/baijia/2022-12/25/36255513.html。

[2] 龚艳平、吴雅雯：《年轻人爱上红色旅游》，《江西日报》2021年9月3日。

[3] 王伟杰：《数字化发展下的红色旅游新图景》，《中国文化报》2023年3月18日。

（四）创新展览模式，让红色体验教育"实"起来

江西省不断丰富创新红色展陈模式，整合区域内红色资源，全方位推进各类展馆网络化平台建设，扩大红色文化的影响力。推动增强现实、VR 等新技术立体式再现红色革命历史、文化与故事，打造沉浸式红色实景演艺项目（见表4），营造沉浸式红色文化学习氛围。推进红色旅游与演艺等产业深度融合，增强学习新鲜感、趣味性，让红色教育入脑入心。如瑞金中央革命根据地纪念馆采用 AR、VR 等新技术，增加故事性、趣味性的讲解，创新互动式、沉浸式的展陈方式，突出红色教育的体验性和互动性，实现红色故事深植游客记忆。

表4　江西省著名沉浸式红色实景演艺项目

剧名	称号	内容简介
《那年八一》	江西首部革命旧址沉浸式实景剧	该剧采用第三人称叙事方式，利用多主角、时空并行交汇叙事手段，紧扣 1927 年南昌起义主线，回溯发生在江西大旅社内那段惊心动魄的历史，以"零距离触摸历史"的形式传承红色基因，赓续红色血脉
《浴血瑞金》	赣州首个红色实景演艺项目，也是全省唯一的大型实战实景演艺项目	景区高度融合革命历史山水实景，现代旅游你体验当年红军的大柏地战斗，亲临几十年前中华苏维埃共和国成立和红军长征出发的感人场景，体验不一样的动态实景党课，研学旅行夜场更精彩，超乎你想象
《井冈山》	中国第一部以红色经典为题材的大型实景演出	气势恢宏的战争爆炸场面，红色经典歌曲的全新演绎，灯光旗帜的闪烁流动，十送红军的感人场景，演出用宏大叙事般的手法，向人们讲述了在 90 多年前井冈山革命斗争那段难忘的峥嵘岁月

四　护好管好用好革命文物，推进红色基因传承

（一）加大革命文物保护传承

宣传贯彻《江西省革命文物保护条例》，开展革命文物保护利用示范县

创建工作，创新革命文物保护管理机制。持续夯实革命文物工作基础，加强革命文物资源调查征集，推进革命文物资源管理平台（大数据库）填报、红色基因库建设，出版《江西革命遗址遗迹图文集》。出台革命文物保护政策文件，发挥江西革命文物资源优势，加强顶层设计，研究制定《关于推进新时代江西革命文物强省建设的意见》。继续加强红色标语研究、保护与展示利用。以井冈山、湘鄂赣片区规划编制为抓手，推进革命文物连片保护、整体展示。

（二）推进革命文物"活"起来

统筹策划开展"红色印记看江西"全媒体采风系列宣传活动，组织实施红色主题社教活动。推进革命文物片区保护利用，全面梳理、策划、储备并申报实施一批革命旧址保护修缮、展陈提升、"互联网+"等项目，推动形成革命文物整体规划、连片保护、统筹展示的示范效应，打造江西革命文物片区保护利用新样板。深挖革命文物文化内涵与价值，推动革命文物保护利用与红色旅游深度融合，推动脱贫攻坚、乡村振兴与革命文物保护利用相结合，实现江西革命老区高质量发展，如赣州瑞金中央革命根据地纪念馆，采用数字化技术赋能的创新展陈方式让红色故事可知可感，赣州于都将红色标语保护和利用纳入乡村振兴发展规划，融入乡村红色研学产品，做强乡村红色旅游。

（三）创新革命文物展示传播

策划推出一批教育活动、文化创意、线上线下融于一体的革命文物精品展陈，如 2023 年 5 月 18 日，南昌八一起义纪念馆主办的"红土地上映初心——江西革命文物精品联展"，此次展览一改以往"教科书"式的陈述语言，用富有诗意、抒情化的语言将照片信息尽可能地传达给观众，使其沉浸式地观赏珍贵照片。同时此展入选国家文物局、中央文明办、中央网信办联合主办的 2023 年度"弘扬中华优秀传统文化、培育社会主义核心价值观"主题展览推介项目。实施革命文物云展览计划，推进革命文物联展巡展。组织开展"十佳红色乡土教育课程""开学同上一堂思政课——走进红色场馆，汲取奋进力量"等一系列社教活动，推介一批全省革命文物保护利用优秀案例。推动革命博物馆纪念馆策划打造一批红色题材的沉浸式情景剧，如以"零距离触摸历史"的形式推出的《那年八一》，是南昌八一起义纪念馆打造的江西首部革命旧址沉浸式实景剧。

（四）加强革命文物保护管理

深入开展革命文物保护利用示范县创建活动，指导井冈山革命博物馆、瑞金中央革命根据地纪念馆、方志敏纪念馆做好红色基因库建设试点工作。加强革命文物安全保护，推动新技术构建革命文物消防工程，提升革命文物保护与消防能力。2023 年，省财政安排 3000 万元专项资金，实施革命类省级文物保护单位消防工程，如井冈山革命博物馆以井冈山争创江西省革命文物保护利用示范县为契机，编制《井冈山革命文物保护利用片区工作规划》，积极参与革命文物保护利用湘赣片区和赣南等原中央苏区连片保护利用工程建设，实现了革命文物从单点保护到集中连片保护利用、从抢救性保护到预防性保护的转变①。

（五）拓展革命文物阐释研究

创建国家革命文物协同研究中心，举办"井冈山论坛"，打造革命文物保护利用高端智库、革命文化学术交流重要平台和具有全国影响力、知名度的协同研究高地。组织开展省级革命文物协同研究中心申报创建工作，开展红色标语类革命文物专项调查。创建全国红色基因传承研究中心，推动革命文物阐释、红色基因传承理论研究。2023 年 3 月 15 日，由中宣部指导、江西省委宣传部等 7 家单位共建，在北京成立全国红色基因传承研究中心（以下简称"红研中心"），该中心成立后，迅速通过举办学术活动、发布重大研究课题，取得许多高质量研究成果，成为全国红色基因传承研究的重

---

① 罗卫国、何小文：《守护红色根脉 传承红色基因》，《中国文物报》2022 年 12 月 6 日。

要平台。为增强红研中心科研能力，江西省新增 800 万元支持红研中心高质量发展建设。红研中心向着打造中国共产党人精神谱系研究高地、海内外红色文化学术交流重要平台、红色文化资源开发利用高端智库、红色资源共建共享数据中心的目标[1]进发，实现了红色基因传承研究、理论阐释研究良好开局。

---

[1] 邹沛：《在红色基因传承研究上走前列》，《江西日报》2023 年 3 月 25 日。

B.15
福建省红色旅游发展报告

查瑞波　谢　楚　任柯颖*

摘　要： 本报告在党的二十大开局之年对福建省红色旅游发展的态势、重要特征、主要成就、突出问题以及发展的亮点、痛点做了研究分析。并在最后重点探讨了福建省红色旅游与"福"文化融合中以品牌建设推动产业发展、以大数据提供信息支撑、以高质量融合构建红旅新格局的发展趋势，提出了"融合发展，不失底色""区域协调，山海协作""内外组合，吸引人才""增收致富，共同富裕"四大发展对策建议。

关键词： 红色旅游发展　福建省　"福"文化

一　福建省红色旅游发展的态势和重要特征

（一）发展态势

1.红色旅游产业持续回暖

2022年，我国旅游业持续回暖，红色文化旅游缓慢升温。从需求端看，随着我国居民对红色旅游接受度和需求提高，红色旅游市场受众占比40%

---

* 查瑞波，福建师范大学文化旅游与公共管理学院、智慧旅游福建省高校重点实验室副教授，硕士研究生导师，研究方向为旅游地理与区域可持续发展；谢楚，福建师范大学文化旅游与公共管理学院硕士研究生，研究方向为旅游地理与区域可持续发展；任柯颖，福建师范大学文化旅游与公共管理学院硕士研究生，研究方向为旅游地理与区域可持续发展。

以上，我国消费均价快速增长。红色旅游行业统计数据显示，2022年我国红色旅游行业消费均价达1903元，较2021年增长47.86%[①]。红色旅游既是时代的需要，也是深耕国内旅游市场的需要。

2022年福建省累计接待入境游客达48.26万人次，对比前一年下降25.9%，旅游总收入4327.70亿元，较上年下降11.6%。[②] 国内游客占比较大，累计39146.8万人次，同比下降3.8%，收入为4306.54亿元，同比下降11.4%；国际旅游收入3.14亿美元，同比下降36.2%。福建省文旅厅数据显示，福建省于2023年第一季度累计接待旅客11079.58万人次，同比增长25.8%；旅游总收入1322.8亿元，同比增长42.9%。

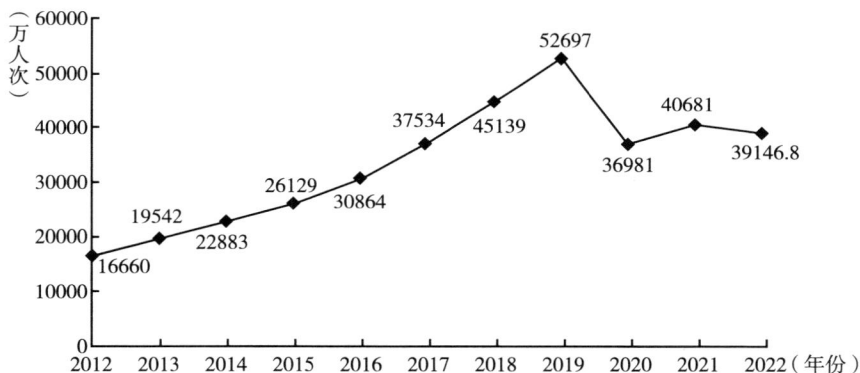

图1　2012~2022年福建省接待国内旅游人数

资料来源：《福建统计年鉴》，福建省文旅厅。

全省假日文旅消费持续火爆。马蜂窝发布的数据显示，福建省位列"五一"假期热门省份第五，2023年"五一"假期福建省总计接待游客超2600万人次，实现旅游收入195.67亿元[③]。2023年端午假期接待游客总数

---

① 《2023年红色旅游行业数据统计》，中国报告大厅，2023年2月9日，https：//m. chinabgao. com/k/260964hongselvyou/67016. html。

② 《2022年福建省国民经济和社会发展统计公报》，福建省人民政府，2022年4月13日，http：//xxzx. fj. gov. cn/jjxx/tjxx/202303/t20230313_6130081. htm。

③ 《福建省2023年"五一"假日文旅市场情况》，福建省文化和旅游厅，2023年5月3日，https：//wlt. fujian. gov. cn/wldt/btdt/202305/t20230503_6161944. htm。

达 621 万人次，旅游收入 43.39 亿元。省内有监测数据的 4A 级及以上重点景区假期前两天接待游客已超 90 万人次，较上年同期增加 53.7%。2022 年国庆期间，福建省革命历史纪念馆特别推出了国庆红色文化周系列活动，举办了"闽山闽水物华新——迎接党的二十大主题成就展"，吸引了众多观众通过图片、视频和互动体验，感受十年来福建巨变，累计接待量两万余人次。

2. 红色文化与旅游融合发展潜力巨大

红色文化与旅游融合发展受到国家层面的高度重视，2021 年，习近平同志在福建考察时指出："福建是革命老区，党史事件多、红色资源多、革命先辈多。"① 已有统计数据显示，福建省共有 69 个革命老区，1657 处不可移动的红色文物以及 142581 件可移动的红色文物，2683 处红色遗迹，在全国也是位居前列。

福建省认真贯彻实施《福建省红色旅游发展规划（2018-2022 年）》，坚持以习近平新时代中国特色社会主义思想为指导，高度重视红色文化遗产资源的保护，积极推动革命遗产与旅游的深度融合，打造福建省红色旅游的品牌形象，力争把红色旅游发展成为福建旅游的重点产业，带动革命老区依托红色旅游资源开展资源性保护，振兴乡村，以红色旅游资源助力福建省旅游经济的发展。福建省文化和旅游厅的成立加速了福建文旅融合的进程，提升了文旅产业协调发展的综合能力，红色旅游高潮迭起②。

福建省红色文化旅游资源影响力大，具有重要地位，作为"重点红色旅游景区"湘赣闽红色旅游区的组成部分，福建省开发的"清新福建·脱贫攻坚""闽西苏区·红色福建""福建发展·晋江经验"3 条精品线路入选"建党百年红色旅游百条精品线路"。红色景区热度持续上升，福建省更是红色旅游大省，旅游消费潜力空间巨大。

3. 红色旅游发展政策扶持力度大

福建省以红色文化遗产资源数量庞大位居全国前列，为加强对红色文化

---

① 《发挥好党史事件多红色资源多革命先辈多的独特优势》，《学习时报》2022 年 2 月 18 日。
② 郑国诜、戴腾荣：《提升市域红色旅游产业发展水平研究：以龙岩市为例》，《龙岩学院学报》2018 年第 1 期，第 38~44 页。

遗存的保护、开发和利用，福建省设立相关法案保护省内红色资源。此外，《福建省"十四五"老区苏区振兴发展专项规划》依据《福建省促进革命老区发展条例》《福建省国民经济和社会发展第十四个五年规划和二〇三五年远景目标纲要》科学谋划苏区振兴发展新路，这一纲要明确提出，2025 年福建省老区苏区脱贫攻坚成果全面巩固拓展，红色文化影响力提升，民生福祉保障力增强。

2023 年福建省文旅经济发展大会于 4 月 18 日举行。文旅经济发展大会是福建"文旅盛宴"的出发点，如何以点串线，以线拓面，全方位激励文旅经济高质量发展是最终目的。会议期间出台的《新形势下促进文旅经济高质量发展激励措施》，是继 2022 年《福建省推进文旅经济高质量发展行动计划（2022—2025 年）》之后，出台的又一重要文件，在注重全方位政策性扶持的同时，注重政策创新，顺应文旅消费发展新趋势，呼应基层诉求。

（二）重要特征

1. 文旅融合走深走实

福建省文化和旅游厅持续推动红色旅游、乡村旅游发展，促进文旅融合、农旅融合发展。开展以"红色+"为主题的文旅活动，推广"红色+"精品旅游线路，通过开展红色旅游宣传"红旗不倒"老区苏区精神，讲好红色故事。

龙岩市组织策划独具特色的红色、生态、客家旅游精品线路，大力发展全域旅游，重点打造"百里红色朝圣之旅、四大品牌精华之旅、研学培训经典线路、客家风情体验之旅、生态休闲养生之旅"等精品旅游路线，切实把红色、客家、生态资源优势转化为产业发展优势；同时凸显红色旅游品牌，丰富"红色+"形式，持续提升古田会议影响力，将红色旅游形象推广运用到龙岩市红色旅游宣传、商品体系中，有效传达红色文化形象，举办各种"红色+旅游+"活动，累计接待游客超 700 万人次，实现旅游收入超百亿元。

2. 区域联动日益紧密

福建省内推出多条红色旅游精品线路。对省外，注重与一些红色旅游较为成熟的地区协同合作。"沪明合作"正在上海和福建省三明市两地火热展开，其中三明市的宁化县是中央红军长征四个出发地之一，宁化具有红色文化和客家文化两大优势，上海市嘉定区正根据宁化需求，积极搭建宁化与同济大学等不可移动文物修复专业机构交流平台，并依托嘉定先进的声光电、多媒体等现代展陈技术，通过大馆带小馆，让宁化红色文化资源"动静结合"，帮助宁化提升红色文化展陈效果。

3. 红色旅游多元化发展

福建省积极鼓励并支持各地区举办多样化的红色文化活动，以增强红色景区吸引力，促进红色旅游的发展。近五年来，福建龙岩中央苏区（闽西）历史博物馆举办红色文化主题展览国家级 5 场次、省级 3 场次以及市级 80 余场次，展览聚焦于文物保护和红色资源研究。

红色文旅融合涉及多个部门，协调难度大，信息共享不足。然而，现代技术可以有效地解决这些问题，促进旅游与文化的有机融合。现在很多红色景区利用现代科技如 VR 等，开发红色文化的衍生产品，可以增加线上推广，同时也可以增加旅游互动性体验，将红色文化遗产具象化，很好地拓展了消费人群，带动了产业发展。为了让游客更好地体验红色文化，泰宁市推出了革命遗产展区、红色文化展厅、红色文化休闲区。泰宁通过文献记录和影像阐释来表达历史，以文物作为历史证据，通过沉浸式体验互动等方式，每年吸引超 20 万游客，进一步弘扬红色文化。同时，福建省重点投资开发可移动文物数字化保护措施，进行文物三维数据采集并建立了文物综合管理平台，为红色资源展览注入新鲜血液，使其更加多元化。

二 福建省红色旅游发展的主要成就和突出问题

（一）主要成就

1. 红色旅游带动经济发展

福建省红色旅游蓬勃发展，实现了弘扬红色文化和提升经济效益的"双丰收"。省文旅厅提供的数据显示，2022 年福建省接待旅游总人次同比增长 25.8%，其中过夜游客总人次增长 34.8%，表明餐饮、住宿、出行的需求量增加，游客消费的概率增加。因此红色旅游的复苏会带动餐饮业、商业等多个行业经济的发展，并增加更多的就业机会，如民宿、包车等服务。因此，拥有红色资源的地区都加强了对红色文化的再利用和再创作，并结合历史文化名城名镇名村，组织专业团队策划，集聚开发，谋划和打造特色红色项目。

八闽大地依托红色资源促进了经济发展和乡村振兴。1934 年 9 月 30 日，红九军团在长汀县中复村迈出了长征的第一步，该村因此有"红军长征第一村"之称。近年来，中复村依托自身的特色农产品百香果、槟榔芋、米粉等发展特色农业，还将观寿公祠、红军风雨桥、松毛岭战斗纪念碑等红色旧址与 VR 等技术结合，丰富红色旅游的形式与内容。中复村不仅实现了"红色+绿色"发展，直播电商也如雨后春笋般涌现。村里的红军街上处处可见直播电商销售的火热场景，直播电商的发展使得中复村拥有县里规模最大的农村互联网创业孵化基地。在中复村，平均每日接待游客上千人次，为村里每年带来上千万元的旅游收入。同时长汀作为原中央苏区经济中心、红色邮政发源地，已经开发《成功从这里开始——龙岩》邮票珍藏册等，带动老百姓增收致富；上杭县古田镇大力发展红色旅游、培训、研学"三红"产业，旅游综合收入突破 60 亿元①。

2. 红色旅游资源开发多元化

2023 年 2 月 24 日，在上海·三明第一次对口合作联席会议上，上海市文旅局与福建省三明市文旅局签订《文化旅游领域对口合作协议》，双方将优势互补、合作共赢，充分发挥沪明两地文旅特别是红色旅游、传统文化、乡村休闲、非遗体验等资源优势，通过开展品牌共建、项目共推、市场共享等方式，推动两地文旅资源、产品和服务全面对接，探索沪明文旅领域对口合作发展模式，共同促进区域文旅合作迈上新台阶。2023 年 3 月 30 日至 5

---

① 《福建龙岩：红色文旅带动增收致富》，台海网，2022 年 4 月 19 日，https：//baijiahao. baidu. com/s？id＝1730524890630472557&wfr＝spider&for＝pc。

月7日，由福建省文化和旅游厅、福建省文物局、中央数字电视书画频道共同主办，福建博物院、建瓯市博物馆承办的"踔厉奋发　勇毅前行——积翠园红色经典书画展"在福建博物院展开，活动通过书画作品缅怀革命先烈，让红色书画展现英烈革命信念，让红色场景传递历史荣光，让红色基因代代传承。

3.红色文化影响力不断提升

中共福建省委办公厅、福建省人民政府办公厅印发的《新形势下促进文旅经济高质量发展激励措施》明确指出支持红色旅游发展，鼓励各地加强红色资源挖掘和提升，创新红色旅游融合发展模式。红色资源作为一种不可再生资源，对其实施保护成为红色旅游发展的首要任务。红色资源是红色旅游发展的物质基础与精神源泉。福建省委领导全面部署红色遗存保护工作，将革命文物工作会开到了县级。2022年11月24日，《福建省红色文化遗存保护条例》的施行为红色遗存保护带来了扎实的法治保障。

近年来，福建省委宣传部以发生在福建的红色故事为蓝本，制作了多部影视作品，再现了福建省的光辉革命历程。2023年3月，《福建文物地标故事》系列短视频上线了。该专题由《闽西红色文化系列微视频》《无名英雄蔡威》《福建海丝文化故事》组成，不仅有红色文化故事，还有海丝文化故事。专题通过纪录片形式将系统性的红色故事科普给大众，将福建红色文化品牌以更接地气、易传播的方式展现，让受众领略了福建红色文化独有的历史质感。

福建省以良好的水、大气、生态环境质量与极高的森林覆盖率赢得"清新福建"的美誉。凭借此优势，福建在全省实现市市通动车、县县通高速后打出"全福游，有全福"的标语。作为唯一名称中有"福"字的省份，福建省将红色旅游融入"福文化"旅游品牌，充分发挥自身文化特色，推动福建由文化大省向文化强省跨越。

（二）突出问题

1.参与主体协同不足

红色旅游的发展需要多元主体协同参与。各利益相关主体也应积极参与，为红色旅游提供一个坚实的支持体系。福建省红色旅游的开发与规划还是以政府为主导，政府各部门采取相关措施促进红色旅游发展，但各部门间协调程度有所欠缺，存在部分部门"各司其职"的现象。加之红色旅游发展投入资金大、回本慢，大部分资金投入是由政府支出，市场与公众对红色旅游的发展还不够重视[1]。

2. 红色资源同质化问题突出，缺乏创新

红色旅游产品同质化现象严重、红色旅游产品类型单一，大大降低了红色旅游的竞争力。福建省红色旅游产品特色不鲜明，存在"见物不见思想和精神"的问题[2]。福建省红色旅游资源丰富，"福文化"品牌建设卓有成效。如何在同质化的红色旅游市场中发挥自身特色脱颖而出是亟待解决的问题。

3. 资源整合机制不完善

福建省各红色旅游景区之间距离较远，红色旅游资源整合难度较大，需要从点到线连成面带动红色旅游连片开发。目前，福建省红色旅游各区域之间合作机制不够完善、各产业与红色旅游之间没有产生深入链接、红色旅游产品对区域相关产业的带动作用不够显著，缺乏实际有效的推广措施手段。福建省各地区均积极开发红色文化旅游目的地，但红色旅游整体融合程度不深。

三 福建省红色旅游发展的亮点和痛点

（一）发展亮点

1. 红色老区示范性强

作为原中央苏区所在地，福建省红色资源富集，红色历史厚重，红色旅

---

[1] 鸿畔、凯钟：《让红色旅游更加深入人心：全国红色旅游情况调研报告》，《思想政治工作研究》2016 年第 8 期，第 35~38 页。

[2] 鸿畔、凯钟：《让红色旅游更加深入人心：全国红色旅游情况调研报告》，《思想政治工作研究》2016 年第 8 期，第 35~38 页。

游景区集聚效应、带动效果明显。2022 年 12 月，文化和旅游部发布了 10 家红色旅游融合发展试点单位，福建省龙岩市上杭县古田镇榜上有名。近年来，古田镇以"古田会议"为依托，深挖其中的重要内涵，把古田打造成让游客全方位了解思想建党、政治建军的红色 5A 级旅游景区。古田一边活化当地红旅资源，创造了红旅新文创，一边与时俱进构建红旅元宇宙"红色星球"。同时，古田镇还通过与龙岩市"七景区"、古田梅花山 4A 级旅游景区等特色资源结合，创建红色旅游生态经济圈。不仅打造了拥有体验式教学模式和红色情景教育模式的红色教育基地，更是推进了其地质研学、自然教育基地和古田（吴地）红军小镇、苏家坡民俗小镇等乡村旅游的发展。如今的古田不仅仅是红色圣地，更是红色地标。

2. "福"文化独树一帜

"福"文化作为中国民俗文化，其历史源远流长。中国自古就有崇福、祈福、盼福、祝福的传统，使得"福"文化成为模因（meme）一直流传至今①。福建省的福文化资源，独树一帜，福建省从建筑、饮食、非遗、人文等各方面构筑了其独特的"人间福地"②。自唐代起福建就以"福"命名，是中国唯一一个名称里带"福"字的省份。福建先民早在远古时期就在海边改善其居住环境以追求更好的幸福生活，可见福建"福"文化历史悠久。作为八闽文化的精神内核，"福"文化从方方面面深刻影响着福建文化③。此外，作为中央苏区、革命老区，福建省红色历史悠久，底蕴深厚。古田会议旧址、马尾船政旧址、才溪乡调查旧址、长汀红色旧址群等无一不在彰显那段辉煌的红色历史。福建省红色文化也深受"福"文化影响，共产党人"为人民谋幸福"的追求成为其最深刻的内涵。

福建省政府高度重视"福"文化资源，围绕着"福"文化品牌建设大

---

① 郭卫平：《文化进化的模因论对中华福文化的阐释》，《重庆工学院学报》（社会科学版）2007 年第 127 期，第 130~132+140 页。

② 陈蕾：《促进"福"文化资源开发，提升福建文旅影响力》，《学术评论》2022 年第 66 期，第 32~36 页。

③ 杜蒙蒙、王娟：《闽地福文化影响下的传统民居建筑研究》，《雕塑》2023 年第 153 期，第 80~81 页。

力实施"福"文化传承发展工程。2023年春节，在节日浓重的氛围中福建省各地博物馆围绕"福"文化开展了主题活动。2023年1月6日，首届福建"福"文化嘉年华在福建省福州市拉开帷幕，以"嘉年华"的形式为游客们带来了生动丰富的"福"文化体验。同日，福文化博物馆在全国首个"福"文化主题街区——福州市台江区苍霞街道正式开馆。活动期间吸引了超百万人次参与，带动了上千万元的交易额。亘古通今，福建"福"文化串联着福建省的历史、现在并为其未来赋能。

3. "红色交通"血脉相传

福建省的中央红色交通线被誉为"中华苏维埃共和国的血脉"，是土地革命战争时期党中央在上海与中央苏区之间联络的重要枢纽。红色交通线带动了周边站点的全域旅游发展，龙岩市永定区金砂镇西田村作为红色交通线的重要站点就是其中典型的例子。2019年10月，永定区投资1.6亿元左右建设省重点项目金砂红色小镇。通过红色交通线与乡村旅游的结合，2023年"五一"假期首日游客就突破3000人次，红色旅游收入超过10万元。同时红色交通的"血脉"在福建不断传承，在新时代也有不一样的表现形式。2022年9月福建交通宣告实现了"市通高铁、县通高速、镇通干线、村通客车"的目标。2022年10月，《福建省综合立体交通网规划纲要》出台，规划到2035年建成交通强国福建先行区。自2020年至2022年，福建公路水路投资连续三年突破1000亿元。2022年5月26日，福州"红旅专线"结合红色元素和"福"文化打造"党旗飘扬，福地同辉"的主题，通过3D全息投影、智能设备、定制车票等服务为游客提供沉浸式的红色旅游体验。

4. "清新福建"卓有成效

2022年福建省水、大气、生态环境质量优良并保持全国领先，全省森林覆盖率65.12%，连续44年保持全国首位。2023年1~5月，省内城市主要流域Ⅰ~Ⅲ类水质比例与空气质量优良天数比例均超97%。"山海画廊"成为福建发展最基础的资源，"清新福建"成为福建发展最亮眼的色彩。通过闽地的好山好水好风光，为大家搭建清新宜人的舒适"场景"。"场景+福文化"则为输出"闽山闽水"的"物"与"华"提供了丰富的内容与形式，串联起福建红旅的好风光、好故事。

（二）发展痛点

1."红旅融合"深度不足

"清新福建"与"福"文化品牌建设卓有成效，"红+绿+福"成为诸多景点红旅发展的基本格局，但在当地"人文"上挖掘不深，导致"红旅融合"深度不足。"红旅融合"对于红色旅游产品开发有着更高的要求，不是简单的产品与产品叠加、业态与业态合作，而是更加看重其融合深度与效果。"红旅融合"需要"融"得自然、"合"得协调。

2.区域协同治理不足

区域协调是促进红色旅游行稳致远的关键。由于福建"八山一水一分田"的地形地貌与各区经济发展水平的差异，福建省九市之间协同不足，缺乏主线引领。在"权力边界"和"目标差异"之间，各区域之间大多是"块"协同，欠缺"条块"协同①。

3.红旅资源辐射面不广

以闽西为例，上杭县处于闽西红旅资源的高度集聚区。由上杭县依次向外辐射周边地区，形成了不均衡的红旅发展格局。在"一核心多节点"的闽西红旅资源分布格局上，以上杭县为中心点，调动长汀县、新罗区次级中心点的三点联合辐射发力不足，影响有限，导致闽西各红旅资源耦合度高，协调度低。

4.专业人才缺失

2022年文化和旅游部网站公布了2021年全国红色旅游五好讲解员培养项目入选讲解员名单，全国共100人，福建省福州市、永安市各一人入选，龙岩市两人入选，共四人入选。福建省旅游人才培养质量与当前的文旅产业

---

① 刘冰：《"跨省通办"中数据共享的新挑战及协同治理策略》，《电子政务》2022年第230期，第88~96页。

发展需求之间还存在一定的差距。旅游人才培养过程中欠缺高层次师资力量，旅游专业学生的培养在信息化、专业化等方面还需加强[①]。

四 福建省红色旅游与"福"文化融合发展趋势与对策建议

（一）红色旅游与"福"文化融合发展趋势

1. 以品牌建设推动产业发展

"清新福建"、"福"文化等品牌建设是系统工程，福建省多年来一直在坚持品牌建设，以此输出新的生活方式。"山水画廊，人间福地"正是"清新福建"、"福"文化的现实表达，它们传递着福建"入目皆山水，内涵福文化"的含义。"福"文化作为品牌建设中的核心要素在产业发展中起着关键作用。"福"文化包含着妈祖文化的"祈福"、俗语"福地福人居"中对幸福美好生活的向往、漳州木版年画"簪花·晋爵"中对功名利禄的追求……"福"文化在新时代还具有更加新的内涵，从最初对物质力量的追求转变为对个人品德的追求、对家庭和美的追求、对"清新福建""绿水青山就是金山银山"与自然和谐相处的追求、对精神文化的追求。丰富"福"文化内涵，充分开展福装福鞋定制体验、"全福游"讲解、"福"文化数字藏品等活动，带动红色旅游相关产业兴旺发展。围绕着"福"文化，福建省向世界推介其青山绿水、古厝新城、茗茶海鲜、非遗文创……充分展示着其文化内涵。

2. 以大数据提供信息支撑

提韧性是近年来的热点主题，用大数据采集、分析、研判信息是提升城市韧性的关键。2022年8月，福建省文旅厅与福建师范大学联合研发福建

---

① 周富广：《福建省高职院校旅游类专业高质量发展探析：基于旅游人才需求新变化视角》，《漳州职业技术学院学报》2021年第23期，第61~67页。

省文化和旅游资源信息系统，实现了"用数据决策、数据服务、数据创新"的信息数字化与管理数字化的新尝试。从 2023 年 3 月 7 日起，福建省新版《智慧景区等级划分与标准评定标准》开始实施。此次评定景区范围扩大到各类旅游景区，并增加了对物联网设施、大数据应用等方面的要求。景区智慧化、信息化是红旅资源发展的大势所趋，大数据在其中有利于提升福建省红旅发展的信息化水平，为红旅发展提供有力的信息支撑。

3. 以高质量融合构建红旅新格局

为促进旅游产业回暖复苏，福建奋力开创文旅融合发展新格局。2023 年 5 月，中共福建省委办公厅发布《新形势下促进文旅经济高质量发展激励措施》，鼓励文旅融合发展。该措施鼓励文旅融合产品开发、奖励创作文旅精品、支持"文旅"融合发展、扶持地方特色 IP，在用好用足激励措施的基础上促进文旅经济高质量发展。红色旅游与"福"文化融合发展过程中，高质量融合发展是融合的最终目的，通过融合发展最终实现红色旅游高质量发展。

（二）对策建议

1. 融合发展，不失底色

红旅融合是红色旅游高质量发展的大势所趋。在保持红色文化内涵的同时，"红色旅游+各种业态"融合发展正成为红旅发展的强大动力。福建省三明市宁化县依托"红色文化+客家文化"打响旅游品牌，不仅吸引着大陆与台湾的游客，还有不少海外华人被吸引而来。2022 年宁化县举办红色教育培训班 144 期，培训客家小吃学员 1200 人，新增小吃店超 400 家，小吃全行业营业额达 76 亿元。福建省福州市闽清县伴岭村通过"红色旅游+乡村旅游+研学"将其红色文化和万亩橘橙园推广出去。2022 年，伴岭村游客超 10000 人次，实现经营性收入 12 万元，实现了村集体增收致富，展现了美丽的"红橙"风光。

2. 区域协调，山海协作

区域协调是共同富裕的必然要求，区域协调发展战略是福建红旅发展的必由之路。首先要传承习近平总书记在福建工作期间提出的山海协作的重要理念和实践，强化以海带山、以富带穷、山海协作、共谋发展的观念，保护青山绿水蓝海，以提升福建省区域协调发展水平。地理位置好、发展情况优的沿海地区以"红色+蓝色"率先发展，再带动、辐射周围及内陆地区，促进红旅产业梯度发展。其次要促进闽东北、闽西南两大协同发展区良性互动，针对区域发展不平衡不充分的地区要增强其红旅发展的协调性。各地区各部门要以"一盘棋"的思想绘制一张红旅发展蓝图。

3. 内外组合，吸引人才

发展的关键在"人"。在中国式现代化的肥沃土壤上，人才是关键性的种子，需要充分挖掘其潜力、能力、创造力，在红色旅游发展、绿色乡村振兴的背景下结出丰厚硕果。首先要明确红旅高层次人才需求，分类制定引进政策，强化人才保障。人才培养要"外引进、内培育"，向外吸引人才，向内培育人才。向外"柔性引才"。"柔性引才"是指可以在发达地区设置交流服务中心，人才不需要到山区老区也能在红色旅游产业中建言献策、发光发热。向内加强对旅游人才的立体化培养，以红色精神为核心，以现实需求为出发点，培育英才。

4. 增收致富，共同富裕

红色旅游产业需要担当起共同富裕的责任，发展要带来实际意义的增收致富，共同富裕是其中重要的衡量指标。中国式现代化是全体人民共同富裕的现代化，红色旅游现代化发展过程中需要展现福建智慧、福建作为，不断实现福建人民对美好生活的向往。福建上杭县才溪镇溪北村正在探索共同富裕新路径，打造共同富裕先行示范区试点。才溪乡是著名的红色老区，1930~1933年毛泽东三次深入才溪乡开展调查，总结才溪乡的经验，写下了《才溪乡调查》。"干革命走前头、搞生产争上游"是中央苏区传承已久的传统。才溪乡不仅大力发展脐橙产业、智慧农业、红色旅游，还联动周边县市与各种产业，充分利用其文化、农业、旅游做共同富裕路上的"领头羊"。2022年，才溪乡带动相关产业收入超过7000万元，村集体收入从过去的不足5万元提升到100万元。立足当下放眼未来，福建红色旅游发展拥有自己独具特色的发力点。不断探索，福建红旅发展的巨轮一定可以锚定增收致富的航向，驶向共同富裕的目标。

B.16
辽宁省红色旅游发展报告

吴荻 李展*

摘　要： 红色旅游作为我国一种独特的旅游活动，通过红色历史、红色人物与事迹的呈现，弘扬民族精神，激发旅游者的家国情怀，其发展具有积极而深远的意义。辽宁省作为我国东北地区革命历史最悠久的省份之一，具有丰富且独特的红色旅游资源。本报告通过对辽宁红色旅游资源现状和发展水平的分析，从辽宁红色旅游资源规模、辽宁红色旅游产品供给体系、辽宁红色旅游的综合效益三方面阐述了辽宁红色旅游资源的总体水平。在此基础上，分析了辽宁省红色旅游的发展现状，最后从红色资源开发、景区综合服务、媒体推广宣传以及整合联动发展四方面提出了辽宁红色旅游的发展策略。

关键词： 红色旅游　辽宁省　提质升级

一　辽宁省红色旅游资源概况

辽宁省是我国抗日战争起始地、解放战争转折地、新中国国歌素材地、抗美援朝出征地、共和国工业奠基地和雷锋精神发祥地，拥有辽东抗联片区等抗日战争遗址，其红色旅游资源具有类型多样、特色鲜明、价值品位高和社会影响大等突出特点。目前，全省共拥有含红色旅游资

---

* 吴荻，辽宁师范大学管理学院教授、硕士生导师，研究方向为乡村旅游、红色旅游；李展，辽宁师范大学管理学院硕士研究生，研究方向为乡村旅游、红色旅游。

源的 A 级景区 34 家，其中 4A 级景区 12 家，3A 级及以下景区 22 家，红色印记在时间上涵盖了从中国共产党在辽宁省建立党组织，到抗日战争胜利、解放战争胜利，再到社会主义建设、改革开放的各个阶段，记录下了中国革命发展的历程。在红色旅游资源的种类上，既有革命事件活动遗址、名人故居、老区根据地等遗址类景观，也有陵园、纪念馆、墓祠、博物馆等纪念场所类景观。总体而言，辽宁红色旅游资源不仅数量众多，种类丰富，分布广泛，而且具有较高的历史资料价值、教育价值，以及深厚的红色文化底蕴。

（一）辽宁省红色旅游资源现状

在近现代中华民族探索民族救亡、民族解放和民族复兴的进程中，辽宁地区逐步积累形成了弥足珍贵、价值巨大的红色文化和旅游资源。据 2021 年 3 月《辽宁省革命文物名录》记载，在辽宁省的 48 个县（市）中，总共有 782 处红色文化遗迹，不可移动革命文物 650 处，其中国家级文物保护单位 10 处，省级文物保护单位 82 处；全省革命类博物馆（纪念馆）19 家，收藏可移动革命文物 10818 件（套）。[①] 已建设开发的红色旅游景点（区）超过 260 处，其中包括 12 个全国红色旅游经典景区（见表 1）。[②] 最具代表性的 100 多处红色旅游景点中的绝大多数建立了纪念馆、纪念园林、博览园、纪念碑和主题雕塑，以及供人们接受爱国主义和革命传统教育的纪念设施。这些红色旅游景区是国内红色文化遗址相对丰富且发展较早的地区，其中很多红色景区自 20 世纪中叶以来，已经成为游客们参观和学习的重要旅游地。

[①] 田国伟：《依托辽宁省红色旅游资源开展大学生党史学习教育研究》，《沈阳干部学刊》2022 年第 24 期，第 49~51 页。

[②] 崔燕、崔银河：《红色旅游资源的深度挖掘与传播——以辽宁省红色旅游为例》，《社会科学家》2022 年第 7 期，第 53~58 页。

表 1　辽宁省 12 个全国红色旅游经典景区名单

序号	红色旅游经典景区
1	沈阳市红色旅游系列景区（"九·一八"历史博物馆、抗美援朝烈士陵园、中共满洲省委旧址纪念馆）
2	抚顺市红色旅游系列景区（抚顺平顶山惨案遗址纪念馆、抚顺战犯管理所旧址陈列馆）
3	丹东市抗美援朝纪念馆、鸭绿江断桥景区
4	锦州市红色旅游系列景区（辽沈战役纪念馆、黑山阻击战纪念馆）
5	葫芦岛市塔山阻击战纪念馆
6	大连市关向应故居纪念馆
7	抚顺市雷锋纪念馆
8	朝阳市赵尚志纪念馆
9	本溪市东北抗联史实陈列馆
10	东北老工业基地转型发展系列景区（本溪市本溪湖中国近代煤矿工业遗址园、阜新市海州露天矿国家矿山公园、抚顺煤矿陈列馆）
11	沈阳"二战"盟军战俘营旧址陈列馆
12	阜新"万人坑"死难矿工纪念馆

资料来源：辽宁省文化和旅游厅官网。

（二）辽宁省红色旅游资源发展水平

根据文旅中国大数据资源库构建的全国红色旅游经典景区数字地图，辽宁省以 12 个红色旅游经典景区位列全国第九名。《中国红色旅游消费大数据报告（2021）》统计数据显示，同比 2020 年，2021 年辽宁省"红色旅游"搜索热度涨幅 130%，位列"红色旅游"热度飙升省份第八名；丹东市振兴区"红色旅游"搜索热度涨幅 255%；"九·一八"历史博物馆和旅顺日俄监狱旧址博物馆分别位列 2021 年全国"红色+研学"热门博物馆第三名和第六名；辽宁省小城旅顺纯玩一日游和探寻历史遗迹感受军旅文化大连旅顺一日游入选 2021"红色旅游"热门线路前十名。抗美援朝纪念馆热度较上年同期暴涨 133%，鸭绿江断桥同比上涨 59%。

表2　辽宁省5条国家级红色旅游精品线路

线路	线路名称	线路内容
1	"不忘国耻·英勇抗战"线路	沈阳市"九·一八"历史博物馆—抚顺市三块石革命文物片区—本溪市本溪县东北抗联史实陈列馆—本溪市抗联第一路军西征会议遗址—本溪市桓仁县东北抗日义勇军纪念馆
2	"辽沈枪声·解放号角"线路	沈阳市秀水河子战役纪念馆—锦州市辽沈战役纪念馆—解放锦州烈士陵园—锦州凌海市牤牛屯村(辽沈战役东北野战军锦州前线指挥所所在地)—葫芦岛市塔山阻击战纪念馆—锦州市黑山阻击战纪念馆
3	"抗美援朝·保家卫国"线路	沈阳市抗美援朝烈士陵园—丹东市抗美援朝纪念馆—丹东市鸭绿江断桥景区—丹东市中国人民志愿军空军青椅山机场旧址—吉林省集安市鸭绿江国境铁路大桥
4	"共和国工业长子·新时代工业"线路	沈阳市沈飞航空博览园—沈阳市中国工业博物馆—沈阳铁路陈列馆—沈阳机床展览馆—抚顺市雷锋纪念馆—本溪钢铁集团—鞍山钢铁集团—鞍山市鞍钢化工总厂雷锋纪念馆—大连现代轨道交通有限公司电车工厂—大连船舶重工集团
5	"兴边富民·辽吉风光"线路	辽宁省丹东市天华山森林公园—丹东凤城市大梨树村—丹东东港市獐岛村—通化市集安市太王镇钱湾村—吉林省延边朝鲜族自治州敦化雁鸣湖小山村—延边朝鲜族自治州汪清县大兴沟镇红日村—延边朝鲜族自治州和龙市东城镇光东村—延边朝鲜族自治州珲春市敬信镇防川村

资料来源：辽宁文化和旅游厅官网。

21世纪以来，按照党中央、国务院关于发展红色旅游业的整体部署，在省委、省政府的正确领导下，广大群众积极参与，使辽宁省红色旅游产业得到了快速的发展，已经成为辽宁文化旅游产业发展的主攻方向，各类红色旅游业态已经成为推动辽宁经济发展的重要力量。辽宁省拥有独具地域特色和影响优势的红色旅游资源，作为"抗日战争起始地、解放战争转折地、新中国国歌素材地、抗美援朝出征地、共和国工业奠基地和雷锋精神发祥地"，未来将通过赋予其鲜明的红色元素和特色，进一步弘扬红色文化，更好地传承红色基因，赓续红色血脉，推动全省乃至全国红色旅游产业的高质量发展。

二 辽宁省红色旅游发展现状

（一）红色旅游资源保护和利用不断加强

自改革开放以来，辽宁省在中央政府和当地政府的支持下，加大了对红色旅游资源的投资与保护，建立起由红色旅游经典景区、重要景点和旅游资源点三层次构成的红色旅游资源保护系统，逐渐形成了一个较为完善的红色旅游资源配置体系。2018~2020 年，国家和省财政共投入革命文物保护专项资金 5500 余万元，立项实施革命文物保护工程项目 25 项，其中全国重点文物保护单位 15 项，省级文物保护单位 10 项。[①] 2019 年，省政府批准编制完成《辽宁省革命文物遗迹保护工程调研报告》和《辽宁省革命文物遗迹保护工程实施计划》，对全省的红色文化资源进行了系统的梳理，将一批有保护价值的革命遗存列入了文物保护单位或文物保护点，以保证革命文物的历史真实性、风貌完整性和文化连续性。2021 年，辽宁省政府投入专项资金，实施了 13 个重点革命文物保护利用项目，以不断加强红色文化核心资源价值的挖掘与阐释。2022 年，通过编制实施《辽宁省红色旅游发展规划（2022—2030 年）》，加快建设红色文化资源的保护和利用体系，如红色文物的保护和利用、红色文化和旅游融合示范区的创建、红色旅游景区的提质升级、红色旅游经典线路的打造等，促进了红色旅游的高质量发展。在不断加强红色文化资源保护利用过程中，辽宁省已核定公布不可移动革命文物 575 处，其中，国家级文物保护单位 10 处、省级文物保护单位 82 处。[②] 全省12 个县区入选国家革命文物保护片区，"六地"具有代表性

---

① 辽宁省文化和旅游厅：《省十三届人大五次会议〈关于推进我省红色文化旅游产业高质量发展的建议〉（第 1476 号建议）的答复》，2021 年 10 月 28 日，https：//whly. ln. gov. cn/whly/zfxxgk/fdzdgknr/jyta/srddbjy/sssjrdwchy2021n/EDF0A74069674C38BAF3578437EA0F58/index. shtml。

② 刘佳华：《辽宁：聚焦"六地"发展红色旅游》，中国红色旅游网，2023 年 3 月 2 日，http：//www. redtourism. com. cn/hstt/content/2023-03/02/content_ 137831. html。

的遗址，已基本建成了纪念馆、纪念园林、博览园、纪念碑，并举行了众多的主题文物展览。

（二）红色旅游产品供给体系不断完善

2022 年，辽宁省共有含红色旅游资源的 A 级旅游景区 34 家，其中 4A 级景区 12 家，3A 级及以下景区 22 家，红色印记涵盖了三个历史时期：革命战争时期、建设创业时期和改革开放时期。① 部分景区开发较为成熟，具有较高知名度和市场影响力，如沈阳市"九·一八"历史博物馆、沈阳市抗美援朝烈士陵园等景区年接待规模均超过百万人次。同时，红色旅游线路供给也不断丰富。2019 年，辽宁省打造了首批 12 条红色旅游重点线路。2020 年 4 月，辽宁省提交的"辽宁抗美援朝红色之旅"和"辽宁重走抗联路精品线路"入选"疫去春来，江山多娇"全国百条精品主题旅游线路。2021 年推出了"巡礼百年"红色旅游经典精品线路，设计出 10 条最具辽宁特色的红色旅游经典线路，主要包括"抗美援朝精神教育之旅"——抗美援朝战争线路，"抗日战争寻始访终之旅"——抗日战争主题线路，"寻踪进行曲唱响的地方"——东北抗联核心力量遗迹遗址群线路，"雷锋精神锻造历程之旅"——传承雷锋精神线路，"红色宣言响彻东北之旅"——党的革命实践线路等。围绕"重温红色历史、传承奋斗精神"，"走近大国重器、感受中国力量"，"体验美丽乡村、助力乡村振兴"三大主题，选出 100 条主题鲜明、特色鲜明的省级红色旅游精品线路。② 2021 年 12 月，被推选的五条建党百年红色精品旅游线路全部入选全国"建党百年红色旅游百条精品线路"。此外，一批红色旅游专用道路、专用停车场、星级厕所等旅游配套设施，以及一批餐饮、住宿、会议、培训等旅游接待设施相继建成，极大地促进了辽宁红色旅游的可持续发展。

---

① 辽宁省文化和旅游厅：《辽宁省红色旅游发展规划（2022—2030 年）》，2022 年 9 月 30 日。
② 辽宁省文化和旅游厅：《省十三届人大六次会议〈关于加大对我省红色文化资源的发掘整合力度的建议〉（第 1025 号建议）的答复》，2022 年 9 月 8 日。

（三）红色旅游综合效益显著增长

2022 年印发的《辽宁省红色旅游发展规划（2022—2030 年）》强调扎实推进辽宁省爱国主义教育基地、博物馆、纪念馆免费开放工作，重点建设 12 处红色旅游经典景区，推进各个城市构建"六地"标志性红色旅游景区。[①] 同时，加强红色文化资源的区域性整合，围绕国家和省重点红色文化遗产，构建出辽宁红色旅游的新格局。通过开展红色主题展览、主题宣讲等活动，不断提高对文物的研究、解读和传播水平，将辽宁的红色故事讲得有声有色。在公共服务设施建设方面，积极引导旅行社、纪念场馆等对红色能量进行深度挖掘、储备、提升，促进了一系列红色旅游景区和革命文物遗址场馆公共服务设施的改进与优化。在红色旅游教育方面，积极加强红色旅游景区与党政机关、企事业单位特别是与中小学校的合作共建，促进了革命传统教育的大众化和常态化。不仅以东北抗联精神、抗美援朝精神、雷锋精神为核心的红色旅游景区影响力与日俱增，中国工业博物馆以及助力乡村振兴的诸多红色旅游村落、红色旅游景点群建设也在蓬勃发展。

三　辽宁红色旅游高质量发展的策略

（一）提高红色资源开发水平，打造"辽字号"红色旅游产品

第一，以红色文化为核心，推动红色旅游产品的研发与生产，开发出一批内容丰富、特色鲜明、符合市场需求的"辽字号"红色旅游产品。在辽宁优质红色旅游资源的基础上，在"六地"建设标志性红色旅游景区，推进各市红色旅游标志地展示项目。第二，全力推动创建 12 个红色旅游经典景点，打造知名红色旅游品牌，力争建成内涵丰富、特色鲜明、有一定规模和服务水平高的红色旅游经典景区，形成全面反映近代以来不同历史时期的

---

① 辽宁省文化和旅游厅：《辽宁省红色旅游发展规划（2022—2030 年）》，2022 年 9 月 30 日。

红色旅游经典景区体系，培育东北抗联、解放战争、抗美援朝、工业遗产、新时代精神教育等"红色"品牌。第三，积极举办辽宁省红色旅游文化节和博览会等，推动红色旅游系列活动开展，如"七一""八一""十一"，以及中国人民抗日战争胜利纪念日、抗美援朝纪念日等。第四，策划一批主题鲜明、社会影响大的红色旅游产品，组织红色旅游线路，创作红色经典文艺作品，营造健康浓厚的红色旅游文化氛围。第五，以系列红色旅游产品为支撑，将全省重点红色旅游景区、红色场馆纳入研学旅游基地名录中，或者将其纳入研学旅游的研究之中。① 通过对红色体验教育和研学旅游活动进行设计，设置不同的研学主题内容，构建出多元、立体、全方位的红色研学旅游产品体系。

（二）完善辽宁红色景区综合服务功能，提高智慧服务能力

第一，逐步推进辽宁经典红色旅游景区服务功能的科技化改造。尝试将科技馆的功能与红色旅游景区有机结合，从灯、影、声、触、感方面全面提高景区科技化水平，使游客能够在体验红色旅游的同时感受科技魅力。第二，推进"综合智慧展馆"建设。充分抓住"数字辽宁"建设契机，提高旅游产品和设备的智能化水平，提升游客的体验感。通过引入智能机器人导览、虚拟场景再现、沉浸式交互系统等对红色旅游展馆进行智能化改建。同时支持数字全息、增强现实（AR）、混合现实（MR）、影像现实（CR）等技术的使用，打造红色线上展馆；开设红色文化 VR 体验厅、革命历史人物厅、红色文化旅游厅、红色文艺展示厅等网络展厅，进行全景式、立体式、延伸式展示，打造红色数字家园，提升服务水平，增强客的参与度和体验感。第三，完善辽宁红色旅游景区的文化功能。不断丰富红色文创产品类型，提升其功能性、艺术性与文化性，增设文化休闲体验区域，将当地的非物质文化遗产进行全方位的展示与呈现。尝试以传统艺术表演，如歌舞剧、话剧、评书、舞台剧、木偶剧等方式展示红色故事，提升游客对红色文化、

① 辽宁省文化和旅游厅：《辽宁省红色旅游发展规划（2022—2030 年）》，2022 年 9 月 30 日。

辽宁文化的认同。第四，推动辽宁省"智慧旅游"平台系统建设，增设红色展陈板块。通过对当地旅游企业网站（含星级酒店、旅行社、景区）的数据进行整合，使其能够将各类旅游产品、价格、交通等实时信息及时传递给游客，提高辽宁红色旅游综合服务水平。第五，强化辽宁红色旅游交通外部基础设施规划，提升干线公路与旅游景区间的通达性。在特殊节假日期间，大力发展辽宁红色旅游专机和专列，打造红色公交和旅游专线，逐步形成辽宁红色旅游的立体交通网。

（三）充分发挥媒体平台优势，加大辽宁红色旅游推广宣传力度

第一，充分发挥主流媒体的社会影响力和舆论导向作用，依托不同级别的各类文化推广与宣传部门，通过刊播红色旅游公益广告、拍摄红色旅游宣传片、推出红色人物群像等方式促进辽宁红色文化的传播。[①] 同时，举全省之力加强深化与各类媒体的合作，创新媒体宣传方式，营造独特的红色旅游体验环境氛围。第二，充分利用微博、微信、网站、短视频等新媒体平台开展红色文化活动的创意设计和宣传推广，促进面向公众的互动性和参与性，提升辽宁红色旅游的影响力、知名度和美誉度。第三，打造辽宁"六地"红色旅游地标，提升辽宁红色文化形象。深入解读辽宁"六地"的历史意义与时代精神，激发公众对历史的缅怀以及对辽宁红色旅游的关注与向往。第四，将辽宁红色旅游与新时代精神相结合，将红色旅游与辽宁省的工业旅游、研学旅游、乡村旅游、演艺活动等有机结合，赋予辽宁"六地"红色旅游地标丰富的内涵与价值，促进辽宁红色旅游资源与不同景区和线路间的相互嵌入，形成"以红促游，以游助红"的发展格局。

（四）加大红色资源整合力度，促进区域联动发展

第一，打造区域范围内的红色主题旅游，通过整合同类型的红色旅游资源，以地方旅游特色为基础，合理规划设计旅游线路，打造"红色+绿色"

---

① 辽宁省文化和旅游厅：《辽宁省红色旅游发展规划（2022—2030年）》，2022年9月30日。

"红色+蓝色""红色+康养""红色+节庆"、"红色+银色"等红色资源整合方式，通过形成城市红色品牌效应，逐步建立跨区域的红色旅游联动机制与效应。同时，以"红色旅游+"的方式，将红色旅游与其他产业相结合。通过对红色文化内涵的充分挖掘，增强红色旅游产品内涵，拓展红色旅游市场广度，创新红色旅游设计，提高红色旅游品质，打造辽宁的"红色"特色。第二，构建红色旅游合作平台，鼓励博物馆与旅行社等企业、机构共同举办专题知识讲座、节事节庆、夏令营以及科普研学活动，探索"以展带会、以会促游"的展览、会议、考察相融合的红色旅游研学模式。第三，将红色旅游与城乡建设、交通建设、环境保护、遗产保护和景观保护工作有效衔接，形成联动开发模式，加强省内红色旅游的整体规划保护、资源利用和策划宣传。第四，将区域资源进行整合，与各地乡村红色文化资源分布相结合，支持开发建设若干主题突出、独具魅力的红色村落。以生态环境资源为基础，推动"红色+绿色+"融合发展，打造红色康体疗养、红色体育休闲胜地，充分利用红色资源与自然资源的叠加效应，将红色主题民宿、红色亲子研学、户外军旅等功能引入其中，推动红色文化与生态文明建设的深度融合。第五，将"红色旅游+"作为核心，促进红色旅游产品的创新，发展复合型、体验型红色旅游产品和业态，推进红色旅游与文化、信息、农业、工业等相关产业的紧密结合，从而达到全省范围内红色文化的深度融合和系统提升，使红色旅游变成推动城市更新、提升城市文化品牌、助力乡村振兴、推动产业结构调整和区域协调发展的一条行之有效的途径。

以"红色+"的方式逐步将辽宁各个城市的红色旅游全面融入当地旅游产业链，依托辽宁"六地"红色旅游地标，开展以此为核心线索的旅游资源融合链条。建立以"九·一八"历史博物馆为核心，中共满洲省委旧址纪念馆、沈阳"二战"盟军战俘营旧址陈列馆、沈阳张氏帅府博物馆等为重点的抗日战争起始地红色旅游线路；打造以锦州辽沈战役纪念馆、葫芦岛塔山阻击战纪念馆、黑山阻击战纪念馆、沈阳秀水河子战役纪念馆等为代表的解放战争转折地红色旅游线路；依据辽宁抗日义勇军军歌、誓词和宣言等素材地，以本溪市和朝阳市为核心，以抚顺市、锦州市、盘锦市等为支撑，依托本溪市东北抗日义勇军纪念馆等，打造"新中国国歌素材地"畅游之旅。"抗美援朝出征地"以丹东鸭绿江断桥景区、抗美援朝纪念馆等为核心，中国人民志愿军空军地下指挥所旧址、青椅山机场旧址、宽甸上河口国门等为支撑，辅以沈阳抗美援朝烈士陵园，打造丹东与沈阳联动的抗美援朝出征地红色之旅。依托沈阳市中国工业博物馆、阜新市海州露天矿国家矿山公园、抚顺市西露天煤矿博物馆、本溪市本溪湖中国近代煤矿工业遗址园、鞍山鞍钢集团博物馆、大连旅顺船坞局旧址、东清铁路机车制造所、大连造船厂、大连港、老铁山灯塔、奉天机器局、国营523厂等，打造"共和国工业奠基地"旅游带。以抚顺市雷锋纪念馆为核心，辅以营口市雷锋文化博物馆，将雷锋在鞍钢、辽阳和铁岭的事迹与研学旅游有机结合，持续推进雷锋学院和研学基地建设，开展常态化深度体验活动，不断丰富雷锋精神发祥地的研学内涵与实地体验。

加强区域合作发展，从市域到省域，从分散到整合，从内容到文化，成立跨区域旅游联合组织。一方面，通过在不同层次区域间开展合作，建立旅游企业间协调沟通机制，打破区域间的藩篱，实现红色旅游资源、文化、品牌与产品的整合。以抗日战争、解放战争、抗美援朝、建设新中国、新时代征程为重点，打造一批具有鲜明特色的省级红色旅游精品线路，推动省内各地深化联合营销，加强红色旅游宣传。另一方面，优化不同类型目的地的旅游产品组合，加强目的地之间的交流，丰富游客旅游体验。以辽宁省入选"建党百年红色旅游百条精品线路"的五条线路为重点，加强与东北其他地区的红色旅游宣传合作。同时，与京、津、冀等区域开展重点红色旅游景区的战略合作，开发高质量的旅游线路，通过多元营销策略，促进跨区域经典红色旅游格局的形成。此外，还可以加强辽宁省与其他省份的工业旅游营销合作，加强辽苏地区、京沈地区和沪连地区的对口协作，推进区域间红色工业旅游合作，完善资源共享机制，充分利用差异化资源，开发旅游综合产品，实现资源共享。

B.17
山西省红色旅游发展报告*

周　成　赵亚玲　靳轶婷　吕丝丝　秦秋月**

摘　要： 作为我国传统革命老区，山西省拥有厚重辉煌的革命历史、丰富多元的革命遗存，为红色旅游发展提供了得天独厚的条件。本报告从政策支持、资源禀赋、产品开发、产业效应和市场感知等方面分析了山西省红色旅游的发展现状，总结出山西红色旅游发展具有政策支持不断、资源产品丰富、产业效应显著等优势条件。与此同时，山西红色旅游发展也存在地域发展不够协调、景区和产品同质化、市场拓展不够充分、公共服务相对薄弱等短板。最后，本报告从强化区域旅游合作、创新产品开发模式、丰富多元营销组合、提升旅游公共服务、科技赋能红色文旅等方面提出了山西红色旅游发展的针对性建议。

关键词： 红色旅游革命老区　科技赋能　山西省

一　山西省红色旅游发展现状

（一）红色旅游鼓励政策不断出台

近年来，山西省各部门积极响应党中央号召，大力推动红色旅游，并在

---

　* 本报告为国家社会科学基金一般项目"数字化赋能黄河流域生态旅游廊道建构的理论逻辑与布局路径研究"（23BGL166）阶段性成果。

** 周成，山西财经大学文化旅游与新闻艺术学院副教授、硕士生导师，旅游经济研究中心副主任，研究方向为旅游地理、红色旅游；赵亚玲，山西财经大学文化旅游与新闻艺术学院硕士研究生；靳轶婷，山西财经大学文化旅游与新闻艺术学院硕士研究生；吕丝丝，山西财经大学文化旅游与新闻艺术学院硕士研究生；秦秋月，山西财经大学文化旅游与新闻艺术学院本科生。

资源深挖、品牌打造、业态融合、服务优化等方面出台了一系列政策，为红色旅游保驾护航（见表1）。资源深挖方面，2016年11月，《山西省"十三五"文化改革发展规划》出台，提出要弘扬革命老区精神，加强红色文化资源的保护开发和利用。品牌打造方面，2016年12月，《山西省"十三五"文化强省规划》《山西省"十三五"红色文化传承保护与发展规划》等指出要建设红色旅游精品线路和景区、着力创建以"八路军故乡""太行精神""吕梁精神""共和国能源基地"为重点的山西红色名片。业态融合方面，《关于深化文化和旅游融合发展的实施意见》《山西省"十四五"时期落实〈太行山旅游业发展规划（2020-2035年）〉行动方案》等文件强调，要促进山西红色旅游与生态、乡村等产业融合，为新时代红色生态、山水生态、文化生态等业态联动指明了方向。服务优化方面，《山西省全域旅游发展规划纲要》强调，要完善革命老区基础设施和公共服务体系，升级"智慧旅游云平台"服务功能，推动智慧旅游全服务建设。

表1 山西省出台的部分红色旅游相关政策文件

序号	时间	名称	政策内容
1	2016年7月	《山西省"十三五"服务业发展规划》	鼓励引导红色经典、宗教古建、晋商文化、寻根问祖、黄河风情、太行山水、吕梁风光等旅游板块的产业集聚、品牌塑造和精品线路的打造
2	2016年12月	《山西省"十三五"文化强省规划》	依托红色文化资源，规划建设红色文化主题精品旅游线路、红色文化展示园区、红色文献主题馆，打造红色文化精品
3	2016年12月	《山西省"十三五"红色文化传承保护与发展规划》	建成一批红色文化传承教育基地、推出一批在全国有影响力的红色文化研究成果、规划建设一批红色旅游精品线路和景区、打造一批红色文艺精品力作、创建一批弘扬红色文化品牌
4	2019年3月	《山西省人民政府关于促进区域协调发展的指导意见》	加大对革命老区的扶持力度，推动大型项目、重点工程、新兴产业在符合条件的前提下优先向老区安排。积极打造国家级红色旅游精品线路，协调推进老区振兴与产业融合发展

续表

序号	时间	名称	政策内容
5	2019年10月	《山西省红色文化遗址保护利用条例》	红色文化遗址的保护利用,坚持全面保护与整体保护、抢救性保护与预防性保护、遗址本体保护与周边环境保护相结合
6	2021年12月	《山西省"十四五"文化和旅游产业融合发展规划》	突出山西红色文化的独特价值和魅力,建设五大红色足迹文化旅游品牌;依托太行精神、吕梁精神等红色文化旅游资源,完善红色、廉政旅游项目建设
7	2021年4月	《山西省国民经济和社会发展第十四个五年规划和2035年远景目标纲要》	大力开发红色旅游精品线路,支持长治、晋城、阳泉等挖掘太行文化,做强烽火太行等红色旅游资源
8	2021年11月	《山西省人民政府关于新时代支持山西太行革命老区振兴发展的实施意见》	发展特色旅游产业,做强"烽火太行"红色旅游精品线路,扩大"太行人家"影响力。深入挖掘阳泉"中共创建第一城"全国首创性、唯一性红色IP资源,打造"红色泉城"旅游名片
9	2021年12月	《山西省"十四五"文化旅游会展康养产业发展规划》	加强红色旅游资源保护,挖掘红色文化内涵,加大对全省红色文物保护单位、红色旅游资源的保护和周边环境整治力度。打造经典红色景区,培育红色精品旅游线路
10	2022年4月	《山西省全域旅游发展规划纲要》	规划建设六大红色旅游重点开发片区、10个红色旅游经典旅游带,构建起红色旅游城乡体系
11	2022年8月	《山西省"十四五"文物保护和科技创新实施方案》	提升革命旧址开放水平,充分发挥教育引导功能,服务爱国主义教育、革命传统教育和党史学习教育。探索将革命文物资源融入高校思想政治教育体系,在高校师生中厚植红色基因
12	2022年10月	《山西中部城市群高质量发展规划(2022—2035年)》	以吕梁山、太行山革命老区为重点,强化革命文物密集片区整体保护利用,做强阳泉中共创建第一城等红色旅游品牌

资料来源:山西省人民政府、山西省发展和改革委员会、山西省文化和旅游厅。

（二）红色旅游资源禀赋状况

截至 2022 年 12 月，山西已建成 26 个 A 级红色旅游景区，其中 5A 级 1 个、4A 级 9 个、3A 级 12 个、2A 级 4 个（见表 2），这些红色景区凝结了中国共产党领导人民所创造的诸多革命历史、光荣事迹与崇高精神。此外，山西拥有 11 个全国党史国史教育基地，77 个省级党史教育基地，有 17 个全国爱国主义教育示范基地，168 个省级爱国主义教育示范基地。作为党和国家红色基因库的重要内容，党史教育基地、爱国主义教育基地在革命传统、爱国主义、思想政治教育等方面发挥着不可替代的作用。

在革命文物保护单位方面，截至 2022 年 12 月，山西拥有不可移动革命文保单位 687 处，其中，国家级 22 处、省级 52 处、市级 79 处、县级 534 处。拥有可移动革命文物 4478 件（套），其中，一级文物 541 件（套）、二级文物 251 件（套）、三级文物 3686 件（套），囊括了纪念章、出版物、票据、用品、信件等。上述革命文保单位在培育社会主义核心价值观、促进地区文化旅游产业发展等方面发挥了重要作用，讲好山西红色故事、发展红色旅游、弘扬太行革命精神是做好山西革命文保单位保护和利用的重要抓手。此外，山西 11 个市的 100 个县（市、区）分两批入选了全国革命文物保护利用片区分县名单，主要分布于晋冀豫、晋绥、晋察冀三个片区。

表 2　山西省 A 级红色旅游景区名单

序号	景区名称	所在市	等级
1	忻州市代县雁门关景区	忻州市	5A
2	大同灵丘县平型关大捷景区	大同市	4A
3	麻田八路军总部纪念馆	晋中市	4A
4	昔阳县大寨景区	晋中市	4A
5	吕梁市兴县蔡家崖晋绥文化景区	吕梁市	4A
6	武乡县八路军太行纪念馆	长治市	4A
7	武乡县八路军文化园	长治市	4A

序号	景区名称	所在市	等级
8	黎城县黄崖洞文化旅游区	长治市	4A
9	平定县娘子关景区	阳泉市	4A
10	侯马彭真故居纪念馆	临汾市	4A
11	娄烦县高君宇故居红色旅游景区	太原市	3A
12	五台县徐向前元帅故居	忻州市	3A
13	繁峙县平型关景区	忻州市	3A
14	左权县晋冀鲁豫边区临时参议会旧址纪念馆	晋中市	3A
15	郊区狼峪抗战遗址公园	阳泉市	3A
16	石楼县红军东征纪念馆景区	吕梁市	3A
17	兴县黑茶山四八烈士纪念馆景区	吕梁市	3A
18	阳城县孙文龙纪念馆	晋城市	3A
19	阳城县町店战斗纪念园景区	晋城市	3A
20	吉县克难城旅游景区	临汾市	3A
21	曲沃县石桥堡红色文化景区	临汾市	3A
22	洪洞红军八路军纪念馆	临汾市	3A
23	大同煤矿万人坑遗址纪念馆	大同市	2A
24	南庄抗战地道景区	阳泉市	2A
25	平定县七亘大捷景区	阳泉市	2A
26	临猗傅作义故居	运城市	2A

资料来源：山西省文化和旅游厅。

从红色旅游资源空间分布看（见表3），山西省红色旅游资源主要分布于长治、吕梁、临汾、晋中4市，约占总数61%。作为太行精神的发源地，长治市红色资源最为丰富，旅游资源数目高达271个，朱德、彭德怀、刘伯承等老一辈无产阶级革命家在这里建立太行、太岳革命根据地，部署和指挥了百团大战、黄崖洞保卫战、沁源围困战等著名战役。从区域层面来看，资源丰富度由高至低依次为晋中（吕梁、太原、晋中、阳泉）、晋东南（长治、晋城）、晋南（临汾、运城）、晋北（忻州、大同、朔州）。

表3 山西省红色旅游资源空间分布

区域	城市	全国红色旅游经典景区	A级红色旅游景区	省级红色文化遗址	全国党史国史教育基地	省级党史教育基地	全国爱国主义教育示范基地	省级爱国主义教育示范基地	不可移动革命文物	汇总
晋北	忻州	1	3	13	0	10	2	18	18	65
	大同	1	2	8	1	6	2	12	24	56
	朔州	0	0	5	1	2	1	10	17	36
晋东南	长治	2	3	62	2	8	4	23	167	271
	晋城	0	2	8	0	8	0	14	48	80
晋南	临汾	0	4	13	0	8	0	17	105	147
	运城	0	1	8	1	8	0	15	80	113
晋中	吕梁	2	3	37	0	7	0	13	104	171
	太原	1	1	13	2	7	3	24	27	78
	晋中	1	3	19	1	9	1	14	84	132
	阳泉	1	4	4	1	4	1	8	14	37
汇总		9	26	190	11	77	17	168	688	1186

注：省级红色文化遗址忻州、大同共有一处，未将该处计入。

（三）红色旅游产品开发现状

山西省红色旅游产业不断融合、旅游产品业态日益丰富。"红色+演艺"是活化革命历史、传承红色基因的重要途径，借助高科技舞台场景及影视特技特效元素，将红色故事和场景活化，让沉积已久的红色文化被接触、被感受。2021年，山西文旅集团打造了国内首部红色主题的沉浸式实景演艺《太行山上》，吸引了众多游客前来共赴"太行"之约（见表4）。此外，"红色+研学"活动在山西形成了一道亮丽的红色风景线。如雁门关景区与晋中中小学教育实践基地、大同综合示范基地等合作，共同开发了"闯关守关""英雄扮相""长城朗诵"等研学课程，宣传了雁门关的长城文化、英雄文化、军事文化等。

产品业态方面，山西重点开发了以红色景点、革命文物、英雄伟人为主题的文创产品，以满足年轻旅游者的个性化需求。武乡县推出村民亲手缝制的八路军将领肖像壁画以及挂饰、披肩等手工艺品；晋绥边区革命纪念馆采用"红色旅游+动漫"的方式，推出"Q 版"八路军形象的文化衫、抱枕、剪纸等产品。此外，山西省图书馆依托丰富的文化资源，复制影印《红色典藏》，摄制《社会主义核心价值观——从娃娃抓起》《山西古长城》《山西红色历史动漫》等微视频，进一步拓宽了山西省红色文化的旅游传播渠道。红色 IP 主题房车展、"红色太行"高铁旅游专列等，成为近年来山西省红色旅游发展的亮丽风景线。

表 4　山西省部分红色演艺节目

序号	名称	类型	演出单位
1	《刘胡兰》	舞剧	吕梁市文化艺术中心临县道情研究中心
2	《党的女儿》	晋剧	山西省晋剧院
3	《火花》	音乐剧	山西省歌舞剧院有限公司
4	《江姐》	歌剧	大同市歌舞剧院
5	《战地黄花》	晋剧	晋中市榆次区文化艺术活动中心
6	《太行奶娘》	歌舞剧	左权县开花调文化发展有限公司
7	《魏拯民》	上党落子	长治市上党落子剧团
8	《太行娘亲》	上党梆子	晋城市上党梆子剧院有限公司
9	《中条山上党旗红》	蒲剧	山西省蒲剧艺术院演出一团
10	《黄水谣》	眉户	临猗县眉户剧团

资料来源：中国日报网。

当前，山西省红色旅游特色线路开发不断，并有多条线路入选国家级精品线路序列。2021 年 5 月，文旅部、中宣部、国家发改委、中共中央党史和文献研究院联合发布了"建党百年红色旅游百条精品线路"，山西有三条红色线路——"烽火太行·抗战脊梁""红色军工·太原力量""山西好风光·乡村奔小康"成功入选。此外，2021 年，山西省文化和旅游厅还发布了 10 条具有不同主题、不同特点的"红色旅游"精品线路（见表5）。针对现有的红色旅游精品线路，山西还推出了"测测您的红色基因"互动 H5 活动，即用手绘的形式描绘了各个红色旅游线路中的景点特色，以展现山西的红色文化与革命精神。

表5 山西省文旅厅发布的10条"红色旅游"精品线路

序号	线路名称	具体线路
1	追忆烽火太行	山西国民师范旧址革命活动纪念馆→彭真生平暨中共中央太原支部旧址纪念馆→狮脑山"百团大战"纪念馆→左权麻田八路军前方总部旧址纪念馆→黎城黄崖洞景区→武乡百团大战砖壁指挥部旧址→武乡王家峪八路军总部旧址→武乡八路军太行纪念馆→沁源太岳军区司令部旧址
2	重温英雄吕梁	山西国民师范旧址革命活动纪念馆→彭真生平暨中共中央太原支部旧址纪念馆→刘胡兰纪念馆→石楼红军东征纪念馆→刘志丹将军殉难处→晋绥边区革命纪念馆→"四八"烈士纪念馆
3	长城抗战之旅	高君宇故居纪念馆→雁门关伏击战遗址→阳明堡飞机场遗址→徐向前故居→晋察冀军区司令部旧址→平型关大捷纪念馆→塞北革命纪念馆→右玉精神展览馆
4	"走向胜利"之旅	临县高家塔毛泽东东渡黄河纪念碑→临县寨则山毛主席路居纪念馆→兴县蔡家崖晋绥边区革命纪念馆→岢岚县毛主席路居纪念馆→代县毛主席路居纪念馆→五台山毛主席路居纪念馆→繁峙伯强毛主席路居纪念馆
5	山西建党之旅	晋华工人运动纪念地旧址→彭真生平暨中共中央太原支部旧址纪念馆→高君宇故居纪念馆→贺昌故居→贺昌纪念馆→张叔平烈士故居
6	铁血东征之旅	红军东征纪念馆→柳林刘志丹将军殉难处→红军东征总指挥部旧址→孝义兑九峪战役展览馆→永和红军东征纪念馆
7	追寻八路军总部之旅	成成中学→八路军石拐会议纪念园→麻田八路军总部纪念馆→黄崖洞兵工厂旧址→八路军总部旧址纪念馆→八路军太行纪念馆
8	晋察冀根据地之旅	八路军石拐会议纪念园→"百团大战"纪念馆→阳明堡飞机场遗址→雁门关伏击战遗址→徐向前故居→晋察冀军区司令部旧址→平型关大捷纪念馆
9	红色军工之旅	太原兵工厂旧址→韩庄村八路军修械所→八路军左权高峪及杨家庄兵工厂→黄崖洞兵工厂旧址→太行工业学校旧址→刘伯承兵工厂旧址
10	根据地文化新闻事业之旅	赵树理故居→《小二黑结婚》创作地→《新华日报》（华北版）编辑部旧址→太行新闻烈士纪念碑→"前方鲁迅艺术学校"旧址

资料来源：山西省文化和旅游厅。

（四）红色旅游发展效应显著

山西省红色旅游发展在助力乡村振兴、爱国主义教育、推动区域经济发展等方面发挥了显著正向效应。在全面脱贫与乡村振兴方面，阳泉七亘村依托七亘大捷主战场遗址和当地丰富的茶文化，以"红色+绿色"融合发展赋能乡村振兴；忻州闫家寨村致力于打造"红心古貌"红色农旅综合体，通过"红色+培训研学""红色+休闲康养"推动乡村文旅"活"起来；大同石矶村以"党建+文旅"凝聚群心，打造了"革命老区、红色石矶"旅游精品项目，拓宽乡村振兴发展新路径。长治砖壁村深耕红色文化产业，打造党性教育基地，建设八路军体验园，2020年实现了整体脱贫。

爱国主义教育方面，山西共有国家级和省级爱国主义教育基地185处，上述基地通过举办丰富多彩的党史国史教育、思政课堂等活动，发挥了红色旅游地的教育功能；此外，太原、晋城、运城等地市与高校合作，联合打造了"红色教育和国情教育基地"，开展了红色文化研究、国情研修等活动，为青年学子筑牢政治信仰。2021年7月，共青团山西省委、山西省少工委面向全省青少年联合推出了100个山西青年红色研学打卡地，为爱国主义教育提供了生动课堂和载体。

随着山西近年来红色文化鼓励政策不断出台、旅游市场规模壮大，其对当地旅游产业、区域经济产生了较大的拉动作用。2012～2019年，山西旅游总收入从1813亿元上升到8026.9亿元，接待人流量从2.03亿人次增至8.3亿人次，其中，红色旅游在全省旅游业态承载、游客规模收入提升上均起到了重要作用。最后，红色旅游还有效拉动了地区就业和居民增收，巩固了山西乡村地区的脱贫成果。

（五）红色旅游市场感知状况

通过"百度指数"可以从侧面了解山西红色旅游的市场感知情况。课题组以"红色旅游"为关键词，以2013年1月1日至2022年12月30日为时间段，对我国34个省（区、市）及山西省11个地市的红色旅游网络关注度进行搜索。如图1所示，2013～2022年，山西省红色旅游的网络关注度处于波浪上升状态，2021年达到峰值。从省际对比来看，山西红色旅游的网络关注度日均值处于全国第16名，这与其丰富、多元、广布的红色旅游资源不匹配。从市际空间差异看，太原市红色旅游的网络关注度远超其他城市。作为省会城市，太原市人口密集、高校众多、旅游客源市场较大；此外，太原拥有高君宇故居、中共太原支部旧址、太原解放纪念馆等红色旅游资源，其红色旅游的网络关注度更大。长治市红色旅游网络关注度次之，近年来长治大力实施红色文化资源共建共享工程，红色旅游资源由"点上红"到"全域红"，持续推出20多条红色旅游路线，备受游客青睐。

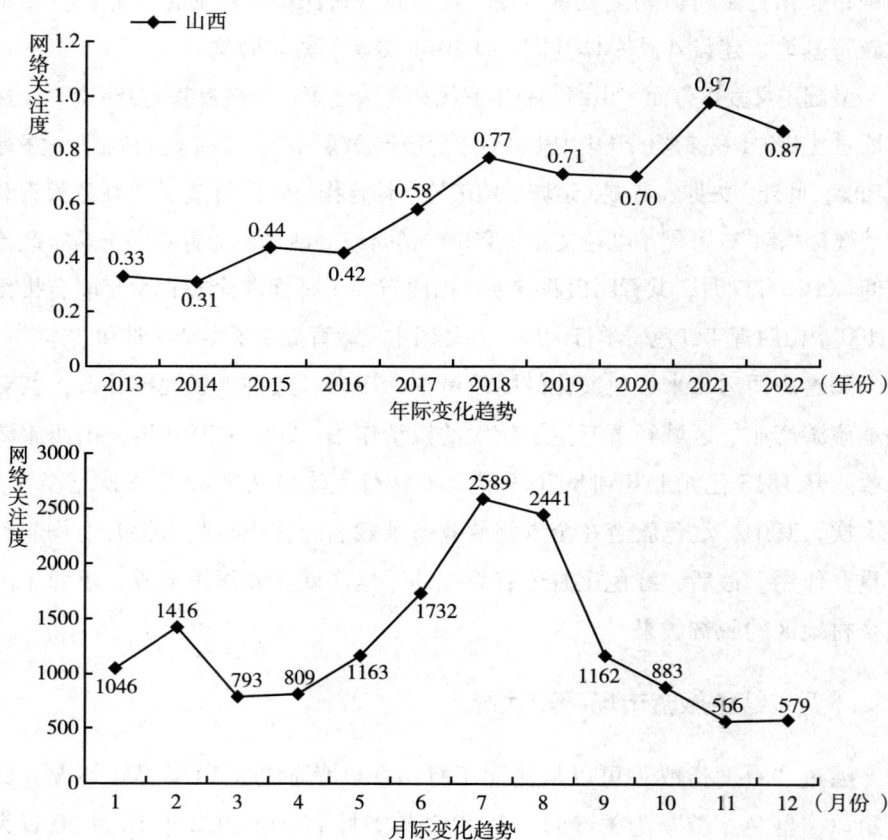

图1　山西省红色旅游网络关注度年际和月际变化趋势

本文进一步以山西知名红色旅游景区"八路军太行纪念馆"为分析案例，对其进行百度指数搜索，时间设置为2022年1月1日至12月31日。从季节变化看，"八路军太行纪念馆"的网络关注度呈现明显的淡旺季特征，1~3月为学生寒假、春节假日期间，红色旅游的客源规模呈现一个小高峰，5~9月是全年网络关注度高峰期，学生假期带来的红色研学旅行、学生党员三下乡等实践活动使得山西红色旅游处于客源旺季。从地域空间看（见表6），山西省是省内红色旅游景区的主要客源市场，从全国来看，山西省红色旅游的网络关注度和客源市场感知具有明显的距离衰减规律。

表6 山西省红色旅游网络关注度省际空间差异

省（区、市）	网络关注度（次）	省（区、市）	网络关注度（次）	省（区、市）	网络关注度（次）
山西	1324	湖北	8	湖南	4
广东	1131	辽宁	8	吉林	4
重庆	51	上海	8	内蒙古	4
北京	35	安徽	6	江西	3
河南	31	新疆	6	贵州	2
河北	30	广西	5	云南	2
陕西	21	甘肃	5	海南	1
江苏	18	黑龙江	5	宁夏	0
山东	16	天津	5	青海	0
四川	13	福建	4	西藏	0
浙江	12				

二　山西省红色旅游存在的问题

（一）红色旅游地域发展不够协调

山西省红色旅游产业发展不协调的原因之一是红色旅游资源具有较大的地市空间差异。晋中地区（吕梁、太原、晋中、阳泉）和晋东南地区（长治、晋城）红色景区、革命遗产较为丰富，为其红色旅游业发展奠定了资源基础。晋中地区是红军东征主战场、晋绥边区革命根据地；此外，还有高君宇、刘胡兰、彭真等革命先烈事迹，拥有众多红色遗址和遗迹。晋东南地区红色旅游资源富集，朱德、彭德怀、刘伯承、邓小平等老一辈无产阶级革命家在这里建立了太行、太岳抗日根据地，指挥了百团大战、黄崖洞保卫战等。另外，地区经济发展对红色旅游资源开发、利用和传承起着重要促进作用。各地市统计资料显示，隶属晋中地区的太原 GDP 产值长期居于山西省首位，晋东南的长治、晋城居于第二、第三位，经济基础为所在地红色旅游资源的开发利用、红色文化的保护传承、红色旅游的市场推广提供了重要资金保障和物质基础。

（二）红色旅游景区与产品同质化

当前，山西省红色旅游产品和业态不断丰富，与乡村、演艺、研学等业态日益融合，但由于对红色文化内涵挖掘不够、红色旅游发展模式创新不强，山西红色旅游景区建设、文创产品和参观形式存在同质化现象。其一，景区建设同质化。各红色景区的建筑设施、展示内容等相似度较高，革命人物故居旧居、纪念展馆、革命遗址等景区展示形式缺乏独创性，一定程度上影响了消费者的旅游兴致和满意度。其二，文创商品同质化。红色旅游文创产品应以地域文化为依据，以红色文化为主题，进行创意性和个性化设计，然而，当前诸多红色景区的文创产品仍以冰箱贴、帆布包、书签、印章等简单化和重复性商品为主，富含地域文化或红色精神的文创纪念品较少。其三，参观形式同质化。纪念展馆、博物馆等参观内容以媒体展示、实物布置及图片静态呈现为主，亟须通过新科技引入、新业态融合等方式提升游客在红色旅游中的体验感、沉浸感。

（三）红色旅游市场拓展不够充分

山西红色旅游以省内客源市场为主，景区市场竞争力和吸引力有限，客源市场距离衰减作用明显。原因之一是当前山西缺少具有全国影响力、龙头型的红色旅游景区和品牌。武乡县、黎城县、左权县等地的红色旅游景区建设已具规模，其中，武乡县以八路军太行纪念馆为主要依托，开发了八路军文化园、《太行山上》实景演艺等，旅游市场影响力日益扩大。然而，山西其他红色景区仍以单体遗址遗迹、故居旧居等形式为主，旅游资源的单体体量、红色景区的地域组合较为薄弱，市场影响力和知名度较低。此外，红色景区的游览行程多为半天或一天，过夜游客较少，市场效应不足。市场拓展不充分的另一个原因是对外营销不足。当前，山西红色旅游市场宣传多以政府为主，市场化运作下的营销模式缺乏。宣传主题多以红色革命为主，与游客心理需求、企业文化建设等结合较弱，因而对游客群体的吸引力有限。另外，宣传和营销方式较为单一，仍以传统媒体和网站展示为主，缺乏多元媒体和渠道的组合发力、跨地区跨省区间的营销合作。

（四）红色旅游公共服务有待完善

在红色旅游热潮席卷全国背景下，旅游公共服务支撑和保障作用变得愈加重要。山西省红色旅游公共服务的薄弱环节主要表现在交通、信息咨询、导览讲解等方面。从交通便捷服务来看，高铁、高速、旅游公路等大交通日益受到山西省广泛重视，建设取得了较大成效，但诸多红色旅游景区处于山区、乡村等地，从交通枢纽到旅游景区以及景区内部道路仍存在等级较低、质量较差等问题，亟须加以提升。从信息咨询服务来看，旅游政务网、红色景区官网所提供的旅游信息较为简单，多为景点特色、位置线路、美食特产等简短介绍，缺乏交通情况、酒店入住、游客流量等动态信息。此外，一些红色旅游景区的外围道路、停车场、景区内部的导览标识存在不规范、不统一、不清晰等问题，降低了游客的红色旅游体验感。从导览讲解服务来看，山西省红色景区普遍加强了对讲解员的服务、讲解等培训，但也存在讲解内容不深入、讲解服务不热情、导览服务态度差等问题，需要进一步深挖红色景区文化内涵、创新和丰富讲解词库、持续提升服务质量和水平。

（五）科技赋能红色旅游尚需加强

当前，山西红色旅游与新科技的融合发展虽取得了一定成绩，但在景区智慧化建设和旅游产品数字化等方面仍有较大提升空间。景区智慧化建设是区域旅游业从传统服务向现代服务转型的突破口，也是提高游客体验、满足景区管理的必由之路。山西省诸多红色旅游目的地中仅有少数景区加大了景区智慧化建设，大部分景区仍处于实景景区建设、公共服务完善阶段，智慧导游、线路规划、客流管理、信息服务等智慧化功能未能实现。此外，部分红色纪念展馆、红色文化遗址等景区与 VR、AR、AI 等新技术结合不够紧密，数字文创、数字展播、数字体验等旅游产品较为匮乏，旅游产品的体验式和时尚性不足，影响其对年轻旅游者的吸引力。山西省红色旅游景区需要在革命文物展陈方式、红色文化体验方式、红色故事讲述方式、红色景区游览方式上推陈出新，通过科技赋能来拓展红色旅游消费人群和客源市场，促进山西红色文化、红色精神、红色故事的传承与推广。

三　山西省红色旅游相关建议

（一）强化区域合作，形成山西红色旅游发展合力

一是"点"上着力。围绕红军东征、百团大战、平型关大捷、刘胡兰英勇就义等重大历史事件发生地和高君宇、徐向前、刘胡兰、彭真、左权、陈永贵、申纪兰、贺昌等人物故居旧居等，加强对山西红色文化、革命传统的深入挖掘和阐述研究。此外，以弘扬"太行精神""吕梁精神""右玉精神""纪兰精神"等为主旋律，打造一批经典的山西红色旅游演艺剧目、工艺美术精品。持续开展"红色餐饮""红色文化客房""红色纪念品 DIY""红色剧本杀"等红色文化活动，突出山西各地红色文化特色。

二是"线"上相连。依托全省"三纵十二横十二环"高速公路、"七纵十四横"普通干线公路、"太行—黄河—长城"一号旅游公路，提升沿线地

区红色旅游资源和产品的线路联通度。另外，结合爱国主义、革命传统、党风廉政教育基地建设，将沿太行山、吕梁山、五台山、中条山、太岳山的景点与雁门关、娘子关、宁武关、平型关等红色旅游资源点进行统筹和规划，依托晋察冀、晋冀鲁豫、晋绥等抗战旧址，贾家庄、大寨、右玉、西沟等文化村落，打造山西红色名山、名关、名镇、名村和名街等旅游线路体系。

三是红色旅游"面"上合作。目前，山西已与河南、河北、内蒙古、北京、天津等省市联手打造了晋冀豫、晋绥和晋察冀3个全国革命文物保护利用片区，提升了革命文化的传播力、影响力。未来，山西既要加强省内红色旅游示范区建设，建立跨地市的长效联合发展机制，加强各地红色旅游规划、项目建设、产业发展等工作的协同性，又要加快建构跨省红色旅游协同平台，围绕长城、黄河和太行山文化旅游带，加强与京、冀、豫等省区的红色旅游协作，协同推进红色景区服务标准化建设，实现各方优势互补和资源共享。

（二）创新开发模式，丰富山西红色旅游产品业态

首先，构建特色鲜明的山西红色旅游 IP。依托八路军太行纪念馆、左权将军烈士陵园、长城国家文化公园等红色文化符号，对其进行具象化与特色化呈现，创造山西红色旅游 IP 场景。进一步，将红色 IP 延展到文创产品、网红经济、实体经济、文化活动中，围绕 IP 形象开发印章、绘本、礼品、数字藏品等衍生产品，发展上下游的文创商城、主题美食、主题民宿等，延伸 IP 产业链条，展现山西红色文化，传承革命精神。

其次，以"红+N"融合发展为指导思想，推动红色文化与城乡发展、生态建设、旅游资源有效融合。如依托山西太行山、吕梁山、黄河等生态资源，推进"红色+绿色"发展，打造红色旅游融合示范区，促进红色文化与生态文明深度融合。整合平遥古城、晋祠、王家大院、贾家庄等资源，依托古建筑、古村落、军事关隘等，促进山西"红色+古色"文化的联动开发。依托山西北方机械公司、中国煤炭博物馆、太原钢铁集团、黄崖洞兵工厂等红色军工资源，深入挖掘重工业文化，促进"红色+银色"的有机融合，发展工业红色旅游。

（三）多元营销组合，分级分类有针对性拓展市场

深入实施红色旅游市场调研，锚定目标市场。借助调查问卷、网络数据等手段分析红色旅游用户画像、互动指数、项目热度等，了解红色旅游市场热点与趋势。此外，以地域空间、职业类型和旅游动机为依据进行旅游市场细分，锚定红色旅游目标客群。如针对机关单位学习群体，强化景区红色文化讲解、注重革命历史教育效果。针对公司企业团建客群，强化红色文化与企业文化内涵融合，开展反映艰苦创业、团结合作精神的团建活动。

识别山西红色旅游文化谱系，加强品牌建设。进一步丰富"太行精神""吕梁精神""右玉精神"等山西红色文化内涵，探索红色旅游多业态融合发展道路。此外，建设一批具有"晋风晋韵"的红色旅游融合发展项目，打造特色鲜明的广告语、宣传口号、品牌 Logo 等形象标识，塑造让游客"看得到""记得住"的山西红色旅游品牌。

创新红色旅游多元营销手段，实施网络营销。发挥主流新闻媒体的影响力和引导力，利用红色专版专栏、拍摄专题片、刊登专题文章等方式宣传山西红色旅游。其次，加强红色旅游景区与各大移动通信运营商、门户网站、大型旅游网站、短视频平台、自媒体、搜索引擎的合作，通过微信、微博、微电影、抖音快手、直播平台等网络新媒体，开展"短、平、快"的红色网络营销，以第三视角扩大宣传广度、加大宣传力度、拓宽宣传维度，唱响山西红色旅游品牌。

（四）完善基础设施，持续提升红色旅游公共服务

交通服务方面，加大对红色纪念馆、革命旧居旧址等景区的交通建设力度，增设和规范交通引导标识，适应大众旅游时代自驾旅游需求。建设红色旅游地集散中心，实现从交通枢纽到旅游地集散点，再到红色旅游景区的无障碍换乘。加快雄安新区—忻州、集宁—大同—原平、太原—吕梁—绥德高铁建设；进一步推进"黄河—长城—太行"一号旅游公路建设。

信息咨询方面，整合政务网站、景区官网、旅游自媒体，建构和完善山

西红色旅游信息服务平台，补充红色旅游景区的数据库和展示信息，拓宽旅游消费者的旅游信息获取渠道。加强红色景区智慧化与信息发布平台的融合，加快节事活动、景区客流、气象、住宿等信息更新速度。加强红色旅游景区的游客咨询中心建设，让游客获得更满意、更周到、更贴心的旅游资讯服务。

导览讲解方面，持续加强山西红色旅游管理和服务人才的培养，通过定期服务培训、讲解词创新等方式，提升景区讲解员、引导员、管理员的思想政治、职业道德和旅游讲解的素养与能力，完善山西省红色旅游志愿者工作制度，规范旅游志愿者招募、注册和培训等工作，扩充红色旅游的人才队伍，提升红色旅游的服务质量。

（五）科技赋能文旅，营造山西红色旅游的新场景

加快红色旅游景区智慧化建设。依托大数据、人工智能等技术提升革命纪念地、伟人故里故居、爱国主义教育基地等山西红色景区的数字化、智慧化水平。加强旅游景区人流分析系统、指挥调度系统、电子票务系统、智慧营销系统等智慧化建设，实现山西红色旅游景区数字化全覆盖。进一步推进"烽火三晋"全站式红色旅游 App 建设，增设红色文化、游玩攻略、打卡指南、云端展馆、购票预订、文创商城等栏目，让山西红色革命历史融合现代科技，增强游客旅游的便捷感、体验感、代入感。

促进红色文化数字化展陈方式。依托全景影像、三维影像、液晶拼接、多点触控、多媒体沙盘、数字语音等新技术，优化山西红色文化博物馆、展览馆、纪念馆等数字化展陈方式。此外，通过引入元宇宙科技，营造和创新山西红色文化的沉浸式、交互式体验场景，如依托晋察冀、晋冀鲁豫、太行、太岳抗日根据地等红色文化，基于数字科技再现八路军抗日战争、大寨村农业生产、右玉人民改造沙漠等历史场景和英雄事迹，实现时空场景全感官、沉浸式的红色旅游体验。

B.18
河南省红色旅游发展报告[*]

王伟 薛岩欣 程遂营 胡玉洁 蒋凯伦[**]

摘 要： 河南省作为中国革命的重要发源地和战斗地区，拥有丰富的红色旅游资源，建设了众多红色教育基地，形成了红色产业融合发展的态势。河南省在政策、地理区位、红色资源和交通等方面，具备发展红色旅游的天然优势，在红色资源开发、品牌影响力打造和红色教育实践等方面取得了显著成效。然而，在红色旅游发展过程中，河南省仍存在区域发展不平衡、科技赋能不足、产业融合不充分、产品宣传手段单一等问题。因此，河南省需要在红色旅游区域合作体系构建、红色旅游资源科技赋能加强、红色旅游产业融合发展推进、红色旅游产品宣传方式丰富等方面发力，以促进河南省红色旅游的高质量发展。

关键词： 红色资源 红色旅游 高质量发展 河南省

一 河南省红色旅游发展概况

河南作为中国革命的重要发源地和战斗地区，承载着众多重要的红色历

---

[*] 本文为国家自然科学基金青年科学基金项目（42201226，42201255）、河南省高校科技创新人才支持计划资助（24HASTIT049）、河南省哲学社会科学规划项目（2022CJJ135）、河南省软科学研究项目（23240C411162）阶段性成果。

[**] 王伟，河南大学文化旅游学院副教授、硕士生导师，研究方向为红色旅游、乡村旅游；薛岩欣，河南大学文化旅游学院硕士研究生，研究方向为红色旅游；程遂营，河南大学文化旅游学院教授、博士生导师，研究方向为红色旅游、文化旅游；胡玉洁，河南大学地理与环境学院硕士研究生，研究方向为红色旅游、乡村旅游；蒋凯伦，河南大学地理与环境学院硕士研究生，研究方向为红色旅游、遗产旅游。

史事件和革命遗址。在中国共产党领导下，河南人民积极参与了抗日战争、解放战争和社会主义建设。河南省内有许多重要的红色旅游资源，而河南红色旅游产业的发展得益于这些丰富的红色旅游资源。同时河南红色旅游不仅能帮助游客追溯中国的革命历史，还具有重要的教育意义。

（一）红色旅游资源丰富，助推红色旅游繁荣发展

河南作为中国革命的重要地区，拥有丰富的红色旅游资源。2022 年 5 月，河南省文化和旅游厅公布了《河南省第一批不可移动革命文物名录》[①]和《河南省第二批不可移动革命文物名录》[②]，全省共有不可移动革命文物 366 处，其中河南省第一批不可移动革命文物 115 处，河南省第二批不可移动革命文物 251 处，包括革命旧址 224 处、烈士墓 38 处、名人故居 23 处、烈士陵园 20 处、纪念地 18 处、纪念设施 7 个、烈士祠 2 处等。河南省红色旅游类资源点入选全国重点文物保护单位的有 13 个（见表 1），包括革命旧址 8 处。河南省 A 级以上红色旅游景区 44 家，入选全国红色旅游经典景区名录的有 14 处（见表 2），包括纪念馆 5 处、革命旧址 3 处、景区 2 处。

表 1　河南省红色旅游全国重点文物保护单位

序号	名称	设立时间	所在市/县
1	鄂豫皖革命根据地旧址	1931 年	新县
2	中共中央中原局旧址	1938 年	确山
3	红二十五军长征出发地	1934 年	罗山
4	焦裕禄烈士墓	1966 年	兰考
5	刘青霞故居	清末民初	开封市、尉氏县
6	河南留学欧美预备学校旧址	民国	开封市
7	吕潭学校旧址	民国	扶沟县
8	中国工农红军第二十五军司令部旧址	1933 年	新县

---

① 《河南省第一批不可移动革命文物名录》，河南省文物局，2021 年 1 月 15 日，https：//wwj. henan. gov. cn/2021/01-15/2080076. html。

② 《河南省第二批不可移动革命文物名录》，河南省文物局，2022 年 1 月 12 日，https：//wwj. henan. gov. cn/2022/01-12/2381361. html。

序号	名称	设立时间	所在市/县
9	八路军洛阳办事处旧址	1938~1942 年	洛阳市
10	冀鲁豫边区革命根据地旧址	1941~1946 年	范县、清丰县
11	嵖岈山卫星人民公社旧址	1958~1983 年	遂平县
12	红旗渠	1969 年	林州市
13	郑州二七大罢工纪念塔和纪念堂	1971 年、1952 年	郑州市

表 2　河南省全国红色旅游经典景区名录

序号	河南省全国红色旅游经典景区名称	所在市/县
1	竹沟革命纪念馆	驻马店市确山县
2	红色旅游系列景区	信阳市
3	叶家大庄桐柏英雄纪念馆	南阳市
4	二七纪念堂	郑州市
5	焦裕禄烈士陵园	兰考县
6	红旗渠	安阳市
7	淮海战役陈官庄战斗遗址	商丘市永城市
8	彭雪枫故居及纪念馆	南阳市镇平县
9	单拐革命旧址	濮阳市清丰县
10	刘邓大军指挥部旧址	安阳市
11	南太行创业精神红色旅游景区	新乡市
12	吉鸿昌将军纪念馆	周口市扶沟县
13	八路军驻洛办事处纪念馆	洛阳市
14	石林会议旧址	鹤壁市

（二）红色旅游产业扩张，促进红色产业融合发展

发展红色旅游产业既可以传承红色文化、活化革命文物，又能促进地方经济发展。河南省以丰富的革命文物和红色旅游资源为核心，积极扩展红色旅游产业。截止到 2022 年 6 月，河南省红色旅游精品线路由原来的 4 条增加到 10 条（见表 3）[①]。2022 年 12 月，文化和旅游部公布全国红色旅游融

[①] 《河南发布十条红色旅游精品线路》，河南日报，2021 年 6 月 10 日，https：//www. henandaily. cn/content/2021/0610/301031. html。

合发展试点单位名单，旨在用好红色资源，"传承红色基因、赓续红色血脉"。河南省信阳市新县作为试点单位之一，致力于打造一批红色旅游融合发展先行区，解决长期困扰红色旅游发展的瓶颈问题。目前以红色为引领的全域旅游已发展成为新县的支柱产业，同时推动与农业、体育等产业融合发展。截止到 2022 年底，全县共接待游客 1036.96 万人次，实现旅游综合收入 73.46 亿元，同比分别增长 1.46%、2.3%。

表 3　河南省红色旅游精品线路

序号	红色旅游精品线路名称	线路
1	砥砺初心——焦裕禄精神游	兰考焦裕禄纪念园——焦桐——兰考东坝头黄河湾风景区——焦裕禄精神体验教育基地——"美丽乡村"东坝头镇张庄村——"中国民族乐器村"堌阳镇徐场村
2	峥嵘岁月——红旗渠精神游	红旗渠纪念馆——石板岩南湾村(古村落)谷文昌纪念馆——石板岩供销社扁担精神纪念馆——林州大峡谷——高家台村(古村落、画家村)——林虑山国家滑翔基地——安阳中国文字博物馆——安阳殷墟博物院
3	红色信仰——大别山精神游	信阳商城金刚台(西河)——光山县城——司马光油茶园——光山文殊乡东岳村——光山槐店乡曹畈寨(司马光小镇)——光山砖桥(王大湾会议旧址)——光山县花山寨会议旧址——新县八里畈镇丁李湾村(中国传统村落)——新县鄂豫皖苏区首府革命博物馆、烈士陵园、首府旧址——田铺大塆——许世友将军纪念馆——箭厂河革命旧址群(吴焕先故居、列宁小学、红田)——新县县城
4	血脉永续—— 黄河红色传承游	三门峡八路军渑池兵站、刘少奇旧居——济源市愚公移山精神展览馆——济源坡头镇留庄村留庄英雄民兵营纪念馆——济源坡头镇泰山村杜八联革命英雄纪念馆——洛阳"中共洛阳组"诞生地纪念馆——巩义豫西抗日纪念馆——河南博物院(河南红色文化陈列展)——郑州二七纪念馆——开封兰考东坝头——濮阳台前将军渡
5	大河安澜——黄河治理成就游	三门峡黄河生态廊道——三门峡黄河大坝——黄河小浪底风景区——嘉应观——郑州黄河文化公园——黄河博物馆——沿黄生态廊道——兰考东坝头黄河水利风景区
6	饮水思源——南水北调水利工程游	南阳淅川南水北调渠首——平顶山鲁山县沙河渡槽——郑州黄河博物馆——古柏渡丰乐樱花园(南水北调穿黄口)——焦作温县南水北调中线总干渠——焦作南水北调天河公园——新乡辉县市苏门山渡槽

序号	红色旅游精品线路名称	线路
7	伟大征程——红二十五军长征游	信阳光山县花山寨——罗山县何家冲——桐柏县叶家大庄——鏖战独树镇纪念地（南阳方城县）——平顶山鲁山县尧山——洛阳嵩县车村镇——栾川三川镇——三门峡卢氏文峪乡——卢氏官坡镇兰草红二十五军军部旧址——豫陕交界处铁锁关
8	热血忠魂——抗日战地游	新密豫西抗日纪念园——登封豫西抗日根据地纪念馆——巩义豫西抗日纪念馆——洛阳八路军驻洛办事处——南阳镇平彭雪枫纪念馆——驻马店确山竹沟革命纪念馆——杨靖宇将军纪念馆——周口扶沟县吉鸿昌将军纪念馆——商丘夏邑县彭雪枫将军纪念馆
9	英雄壮歌——中原解放战争游	安阳马氏庄园——鹤壁石林会议旧址——濮阳清丰县单拐革命旧址——台前县刘邓大军渡黄河纪念地——永城淮海战役陈官庄战斗遗址——平顶山宝丰县中原解放纪念馆——信阳息县刘邓大军渡淮纪念馆——光山王大湾会议旧址纪念馆
10	多彩田园——乡村振兴游	洛阳市嵩县天桥沟村—栾川县重渡村—栾川县抱犊寨—新乡市新乡县刘庄村—新乡市京华村—卫辉市唐庄—辉县市裴寨村—辉县市回龙村—辉县市郭亮洞—信阳市新县田铺大塆村—司马光油茶园和东岳村

（三）红色教育基地建设，凸显红色教育功能

红色是中国共产党、中华人民共和国最鲜亮的底色。中原大地从来都是一片英雄的土地，在这里诞生的焦裕禄精神、红旗渠精神、大别山精神、二七精神等宝贵精神财富，时刻激励着、鼓舞着一代代中原儿女不忘初心、接续奋斗。党史教育以来，河南省以红色资源为核心，建设了红色旅游教育基地，传承红色基因，深入党史学习教育。从1997年中宣部向社会公布爱国主义教育示范基地开始，河南省均参与其中，截至2021年底，河南省有22个爱国主义教育示范基地（见表4)①。2022年7月，河南

---

① 《中宣部新命名一批全国爱国主义教育示范基地》，新华社，2021年6月19日，https：//www.gov.cn/xinwen/2021-06/19/content_5619600.htm。

省省委组织部命名的郑州二七纪念馆等 20 家单位为第一批河南省红色教育基地（见表5）[1]，旨在深入学习贯彻习近平新时代中国特色社会主义思想，贯彻落实习近平总书记视察河南重要讲话精神，推动习近平总书记关于牢记初心使命、传承红色基因的重大要求落实落地。

表4 河南省爱国主义教育示范基地

序号	爱国主义教育示范基地名称	批次
1	林州红旗渠纪念馆	第一批
2	兰考焦裕禄烈士陵园	
3	安阳殷墟博物苑	
4	新县革命纪念地（中共中央鄂豫皖分局、鄂豫皖军委、鄂豫皖苏区首府革命博物馆、鄂豫皖苏区烈士陵园、箭厂河革命旧址等）	第二批
5	河南博物院	
6	杨靖宇将军纪念馆	第三批
7	镇平彭雪枫纪念馆	
8	吉鸿昌将军纪念馆	
9	濮阳单拐革命旧址（中共中央平原分局革命旧址、中共中央北方局革命旧址、冀鲁豫军区纪念馆等）	
10	商丘淮海战役陈官庄烈士陵园	第四批
11	驻马店确山竹沟革命纪念馆（竹沟烈士陵园）	
12	鄂豫皖革命纪念馆	第五批
13	桐柏革命纪念馆	
14	中国文字博物馆	第六批
15	八路军驻洛办事处纪念馆	
16	王大湾会议会址纪念馆	
17	愚公移山精神展览馆	
18	郑州二七纪念馆	第七批
19	刘邓大军渡黄河纪念馆	
20	中国一拖东方红农耕博物馆	
21	三门峡水利枢纽工程	
22	中国中铁装备集团郑州盾构总装车间	

---

[1]《第一批河南省红色教育基地名单公布》，河南日报，2020 年 7 月 3 日，https://www.henan.gov.cn/2020/07-03/1567535.html。

表 5　河南省第一批红色教育基地

序号	河南省第一批红色教育基地名称	所在市/县	时期
1	郑州二七纪念馆	郑州市	党的创立时期
2	"中共洛阳组"诞生地纪念馆	洛阳市	
3	新县革命纪念地	信阳市	土地革命时期
4	何家冲红二十五军长征出发地	信阳市	
5	八路军驻洛办事处纪念馆	洛阳市	抗日战争时期
6	冀鲁豫边区革命根据地旧址	濮阳市	
7	八路军渑池兵站纪念馆	三门峡市	
8	镇平县彭雪枫纪念馆	南阳市	
9	吉鸿昌将军纪念馆	周口市	
10	确山竹沟革命纪念馆	驻马店市	
11	杨靖宇将军纪念馆	驻马店市	
12	中原解放纪念馆	平顶山市	解放战争时期
13	豫西革命纪念馆	平顶山市	
14	"石林会议"旧址	鹤壁市	
15	晋冀鲁豫野战军第九纵队司令部旧址	焦作市	
16	刘邓大军渡黄河纪念馆	濮阳市	
17	淮海战役纪念馆	商丘市	
18	王大湾会议会址纪念馆	信阳市	
19	兰考焦裕禄纪念园	开封市	社会主义革命和建设时期
20	林州市红旗渠风景区红色教育基地	安阳市	

二　河南省红色旅游发展优势及成就

（一）河南省红色旅游发展优势

1.政府政策支持

河南省红色旅游发展得到河南省人民政府以及河南省文化和旅游厅等部门的大力支持。河南省文化和旅游厅 2020 年 3 月 27 日颁布《河南省旅游条例》，宣布河南境内全部红色旅游景区将于 2020 年 4 月 1 日免费开放。

2021 年 9 月 10 日河南省人民政府发布《关于新时代支持革命老区振兴发展的实施意见》，指出要大力传承红色基因，加强红色资源保护和利用，统筹现有中央和省级专项资金，加大对红色旅游发展的支持力度，打造全国知名的红色文化传承区。2021 年 11 月 16 日河南郑州市出台《新时代支持革命老区振兴发展实施方案》，提出要以传承保护红色文化遗产为重点，着力打造国内知名红色文旅品牌。2022 年 1 月 13 日河南省人民政府发布的《河南省"十四五"文化旅游融合发展规划》旨在推进红色文化"进景区、进场馆、进企业"，传承红色文化基因，重点面向青少年群体开发红色旅游线路。中国民主建国会河南省委员会 2023 年 4 月 20 日《关于加快发展河南革命老区红色文化旅游的提案》提到革命老区是革命文化的重要承载地。弘扬革命精神，加快发展河南乡村红色文化旅游，对于推动老区现代化建设意义重大。同时，分析了河南省革命老区红色文化旅游发展仍存在的问题并提出了相应的建议。这些文件的发布表明了政府对红色旅游发展的支持，为河南省红色旅游提供了政策保障。

2. 地理区位优越

河南省位于中国的中部地区，与华北、华东、华南等地区接壤，交通便利。同时，河南省作为中国革命的重要发源地和重要战略区域，拥有丰富的红色旅游资源，具有重要的红色旅游价值。河南省还是中国历史文化的重要发祥地之一，拥有悠久的历史和深厚的文化底蕴，为红色旅游提供了丰富的背景和历史积淀。此外，河南省地域广阔，拥有山区、平原、河流等多样的地貌景观。游客可以在红色旅游之余，欣赏到河南独特的自然风光，从而丰富旅游体验。

3. 资源整合合理

河南省通过整合红色旅游景点，将多个革命旧址、烈士陵园、纪念馆等景点连接起来，形成 10 条精品红色旅游路线，推动红色历史宣传。同时，河南省通过资源整合，将不同红色旅游景点联合起来，共同推出联合门票、联合宣传推广等活动，还与交通、餐饮、住宿、导游服务等配套设施整合，提升河南省的红色旅游吸引力。

4. 交通条件便利

河南省作为中国交通的重要枢纽之一，发达的铁路网络方便了河南省与全国其他省份的联系，密集的高速公路网连接了全省各个城市和景区，例如京港澳高速公路、连霍高速公路等，提供了便捷的交通选择。同时，河南的航空交通也是特别发达的，拥有多个机场，包括郑州新郑国际机场、洛阳北郊机场等。而在河南省各城市和景区中都有发达的公共交通系统，包括地铁、公交车等。此外，为了方便游客的红色旅游，河南省提供了多条旅游专线和旅游包车服务，例如"红旗渠号"红色旅游专列，大力弘扬和践行红旗渠精神，进一步激发红色旅游产业发展活力。

（二）河南省红色旅游发展成就

1. 经济效益显著，旅游产业多元化发展

河南省红色旅游带动了旅游业的发展，吸引了大量游客和投资，并带动了餐饮、住宿、交通和购物等相关产业的发展，为当地创造了丰厚的经济收入和就业机会。而红色旅游产业呈现多元化发展趋势，不仅有传统的红色旅游景点和遗址，还通过实施"百村传承·百村振兴"行动，打造了首批25个红色文化旅游村，为当地创造了导游、服务人员、餐饮人员等多元化的就业岗位，促进了地方经济的增长。

2. 资源深度开发，红色旅游线路优化

河南省充分挖掘和利用丰富的红色旅游资源，深度开发了众多红色旅游景点和遗址，保护、修复和展示历史文化遗产，提供了丰富的历史资料和故事，让更多的红色旅游资源得以重现和传承。同时，河南省优化了红色旅游线路，提出了10条红色旅游精品线路（见表3），通过整合纪念地、旧址、博物馆和遗址等红色旅游资源，使得红色旅游线路充满故事性和连贯性，提供丰富多样的旅游体验，如红色文化交流活动、红色主题展览等，让游客系统地了解和感受红色历史。

3. 品牌影响力提升，红色文化创新发展

通过举办名为"豫韵中国情"的河南红色·非遗优秀作品音乐会，展

示了红色文化与非物质文化遗产的融合，提升了红色文化品牌的影响力。罗山县铁铺镇充分利用红二十五军长征国家文化公园、何家冲红色教育基地和何家冲红色旅游景区等载体，发展了红色文化、红色研学和红色旅游品牌。同时，河南省加快建设以"红色信仰、绿色体验"为主题的"红色大别"一号旅游公路，提升了红色旅游品牌的知名度。此外，安阳红旗渠作为红色文化景区，名列 2020 年红色文化型景区品牌 50 强榜首，而大别山红色教育旅游品牌价值高达 38.6 亿元，进一步提升了河南省的品牌影响力。这些成就彰显了河南省在品牌影响力提升和红色文化创新发展方面的积极探索和努力，为红色旅游和文化产业的发展注入了新的动力。

4. 教育成效显著，红色基因世代相传

河南省在红色教育领域取得了显著成效。目前，河南省拥有国家级爱国主义教育示范基地 22 处，同时郑州二七纪念馆等 20 家单位成为第一批省级红色教育基地。党史学习教育开展以来，河南省教育系统深入挖掘红色资源所蕴藏的巨大精神财富，将红色文化与教育旅游紧密结合，推出了多条精品研学旅游线路，通过多样化的学习方式，引导青年学子从身边的红色印记中感悟跨越百年的初心传承。河南省高校也积极开展实践活动，以红色文化筑牢立德树人之魂。作为全国红色旅游融合发展试点单位的信阳市新县，也积极发挥表率作用，深度挖掘红色资源，实现了红色旅游与乡村旅游、文化教育等领域的深度融合，大力发展红色经济。这些努力进一步促进了河南省红色文化的传承与发展，同时为河南省的教育旅游发展注入了新的活力和机遇。

三 河南省红色旅游发展存在的问题

（一）红色旅游区域发展不平衡

河南省红色旅游资源聚集分布在豫南和豫西北地区。其中，豫南地区以大别山为中心形成高密度区，豫西北地区为次高密度区域。而河南省红色旅游景点在全省范围内呈集聚型分布，集中分布在南阳、濮阳、安阳、商丘、开封、郑州、驻马店、洛阳和信阳这9座城市，占比超过85%。信阳市新县和安阳市红旗渠等红色革命根据地，通过积极挖掘红色资源，成功打造了具有较高知名度和吸引力的红色旅游景区，成为具有较高知名度的红色旅游目的地。但是仍有许多地区的红色旅游发展相对滞后。这些地区的红色资源没有得到充分的挖掘和利用，同时缺乏政策支持以及投资宣传，使得这些地区的红色旅游潜力未得到充分发展，导致河南省红色旅游区域发展不平衡。

（二）红色旅游资源科技赋能不足

尽管河南省拥有丰富的红色资源，但在科技应用方面存在一定的滞后现象。首先，红色旅游资源的数字化和虚拟化程度相对较低。河南省只是公布了不可移动革命文物名录、河南省红色教育基地名单等红色旅游资源信息，并没有利用科技手段建立相关平台，将红色旅游资源的具体信息展现出来，这样不仅限制了红色旅游资源的传播和推广效果，还无法满足游客对新颖、多样化体验的需求，影响了红色旅游的吸引力和竞争力。同时红色旅游资源的科技创新和智能化程度有待提升。随着人工智能、大数据、云计算等技术的迅猛发展，红色旅游领或也有着应用人工智能等高新技术的潜力。然而，红色旅游景区在科技创新和智能化服务方面投入不足，缺乏智能导览系统、虚拟现实体验、在线预订等科技应用，降低了游客的参观体验感和便捷性。

（三）红色旅游产业融合不充分

目前河南省红色旅游产业融合所面临的难题是红色旅游产业与其他相关产业之间的融合程度不足，限制了整个红色旅游产业的发展潜力和效益提升。首先，河南省红色文化产品取得了一定的成就，例如国家博物馆文创体验区启动"全国红色文创精品专区"，红旗渠风景区红色文创产品亮相国家博物馆。但河南红色旅游产业与文化创意产业的融合存在一定的瓶颈。笔者在淘宝、京东等购物平台并未搜索到关于河南红色文创产品的信息，说明红色旅游产业和文化创意产业的融合还有待进一步加强，打造专属河南系列红色文创产品。其次，河南红色旅游基础设施不完善，这在河南省内的中小城市有较大的体现。对省内中小城市红色旅游产业而言，在缺乏资金的基础上，突显粗放经营模式，所以中小城市的红色景区的交通、住宿条件、餐饮安全和导游服务等方面还存在不足。这与河南省红色旅游业发展相对较晚、基础设施建设相对滞后等因素相关。

（四）红色旅游产品宣传手段单一

河南省红色旅游发展中的一个独特问题是红色旅游产品宣传单一。河南省的红色旅游宣传主要集中在政府网站和景区网站的介绍，新兴的社交媒体平台和在线旅游平台等渠道在红色旅游产品宣传中的利用还较为有限，限制了红色旅游产品的曝光和传播效果。例如，目前河南省关于红色旅游景区的介绍仅限于景区官网对其历史革命文化的宣传，缺乏体验式、便携式的宣传方式，同时河南省红色话剧作品，例如《大别山上红旗飘》《红旗渠》等宣传仅靠当地政府、景区官网，只有一部分特别关注的人才能获取相关信息，导致其知名度较低，而关于红色旅游精品线路的宣传，只有政府相关部门进行宣传，没有形成区域联动的方式进行宣传，降低了河南红色旅游精品线路的品牌影响力。此外，河南红色旅游目前的宣传方式未能充分体现红色旅游的多样性和独特性，无法满足不同游客群体的需求。

四 河南省红色旅游高质量发展的对策建议

（一）建设红色旅游区域合作体系，增强区域联动

首先，建立红色旅游区域合作机制。与各地红色旅游景区、旅游企业、文化机构、政府部门等相关利益方建立合作伙伴关系，共同制定合作计划和发展策略，实现资源共享和互补发展。其次，推进旅游产品联动开发。通过跨景区的旅游线路和套餐设计，开展联合推广活动，提供一站式的红色旅游体验，提升河南省红色旅游品牌影响力。此外，加强信息共享与互通。建立红色旅游信息共享平台，促进各地景区之间的信息交流与合作，实现更加精

准的市场定位和营销策略，提升河南省红色旅游的知名度和吸引力。通过以上措施，河南省各地红色旅游景区可以充分发挥各自优势，实现资源共享、互利共赢，推动河南省红色旅游的高质量发展。

（二）加强红色旅游资源科技赋能，助力资源活化

河南省可以通过应用数字技术和虚拟现实（VR）技术，为红色旅游景区进行数字化重构和模拟，为游客创造沉浸式的游览体验。而智能导览系统的引入则能够提供个性化的导览服务，通过人工智能和定位技术，为游客提供定制化的红色旅游线路推荐和历史文化解说，提升游览体验和知识传播效果。此外，还可以建设红色旅游大数据平台整合各类数据资源，包括游客流量、行为和收入等，进行数据分析和挖掘，从而深入了解游客需求和行为模式，有针对性地调整红色旅游产品设计和宣传策略，提升红色旅游资源活化效果，打造更具吸引力和竞争力的红色旅游目的地，为游客提供丰富多样的体验，促进河南省红色旅游产业的繁荣发展。

（三）推进红色旅游产业融合发展，构建产业新高地

推动红色旅游产业融合发展，一方面通过举办文化活动、展览、演出等形式，将红色历史和文化内涵融入旅游体验，打造具有独特文化魅力的旅游产品，提升游客的文化参与感和体验价值；另一方面，以红色旅游为核心，通过吸引投资和引进优质旅游企业，发展相关产业链，包括酒店、餐饮、交通等，提升产业链的整体水平和服务质量，形成完整的旅游服务体系，为游客提供全方位的旅游体验。此外，还需制定支持红色旅游发展的政策措施，例如提供财政、税收等方面的优惠政策，鼓励投资和创新。建立政府、企业、景区等多方合作的机制，加强合作交流，共同推动红色旅游产业的融合发展，构建产业新高地。

（四）丰富红色旅游产品宣传方式，打造精品线路和品牌

河南可以利用互联网和社交媒体等新媒体平台，例如通过在抖音、快手

上传短视频等方式开展红色旅游产品的宣传推广。还可以通过建立官方网站、微信公众号、旅游 App 等渠道，提供详尽的红色旅游信息和线路推荐，以及组织丰富多彩的红色旅游主题活动，如红色文化展览、红色革命故事演讲、红色主题座谈会等来增加红色旅游产品的知名度和吸引力。

除此之外，加强红色旅游从业人员的培训和素质提升，提供优质的旅游服务，打造良好的口碑和品牌形象。通过丰富红色旅游产品的宣传方式，也可以传承红色文化、弘扬红色精神。

案 例 篇

Case Study Section

B.19
红色旅游高质量发展的"延安模式"*

徐宁 张香 李亮**

摘 要: 近年来,延安市红色旅游在拓内涵、提品质、增效率等方面成效显著,高质量高标准建设延安市国家级红色旅游高质量发展示范市,红色旅游高质量发展的延安模式正在形成。目前,延安市红色旅游高质量发展面临红色旅游资源分布不均衡、红色资源类型雷同、科技赋能缺位的困境,也面临后疫情时期红色旅游市场倒逼转型、红色价值解读与红色精神传承有待推进、红色旅游国际化发展尚处于起步阶段的挑战。因此,延安市需要在红色旅游转型升级、党建与文旅融合、红色旅游国际化发展、市域均衡发展协同创新、加强科技赋能五个方面探索红色旅游高质量发展路径。

---

* 本文系 2023 年度国家社科基金一般项目(项目编号:23BMZ093)的阶段性研究成果。

** 徐宁,博士,延安大学经济与管理学院副教授,陕西师范大学中国西部边疆研究院博士后,研究方向为红色旅游;张香,延安大学学术期刊中心、《延安大学学报》(自然科学版)编辑部编辑,研究方向为红色旅游、能源化工经济;李亮,延安大学经济与管理学院硕士研究生,研究方向为红色旅游、旅游目的地建设。

关键词： 红色旅游　高质量发展　延安模式

一　红色旅游高质量发展的延安模式正在形式

（一）依托红色资源优势，高质量打造红色旅游发展的延安模式

为把延安市红色资源利用好、把红色传统发扬好、把红色基因传承好①，陕西省委和省政府高度重视延安市红色旅游发展，积极推进革命文化继承弘扬样板区，全面规划部署延安市国家级红色旅游高质量发展示范市创建工作；延安市委市政府积极贯彻落实并推进创建国家红色旅游高质量发展示范市，积极推进延安革命文化继承弘扬的先行区建设，积极推动红色旅游提质增效升级。近年来，延安市红色旅游受到新冠肺炎疫情影响，来延旅游深受重创，但延安市文化和旅游局积极贯彻落实习近平总书记来陕考察的指示精神，增强延安市红色旅游高质量发展的"内功"，延安市突出宝塔区红色资源重点发展区，发挥地域优势，依托延安市革命纪念地 5A 级旅游景区和其他红色旅游经典景区，弘扬延安精神、张思德精神、南泥湾精神等革命精神，并以宝塔山为代表的革命标识，着力推进延安市红色旅游目的地建设。2020 年 1 月，延安市延安革命纪念地景区成功创建 5A 级旅游景区，2020 年 10 月，国家发展和改革委员会下发《关于公布红色旅游发展典型案例遴选结果的通知》，"延安南泥湾红色旅游发展典型案例"荣列全国红色旅游发展典型案例榜单，系陕西省唯一入选案例。2021 年是中国共产党建党一百周年，延安市红色旅游保持高热度上升态势，延安市位列最具人气的红色旅游目的地榜单第五名。2022 年 12 月，延安市宝塔区入选全国红色旅游融合发展试点单位名单。

---

① 周明、董剑南：《用好得天独厚的红色资源》，《陕西日报》2020 年 5 月 7 日。

（二）统筹红色资源发展格局，高标准建设国家红色文化旅游区

依托延安市自然地理和人文景观空间布局，统筹全市红色文化资源，以创建国家红色旅游高质量发展示范市和构建长征红色文化旅游廊道为契机，统筹红色文化协同黄土风情文化、绿色生态文化、边塞文化等发展，高标准建设陕北国家红色文化旅游区。近年来，根据红色旅游发展目标、资源分布特征与发展潜力，延安市红色旅游的空间布局将突出"延安十三年""转战陕北"的主题布局，弘扬以延安精神、张思德精神和南泥湾精神为代表的革命精神和以宝塔山为代表的革命标识的革命文化，着力打造"核心区域宝塔区协同各县（市）"红色旅游发展格局。2021 年 8 月，陕西省印发《新时代支持革命老区振兴发展若干措施》，指出推动红色旅游高质量发展，支持革命老区积极申报国家级红色经典景区、全国爱国主义教育示范基地、省级红色旅游教育基地，创建国家和省级全域旅游示范区[①]。2022 年 1 月，国家发展改革委会同文化和旅游部、国家文物局印发《推动革命老区红色旅游高质量发展有关方案》，明确提出着眼于"十四五"时期革命老区用活用好各类红色资源，积极发展红色旅游，加快推进革命老区红色旅游高质量发展。延安市抢抓革命老区振兴契机，着力推进国家级红色旅游高质量发展示范市创建，延安革命纪念地景区成功创建 5A 级旅游景区，宝塔区入选国家级红色旅游融合发展试点单位，金延安·圣地河谷入选国家首批夜间文化和旅游消费集聚区，二道街入选陕西省夜间文化和旅游消费集聚区。

（三）根植红色文化资源，红色教育培训的延安模式逐渐形成

习近平总书记多次到访红色旅游景区，反复强调要把红色资源利用好。延安坚持把保护革命旧址、发挥延安三大教育基地的功能作用作为重要政治责任，抢抓文化和旅游融合的机遇，将文化产业和旅游业打造成为延安的重

---

① 《陕西省人民政府关于印发新时代支持革命老区振兴发展若干措施的通知》，《陕西省人民政府公报》2021 年第 20 期，第 3~9 页。

要支柱产业①②。2021 年正值我党成立百年之际，习近平总书记来陕到访米脂县杨家沟革命旧址，强调要加强革命旧址保护与利用，赓续红色血脉、传承红色基因。③ 2022 年 10 月，习近平带领中共中央政治局常委集体到延安革命纪念馆瞻仰，习近平强调，要弘扬伟大建党精神，弘扬延安精神，坚定历史自信，增强历史主动，发扬斗争精神，为实现党的二十大提出的目标任务而团结奋斗。④ 延安市充分根植红色文化资源，通过红色教育培训将丰富的红色文化资源转化为教育资源，将我党伟大的建党精神和延安精神落到实处，让我党领导与干部通过红色教育培训，深切感受党的"使命"，在工作岗位上实践党的"初心"。延安市红色教育培训在规模和效益上取得了长足发展，成为推动红色旅游发展的重要动力。从红色教育培训规模来看，延安市红色教育规模尚在持续增长阶段，促进红色教育提质增效，加强红色教育培训科学化、标准化、规范化成为当前主要任务之一。根据时代要求，延安市依托富集的红色旅游资源，以延安精神、党中央在延安十三年、习近平总书记在梁家河七年为主要线索打造了一系列精品课程⑤，形成了"课堂讲授+现场教学+激情教学+情景教学+社会实践+红色故事会""六位一体"的教学模式。从 2013 年至 2021 年，延安干部培训学院 9 年累计培训 13878 个班次，培训人数累计 664556 人⑥。同时，延安市加强了红色教育培训精品课程的建设，实现了从传统的教育培训向沉浸式教育体验转变，汇编了"延安精神及其时代价值"等近百门特色课程，先后有 17 门课程入选全省好课程、精品课程目录，评选出了"延安时期群众工作方法及现实启示"

① 李欣泽：《抢抓文旅融合机遇　打造地方主导产业》，《陕西日报》2021 年 9 月 3 日。
② 任丽：《延安：红色旅游迎新机　老区振兴添动力》，《中国旅游报》2021 年 9 月 15 日。
③ 《用好红色资源、赓续红色血脉，努力创造无愧于历史和人民的新业绩》，《求是》2021 年第 19 期。
④ 《习近平在瞻仰延安革命纪念地时强调　弘扬伟大建党精神和延安精神　为实现党的二十大提出的目标任务而团结奋斗》，新华网，2022 年 10 月 27 日。
⑤ 王垠山、刘彦：《用好红色资源　赓续红色血脉》，《延安日报》2021 年 8 月 5 日。
⑥ 延安干部培训学院官网，http：//www.yagbpx.org.cn/peixunrenshu／。

等 12 门全市首批精品课程①②。2019 年，延安共承接红色教育培训逾 25 万人次，市域内 42 处革命旧址被中国延安干部学院确定为现场教学点，20 多个国家部委、高等院校和部队在延安建立了教育教学基地，红色教育培训活动的开展，使延安文化和旅游产业提升了内涵和品位。2021 年，延安市红色教育培训机构为 47 家，比 2019 年增长 38.24%，有力地拉动了地方经济发展，形成了中国红色教育培训的延安模式。

（四）依托红色文化底蕴，为红色演艺的延安模式提质升级

红色演艺是红色旅游进入大众旅游时代的主要呈现方式之一，延安市凭借其丰富的红色人文历史故事（事迹），依托深厚的红色文化底蕴，通过陕西旅游集团、陕西文化产业投资集团等市场主体打造了《延安保育院》《延安·延安》等大量红色主题演艺项目（见表 1）。红色演艺开发方与省内知名的红色教育基地合作，深入挖掘党史资源和红色人文资源，将红色演艺与各类党建培训相结合，推进了红色旅游业态多元化、多产业链化的发展。传承、体验是延安市红色演艺发展的主要特色。延安鲁艺是红色革命文艺的圣殿，是发展马克思主义革命文艺运动的重要基地，创作了《白毛女》《南泥湾》《黄河大合唱》等经典作品。延安市秉承把红色资源利用好、把红色传统发扬好、把红色基因传承好的原则，大力开展革命文物保护利用工作，通过多元化的红色演艺深挖省内外红色文化内涵，深耕文化和旅游融合，提升了红色旅游演艺的游客体验感，带动了红色旅游高质量发展。一系列红色演艺项目的成功，反映了红色演艺的活力和生命力，也证明消费者市场对红色旅游参与感和沉浸感的需要。而红色演艺正好打破了红色旅游原来的静态参观浏览模式，并通过深挖红色历史，创新呈现模式，使游客在动态、逼真的演艺中获取参与感和沉浸感。

① 周明、董剑南：《用好得天独厚的红色资源》，《陕西日报》2020 年 5 月 7 日。
② 任丽：《延安：多元发展提升红色城市底蕴》，《中国旅游报》2020 年 11 月 26 日。

表1　陕西省部分红色演艺项目

演艺项目	类型
《延安保育院》	舞台剧
《延安·延安》	舞台剧
《文安驿·穿越道情》	民俗旅游文化演出
《延安记忆》	大型影画
《阿良的长征》	5D动感影视
《延安十三年》	大型沉浸式歌剧
《红色主题家风馆》	大型沉浸式歌剧
《到达延安第一课》	大型沉浸式歌剧
《黄河大合唱》	大型沉浸式歌剧
《路遥的世界》	话剧表演

数据来源：课题组整理而得。

（五）红色文化助力乡村振兴，红色旅游业态更加丰富

乡村振兴战略是我党十九大以来开启全面建设社会主义现代化国家新征程中的一项重大战略。充分整合利用延安市富集的红色文化资源，是推进延安市乡村振兴战略以及推动乡村旅游高质量发展的重要一环。延安红色文化资源是以毛泽东同志为代表的党中央领导集体长征胜利会师后在延安建立陕甘宁革命根据地、全面抗日战争统一战线、指挥解放战争的伟大革命斗争中所形成的内容丰富、价值宝贵的独特文化资源，是延安精神的具体体现。延安市在着力推进实施乡村振兴战略的过程中，注重红色文化资源的独特价值。"小米+步枪"就是红色革命与乡村农业深度融合的写照。从红色革命旧址的布局来看，以城市周边农村为主，这也能反映出中国革命的发源地为农村，即敌后方，最重要的写照是"农村包围城市"的革命口号。受到新冠肺炎疫情的影响，延安红色旅游从跨省游转向本地周边游，延安人游延安成为主要基调，助力推进跨市游，"延安人游延安，秦人游延安"，城区周边村的革命旧址成了游客打卡地。南泥湾是我党农业开垦的第一站，三五九旅的官兵开进南泥湾，战士们扛得起枪杆子，也抡得起锄头和铁锨，形成了自力更生、艰苦奋斗的"南泥湾精神"，南泥湾依托富集的革命旧址资源和革命生产的农作资源，发展星空露营、红色研学、军民生产体验项目、军工事业等，开辟

了红色旅游带动乡村旅游发展的南泥湾模式。延安市延川县梁家河村被延安市委市政府确定为"新农村建设试点村之一和全国乡村治理示范村",依托习近平总书记等知青文化发展旅游业,着力打造集现代休闲观光农业、田园综合体、陕北乡村印象、知青岁月记忆于一体的全域旅游景区。2021 年 8 月,延安市宝塔区万花山镇佛道坪村入选第三批全国乡村旅游重点村名单,佛道坪村充分挖掘陕北窑洞特色,打造具有地域特色的主题窑洞和民居院落,开发了民俗度假酒店、佛道岭森林养生运动公园、毛家古寨等项目①,已成功创建旅游特色名镇 4 个、乡村旅游示范村 3 个,建成休闲娱乐山庄 7 个②,"红色+乡村旅游"发展模式正当其时。南泥湾、梁家河、佛道坪等乡村旅游的发展是延安红色旅游带动的一个缩影,在增加农民收入的同时,也为乡村振兴注入了新的活力。

(六)一系列红色主题开发,优质研学和红色主题精品线路形成

党中央在延安的十三年,是中国革命不断从胜利走向胜利的关键时期。延安市紧扣"长征落脚点""延安十三年""知青岁月"等革命主题,开发一系列红色旅游产品。针对青少年身心特点,整合延安红色旅游资源,有主题地优化研学课程及产品。设计出"西北革命线""长征落脚线""大生产运动线""转战陕北线""知青岁月线"等精品参观学习线路,开发了"吴家枣园毛岸英拜师学艺""梁家河知青岁月""西北局革命旧址"等现场教学点,通过专题教学、现场教学、体验教学等多种形式,使延安革命历史成为思想教育的鲜活教材,把延安的红色景点打造成思想教育的生动课堂③。红色旅游线路主题开发更加高质量高精准化。依托富集的红色旅游资源,通过以黄帝陵为代表的轩辕黄帝文明的中华文明精神标识,以"宝塔山""延安革命纪念馆"等为代表的革命精神标识,以习近平等知识青年为代表的梁家河知青文化新时代思想标识,以延安精神、南泥湾精神、张思德精神为

---

① 任丽:《延安:红色旅游迎新机　老区振兴添动力》,《中国旅游报》2021 年 9 月 5 日。
② 陈宏江:《延安市宝塔区:走好乡村旅游高质量发展之路》,《陕西日报》2021 年 8 月 20 日。
③ 李欣泽:《抢抓文旅融合机遇　打造地方主导产业》,《陕西日报》2021 年 9 月 3 日。

主的伟大建党精神标识，打造了一系列国家级、省级红色旅游精品线路。2016 年，延安市延安革命纪念地系列景区（延安革命纪念馆、枣园革命旧址、杨家岭革命旧址、王家坪革命旧址、凤凰山革命旧址、清凉山革命旧址等 17 个景区）入选全国红色旅游景区名录，同时"西安—洛川—延安—子长—榆林—绥德线"入选红色旅游精品线路（见表 2）。延安·延安革命纪念馆、黄陵·黄帝陵、洛川会议纪念馆选入我国第一批、第二批爱国主义教育基地。2021 年，陕西省 3 条红色旅游线路入选国家"建党百年红色旅游百条精品线路"，其中延安市有 2 条红色旅游国家精品线路（见表 3）；2021年 5 月，陕西省文化和旅游厅产业发展处推出了 25 条红色旅游精品线路，其中延安有 10 条精品线路入选（见表 4）。

表 2　延安市全国红色旅游景区名录、线路与教育基地

	全国红色旅游景区
延安革命纪念地系列景区	延安革命纪念馆，枣园革命旧址，杨家岭革命旧址，王家坪革命旧址，凤凰山革命旧址，清凉山革命旧址，"四八"烈士陵园，洛川县洛川会议纪念馆，子长县瓦窑堡会议旧址，宝塔山景区，桥儿沟革命旧址，南泥湾革命旧址，中共中央西北局革命旧址，陕甘宁边区政府旧址，志丹县保安革命旧址，吴起镇革命旧址，中国人民抗日军政大学纪念馆
西安—洛川—延安—子长—榆林—绥德线	主要红色旅游景点有：西安市八路军西安办事处纪念馆，西安事变纪念馆；延安市洛川县洛川会议旧址纪念馆，枣园、杨家岭、王家坪、凤凰山、清凉山革命旧址，瓦窑堡会议旧址，"四八"烈士陵园，子长县子长烈士纪念馆
爱国主义教育基地	延安·延安革命纪念馆、黄陵·黄帝陵、洛川会议纪念馆

数据来源：课题组整理而得。

表 3　延安市"建党百年红色旅游百条精品线路"

线路名称	具体线路
"红色陕西·圣地延安"精品线路	陕西省西安市"西安事变"纪念馆—西安市八路军西安办事处纪念馆—铜川市陕甘边照金革命根据地旧址—照金薛家寨革命旧址—延安市南泥湾革命旧址—延安革命纪念地景区—延安市吴起县中央红军长征胜利纪念园—延安市甘泉县中央红军和陕北红军会师地旧址—延安市安塞区王家湾革命旧址—延安市延川县永坪镇革命旧址—延安市子长市瓦窑堡会议旧址

续表

线路名称	具体线路
"能源陕北·科技西安"精品线路	陕西省榆林市陕西北元化工集团—榆林市榆树湾煤矿—榆林市陕西未来能源化工—延安市延长县中国陆上第一口油井—西安市阎良航空科技馆—西安市杨凌农业高新技术产业示范区—西安市西安交通大学西迁纪念馆

数据来源：课题组整理而得。

表4　延安市陕西省红色旅游精品线路

序号	主题	具体线路	内容
1	古都西安红色延安	西安—铜川—延安	城墙、八路军西安办事处、西安事变旧址
			照金、薛家寨、陕甘边革命根据地纪念馆
			黄帝陵、宝塔山、梁家河、乾坤湾、南泥湾、西北局革命纪念馆、延安革命纪念馆、王家坪、杨家岭、枣园
2	最忆当年红色延绵	西安—铜川—延安—榆林	西安事变旧址
			陕甘边革命根据地纪念馆、耀州窑博物馆、玉华宫
			黄帝陵、洛川会议旧址、黄土国家地质公园、枣园、杨家岭、延安革命纪念馆、宝塔山、瓦窑堡会议旧址、钟山石窟
			绥德抗大旧址、359旅司令部旧址、米脂杨家沟革命旧址、李自成行宫、姜氏庄园、神木白求恩医院旧址
3	重温红色历史传承奋斗精神	西安—延安	八路军西安办事处、西安事变旧址
			中华人文始祖黄帝陵、轩辕庙、黄河壶口瀑布、枣园革命旧址、杨家岭革命旧址、宝塔山,现场教学《党中央在延安十三年》、观看《延安保育院》
4	红色文化夏令营陕北行	西安—韩城—延安—咸阳	八路军西安办事处
			八路军东渡纪念碑、司马迁祠、黄河观光路
			壶口瀑布、南泥湾、枣园革命旧址、杨家岭革命旧址、延川梁家河、洛川会议纪念馆,安塞学习《为人民服务》
			安吴青训班

续表

序号	主题	具体线路	内容
5	品味传统文化千载史,联结百年革命红色情	西安—铜川—咸阳—延安—韩城	陕西历史博物馆
			陕甘边革命根据地纪念馆、薛家寨、秀房河湿地公园、陈家坡会议旧址
			马栏革命纪念馆、马家堡关中特区旧址
			黄帝陵、延安革命纪念地系列景区、梁家河,观看4D巨幕电影《阿良的长征》
			党家村、司马迁祠、八路军东渡黄河出师抗日纪念碑
6	畅游革命圣地领略陕北风光	延安	参观延安革命纪念馆、王家坪革命旧址、枣园革命旧址、宝塔山、南泥湾,在延安1938街区、圣地河谷金延安体验陕北民俗,在延川县乾坤湾景区、甘泉县雨岔大峡谷、宜川县黄河壶口瀑布领略陕北风光,观看历史舞台剧《延安·延安》,延安新城学习书院主题研学
7	长征精神研学之旅(延安红色党建培训4日行)	延安	重走长征路——甘泉圪崂至九牛塔段步行6.8km,路途学唱红歌和陕北民歌,听红色故事,体验陕北黄土风情;参观杨家岭革命旧址、王家坪革命旧址、延安革命纪念馆、南泥湾、黄河壶口瀑布,观看《黄河大合唱》,梁家河情景教学
8	重温红色历史研学之旅	延安	吴起县中央红军长征胜利纪念园,志丹烈士陵园、保安革命旧址、抗日军政大学旧址,甘泉县象鼻子湾、下寺湾会议旧址,富县直罗镇战役纪念馆,子长县瓦窑堡会议旧址、子长烈士纪念馆
9	重温红色历史体验美丽乡村	延安	富县羌村,参观东村会议旧址、福严院塔;直罗战役纪念园、直罗镇胡家坡村;观赏"塞上小江南"百亩稻田,参与乡间采摘,助力乡村振兴
10	再回延安·寻味红街	延安	红街长征主题会师馆、大生产运动主题南泥湾集市、转战陕北主题馆,通过场景沉浸体验,感悟红色文化;夜游红街,打造夜经济文旅产品

数据来源:课题组整理而得。

二 红色旅游高质量发展的延安模式面临的困境与挑战

（一）红色旅游高质量发展的延安模式面临的困境

1. 红色旅游资源分布不均衡

延安市红色旅游资源分布不均衡是导致各区县（市）红色旅游发展不平衡、开发不充分的主要原因之一。根据延安市文化和旅游局公布的红色旅游景点，目前开发出的红色旅游景点有 135 处（见表5），其中宝塔区 35 处，居首位，黄龙县仅有 1 处；在 2021 年陕西省文化和旅游厅公布的陕西省 A 级红色旅游景区汇总表中，延安市的红色旅游景区（点）有 16 处，其中宝塔区 5 处（5A 级 1 处，3A 级 4 处），其余景区均分布在各区县（市）（见表6）。延安市红色旅游资源呈现出北部密集南部稀疏、宝塔区富集向周围区县（市）分散的布局态势。延安南部区域旅游业发展以自然生态型和民族民俗旅游发展为主，宜川县和延川县依托黄河资源，积极开辟黄河文化旅游线路；黄龙县和黄陵县依托生态资源和黄帝陵资源，积极发展生态旅游经济和民族精神朝圣旅游。北部各区县因地理环境等原因，自然资源优势明显不足，红色旅游资源虽富集但开发程度不充分，虽然已经形成区域性的红色旅游目的地，但知名度和影响力不如宝塔区，红色旅游资源开发不充分。

表5 延安市红色旅游景点

序号	区（县）	红色旅游景点
1	宝塔区 （35处）	延安革命纪念馆、枣园革命旧址、延安宝塔山、延安凤凰山麓革命旧址、王家坪革命旧址、延安清凉山、杨家岭、陕甘宁边区政府保安处旧址、中共中央西北局旧址、毛岸英拜师务农旧址、南泥湾革命旧址、陕甘宁边区银行纪念馆、延安交际处旧址、延安中央社会部旧址、延安抗小遗址景区、陕甘宁边区儿童保育院旧址、陕甘宁边区高等法院旧址、延安中共中央宣传部旧址、延安中央军委通信局旧址、延安鲁艺旧址、延安中共中央统战部旧址、走近毛泽东展览馆、中共新华书店、印刷厂旧址、延安中共中央党校旧址、延安中央书记处小礼堂、陕甘宁边区政府旧址、延安中共中央组织部旧址、《为人民服务》讲话纪念广场、陕甘宁边区参议会礼堂旧址、延安保卫战景区、延安南区合作社纪念馆、中国抗日军政大学纪念馆、中国共产党六届六中全会旧址、"四八"烈士陵园

续表

序号	区（县）	红色旅游景点
2	安塞区（15 处）	郝家岔兵工厂旧址、八路军制药厂旧址、中央军委二局旧址、陕甘宁边区难民纺织厂旧址、八路军印刷厂旧址、西北野战军司令部旧址、兴华制革厂旧址、安塞区文化文物馆、张思德牺牲纪念地、陕北省苏维埃政府旧址、王家湾毛泽东旧居、梁坪陕北省苏维埃政府旧址、真武洞毛泽东旧居、纸坊沟八路军印刷厂旧址、白坪陕甘宁边区儿童保育院小学部旧址
3	黄陵县（2 处）	上畛子革命旧址、七丰村八路军办事处旧址
4	黄龙县（1 处）	瓦子街战役烈士陵园
5	宜川县（8 处）	秋林二战区长官司令部旧址、宜川战役旧址、寨子沟兵工厂、圪背岭宜川战役彭德怀指挥所旧址、八路军驻第二战区办事处旧址、圪背岭宜瓦战役指挥所旧址、宜川第二战区抗战旧址群、宜瓦战役宜川遗址
6	洛川县（4 处）	洛川会议纪念馆、马家塬战斗遗址、洛川东北军第六十七军军部旧址、后子头八路军随营学校旧址
7	富县（8 处）	直罗烈士陵园、直罗镇战役遗址、东村会议旧址、中共陕甘省委、陕甘省苏维埃政府遗址、党家湾毛泽东旧居、王家角八路军三五八旅旅部旧址、榆林桥战役遗址
8	延长县（6 处）	中国陆上第一口油井、马头关、延长毛泽东旧居、延长县东征会议旧址、马头关河防保卫战遗址、凉水岸河防战斗遗址
9	甘泉县（7 处）	下寺湾毛泽东旧居、中央红军和陕北红军会师地旧址、中共陕甘边特委旧址、劳山烈士陵园、西北野战军六烈士遇难遗址、屈沟坪陕甘边区革命军事委员会旧址、道镇红十五军团部旧址
10	延川县（8 处）	"鲁艺"学校旧址、乾坤湾毛泽东旧居、冯家坪革命旧址、太相寺会议旧址、高家湾八路军医院旧址、永坪革命旧址、梁家河知青旧址、杨家圪台革命旧址
11	吴起县（16 处）	中央红军长征胜利纪念园、吴起革命纪念馆、郭克郎村西北野战军后方医院旧址、砚洼山南麓、刘坪庄中央红军医疗所旧址、梁台三边军分区医院旧址、吴起镇革命旧址、张涧村红军后方医院分院旧址、蔺砭子三边军分区医院旧址、田百户村红军后方医院分院旧址、吊掌庄红军后方医院分院旧址、吴起毛泽东旧居、胜利山、中共陕甘宁省委旧址、李洼子吴起县二区政府旧址、张湾子毛泽东旧居

序号	区(县)	红色旅游景点
12	子长市(14处)	瓦窑堡中华苏维埃政府西北办事处及部委机关旧址、羊马河战役遗址、瓦窑堡会议旧址、周家硷联席会议旧址、子长烈士纪念馆、中共陕北省委旧址、水沟坪中央红军医院旧址、西北铁厂旧址、中国人民抗日红军大学、瓦窑堡周恩来旧居、子长中央红军兵工厂旧址、西北革命军事委员会旧址、西北军委供给部旧址、瓦窑堡毛泽东旧居
13	志丹县(11处)	保安革命旧址、刘志丹烈士陵园、保安革命旧址纪念馆、土堆河中央红军医院旧址、抗大旧址、小沟村中央红军医院旧址、刘坪村中共中央党校旧址、三台山红军西征联络站旧址、红军后方医院旧址、刘志丹故居、保安中央政治局会议室旧址

数据来源：课题组整理而得。

表6　延安市红色旅游A级旅游景区

地市	红色旅游景区	等级
宝塔区	延安革命纪念地景区(宝塔山景区、杨家岭革命旧址、枣园革命旧址、延安革命纪念馆、中共中央西北局旧址)	5A
	凤凰山旧址景区、清凉山景区、南泥湾景区、王家坪革命旧址景区	3A
宜川	秋林抗战纪念地景区	4A
	宜川县秋林第二战区长官司令部旧址景区	3A
吴起	吴起中央红军长征胜利纪念园景区	4A
洛川	洛川会议纪念馆景区	3A
志丹	刘志丹烈士陵园、志丹保安革命旧址景区	3A
富县	富县直罗战役纪念馆景区	3A
	富县东村会议旧址景区	2A
黄龙	黄龙瓦子街战役烈士陵园	3A
延川	延川永坪会议旧址	3A
子长市	子长革命烈士陵园	3A

数据来源：课题组整理而得。

2.红色资源类型雷同，资源整合度不高

延安地处黄土高原腹地，黄土文化构建起了延安人的传统民俗风情文化，形成了以窑洞为主要特色的民风民俗。党中央在延安十三年，其生活、

生产、军民工作与延安黄土文化有效融合，遗留下的革命旧址基本上以传统的窑洞为主，有名人故居、遗址旧址、纪念场馆、烈士陵园以及综合景区、军事遗址与古战场、教学科研实验场所、建设工程与生产地、纪念地与纪念活动场所、特性屋舍和建筑遗迹等。课题组通过课程实践调研，发现以上述资源类型形成的红色旅游景区均与延安本地乡土文化有关，基本雷同。以延安革命纪念地景区为例，其杨家岭革命旧址、枣园革命旧址、王家坪革命旧址、南泥湾革命旧址等以及毛泽东、朱德、周恩来、刘少奇、任弼时、彭德怀等人的旧居均以传统土窑结构建筑为主，凤凰山麓革命旧址、瓦窑堡革命旧址、延安鲁艺旧址等以传统的砖窑结构建筑为主。革命遗迹本身资源类型的雷同性给红色旅游主题产品开发带来了现实挑战与困难，从长征落脚点到抗日战争再到解放战争，革命时期的主题明显，该类景区虽具有主题系列产品，但旅游产品单一，缺乏趣味性和体验性，比如国家5A级旅游景区延安革命纪念地景区中枣园革命旧址景区的开发与杨家岭、西北局旧址没有差异性，单一和低水平重复建设现象严重。景区文创产品以主席铜像、主席语录和红军服等为主，缺乏创新性。另外，参观形式还是传统地看旧址、看照片和看文物，对人物、革命事件的呈现比较生硬，缺乏参与感和趣味性。以习近平等为代表的知识青年下乡系列主题产品虽已成型，但是均与主题教育有关，政治色彩浓厚，旅游观光系列主题产品还需要进一步升级，红色旅游系列主题产品内涵需要进一步挖掘，红色旅游资源类型需要加快整合，以提升延安市红色旅游目的地的竞争力和影响力。

3. 科技赋能缺位，红色资源活化率低

科技赋能缺位是延安市红色旅游高质量发展的困境之一。红色旅游作为主题鲜明的旅游，其旅游本身的价值和内涵与其他形式的旅游一样，一方面提升本地区旅游竞争力，另一方面拓宽本地居民的收入渠道和提升生活水平。红色旅游发展的本质在体现其政治教育性的同时，更应该凸显其富民兴业的内涵。随着科学技术的发展，科技赋能红色旅游成为当前红色旅游业态发展的重要形式和内容，其主要表现为景区智慧化建设和旅游项目科技化应用。尤其是新冠肺炎疫情以来，旅游市场环境变革，带来旅游产业商业模式

转型，传统的旅游商业模式需要改进，主动转变旅游产业商业模式，通过科技赋能文旅的方式，加速现代旅游商业模式的转型[①]。显然，科技赋能延安红色旅游存在功能性不足的问题，一方面从科技赋能红色旅游体验的生产方式来看，在 VR、AR、3D、5G 技术日益成熟，"云旅游"和"云观展"应用广泛的形势下，延安市红色旅游对新技术的应用稍显不足，显然不能够满足千禧一代消费群体的需求。延安市景区智慧化旅游公共服务设施建设较为落后，智慧旅游仅仅体现在电子导游和扫码讲解上，城市（景区）智慧旅游管理平台也并未完全建立，像智能导游、线路规划和个性化定制等高端功能还不能实现，体验感不强。另一方面，红色旅游项目与科技的结合程度较低，"短视频+旅游"的文旅融合新产品与新模式的开发应用尚不足，无法适应即将出现的专业化的虚拟旅游空间和"元宇宙"。延安市虽有科技馆，但与景区的融合度不高，景区内红色旅游项目没能充分利用全息投影、人工智能等技术，科技与景区革命人物和革命故事融合度较低，红色旅游景区资源活化利用率较低；科技虚拟旅游体验新业态尚未形成，比如模拟乡村包围城市、小米加步枪、抗日战争、转战陕北等专业化新型体验的旅游空间业态；随着居家云游体验、举家旅游、亲子游等形式旅游的体验活跃度迅速增长，宅家或者随身获取体验成为未来行业所趋，延安市缺少家庭化（亲子化）的红色旅游虚拟体验设施，家庭模拟红色旅游教育体验舱、红色科技体验舱等沉浸式旅游产品也有待开发；旅游打卡与旅游直播创新了旅游市场的营销和观看模式，且引流功能与效果明显，在一定程度上满足了大量的旅游体验需求，但"红色旅游直播间"打造尚不成熟。

（二）红色旅游高质量发展的延安模式面临的挑战

1. 后疫情时代红色旅游市场倒逼转型的挑战

疫情给旅游带来的损失是巨大的，但是给旅游提质升级带来的契机也是前所未有的，在后疫情时期，红色旅游市场的消费结构、发展环境、市场格

---

① 吴浩、欧阳梦云：《旅游业发展面临的挑战与机遇》，《经济日报》2020 年 3 月 21 日。

局等发生了新的变化。根据中国旅游研究院和马蜂窝自由行大数据联合实验室发布的《中国红色旅游消费大数据报告（2021）》，延安市红色旅游全年占比排名第四，红色旅游成为延安市经济发展的引擎，人气最高的传统红色旅游目的地中，延安市位列第九。这说明延安市作为传统红色旅游城市和目的地深受游客欢迎，延安市以丰富的红色资源吸引人，但从年轻人最喜欢的红色旅游景区看，延安并未上榜，延安红街虽圈粉无数，但是其在国内的竞争力和影响力还是远不如北京国家博物馆、嘉兴南湖、李子坝抗战遗址公园等红色爱国主义景区。在"红色+生态乡村"成为游客新宠之时，延安市"红色+生态乡村"业态模式并未上榜，随着红色旅游需求日趋多样化，延安市红色旅游缺乏吸引力，对于年轻人来说，更显边缘化，大众旅游在遭受前所未有挑战的同时，红色旅游也面临着转型的困境。因此，在后疫情时代红色旅游市场倒逼转型中，延安市发展空间大，任务也同样重。

2. 关于红色价值解读与红色精神传承的挑战

红色精神传承是红色旅游发展的主线，红色精神就是通过革命历史事件向中国人民传递不屈不挠精神、艰苦奋斗精神、开拓进取精神等，为美好生活需求而不懈努力。那么对红色价值的解读却出现了相应的偏离，红色旅游发展应该采取集政治教育、富民兴业于一体的主题旅游形式，挖掘红色旅游发展价值需要从实际出发，深入探索红色价值在本地区的应用和传承，而不是过于政治化地解释红色价值、让红色文化与人民群众有距离、失去红色旅游接地气的发展实质，主要表现在单一化阐释红色精神谱系、红色旅游景区建设过于现代化。

3. 红色旅游国际化发展尚处于起步阶段

关于红色旅游国际化认识的问题，部分学者认为红色旅游国际化是一个伪命题，认为红色旅游是中国特有的一种旅游形式，是属于政治因素的内容，国外游客对中国特有的这种旅游形式，不感兴趣，因此开拓国际市场也没有必要。殊不知在延安时期，国际友人来访延安，成为宣传延安道路的重要途径之一。加拿大医生白求恩、印度医生柯棣华、法国医生贝熙叶，来自英国的"国际友人"林迈可、波兰的"外国八路"汉斯·希伯、美国的

"战地记者"埃德加·斯诺等国际友人所代表的国际主义精神，是党史故事中一抹亮丽的色彩。然而延安市红色旅游国际化发展尚处于起步阶段，虽然有数量不定的外宾来延安游玩，但是在国际化路上，延安市尚面临诸多挑战，比如现阶段对国际友人的历史事迹挖掘得不够深、系列产品和线路尚未开发等，同时延安市红色旅游国际化发展还面临着内外环境的挑战、国际化营销的挑战等。

三 延安市红色旅游高质量发展的路径选择

（一）坚持政府主导、市场驱动倒逼红色旅游转型升级

1. 坚持政府主导，高标准严要求创建红色旅游高质量发展示范市

从顶层设计出发，坚持政府主导，高标准严要求地创建国家级红色旅游高质量发展示范市是实现延安市红色旅游转型升级的重要手段，也是实现红色旅游高质量发展的重要环节。建立健全规范化、科学化、柔性化红色旅游高质量发展政策体系，积极推进顶层设计、政府主导的创建标准和要求迫在眉睫。

2. 坚持市场驱动，形成红色旅游高质量转型的内在动力

随着大众旅游时代的到来，我国红色旅游已经进入全域发展和大众消费市场。在后疫情时代，红色旅游发展要坚持市场驱动，形成红色旅游高质量转型的内在动力。发挥市场的能动作用，在传承红色基因、传承红色文化中，凸显文化和旅游深度融合的内在驱动力和发展力，推动革命老区经济发展，助力革命老区转型发展。一是推进发展机制创新，形成红色旅游全要素产业格局，按照市场导向、市场化运营的原则，开发红色旅游资源、建设红色旅游项目。二是确立游客红色文创消费体验导向，推进旅游产品转型。红色旅游开发需要突破传统的红色观光、红色教育和红色研学等发展模式，应以提高游客红色文创消费体验为导向，依据游客对延安时期的红色革命的感官认识规律，创新设计能够满足时代需求的红色旅游产品，推进红色旅游产品由单一的观光型旅游产品向多元的红色文旅融合的文化体验型旅游产品转型发展。三是推进基础设施

创新升级，在红色旅游基础设施建设、景区道路改造升级和配套设施、红色旅游商品体系等方面着手，提升红色旅游公共服务水平。

（二）坚持党的建设与文化和旅游融合发展模式

1. 构建"党建+文旅"有效融合模式

文化和旅游融合发展是新时期的显著特点，充分认识党建工作在文化和旅游产业中的重要作用，采取"党建+文旅"模式，将党建工作与诚信经营和文旅业发展紧密挂钩、深度融合，引领延安市文化和旅游融合高质量发展，开创文化和旅游融合发展的新篇章。推进落实文旅企业基层组织主体责任，推进党建与顶层设计相结合，凸显文旅顶层设计中党的领导地位，突出党建在文旅融合中的支撑作用，树立典型与示范。通过传承"红色"基因，全面升级打造以"吴起—志丹—宝塔—子长"为主的延安市首条"长征文化党建文旅长廊"，打造以"黄龙—洛川—宝塔—安塞—吴起—志丹—子长"为主的"延安市十三年党建文旅长廊"，打造以"甘泉—宝塔—延川—子长"为主的"知情党建文旅长廊"，打造以"黄龙—黄陵—富县—甘泉—宝塔"为主的"两山理念党建文化长廊"，打造以"宝塔—延长—延川—子长"为主的"能源工业党建文化长廊"。在景区建立党建文化景区示范区，在区县城镇设置党建文化公交站点，开辟党建文化线路，在飞机场、火车站、汽车站、高速服务区设立党建文化圈，形成延安市党建文旅群。

2. 加强党建与文旅融合运行保障机制结合

设立文旅党建基金，将文旅中党建工作经费纳入文化和旅游投资建设财政预算，加大财政支持力度。积极发挥中组部"博士服务团"在延安市创建国家级红色旅游高质量发展示范市中的人才支撑作用，积极开展具有旅游管理背景的"陕西省博士服务团"深入延安市各区县（市）的服务工作，省内外高校与延安大学共同设立"旅游管理博士工作站"和"旅游管理博士后科研创新工作站"，有效发挥各类旅游专家服务团服务延安市红色旅游高质量发展的作用，切实解决延安市红色旅游发展人才支撑的难题和瓶颈，为延安市红色旅游高质量发展提供智力支持。

（三）坚持文旅深度融合的国际化发展的新思路

红色旅游高质量发展需要探索国际化发展思路，有效利用延安市富集的红色革命文化遗产资源，将"延安精神"、"南泥湾精神"、"张思德精神"以及以宝塔山为标识的中国共产党人精神与黄帝陵、黄河等我国宝贵的民族精神有效衔接起来，走红色旅游国际化发展道路，向国际社会传播我国优秀传统文化、中国特色社会主义建设的中国声音和故事，寻找国际协同发展共识。因此，在大众旅游时代，红色旅游在景区建设和产品设计中，既要考虑国内游客，也应进一步重视海外游客，需要思考红色旅游国际化发展的新理念。与此同时，我国红色旅游发展要与朝鲜、越南、古巴、老挝等社会主义国家一道，构成主题性强、大众需求、形式多元的发展特点，同时也赋予其国际价值，吸引国际市场。亚非拉等民族解放运动和独立运动时期孕育的一系列主题特色鲜明、形式多样的旅游发展模式，与我国及其他社会主义国家红色旅游发展浑然一体，同样形成了该国爱国主义教育基地。一方面，开通延安南泥湾机场的国际航线，通过国际红旅航空走廊建设，促进延安市红色旅游国际化营销，通过文化汇通加强我国与其他国家的民心相通；另一方面，加强红色旅游精品线路的国际合作，加强与朝鲜、越南、古巴、老挝等社会主义国家的红色旅游合作，开辟延安国际红色旅游精品朝圣线路，向上述国家宣讲中国特色社会主义道路，传递国际社会主义意识共同体理念；与美国、法国、德国、英国等欧美国家合作，开辟红色旅游国际精品线路，向欧美国家宣传中华民族共同体，宣讲中国革命为什么会胜利，中国特色社会主义道路为什么会取得卓越的成就，宣讲社会主义道路自信和红色文化自信；与亚非拉民族主义国家展开合作，开辟红色旅游主题教育线路，在主题教育中强调双方民族解放和国家独立运动的作用，让中国人民与亚非拉人民一道，珍惜当前国家独立和经济建设的伟大成就，通过情感认同，在国际社会中形成反对霸权主义、单边主义、强权政治的统一战线。

（四）加强延安市域红色旅游均衡发展协同创新

1. 均衡布局延安市域内红色旅游发展格局

在红色大众旅游时代，红色旅游发展应该是全域性的，因此，实现红色旅游均衡布局是红色旅游高质量发展的主要路径。一方面，通过统筹编制新一轮《延安市红色旅游高质量规划》，优化各区县（市）红色旅游发展空间结构和功能，探索红色旅游高质量发展的顶层设计路径，探索红色旅游区域协同、产品（线路）和项目互动等"均衡协同"发展机制，为实现红色旅游高质量发展探路。另一方面，各区县（市）以高质量发展为目标，实施红色旅游全域发展行动，以区位条件和资源特征为依托，加强各区县（市）革命文物保护和利用，促进红色旅游产品和线路开发，各区县（市）精准对接宝塔区红色旅游目的地，形成红色旅游发展战略，推动红色旅游发展的区域融合。

2. 加强与其他地市红色旅游发展的协同创新

一方面，根据延安市及陕西省红色旅游发展形势，建议组建"陕西省红色旅游联盟"，秘书办设置在延安市文化和旅游局，在各地市文化和旅游局设立分支，各地市为主要组织成员单位，陕西省红色旅游经典景区、爱国主义教育基地、革命文物保护单位等为联动成员单位，旅游企业、旅行社等商业主体为协同成员单位。通过红色旅游联盟为其提供延安经验，并搭建相互学习、相互借鉴、扩大宣传、共同提高的交流平台。另一方面，加强与国内外红色旅游目的地及平台多维协作。横向协作对象包括联合国教科文组织、世界旅游组织、世界旅游联盟、世界旅游城市联合会、《国家地理》杂志、亚太旅游协会等；纵向协作对象包括世界各地的孔子学院、在陕的各国领事馆、陕西省的国内外友好城市等。

（五）加强科技赋能红色旅游

积极推动科技赋能红色旅游发展，加快出台《延安市创建国家级红色旅游高质量发展大数据建设的指导意见》，发挥 5G 文旅信息科技、人工智能、区块链、云计算等新一代信息技术对红色旅游、建设国家级红色旅游目的地的支撑功能和助推效应，构建延安市"全覆盖、全信息、全服务"的红色文化和旅游融合示范大数据建设格局，创建红色旅游智慧化示范市。打造一批5G红色旅游主题公园，将5G引入延安市各主要目的地，实现数字化文化旅游，探索5G游延安新体验模式。通过结合5G+VR、5G+智能讲解、360度全景直播、5G+AR鹰眼、5G+社交分享等技术，提升文旅体验感，促进文旅消费从观览到服务的全面升级。培育一批基础设施完备、综合服务规范、示范带动作用强的文旅信息科技创新示范企业，发展5G智能终端（设备）产业，支持现有智能终端配套企业加快产品转型，提升5G智能终端（设备）配套能力。建设一批自助数字宾馆（酒店）、民宿，投放自助入住设备，游客可通过酒店大堂设置的自助入住机办理入住、退房、打印等手续，缩短游客入住、退房等待时间，同时降低运营管理成本。在景区、图书馆、艺术馆、文化馆等启动人工智能服务，通过人脸识别、语音识别、调度算法、视频图像分析等技术，增强游客文旅消费体验的质感和内涵，感受科技与文化和旅游行业深度融合，景区内"AI刷脸"入园，通过智能化小程序智慧导览、导航、导游和导购；在图书馆实现人脸识别借书等措施，可通过人脸扫描进入博物馆、文化馆和艺术馆，通过VR、MR、AR等沉浸式智能化技术，让公众在虚拟场景中身临其境，获得"亲身体验"感。

B.20
红色旅游高质量发展的"西柏坡模式"*

康　敏　康彦新**

摘　要：　西柏坡是中国革命五大圣地之一，红色旅游资源丰富，在发展红色旅游的过程中，挖掘红色文化、创新宣教模式；开展"重走赶考路"红色体验活动；实行全域旅游发展，促进老区经济转型；探索红色研学模式；发展休闲度假产品，形成了红色+乡村旅游、民宿小镇、绿色生态等休闲度假产品体系；积极借助数字技术，开展红色资源保护、展示和宣传，实现了红色旅游高质量发展的西柏坡模式。但是也存在缺少顶层设计、研学开发缺乏深度和广度、旅游配套设施参差不齐功能单一等问题，本文提出了成立西柏坡干部学院、扩大宣教影响力，加强统一开发管理、开展区域联动发展机制，构建多层次红色研学体系，积极顺应京津冀协同发展、做中国式旅游现代化发展的先行区示范区，文旅融合推动西柏坡高质量发展的建议。

关键词：　红色旅游　高质量发展　西柏坡模式

一　西柏坡红色旅游资源概况

西柏坡景区位于石家庄市平山县西柏坡镇，距省会石家庄70公里，毗

* 本文系河北省高等学校人文社会科学研究项目"河北省红色旅游地游客情感及红色文化数字品牌建设研究"（SZ2023089）研究成果。
** 康敏，石家庄学院旅游管理专业教师，研究方向为红色旅游、旅游创新；康彦新，西柏坡纪念馆研究中心主任，研究馆员，研究方向为西柏坡文化。

邻京津，西柏坡高速直达景区，207 国道横贯全境，交通便利，辐射河南、山东、山西、辽宁、内蒙古等省（区、市），区位优势明显。1947 年 5 月，刘少奇、朱德率领中共中央工作委员会进驻西柏坡，并在此召开了中国土地会议，颁布并实施了《中国土地法大纲》。1948 年，毛泽东率中共中央机关来到西柏坡，指挥了辽沈战役、淮海战役、平津战役三大战役，并举行了党的七届二中全会。1949 年 3 月，毛主席、中共中央从西柏坡搬迁到北京。伟大的革命实践活动孕育形成了以"谦虚谨慎、艰苦奋斗、实事求是、一心为民"为基本内容的西柏坡精神。因此，西柏坡有"最后一个农村指挥所""新中国从这里走来""中国命运定于此村"的美誉。西柏坡是我国著名的革命圣地，是"两个务必"的诞生地，是"进京赶考"的出发地。西柏坡纪念馆于 1995 年被评为"全国优秀教育基地"、1997 年被评为"全国爱国主义教育示范基地"、2009 年被评为"国防教育示范基地""全国廉政教育基地"。2011 年，西柏坡被评为 5A 级景区，2016 年被公布为全国首批研学旅游示范基地之一，2017 年，西柏坡景区入选《全国红色旅游经典景区名录》，2022 年，西柏坡纪念馆入选"中华优秀传统文化、革命文化、社会主义先进文化专题实践教学基地"和"党史新中国史教育专题实践教学基地"。西柏坡因其特殊的历史地位、众多的革命文物遗迹，成为河北省乃至全中国红色旅游的一张名片。西柏坡保留着中国共产党各主要机关的旧址、中国共产党举行重要会议的场所，毛泽东等伟人的故居等红色旅游资源。

二 西柏坡红色旅游高质量发展的主要做法

（一）挖掘红色文化，打造一流红色 IP

中国共产党在西柏坡时期形成的西柏坡精神，内容丰富，博大精深，是党和国家的宝贵精神财富。在建设中国式现代化的今天，要进一步发扬和继承西柏坡精神，用西柏坡精神引领国家发展。西柏坡纪念馆深挖红色文化，制定了《西柏坡爱国主义教育基地建设规划》，学术研究成果显著，出版了《西柏坡记忆》《西柏坡记事》《西柏坡档案》《西柏坡：新中国从这里走来之见证》《西柏坡：新中国从这里走来之解读》《西柏坡时期毛泽东手稿典藏》《走进西柏坡》《西柏坡精神的当代价值》《西柏坡口述历史》《西柏坡电报故事》《西柏坡照片故事》《西柏坡书信故事》《团结就是力量》《中共七届二中全会实录》《土地会议实录》《民主人士北上实录》《西柏坡时期中央部委旧址研究》等近40本专著。对中共中央在西柏坡的改革实践活动进行了全方位的展现，在历史、精神、文物、故事、人物等方面展示了西柏坡历史和西柏坡精神。河北师范大学与西柏坡纪念馆共同申请了国家社科基金重大项目"西柏坡时期文献资料整理与研究"，目前已经顺利结项，共整理文献资料50卷，基础研究取得了较好的成就，为全国学者研究西柏坡提供了翔实的史料支撑。但仍有一些资料挖掘不足，如西柏坡时期召开的金融工作会议、军工会议、九月会议等资料挖掘不足；又如，关于傅作义偷袭石家庄历史事件中的中央决策、军事应对准备、各部门疏散情况等资料不足。

近年来，西柏坡纪念馆进一步开展文物保护利用的研究，厚植红色文化资源，完成《西柏坡时期100张经典照片背后的故事》《西柏坡时期100封书信故事》《团结就是力量》3部精品理论研究著作。完成馆藏珍贵文物吴冠中油画《西柏坡中共中央旧址》的保护修复工作，重点文物保护工作实现新突破。办好精品展览，拓展西柏坡学习内涵，紧扣伟大建党精神和西柏坡精神，精心策划设计，举办展览6个。《新中国从这里走来》《团结就是力量——红色经典文艺作品故事展》展览先后走入高校，西柏坡知名度不断提升。开辟专题讲解，创新宣传教育形式，宣教水平不断提升，首创出版《圣地百灵——西柏坡讲解服务品牌形象塑造》。组织宣讲小分队进乡村演出，使西柏坡精神和党的二十大精神在广大群众中落地生根，持续做好"六个一"主题教育活动。创新宣教人才培养模式，首次以线上线下结合形式开展了河北省爱国主义教育基地讲解员培训活动。西柏坡不断丰富宣教内容，增强教育内容的互动性、体验性，打造了国内一流的红色宣教IP。

（二）"重走赶考路"，开展特色体验活动

深入挖掘红色资源，精心设计教学项目，打造风格独特的"重走赶考路"红色旅游模式。"重走赶考路"红色旅游教育活动，参照党中央从西柏坡"赴京赶考"路线，沿途设置了革命圣地西柏坡、唐县淑闾村、唐县白求恩纪念馆、保定直隶总督署、党中央毛主席进京驻涿纪念馆、香山双清别墅6个教学点，分8个主题进行党性教育活动①。采用课堂教学、现场体验、互动研讨的方式展开，将革命旧址转化为现场课堂，创新地把革命传统资源转化为党性教育资源。

"重走赶考路"实践活动，注重实践和体验，与主要调动听觉和视觉"以学为主"的考察学习不同，它安排了密集的实践活动，要求参训学员主动参与其中，除了听和看外，还需回顾历史、结合现状，亲身参与、亲自体会、深度思考，辅以研究式教学，调动学员从不同角度更为深刻地研究和体验党中央毛主席进京过程中面临的形势、考虑的问题和坚持的作风，促使学员对中国共产党领导的革命、建设、改革进行深层次思考；突出打造"体验式"培训品牌，突出"红"的内容，在新时期新形势下，挖掘红色资源，做好党性教育；解决"灰"的问题，引导学员在实践中体悟"进京赶考"时党所表现出来的优良传统和作风，打造正确的世界观、人生观、价值观；注重"行"的体验，以开放式培训的独特方法，引导学员在实践过程中深悟，在"赶考"过程中提升党性修养。

"重走赶考路"实践活动，因其新颖的活动形式、突出的教育成效，成为红色旅游模式的精品，也形成了独具特色的红色旅游模式。一是以党史教育带动党性教育，引导干部正作风。新时期以来，网络上历史虚无主义盛行，"低级红""高级黑"现象泛滥，一定程度上和一定范围内造成人们的认知混乱。"重走赶考路"以现场教学方式，用客观、真实的史料证明中国共产党的伟大、光荣和正确，学史明理，引导参训学员"明方向、立规矩、

---

① 国家旅游局：《红色旅游发展西柏坡实践》，中国旅游出版社，2015，第113~121页。

正风气"。二是以党性教育带动廉政教育，引导干部强免疫。党的十八大以来提出的"八项规定"，与党中央"进京赶考"前提出的"六条规定"精神一脉相承，都体现了共产党人不断改进作风、永葆党的先进性和纯洁性的优良传统。"重走赶考路"实践活动通过现场教学，抚今追昔，把党性教育落在实处，引导学员坚守底线思维，筑牢廉洁防线。三是以红色教育贯穿党性教育始终，引导干部明使命。历史和时代出了考卷，中国共产党人就是答卷者，"重走赶考路"实践活动，引导学员感受党的精神传承，把"谦虚谨慎、艰苦奋斗、实事求是、一心为民"的要求作为行为准则，明确奋斗目标，凝聚奋进力量。

（三）传承红色文化，开展红色研学教育

2018 年，教育部等部门确定西柏坡纪念馆为中小学生研学基地；2020 年中宣部文化体制改革和发展办公室印发《关于做好中华民族文化基因库（一期）红色基因库试点工作的通知》，遴选 15 家红色旅游地并确定为中华民族文化基因库（一期）红色基因库首批试点单位，西柏坡纪念馆名列其中。2022 年西柏坡纪念馆入选由教育部、中国关心下一代工作委员会等八部委联合推出的"大思政课"实践教学基地。这一系列授予的品牌对西柏坡研究宣传利用革命文物提供了难得的机遇。

近年来，西柏坡红色研学旅行的游客数量不断增长，西柏坡也已成为青少年开展研学旅行的重要目的地。除了传统的观光研学方式外，西柏坡还提供了考察式研学、主题式研学等红色研学旅行的方式。游客可以通过不同的方式深入了解中国共产党的历史和文化。在西柏坡各类实践活动层出不穷，内容涵盖了红色文化、爱国主义、革命精神等多个方面。例如，红色文化讲座、革命历史教育、红色文化体验等活动，还有义务植树、志愿服务等公益活动。同时，不同的中小学校也开展了各种形式的西柏坡主题实践活动，例如讲故事、歌咏比赛、纪念活动、实地考察等体验活动。

（四）注重全域发展，推动老区经济转型

西柏坡地区红色、绿色、古色、休闲等资源丰富且组合好，红色教育、绿色观光、温泉度假、避暑度假、会议会展、农家休闲、访古探幽、漂流探险、山林穿越、野外拓展、冰雪健身等业态丰富。以西柏坡为核心的平山县域，由六大重点旅游区组成，即西柏坡中共中央旧址核心区（西柏坡纪念馆及分布在周边的40多个中直机关旧址和岗南水库）、驼梁—五岳寨景区、天桂山—沕沕水景区、温塘温泉城、中山国景区、县城及周边景区。

实行全域旅游，发展老区经济。一是将平山县看作一个整体的大景区来规划打造，包括功能分区及旅游生产布局、旅游产品及重点项目打造、旅游交通、旅游接待及服务设施布局等。将西柏坡红色旅游区打造成"国内热点综合型旅游目的地（而非单一的红色观光型旅游目的地）""国内红色旅游龙头产品""国家5A级旅游景区"。二是按照科学规划的要求，提升旅游产业整体竞争优势，拓展旅游业在产品研发、项目建设、品牌塑造等方面功能，推动旅游产业转型升级。三是延长旅游产业链条，构建旅游产业生态圈，以核心景区为龙头，打造地区经济增长点，提高产业市场竞争力①。四是西柏坡红色旅游与石家庄市经济结构调整相结合，充分发挥西柏坡龙头带动作用，带旺全市各大景区发展。加强与保定、邯郸、邢台等省内城市及山西、河南、北京、天津等省份合作，联手打造跨区域精品产品与线路。五是坚持强有力的政府主导，在尊重市场规律，发挥市场基础性作用的同时，按照政府的发展战略和指导思想，在各级政府层面上，把大西柏坡红色旅游的开发建设纳入社会经济发展战略，给予优惠政策支持。六是设立全市红色旅游引导配套资金，用于西柏坡红色旅游规划编制、基础设施和重点项目建设以及景区宣传推广、人员培训等。通过发展全域旅游，平山县实现了从传统农业向旅游业、休闲农业、旅游商品服

---

① 马勇、唐海燕：《红色旅游产业生态圈的构建与创新研究》，《旅游论坛》2021年第6期，第41~52页。

务等的转型升级，经济转型升级带动了革命老区的经济、社会和生态文明发展。

（五）开发综合产品，实现旅游2.0转型

西柏坡红色旅游开始从观光、休闲向观光、休闲、度假升级，发展西柏坡一小时旅游圈，实现旅游2.0发展。深挖当地资源，通过"旅游+"的核心理念，发展红色旅游+乡村旅游、民宿小镇、绿色生态等，形成大西柏坡旅游发展格局①。引进文化、体育、电影电视、饮食、住宿、健康保健、特色农业、军事教育体验以及其他新型业态。

"红色旅游+乡村旅游"，西柏坡区域的乡村各自以自身的乡村特色资源结合红色文化，形成了各种乡村旅游新业态。培育了大吾川生态谷、润众生态园、泓润现代农业科技园等一批农旅融合的综合示范园区，规模化农业园区达到了25家。打造了旅游扶贫、美丽乡村建设的西柏坡模式。

"红色旅游+民宿小镇"，由康旅集团投资10.8亿元打造的柏里水乡度假区，位于西柏坡镇柏里村，是集生态休闲、特色民宿、会议会展、研学教育、文化体验、户外运动、康体养生、亲子游乐等于一体的高端休闲生态度假综合体。全国美丽乡村示范村李家庄打造的荣逸乡村客栈，是山水交融、景色优美的高端度假民宿。围绕西柏坡纪念馆和中共旧址，整合周边的旅游资源，将"红色文化""旅游"两个产业融合，打造了红崖谷小镇、滹沱河康养山庄、岗南水库休闲区等游览项目，形成西柏坡红色旅游品牌的新内涵，丰富西柏坡红色旅游品牌的内容、提升其商业文化品位，全方位提升西柏坡红色旅游的品质。

"红色旅游+绿色生态"，西柏坡境内有驼梁景区、天桂山景区、腾龙山景区、东方巨龟苑等国家森林公园和风景名胜区，成为与红色旅游相互补充的"红+绿"康养度假资源。驼梁景区气候凉爽，植被繁茂，林草覆盖率达90%以上。这些天然的森林康养资源，丰富了西柏坡旅游产品的内容。

---

① 王俊英：《叫响品牌　构建"大西柏坡"旅游格局》，《河北日报》2009年9月2日。

西柏坡通过对周边资源挖掘，形成了以红色旅游为核心的丰富产品业态，使整体产品层次向休闲度假转型升级，形成了西柏坡红色旅游度假区大格局。

（六）借助技术赋能，助力数字化发展

现代科技迅猛发展，与实体经济的融合愈加深入，不仅提升了实体经济的运行效率，还衍生出了诸多新经济形态。红色旅游数字化进程也突飞猛进，西柏坡景区在数字化保护、展示和传播工作方面也有了一定发展。

西柏坡数字化保护工作。西柏坡为了更好地对相关数据进行统一管理，采取了相应的数字化技术。利用数据采集与分析系统，建立数据共享与更新机制，制定规范数据准则，实现西柏坡系统的数据信息建设与协同。

西柏坡数字化展示工作。搭建数字化平台，数字化技术已经成为西柏坡红色文化的重要展示方式。首先，互联网平台的开通，例如西柏坡旅游局、西柏坡景区官网等都已经开通，可以为游客提供线上预约门票等服务；其次，游客在西柏坡景区内通过扫描二维码或者使用 App 可以进行语音导览，更好地了解西柏坡的文化；再次，西柏坡还利用 VR 技术，建设了西柏坡革命历史场景模拟体验馆，为游客提供更加立体、更加真实的呈现；同时，西柏坡还利用大数据分析技术，对游客的一些信息进行收集和分析，以便景区更好地管理，更好地满足游客的需求，带动西柏坡红色旅游的发展。

西柏坡数字化宣传工作。目前，关于西柏坡的传播有官方账号，也有个人账号，还有政府、企业共同推进。官方账号有西柏坡网，西柏坡纪念馆，西柏坡微信公众号、微博等，西柏坡通过这些平台给网上游客提供西柏坡最新的发展情况与发展趋势信息，为游客提供便捷的浏览渠道。其中西柏坡的微信公众号不断更新发展，也具有很多的服务功能，如门票的预约、展馆动态显示、语音导览等，推动了西柏坡红色文化的传播。部分个人账号也在宣传西柏坡的相关红色文化，如西柏坡百度贴吧、西柏坡微诗刊等。西柏坡当地的企业也在积极推动数字化发展，如河北金慧科技有限公司为当地的一些小微企业提供数字化转型服务，帮助他们打造属于自己的网站、电商平台等

数字化产品，带动当地经济的发展。西柏坡还打造了影视作品，如电影《西柏坡》《我的故乡晋察冀》《重走开国路》等，影视作品传播可以帮助观众加深对西柏坡文化的认知和学习，有效推动西柏坡的故事走进百姓家，河北文明网也曾相继报道西柏坡时期的诗歌和故事。数字化有力地推动了西柏坡文化的保护和传承。

三　西柏坡红色旅游发展面临的问题

近年来，随着红色旅游的兴起，西柏坡的游客数量不断增长，据官方数据，2017~2019年，西柏坡每年接待游客500万人次以上；2020~2022年，在疫情影响下，年均接待游客约200万人次；2023年上半年接待游客约200万人次。西柏坡红色旅游的游客来源广泛，涵盖了全国各地以及海外的游客。红色旅游也带动西柏坡整体区域旅游收入逐年增加。

西柏坡红色旅游发展呈现出增长态势，但也面临着一些问题和挑战，如需要建立顶层设计、统一管理，进一步完善景区的基础设施和旅游服务体系，提升旅游服务的品质和水平，优化游览体验，适应消费新需求，提高游客满意度等。其中，最主要的问题体现在以下三方面。

（一）红色旅游管理体系有待完善

西柏坡旅游业态较为丰富，形成了大产业、大旅游的格局和红色旅游集群，但是存在缺少顶层设计、各自为政、互动不足的问题。红色旅游、乡村旅游、度假小镇、旅游交通、休闲农业、生态康养等，分属不同的开发主体，在联合管理、服务营销等方面合作不够，没有发挥出集群效应，也导致服务、管理不到位，没有长期规划、重复建设等短期行为。如柏里水乡由康旅集团投资，柏里溪由河北旅投投资，荣逸乡村客栈由荣盛集团投资，各乡村旅游、休闲农业投资主体都不同，缺乏一个整合平台和顶层设计。因此，应理顺体制机制，跳出行政壁垒，统一宣传，抱团作战，提供专业化服务，开发高品质的旅游产品。

（二）配套设施参差不齐，功能单一

近几年，西柏坡旅游配套设施和功能有很大发展，市场承载力逐年增强，但在市场配套和功能完善方面还是存在一定差距，亟待提升和规范。一是缺乏统一规划。如食宿要素中，农家自行开发的酒店居多，在市场配置中占主流，但功能单一。这些酒店建设缺乏统一规划，建筑规模较小、功能仅仅满足散客使用。二是缺乏统一的行业标准。以电瓶车摆渡为例，全部由当地老百姓自行购车加入景区内摆渡游客，缺乏现代化企业管理模式，没有统一培训、统一标准、统一行为规范，更缺乏对企业未来发展的规划。

（三）研学旅行产品缺乏深度广度

西柏坡精神宣教和研学实践活动形式丰富，但从专业研学角度来说，还存在不少问题。一是没有统一的管理平台去做高品质的课程研发，未针对不同年龄群体、不同职业群体，做专业研学服务和组织管理。二是没有形成完备的研学教学体系，课程开发还有待进一步科学化、体系化和时代化。

四　西柏坡红色旅游发展建议

西柏坡作为国家级经典红色旅游地，其高质量发展不仅是推动红色文化传承、红色旅游业发展的重要举措，更是实现区域经济、文化和社会发展的重要途径。

（一）探索建立培训学院，巩固顶级红色宣教品牌

目前，各地都成立了省级或市级干部学院，负责对党员干部的培训。部分红色旅游地也成立了干部学院，如红船干部学院、延安干部学院[①]、照金

---

① 中共石家庄市委党校课题组：《打好"红色西柏坡"城市旅游王牌的思考——延安市红色旅游业发展对石家庄市的启示与思考》，《中共石家庄市委党校学报》2018 年第 10 期，第45~48 页。

干部学院、红嫂干部学院、大寨干部学院、红旗渠干部学院、焦裕禄干部学院等，均已建立多年，对红色旅游发展起到了积极的拉动作用。但西柏坡至今没有干部学院，无法对接全国各地党员干部培训需求，成为西柏坡研究和宣传的一大短板，制约了西柏坡精神的弘扬和研究阐释。建议在西柏坡成立省级或市级干部学院，对外承接党性教育培训，一方面提升西柏坡的知名度和社会关注度；另一方面系统性地传播党的革命历史，弘扬西柏坡精神，弘扬以建党精神为源头的中国共产党人精神谱系。

（二）加强红旅顶层设计，推动大西柏坡旅游发展

由省市有关部门组织专家学者对西柏坡区域旅游现状进行调研，重点对以西柏坡为核心的旅游区域内的交通、土地、林场、饭店、停车等要素进行评估和把脉，对红色胜典、中央部委旧址群、中宣部和中组部旧址、柏里水乡、百里溪等20多个景点以及涉及的东柏坡、西柏坡、梁家沟等5个村庄区域进行逐一分析和统一研究，按照大西柏坡旅游区域整体开发思路进行规划，建立一个能够高度整合资源、统筹协调发展、高效管理的领导体制，及时研究协调、解决开发建设中的重大问题。一方面，打破各自为政的利益主体局限，建立分属不同业主之间的合作机制，按照旅游吃住行游购娱六要素对景区群进行统一包装，统一管理；对景区道路进行线路上的科学规划；统一宣传口径，最大程度扩大景区承载量，延伸产业链条，实现旅游经济效益最大最优化。另一方面，发挥西柏坡红色旅游带动作用，加大区域内村庄合作，开发特色农业、特色产业，拉动区域经济发展，助力乡村振兴战略在西柏坡区域高质量发展。此外，旅游发展规划与土地、交通、水利、通信、生态环保等搞好规划衔接，建立规划落实的长效机制。

（三）深挖红色教育内涵，打造多元红色研学体系

应筹建西柏坡研学管理平台，挖掘红色文化，针对不同群体，研发专业党课、研学课程，创新教育形式，与全国红色旅游地开展多元合作交流。由省教育厅协调各个部门，以西柏坡为核心，开展爱国主义教育、集体主义教

育、革命传统教育、中小学生思政课教育，形成全社会学习西柏坡精神、宣传党的历史、传承红色基因、赓续共产党人精神血脉的浓厚氛围。拓展红色研学旅游产品的多样性，开发红色研学旅游精品路线。加强研学旅游产品的游客体验感与参与感，可以在西柏坡旅游区的展览馆内引入数字技术打造"沉浸式"场景，多增加红色户外拓展、AR、VR 虚拟技术和人机互动环节等体验性项目，进行数字化开发，满足游客在触、听、看等多方面的体验。加大红色研学资源整合力度，与周边旅游资源结合开发，挖掘各个景点的资源价值，探索各要素间的组合能力，设计多样化的红色研学体验活动，增加游客在西柏坡的游览时长，让游客更好地感受红色文化的同时也可以放松心情，提升游客体验感。重视红色研学景区基础设施建设，优化旅游接待设施，如加强解说系统、公共休息设施建设等，提高服务接待能力，提高游客体验感，增强市场竞争力。

（四）强化区域协同发展，打造发展先行区示范区

京津冀地域相连，你中有我、我中有你，人脉、文化相通，京津冀旅游互补共赢。在红色旅游方面，三地优势互补，如西柏坡党中央旧址见证了中国革命从新民主主义革命向社会主义革命的转变，以及抗日战争、解放战争在华北平原上演绎的无数英雄传奇等革命历史，"进京赶考"本就说明两地紧密联系。京津冀红色旅游资源接连成片，整体成为爱国主义教育的华北宏大背景。河北省成为京津旅游市场的重要目的地，相通的红色文化，成为京津冀旅游协同的重要内容。河北省应依托以西柏坡为重点的红色旅游，加强与京津红色旅游组合产品研究，提升市场运作能力，把以西柏坡为主的红色旅游打造为中国式现代化旅游发展的先行区和示范区。

（五）注重文旅深度融合，驱动西柏坡高质量发展

文旅部在《"十四五"旅游业发展规划》中提出建设全国红色旅游融合发展示范区，并于 2022 年 12 月公布了全国红色旅游融合发展试点建设单位名单。西柏坡应以此为契机，以"红色文化资源"为引擎，促进文旅融合，

变红色资源为旅游产品，带动红色文化传承、革命老区经济转型升级和乡村振兴发展，努力打造文旅融合的西柏坡样板；应制定《西柏坡文旅融合实施方案》，从产业、人才、文化、生态、组织等方面为西柏坡文旅融合高质量发展提供支撑；应加强"全域统筹、多规合一"，优化空间布局，加强多元主体协作、多要素互动、文旅深度融合、空间多层次创新生产和动态平衡，实现资源整合、产品整合、业态整合，推进西柏坡文旅迭代创新，走向市场驱动，讲好西柏坡文旅融合故事，驱动西柏坡红色旅游高质量发展。

B.21
红色研学旅行高质量发展的"韶山模式"

阎友兵 罗晶晶*

摘　要： 依托红色旅游资源的红色研学旅行，作为开展思想政治教育的重要途径，发挥着传播红色历史文化、发扬红色精神和传承红色基因的重要作用。韶山作为伟人故里，拥有丰富的研学资源和经验。笔者通过查阅国家及地方政府网站，搜索省市政府、相关单位的信息平台，并咨询韶山市教育局工作人员等多种途径获取信息并进行分析。研究发现：在提质韶山红色研学旅行发展过程中，韶山始终注重对研学各参与方的管理、研学师资团队的优化、红色资源内涵的挖掘、科技的应用、不同产业的融合发展、区域间的协同合作、宣传渠道的拓展。本文概括了韶山发展红色研学旅行的条件和发展历程，梳理了韶山红色研学旅行的发展现状，总结了促进韶山红色研学高质量发展的模式，为其他地区红色研学的发展提供可复制的"韶山模式"。

关键词： 韶山　红色研学旅行　高质量发展　韶山模式

一　引言

近几十年来，红色旅游多次在国家级政策文件中被提及，资源保护、红色旅游教育和经济带动作用得到了国家层面的充分重视。红色研学旅行作为

* 阎友兵，博士，湘潭大学商学院教授、博士生导师，主要研究方向为旅游规划与开发、景区管理、红色旅游；罗晶晶，湘潭大学商学院硕士研究生，研究方向为红色旅游。

传承红色基因、开展爱国主义教育的重要途径，进一步发挥了红色旅游教育的功能，其发展情况备受关注。自 1997 至 2021 年，中宣部发布了七批全国爱国主义教育示范基地名单，共计 585 个，这些基地无疑是开展红色研学的核心场所。虽然全国爱国主义教育基地分布较为广泛，但各地区数量存在差异，其中北京市数量最多，其次是湖南和江苏，这也在一定程度上影响了各地区红色研学旅行的发展。教育是涉及全民族的事业，爱国主义教育则是促进广大学生健康成长、增强民族团结和国家统一的重要工程。如何更好发挥红色资源的价值和爱国教育功能，促进红色研学旅行高质量发展，是全国重要的研究课题。韶山作为全国著名的红色旅游目的地，拥有首批全国中小学生研学实践教育基地，其红色研学旅行的发展情况具有很大的研究价值。

二 韶山发展红色研学旅行的条件

（一）红色旅游资源是开展红色研学旅行的基础

韶山，位于湖南省中部偏东湘中丘陵区，作为伟人故里，是全国重点革命文物保护单位、重要的革命纪念地、全国青少年革命传统教育基地，也是景色秀丽的旅游胜地。韶山的红色资源具有独特的历史文化内涵和教育意义，这也赋予了当地强大的发展潜力，为红色研学的开展提供了丰富的内容，是韶山红色研学旅行发展的基础。

韶山红色旅游景点总共 43 处。其中全国红色旅游经典景区 1 处（6 个点），即韶山毛泽东同志纪念馆以及旧址群，包括全国重点文物保护单位——毛泽东故居、毛泽东读私塾旧址南岸、毛泽东父母墓地、毛氏宗祠、毛鉴公祠和毛震公祠。湖南省重点红色旅游景区：韶山滴水洞景区，有滴水洞一号楼和韶山宾馆故园一号楼；韶山毛泽东纪念园景区和韶山毛泽东诗词碑林；湖南省韶山灌区工程管理局（韶山灌区）；其他红色旅游景点，毛泽东广场、中共韶山特别支部、毛泽东同志图书馆、韶山烈士陵园、"红色国库事业奠基人——毛泽民"陈列室、韶山红色记忆城景区、李氏宗祠、中共银田特别支部陈列馆、杨门七雄纪念碑、毛岱钧烈士墓、毛新梅烈士墓、佳阁（石干娘）、毛泽东小道、小红军教育实践基地、润泽东方、最忆韶山冲等 33 处。红色研学旅行是在红色旅游资源基础上开展的。随着国家政策支持及韶山发展体系的不断优化，韶山还涌现出一批湖南省星级乡村旅游区，国、省乡村旅游重点镇（乡、村），湖南省工业旅游示范点等，不断丰富韶山红色研学旅行的内容和形式。

（二）国家及地方政府的政策是研学旅行发展的有力支撑

2013 年国务院办公厅发布了《国民旅游休闲纲要（2013—2020 年）》，提出"逐步推行中小学生研学旅行"。2016 年，教育部等 11 个部门颁发的《关于推进中小学生研学旅行的意见》中，对研学旅行的目标、主要任务等内容进行了具体阐述，要求实现学校教育和校外教育的衔接。此后，红色研学旅游频繁出现在国家各相关部门的规范性文件中，为红色研学旅行的推进、落实和规范，提供了政策引导、支持和保障。

地方政府落实国家政策，响应国家号召，也在积极制定指导意见等文件，以推动当地红色研学旅行进一步发展。2016 年省政府公布了《湖南省人民政府办公厅关于支持湘潭（韶山）建设全国红色旅游融合发展示范区的若干意见》，提到促进红色旅游与研学旅游融合发展，并支持相关建设和支持制定红色研学旅行基地地方标准。2023 年 3 月 24 日，湘潭市人民政府办公室印发了《2023 年湘潭市招商引资工作激励政策》，坚持把高质量发展作为首要任务。2023 年 5 月韶山市人民政府办公室印发了《韶山市"我的韶山行"红色研学活动突发事件应急预案（试行）》，致力于营造平安稳定的研学环境，保障研学人员的生命财产安全，维护公共安全和社会稳定。

三 韶山红色研学旅行的发展历程

1949~2012 年，韶山红色旅游的发展阶段、红色研学的酝酿准备阶段。韶山是伟人故里、红色圣地。国家和地方政府始终高度重视当地红色资源的保护和开发，为韶山红色旅游提供了独特的资源，也为后续开展红色研学旅行保存了重要素材。1972年9月1日，毛氏宗祠被确立为湖南省重点文物保护单位。2009年由国家发改委立项的韶山爱国主义教育基地建设"一号工程"建设完成。韶山的发展一直备受关注。2011年4月25日，国家旅游局印发了《关于支持湘潭市旅游业发展的决定事项》。自2011年以来，湖南省积极推进湘潭市创建全国红色旅游综合发展示范区。

2012~2016年，韶山红色研学旅行的实施阶段。2013年，"研学旅行"在国务院办公厅发布的《国民旅游休闲纲要（2013—2020年）》中出现，并提到"逐步推行中小学生研学旅行"。这一阶段，为了提升韶山旅游品质，韶山开始实施项目招商，打造新的旅游吸引物。2012年、2013年韶山陆续签约引进新项目，如天鹅山航空航天科普教育培训体验基地、韶之红航天农业科技园，为红色研学旅行拓展了发展空间。在2013年韶山还推出了红色文化演艺剧《日出韶山》《中国出了个毛泽东》，对韶山红色历史文化进行了挖掘和创作，打造了新的研学旅行内容和形式。

2016~2020年，韶山红色研学旅行的发展阶段。在国家及地方政府政策的支持和引导下，韶山涌现出一批中小学生研学实践教育基地。2017年11月22日，韶山毛泽东同志纪念馆由国家文物局推荐，入选了教育部公布的第一批全国中小学生研学实践教育基地，也是湖南省内第一家实践教育基地。2018~2019年，韶山有8个研学基地入选湘潭市教育局公布的湘潭市中小学研学实践教育基地名单。同时，政府加快了对原有核心景区的复原、提质改造和基础设施的完善。在此期间，韶山市开始了韶山景区换乘中心及封闭运营车队景区提质改造项目、韶山红色旅游融合发展及旅游国际合作区综合开发项目的建设。此外，还签约了韶山韶峰景区提质升级、韶山棠佳阁文化旅游体验园建设、"我爱韶山红杜鹃"主题园建设等多个项目。韶山在多方合力下，不断提升研学体验和服务质量，促进红色研学旅行快速发展，还为未来韶山红色研学旅行的进一步发展进行了资源和力量的储备。

2020~2021年，韶山红色研学运用科技赋能的创新时期。韶山研学基地运用科技，打破疫情带来的困境，满足此阶段师生及大众进行红色研学、精神洗礼的需求。毛泽东同志纪念馆在运用声光电等技术的基础上，再次升级，搭建数字化虚拟场馆，提供沉浸式的线上研学空间；举办多种形式的云直播，开展不同区域资源共享，创造了新的研学方式；打造了红色基因科技演绎的《最忆韶山冲》，提升研学效果；打破区域界线，通过线上的形式进行资源展览和共享。这一阶段，科技进一步扩大了文物的开发利用，开拓了线上研学空间，创造了新的研学方式。

2021年至今，韶山红色研学旅行的高质量发展时期。韶山新增了研学实践基地。2022~2023年湘潭市教育局公布了两批湘潭市中小学研学实践教育基地和研学实践教育服务机构，其中韶山有9个实践教育基地、3家实践教育服务机构入选，更好地满足了日益增长的红色研学旅行的需求，进一步壮大了红色研学的服务力量。为保障韶山红色研学活动安全有效地进行，政府统筹协调各相关部门，进行研学师资培训、市场监管，优化突发事件应急救援体系，提升了整体接待能力和研学发展质量。另外伴随着跨区域合作协议的签订，沪昆高铁、韶山南—深圳北高铁专列的开通，正在会为韶山研学旅行带来新的活力，充分发挥韶山红色资源的教育功能，助力红色研学旅行可持续发展。

四 韶山红色研学旅行的发展现状

2011年3月20日，习近平同志在韶山调研时强调，每一个红色旅游景点都是一个常学常新的生动课堂。[①] 为了更好实现"寓爱国主义教育于游览观光之中"的目标，应对日益增长的红色研学旅行的需求，充分发挥研学教育功能，韶山不断拓展研学基地的规模、丰富研学课程、打造优质的研学路线、举办新颖的研学活动、拓展研学活动覆盖范围、提升研学效果。

（一）研学基地规模不断扩大

自2018年至2023年，湘潭市教育局先后发布了四批湘潭市中小学研学

---

① 《闯出新路子 展现新作为 彰显新担当》，《人民日报》2021年5月24日，第1版。

实践教育基地的评审结果名单，其中位于韶山的有 17 个，分别是韶山毛泽东纪念馆、韶山非遗博览园、韶山德盛青少年教育培训基地、银田现代农业综合示范园基地、韶山灌区、韶山旅发集团基地、"润泽东方"实景教学基地、韶山黄田村研学基地、滴水洞研学实践基地、韶山兴乡红色研学实践基地、银田村劳动教育实践基地、韶山小红军拓展教育基地、韶山银田银河基地、毛家集团研学实践教育基地、最忆韶山冲红色演艺综合体、韶山学校（老校区）"思政研学实践教育基地"、韶山军博园研学实践基地。2022年 3 月 14 日，湖南省文化和旅游厅发布了《关于确定 104 家湖南省研学旅游（示范）基地名单的公告》，其中韶山毛泽东同志纪念馆研学旅游示范基地入选"省级研学旅行示范基地名单"，韶山营地研学旅游基地入选"省级研学旅游基地名单"。

（二）研学课程不断丰富

依托韶山市丰厚的文化遗产资源、大型公共设施，政府事业单位和各类研学机构，深入挖掘、整合和转化韶山特色红色资源，打磨精品红色文化课程，充分展示一代伟人艰苦卓绝的奋斗历程与韶山人民长期奋斗的精神源泉。其中，韶山毛泽东纪念馆作为首批全国中小学生研学实践教育基地之一，是韶山红色研学的核心基地；韶山研学实践教育营地（简称"韶山营地"）入选了"省级研学旅游基地名单"，是近几年建设的研学基地中的典型。

韶山毛泽东同志纪念馆，占地面积 148 亩，建筑面积 32955 平方米，陈列展览面积 16453 平方米，馆藏有 6.3 万余件文物、文献资料，其中包含毛泽东同志珍贵生活遗物 6400 多件。纪念馆结合自身条件和资源，开发了毛泽东诗词大会、《祠堂说理》情景演绎、奋斗吧少年、立志成才礼、参观毛泽东同志故居和南岸私塾等多种主题活动课程，涵盖了历史、文化、体验等多种课程类型；结合纪念馆辖区条件，设立了 7 处研学实践教育场馆，分别为生平展区、专题展区、毛泽东同志故居、南岸私塾、毛氏宗祠、毛鉴公祠、毛泽东广场，同时精心打造了 8 间研学专用实践教室。

韶山营地是由韶山市人民政府参与出资建设的基地，由中国（韶山）

非物质文化遗产博览园、青少年非遗传习基地、红色记忆拓展基地、银田村劳动教育实践基地、韶山红色驿站等多个部分组成。2021年该基地推出了主题为"立志伟人故里，献礼建党百年"的课程体系，确立"初心起点——奋斗历程——辉煌成就——百年献礼"的课程系列；2022年，韶山营地正式发布了以"立志伟人故里，接续奋斗初心"为主题的研学实践课程体系，由初心源泉、奋斗历程、辉煌创作、梦想接力四个系列组成等。带领学生了解毛泽东与中国共产党的百年奋斗历程，探究红色精神内涵。

（三）研学路线不断优化

韶山市研学实践基地和培训教育机构，组建研学专家团队，打造优质的红色研学线路，突出研学主题，充分发挥韶山红色资源优势，努力将韶山变成红色研学教育的全国性标杆。

2021年由红色培训教育机构推出的"一日游"韶山红色教育精品线路：毛泽东铜像广场→毛泽东同志纪念馆→中共韶山特别支部党史陈列馆→毛泽东同志故居→滴水洞。2021年6月，我国首条红色铁路专线——韶山至井冈山红色专列正式营运，将韶山与井冈山两个红色圣地连接。专列从韶山站出发，止于井冈山，连接了24个红色景点、20个绿色景点、18个古色景点，也串联起了湘赣边地区的红色记忆。2023年4月获国家文旅部重点推介的湘潭研学精品线路：韶山村→银田村→毛泽东求学立志之路→东山书院→东台山国家森林公园，以"毛泽东求学立志之路"串联了韶山和湘乡；2023年6月发布于韶山公共文旅云的韶山市"七一"主题线路——"精神洗礼"主题线路，依次由中共韶山特别支部陈列馆、韶山毛泽东纪念园、红博园、《最忆韶山冲》大型红色演艺、烈士陵园、小红军拓展教育基地6个站点组成，在游学中让学生感悟毛泽东及其六位亲人和"韶山五杰"的革命精神。

（四）研学活动不断创新

2023年5月24日，启动了由韶山管理局和韶山市承接的"我的韶山行"湖南省中小学生红色研学活动。活动以"走进伟人故里，传承红色基因，争做时代新人"为主题，传承红色基因，对全省广大青少年开展爱国主义教育，同时通过韶山红色研学的示范效应，引领带动全省红色教育、红色研学蓬勃发展。2021年，湖南省韶山管理局探索思政教育与党史研学融合新路径，打造了"思政大课堂"新模式，举办了"韶山下的思政课"第一季。2023年4月，北京大学团委、马克思主义学院与湖南省韶山管理局联合举办了"大手牵小手——'韶山下的思政课'推动大中小学思政教育一体化"研讨会，为更好地开展第三季"韶山下的思政课"进行探讨和交流，打造思政教育与研学融合的新模式。

（五）研学市场不断拓展

韶山红色研学活动是由省教育厅进行补助的公益项目。2023年1月1日至6月29日，共接待研学团队32批次，其中小学生6批次6037人，初、高中生26批次20594人，教师、校医共计956人，合计27587人，安排车辆619台次，研学助理597人。[①] 韶山红色研学团队主要来自长株潭地区，还有深圳及广东其他地方。据了解，目前韶山红色研学活动主要面向长株潭地区和娄底，2024年则向湖南全省开放，如湘西、永州、邵阳、张家界等地的学生来韶山开展研学旅行。随着交通设施的不断完善，"我的韶山行"研学活动持续开展，韶山军博园等研学基地持续火爆，韶山红色研学旅行将迎来越来越多的研学团队。

（六）研学效果不断提升

研学实践基地通过打造丰富的研学内容，提供观看、聆听、情景演绎等多种学习方式，确保研学效果。结合韶山相关组织机构对研学活动的回访调研，改善不足，不断提升研学效果。

---

① 《关于韶山红色研学旅行的相关咨询》，湘潭市教育局，2023年7月5日，http：//jy.xiangtan. gov. cn/webapp/jyj/email/view. jsp? id=34451。

在研学实践基地，学生通过聆听讲解员的讲解、体验复原的场景、观看图片和文字资料等多种方式学习红色历史，了解毛泽东同志的生活习惯和文学素养，全面感受伟人的精神风范。活动期间，基地为学生呈现运用技术手段打造的现场演艺节目《最忆韶山冲》等，将历史场景生动再现，提供沉浸式体验，进一步加深红色精神对学生心灵的冲击和震撼。随着研学旅行的融合发展，将红色研学与航天精神对接，向学生展现当代中华儿女的奋斗拼搏精神。在行程结束后，辅以拓展作业，引导学生去思去想，把红色"种子"撒播到广大青少年的心中，将研学效果进一步升华，提升学生的民族自豪感、建设祖国事业的责任感，培养学生的爱国情怀。在研学活动结束之后，政府还开展红色研学的回访调研，积极畅通与学校、师生的沟通渠道，在了解活动实效和学生需求之后，对韶山现有的红色研学体系进行再完善、再优化，不断提升研学的效果。关于目前正在进行的"我的韶山行"红色研学活动，问卷调查和回访结果显示，对于研学课程，学生满意度达98%以上，韶山红色研学受到学生、家长和社会各界的广泛好评。①

五　韶山红色研学旅行高质量发展的模式总结

韶山积极推动红色研学旅行高质量发展，统筹协调各相关部门，保障研学安全，严格监管研学市场，制定具有激励性的招商政策，对原有项目进行提质改造，并引入优质项目，将红色研学与农业、高新技术产业进行融合。同时建立跨区域合作，进行线上资源共享。韶山在保护的前提下，深入对红色资源的挖掘，不断进行开发利用和提质，打造以毛泽东同志纪念馆为核心的韶山特色研学，从研学课程、路线、师资、管理等多方面入手，优化韶山红色研学的内容，确保服务水平，探索政

---

① 郭千千：《省韶山管理局：积极推进"我的韶山行"红色研学　擦亮"韶山思政课"品牌》，天下韶山网，2023年7月4日。

府、企业、民间协会、高校等多方合力，多种业态融合，线上线下共同推进的高质量发展模式。

（一）挖掘红色资源文化内涵，提升研学品质

1. 挖掘红色资源的文化内涵，开辟不同主题的陈列

韶山毛泽东同志纪念馆作为韶山核心的研学实践教育基地，依托其丰富的馆藏和具有唯一性的遗物，深挖资源内涵，推出了诗文书法、生平事迹等多种主题陈列，也赋予了韶山研学旅行独特的优势。

目前场馆开辟生平展区、专题展区。其中生平展区现有主题为"中国出了个毛泽东"的基本陈列，通过研究毛泽东同志一生的重大事迹，结合现有的资源，系统展览了"立志救民救国、参与建党和领导工农运动、开辟中国革命新道路、争取人民抗日战争的伟大胜利、实现马克思主义中国化的第一次飞跃、夺取解放战争的胜利、创建中华人民共和国、确立社会主义基本制度、探索中国社会主义建设道路、为社会主义现代化建设奠基立业"十个部分。通过展现毛泽东生平足迹，向大家展示他"实事求是""没有调查就没有发言权"等重要思想和为人民、为民族、为国家奋斗的伟大一生，也从毛泽东的视角向大家展示了国家经历变革、战乱、解放、发展的那段历史。让学生通过学习历史，体会当下和平生活的来之不易和老一辈革命家不怕牺牲的大无畏精神。纪念馆专题展区的《风范长存——毛主席遗物馆》专题陈列，依托毛主席的遗物，展现他勤政为民、反腐倡廉，为国家鞠躬尽瘁的精神；展现他博学多思的学习习惯、对待亲情友情的态度、日常生活的雅情逸趣，多方面展现毛主席的精神风貌和人格魅力。通过对遗物内涵的挖掘，向大众展示一个立体的伟人形象，为学生树立学习的榜样，对游客进行精神的熏陶。此外，专题展区还推出了《大笔乾坤——毛主席诗文书法》《英烈忠魂——毛主席一家六烈士》《永远的缅怀》等专题陈列，进一步发挥红色资源的教育功能和文化价值。

2. 开设多样的研学课程和精品研学路线，展现红色资源的文化内涵

研学课程和研学路线决定了研学的内容和品质。在深挖红色资源的历史

事实和文化内涵后，研发不同主题、不同学段的课程内容和研学路线，让学生在研学中领略伟人风貌、革命精神等多方面的内容，发挥对不同研学人群的教育功能，提升研学质量。

韶山研学实践教育基地研发了丰富的主题课程，充分展现当地红色资源的内涵，发挥红色资源的价值。"毛主席诗歌励志大会"主题课程，以毛泽东诗词为载体，研学教师通过对诗词的讲解，培养学生对中华诗词、汉字文化的兴趣，同时让学生了解诗词创作的时代背景及内容中所蕴含的爱国情操、理想信念。"励志修身"体验课程、"祠堂说理"情景演绎课程，以知识讲解和现场实践体验的方式进行，通过老师对毛泽东同志故事的讲解向学生阐述人物的生活习惯和革命精神。结合学生现场的实践体验，发挥毛泽东同志个人事迹对学生成长的引导作用和教育功能。革命旧址、毛泽东同志纪念馆现场教学课程，通过让学生参观实物和聆听讲解的方式，将与毛泽东同志有关的历史场景、思想等展现在学生面前，进行精神的熏陶和红色基因的传承。此外，研学基地针对小学、初中、高中不同学段精心打造研学课程，使学生能理解课程内容，达到研学目的。通过挖掘红色资源承载的历史，打造"毛泽东求学立志之路"、"七一精神洗礼"等研学主题路线，强化课程主题，让学生在"行"中加深对课程内容的领悟。

（二）利用现代科技，丰富研学手段

毛泽东同志纪念馆的展厅充分利用了声、光、电、多媒体等技术，突出陈列主题。观众在参观过程中可参与情景陈列，增强互动感。2020年以来，纪念馆响应国家文物局的号召，开展云端活动，开拓教育新路径。联合珠海四维时代公司，运用人工智能三维数字化重建、高空全景航拍、倾斜摄影等技术进行数字化采集和三维建模，搭建纪念馆、故居、南岸、毛氏宗祠、毛鉴公祠、毛震公祠的数字化虚拟场馆。师生通过"韶山毛泽东同志纪念馆"微信公众号上的"云上参观"便可进行沉浸式的研学漫游。依托数字资源，打造多种形式的云直播，拓展研学教育新模式。同时，韶山相关组织机构不断结合科技手段，赋能红色旅游与其他产业融合发展，拓展红色旅游资源创新的新思路，不断丰富研学的课程形式和内容，提升研学效果。

（三）优化研学师资队伍，确保研学质量

研学的师资队伍是研学旅行中不可或缺的一部分，影响研学旅行整个过程的服务质量。韶山启动实施湖南省地方标准《红色教育培训机构服务与管理规范》《红色教育现场教学规范》，对红色教育培训机构的服务管理、人员、服务流程等方面进行了详细规范，推动研学师资队伍的建设。2018年，韶山红色文化教育培训协会成立，助力红色文化教育培训业的发展。围绕红色研学活动，韶山市还积极组织研学导师的培训活动，开展研学内容的解读、礼仪培训、实地模拟等，让研学导师了解课程的设置、线路的安排、服务标准等，增加导师与活动相关的知识储备，提升教学技能和接待水平，确保最终的研学效果。

（四）注重对参与方的管理，确保研学服务水平

研学过程中的服务保障和具体工作实施，少不了政府各相关部门、研学实践基地、研学实践服务机构的多方参与。通过对实践教育基地和服务机构评审流程的管理和政府安全保障体系的建设，确保参与方的接待能力和服务水平，使整个研学活动高效、顺利地进行。

政府严格把关，确保研学基地和研学服务机构服务质量、管理水平、场地设施的安全规范。韶山每一批次中小学研学实践教育基地和研学实践教育服务机构的最终确定，都要经过单位自愿申报、专家资料评审、入围单位现场核查、市教育局党委会议审定通过等程序。评审结果出来后，湘潭市教育局还会对详细名单进行公示，并提供具体的反馈渠道和联系电话，以征求社会各界的意见。同时政府增强各相关部门的统筹协作，建立健全红色研学活动突发事件应急救援体系。2023年5月韶山市人民政府办公室下达了《韶山市"我的韶山行"红色研学活动突发事件应急预案（试行）》的通知，通过部署和演练，为学生营造平安稳定的

研学环境，保障研学活动人员的生命财产安全，为研学旅行的持续发展保驾护航。

（五）促进产业融合发展，丰富研学内容

1. 政府签约优质项目，多方合作共同发展

顺应时代特征，为推进韶山红色研学与其他产业的融合发展，韶山政府于2012年、2013年陆续签约引进新项目——天鹅山航空航天科普教育培训体验基地、韶之红航天农业科技园，将红色旅游资源与现代科技、农业进行融合，不断创新，向学生展示航天科技知识，弘扬载人航天精神，增强韶山爱国主义教育功能，丰富研学内容，提升红色研学旅行的品质。2014年9月，湖南韶之红农业科技发展有限公司与韶山市人民政府、湖南农业大学就共建韶之红航天农业科技园示范基地正式达成战略合作协议，深入合作，共同发展。

2. 企业积极响应政府号召，打造红色文旅演艺精品

2013年，韶山润泽东方文化产业城推出了湖南首部大型红色实景剧《中国出了个毛泽东》，东方红大剧院上演了《日出韶山》，以红色文化演艺的形式，呈现伟人毛泽东光辉伟大的一生。2021年12月，国内红色基因科技演绎开山之作《最忆韶山冲》在"红五星"剧场首演，呈现了沉浸式的红色文化体验和革命传统教育，极大地丰富了韶山红色文旅内涵。韶山入选湖南省第一批党员教育培训现场教学点，被评定为湘潭市中小学研学实践教育基地，开创了红色记忆和科技融合的文旅演艺新地标。

（六）开展区域协同，拓展研学空间

1. 加大政策支持，强化组织保障

在2020年7月，《湖南省推进湘赣边区域合作示范区建设三年行动计划（2020-2022年）》发布，计划打造互联互通的湘赣边红色旅游环线，并改造升级湘赣边主要旅游景点间交通干线。2021年6月，"韶山—井冈山"红色旅游专列开通，串起沿线红色地标，建立移动的红色教育课堂。2022年

11月26~28日，湘潭在韶山召开了2022中国红色旅游博览会和湘潭市首届旅游发展大会。两场盛会集中展示了区域间沟通合作的加强。在"红色印象最美湘赣"红色旅游推介会上，江西、湖南两省正式签署了《湘赣边红色文化旅游合作框架协议》，开启了两省文旅合作新篇章。推介的伟人故里·红色潇湘精品线路为红色研学旅行提供了新攻略。2023年4月13日，在2023湘沪红色旅游合作交流暨推进韶山全国红色旅游融合试点工作推介会上，湖南与上海就红色旅游领域的合作达成了一系列协议，其中包括韶山毛泽东同志纪念馆与中国共产党第一次全国代表大会纪念馆签订合作框架协议、韶山学校VR体验式红色教育研学中心框架合作协议。

2. 依托数字资源，开拓区域合作新路径

韶山毛泽东同志纪念馆充分利用自身的优势，在开展党史学习教育中，运用"党史学习教育云课堂"为国外的同胞们提供党史学习教育服务，不断拓展党史学习教育的深度、广度。2021年11月4日，"党史学习教育云课堂"，云端联合湖南师范大学、中华人民共和国驻瑞士联邦大使馆，开展远程联学联建活动，通过在线直播，共同开展党史学习教育。充分利用新媒体技术，进行跨越空间的现场教学。纪念馆还将积极与其他博物馆建立合作关系，进行资源共享，共促文化交流，推动红色研学旅行高质量发展。

（七）拓宽宣传渠道，扩大宣传范围

1. 打造短视频精品，扩大韶山红色研学的影响力

2020年韶山毛泽东同志纪念馆参与由中央广播电视总台新闻新媒体中心、中国文物报社共同主办的"国宝讲述人（云讲国宝）——全国文博在线讲解直播推介活动"，上传至bilibili视频网站"天下韶山网"官方账号的复赛参赛作品《永远无法收到的家书》，短时间内就获得了大量的播放、点赞和关注，最终纪念馆荣获"国宝讲述特别奖"。2021年依托第一季"韶山下的思政课——2021党史博士研学季"活动，湖南省韶山管理局出品了展现该活动精彩过程、丰硕成果的《韶华》纪录片。纪录片于2021年9月1日在bilibili视频网站正式播出，并在天下韶山网、学习强国等平台进行了

宣传推广。在快节奏的时代，韶山通过短视频的形式，向网络用户展示研学的形式和内容，扩大韶山红色研学的影响范围，充分发挥红色资源的教育功能。

2. 拓展线上展示渠道，宣传韶山研学的品质

毛泽东同志纪念馆积极打造不同主题的云直播，通过线上渠道展示韶山红色研学基地的魅力，也增强了推广的时效。早在 2020 年，纪念馆便用直播的形式带领北京师范大学奥林匹克花园实验小学的老师们开启了一次线上研学教育之旅；2021 年 12 月 26 日进行了毛泽东诞辰日专场直播；2023 年 5 月 30 日，由湖南省韶山管理局、中共中央党史和文献研究院第二研究部联合主办，韶山毛泽东同志纪念馆承办的"一切为了人民"主题展以云直播的形式登录腾讯视频、优酷视频、央视频 App、微博等多个网络平台。通过开拓线上渠道，对接用户群体众多的网络平台，实现广泛的受众覆盖与良好的宣传效果。

韶山红色旅游的"新名片"——《最忆韶山冲》开设了"最忆韶山冲"微信公众号和抖音蓝 V 账号，因为演艺作品本身具有丰富的文化内涵，再加上前沿科技的巧妙运用和生动的演绎，当《最忆韶山冲》以短视频、直播的形式展现在网络平台时，迅速带来了流量和热度。

3. 利用基础设施建设，创造广阔的宣传推广空间

韶山南—深圳北"伟人故里 活力湘潭"高铁专列于 2023 年 7 月 1 日首发。湘潭市文旅广体局在列车中包装了两个主题车厢，包括十多个景区景点，向乘客展示湘潭市红色文化风采。充分发挥列车广告位资源使用权，委托湘潭日报社进行精准招商，借助列车的形象展示窗口，对韶山的红色旅游亮点进行推广宣传，让乘客在旅程中感受韶山的红色文化。还有主打红色研学的赞助单位世纪明德研学旅游、特约赞助单位"最忆韶山冲"，让更多的人了解红色研学的意义和价值。

B.22
贵州省遵义市红色研学旅行发展报告[*]

禹玉环 杨 丽 王佳翠[**]

摘 要： 红色研学旅行是传承红色基因的重要方式，是进行素质教育的必然要求，也是促进红色旅游高质量发展的重要手段。近年来，贵州省遵义市依托政策支持，发挥资源优势，红色研学旅行发展初见成效，但也仍然存在研学基地建设不完善、研学产品体验性不足、研学课程体系不完备、研学师资队伍不强、营销宣传滞后等问题。笔者认为，贵州省遵义市红色研学旅行在吸引力和教育价值方面具有很大潜力，但发展还不成熟，可以从以下几个方面提升发展：加强基地建设，完善红色研学设施设备；创新产品设计，打造多元体验产品；健全课程体系，提升红色研学效果；重视人才培养，构建高素质导师队伍；强化营销宣传，扩大红色研学影响力。

关键词： 红色研学 研学旅行 遵义市

研学旅行作为新时代开展素质教育的重要路径，国家一直很重视。2015年《国务院办公厅关于进一步促进旅游投资和消费的若干意见》中强调，支持建设一批研学旅行基地，鼓励各地依托自然和文化遗产资源、红色旅游景

---

* 本文系贵州省教育厅高校人文社会科学研究基地项目（项目编号：2021JD038）研究成果。贵州省红色旅游协同创新中心（黔教合 KY 字〔2020016〕）研究成果。

** 禹玉环，遵义师范学院历史文化与旅游学院教授，研究方向为红色文化、红色旅游；杨丽，遵义师范学院历史文化与旅游学院副教授，研究方向为红色旅游、乡村旅游；王佳翠，遵义师范学院历史文化与旅游学院教授，研究方向为三线建设、红色旅游。

点景区、知名院校等开展研学旅行活动。2016 年，教育部等十一部门出台的《关于推进中小学生研学旅行的意见》中，明确要求"把研学旅行纳入学校教育教学计划"，进一步推动了研学旅行的发展，使其成为学校综合实践活动课程的重要组成部分。红色研学旅行是研学旅行中比较典型的类型，它是以红色文化为主题，以红色资源为载体，通过对红色文化进行实践探究、参观调研、现场体验等，培养学生的认知能力和实践能力，渗透性地进行爱国主义教育和革命历史教育的教育形式。红色研学旅行是传承红色基因的重要方式，是进行素质教育的必然要求，也是促进红色旅游高质量发展的重要手段。

贵州省遵义市拥有丰富的红色文化资源，开展红色研学旅行具有得天独厚的优势。近年来，遵义市依托政策支持，发挥资源优势，红色研学旅行发展初见成效。但是，遵义红色研学旅行还不成熟，还有较大的发展提升空间。

一 贵州省遵义市红色资源概况

遵义市红色资源数量众多，类型多样，主题突出，内涵丰富，具有较高的教育价值，为开展红色研学旅行提供了良好的条件。全市目前共有革命遗址遗迹、纪念建筑等 518 处，其中列为国家级文物、纪念建筑保护单位的 32 处，列为国家级爱国主义教育基地的 10 处，遵义会议会址、娄山关战斗遗址、四渡赤水纪念馆、中国女红军纪念馆、苟坝会议遗址、浙江大学西迁历史陈列馆是其典型代表。此外，遵义市还拥有大量红色歌谣、红色标语、红色故事等非物质类红色资源。

表 1 遵义市代表性红色资源空间分布情况

县区	代表性红色资源
红花岗区	遵义会议会址、遵义会议纪念馆、遵义红军烈士陵园、中华苏维埃国家银行旧址、红军总政治部旧址、红军遵义警备司令部旧址、红一军团司令部旧址、红军之友社遗址、邓萍烈士墓、遵义会议期间毛泽东张闻天王稼祥住址
汇川区	娄山关战斗遗址、娄山关战斗纪念碑、娄山关红军战斗遗址陈列馆、中央红军观音阁战斗遗址、中央红军大桥村战斗遗址、中央红军飞来石战斗遗址、中央红军泗渡会议旧址、中央红军红一军团司令部旧址、董公寺镇红军坟

县区	代表性红色资源
播州区	苟坝会议旧址、苟坝会议陈列馆、茶山关红军强渡乌江遗址、刀靶村红军驻地旧址、红三军团司令部旧址、茶山关渡口、花茂村红军烈士墓、茅坝长征纪念亭
桐梓县	仙女洞战斗遗址、蟠龙洞战斗遗址、天门洞战斗遗址、石牛栏战斗遗址
仁怀市	长岗红一军团干部会议旧址、长岗红军医院旧址、四渡赤水大渡渡口旧址、一渡赤水马桑坪渡口旧址、军委总部总政治部驻地旧址、茅台渡口、茅台四渡赤水纪念塔、茅台渡口纪念碑
赤水市	丙安红一军团陈列馆、黄陂洞战斗遗址、元厚渡口旧址、四渡赤水战役遗址、赤水红军烈士陵园
习水县	四渡赤水纪念馆、中国女红军纪念馆、东皇镇红五军团战斗遗址、土城浑溪口红军渡口旧址、青杠坡战斗遗址、青杠坡红军烈士纪念碑、土城蔡家沱红军渡口旧址、土城渡口纪念碑、土城会议旧址、官店红军烈士陵园、土城红军医院纪念馆、双龙红军烈士陵园
湄潭县	浙江大学西迁历史陈列馆、中国工农红军第九军团司令部旧址、茅坪镇地关村白岩洞战斗遗址、湄潭县革命烈士纪念碑
凤冈县	太极洞中共地下革命活动遗址、凤冈县烈士陵园
余庆县	强渡乌江回龙场渡口战斗遗址、大乌江红军长征纪念园、余庆红军烈士陵园
绥阳县	遵湄绥游击队战斗遗址、郑场镇狮山寺革命遗址、洋川镇成凤楼地下党活动遗址
正安县	中共地下组织安场小学联络点旧址、正安烈士陵园
道真县	大沙河烈士纪念碑、赵氏垭烈士陵园
务川县	红三军长脚滩渡口、映星堡革命烈士陵园

资料来源：课题组调研资料。

二 贵州省遵义市红色研学旅行发展成效

自 2016 年被确定为全国中小学研学旅行实验区以来，遵义市以"传承红色基因，培育时代新人"为立足点，将红色研学旅行作为青少年素质教育的重要抓手，大力发展红色研学旅行，取得了一定的成效。

（一）建立了一批红色研学实践基地

作为"中国红色研学目的地城市"，为完成长征国家文化公园建设中红色研学课程开发任务，助力"红色传承引领地"建设，遵义市组织研学实践教育"四方联动"专家团队，深入挖掘优质红色文化研学资源，建设了以遵义会议会址为代表的红色文化研学基地集群，全市成功申报了 14 个红色研学基地，其中遵义会议会址、四渡赤水纪念馆被批准为国家级研学实践教育基地。

表 2　遵义市红色研学基地

县（市/区）	基地名称	所属板块	备注
红花岗区	遵义会议会址	革命传统教育（纪念馆）	国家级基地
	大转折·1935 文化博览园	革命传统教育（1935 纪念广场）优秀传统文化（红军茶文化博物馆）	
汇川区	娄山关战斗遗址陈列馆	革命传统教育（陈列馆）	
	娄山关红色拓展园	革命传统教育（革命教育实践课程）	省级基地
	伟大转折红色教育基地	革命传统教育（革命传统文化舞台剧）	
	娄山关大捷基地	革命传统教育（革命传统文化实景演绎）	
播州区	苟坝红色旅游文化创新区	革命传统教育（陈列馆）国情教育（美丽乡村）	
	乐动行基地	革命传统教育（革命教育实践课程）	
仁怀市	四渡赤水茅台渡基地	革命传统教育（纪念馆）	
赤水市	丙安古镇	革命传统教育（耿飚将军纪念馆）优秀传统文化（古镇文化）	
习水县	习水土城红色文化旅游创新区	革命传统教育优秀传统文化（古镇文化）	
	四渡赤水纪念馆	革命传统教育	国家级基地
湄潭县	浙大西迁历史陈列馆	革命传统教育（陈列馆）	
余庆县	余庆突破乌江纪念园	革命传统教育（回龙场渡口战斗遗址）	

资料来源：遵义市人民政府网。

（二）推出了一系列红色研学旅行线路产品

遵义市加大红色文化资源整合力度，积极进行红色研学线路设计，通过区域联合，推出了"追寻信仰力量"研学之旅、红色圣地韧性研学之旅等一批精品研学线路，布局合理、互联互通的红色研学网络正在逐步形成。这些研学旅行线路，串联了贵州省和遵义市代表性的红色旅游景点，主题鲜明，亮点突出，教育价值大，具有较强的引领带动作用。

表3　遵义市部分红色研学线路产品

序号	线路名称	线路安排
1	"遵义会议　伟大转折"研学之旅	贵阳—遵义—习水—赤水—仁怀—播州—息烽
2	"四渡赤水　出奇制胜"研学之旅	黎平—黄平—瓮安—遵义—习水—仁怀—播州—息烽—贵阳
3	红色圣地韧性研学之旅	遵义会议会址—播州区大发天渠—赤水河谷公路骑行—习水土城四渡赤水纪念馆、女红军纪念馆、青杠坡战斗遗址—赤水
4	"追寻信仰力量"研学之旅	遵义会议会址—红军街—红军烈士陵园—苟坝会议会址土城—青杠坡战斗遗址—四渡赤水纪念馆—娄山关—1964三线研学基地
5	"遵"寻初心红色研游之旅	遵义会议会址旅游景区—观看《伟大转折》剧目—苟坝红色文化旅游区—仁怀长岗红色小镇、茅台酒镇—习水土城古镇—赤水丹霞旅游景区、丙安古镇
6	重温红色经典之旅	苟坝红色文化旅游区—遵义会议会址景区—娄山关—赤水河谷旅游公路仁怀段—习水四渡赤水纪念馆、女红军纪念馆—赤水丙安古镇
7	"征路心路　知行合一"研学之旅	贵阳—遵义会议会址—娄山关—息烽集中营纪念馆—阳明文化园
8	醉美遵义康养之旅	仁怀茅台酒镇—绥阳十二背后景区—湄潭中国茶海景区、浙大西迁旧址—遵义会议会址旅游景区—娄山关景区—海龙屯
9	"我的青春正当红"醉美遵义骑行之旅	遵义会议会址旅游景区—仁怀茅台酒镇—赤水河谷旅游公路—习水土城古镇—赤水市丙安古镇、元厚渡口

序号	线路名称	线路安排
10	红色圣地清凉惬意之旅	遵义—汇川娄山关—桐梓小西湖—绥阳红果树景区、十二背后景区—苟坝红色文化旅游区—务川洪渡河漂流—习水中国丹霞谷—赤水竹海、丙安古镇、中国丹霞第一漂

资料来源：贵州省教育厅网站，遵义市文化旅游局网站。

（三）打造了一系列红色研学旅行课程

一是组织编写了《遵义红色研学旅行教程》，该教程共五册：小学（初级、高级）两册、初中一册、高中一册、大学一册。根据不同学段学生的特点对课程进行了分层设计。小学阶段主要通过遵义会议、四渡赤水等故事阐述长征的历史背景和意义；初中阶段主要通过讲述革命先烈、英雄人物的光辉事迹引导学生树立积极的人生观和正确的价值观；高中阶段重点引导学生思考长征和遵义会议的历史意义和价值；大学阶段重点通过引入长征文化与民族精神、传统文化的关系，引发学生思考学习[1]。二是形成了"第一课堂"与"第二课堂"互补，"一地一特"的共享课程体系。遵义市不断挖掘统筹中小学各类教材中的红色文化内容，作为研学实践教育校内"第一课堂"，以区域系列性的研学实践教育基地为"第二课堂"，"第一课堂"与"第二课堂"互补共享，创新性地提出"一地一特"的共享课程，以"红色革命文化"为主线开发"遵义红"特色主题研学精品课程，各地建设了"乌江红""苟坝红""茅台红""仡山红"等地域特色红色研学实践课程。

（四）产生了较好的社会效益

遵义市首创"四方联动"研学实践工作机制，推动了研学旅行社会效

---

[1] 徐春燕：《在研学旅游中传承红色基因——〈遵义红色研学旅行教程〉编撰顺利推进》，《当代贵州》2019年第7期，第68页。

益的提升。2021 年 5 月，遵义市教育局、文体旅游局印发《中小学研学实践教育"四方联动"工作指南》的通知，推进中小学研学实践行政主管部门、学校、中小学研学实践教育基地、资源库服务机构"四方联动"。"四方联动"推动了学科育人和实践育人的深度融合，形成了研学实践教育的"遵义经验"，为学生搭建了学文化、悟思想、助成长的校外教育平台，使红色文化的育人效应进一步提升，同时"四方联动"扩大了红色研学旅行的参与主体，除了学生以外，政府有关部门、学校、研学机构、家长等不同主体或主动或被动地接受红色文化熏陶，促进了全市传承红色基因风气的形成。

三　贵州省遵义市红色研学旅行发展存在的问题

（一）红色研学旅行基地建设不完善

遵义市红色研学旅行发展在基地建设方面还不完善，具体表现为：一是红色研学旅行基地数量较少，等级不高。最新公布的 2023 年度遵义市中小学研学实践教育（1+N）基地集群名单，遵义市认定了 1 个国家级营地和 100 个研学基地（其中国家级基地 4 个、省级基地 8 个）。在这 101 个研学基地（营地）中，属于革命传统教育板块的红色研学基地仅 14 个（其中国家级基地 2 个、省级基地 1 个），占 13.9%，这与遵义研学旅行以红色文化为主线的定位不相符。二是基地设施设备老旧，智慧化程度较低。以国家级基地遵义会议会址为例，整个基地信息互动、智能导览等智慧化设施不多，主要展陈方式仍以静态展示为主，虽然引入了 VR 技术对遵义会议会议室以及遵义会议开会场景进行演绎展播，但研学过程中学生能够自主操作的设施设备很少且损毁严重，如二楼的 14 台触屏展示机有 7 台坏损无法使用。

（二）红色研学旅行产品体验性不足

红色研学旅行的关键是"研"和"学"，"研"要有高度，"学"要有深度，才能真正使研学参与者对红色文化"入眼入脑入心入行"，因此研学旅游产品必须注重其体验性，通过为研学旅行者创设体验情景，使其在体验中达到"研""学"的效果。目前，遵义市红色研学旅行产品的体验性已经逐渐受到重视，部分研学旅行线路改变了传统听讲座、看展览、参观景点等形式，开始采用现场教学、交流教学、情景体验、角色演绎等研学形式，比如娄山关大捷的情景模拟、四渡赤水纪念馆的现场实景演绎以及埋锅造饭、重走长征路、我是战地小军医职业体验等，都力图通过体验的方式提升红色研学旅行产品的吸引力。但是，从整体上看，目前遵义各研学教育机构的红色研学产品相似度高，大多数红色研学产品仍然以"游览景点、听讲故事、参加讲座"为主，体验性环节流于形式，无法让学生获得多元体验，导致学生对于红色历史的理解和感悟不够深刻，研学旅行的教育效果有待提高。

（三）红色研学旅行课程体系不完备

虽然遵义市红色研学旅行课程建设取得了一定成效，但还有较大提升空间。首先课程设计方面，课程目标空洞宏观，课程内容重形式轻内涵，与学科课程融合不够，对红色资源内涵挖掘不足。其次，课程实施体系需要进一步完备，完整的课程实施体系应该做好行前、行中、行后管理，但目前遵义市的红色研学旅行课程，往往是重视行中，而轻视行前的教育引导和行后的思想升华，导致学生行前缺乏足够的知识准备，行后思想情感升华不足，课程实施效果大打折扣。最后，课程评价体系不科学，很多研学课程根本没有评价标准，有的课程虽然构建了评价指标体系，但评价主体单一，评价方式简单。

（四）红色研学旅行师资队伍不强

《研学旅行服务规范》规定，每个研学团队至少要有一名研学导师，但遵义红色研学旅行师资队伍不强，不能达到服务标准，无法满足红色研学旅行发展的需求。一是师资队伍数量不足。虽然遵义市先后开展了10期研学师资培训班，培育师资累计1万余人次，但师资数量远远不足。很多研学旅游机构为节约成本，在研学旅行活动中只安排1名研学导师，或者临时聘请大学生等担任导师助理，研学活动中有"导游"而无"导师"现象时有出现，研学活动组织管理差。二是研学导师专业素养较差。红色研学旅行导师应该熟知红色文化知识和历史知识，并且要具备教育、旅游、营销、管理等知识，才能很好地组织学生进行研学实践活动。课题组针对遵义市中学生进行的红色研学满意度情况调查表明，遵义市中学生对研学导师的满意度比较低，满意和非常满意的仅占26%，不满意和非常不满意的分别占36.3%和24.6%，很多被调查者认为研学导师历史知识少，活动组织能力差，语言感染力不足等。

（五）红色研学旅行营销宣传滞后

当前遵义市红色研学旅行营销宣传滞后，影响力比较小。一方面，虽然遵义红色研学旅行形成了"遵义红""乌江红""苟坝红""茅台红""忆山红"等特色课程，但红色研学产品品牌形象不突出，无法形成品牌营销效应。另一方面，宣传方式比较单一。课题组搜索了淘宝飞猪、同城旅游、去哪儿旅行、携程旅行、驴妈妈旅行、途牛旅游等几大知名度较高的旅游预订手机客户端并访问了中国研学网、贵州研学网等相关网站，没有搜索到遵义市红色研学旅行产品的相关信息。课题组也走访了遵义一些研学教育机构，相关负责人表示，研学旅行的营销宣传主要采用的方式是营销人员进学校进行宣传，部分研学机构在网络上通过自己的网站或公众号发布一些宣传信息，但信息更新慢，宣传缺乏特色。

四 贵州省遵义市红色研学旅行发展对策

（一）加强基地建设，完善红色研学设施设备

首先，加强红色研学旅行基地建设，打造一批高级别的红色研学基地。利用遵义市红色文化资源优势，遴选一批与研学主题契合的资源进行重点培

养，积极申报各级各类研学基地，增加红色研学基地的数量，提升国家级基地和省级基地的占比，逐步形成数量充足、布局合理、特色突出、优势互补的红色研学基地集群。其次，加大红色研学基地设施设备的投入力度，在原有设施设备维护管理的基础上，加强研学基地智慧化建设，加大新技术与研学旅行活动的融合力度，充分运用 ICT、DT、CPS、VR、AR、3D 等多媒体数字化技术，完善研学基地信息互动、智能导览、沉浸体验等设施设备，推动研学基地创新驱动发展。

（二）创新产品设计，打造多元体验产品

通过研学旅行对青少年进行思想政治教育，不能依靠传统说教方式来实现，必须通过研学参与者亲身研究感悟、参与体会得来，因此遵义红色研学旅行必须打造多元体验产品增加学生的参与度和体验感。在线路设计时注重理论与实践的结合，以实践为主，理论为辅，让学生在实践中学、思、悟，获得多元体验。针对不同阶段的研学对象，可以将不同主题的研学课程进行组合，结合遵义酒文化、世界遗产、茶文化、乡村文化等，开发"红色文化+"产品体系，发展"红色研学+酒文化""红色研学+科普""红色研学+乡愁""红色研学+农耕"等多元研学产品。比如设计"红色研学+茶文化"旅行产品，将遵义特色茶文化融入红色研学路线，结合湄潭等地红色文化和茶文化资源，通过品茶、制茶、种茶、学茶等体验环节，以及做一天浙大学生、模拟浙大西迁时的课堂教学等环节，让学生在体验中了解红色历史，了解浙大西迁与遵义茶文化的历史渊源，学习浙大西迁与茶文化相关知识，丰富研学活动的内容和形式，获得多元体验。

（三）健全课程体系，提升红色研学效果

红色研学旅行要不断提升研学效果，课程体系构建是关键，要建全集课程设计、教学实施、教学评价于一体的红色研学课程体系。首先，要深入挖掘遵义市红色文化资源内涵，尤其是将大量的红色标语、红色故事、红色精神等非物质类资源融入课程设计中，增加红色研学课程精神内涵，并结合学

科课程的教育内容，对每一次研学课程拟定具体的课程目标，打造特色课程。其次，在课程教学实施中，做好行前、行后管理。行前要布置任务，让学生提前了解相关知识，提前进行资料收集等，这样有利于学生在研学过程中有的放矢进行实践。行后要结合学科课程和学校教育加强思想引导，帮助学生思想升华，让学生将所学所思所悟运用到具体的实际行动中，提升教学效果。再次，要构建完备的课程评价体系和反馈机制，尤其注重课程评价多元主体参与，多维度进行，课程目标多路径实现，对研学课程的效果进行评估和总结，不断改进和提高。

（四）重视人才培养，构建高素质导师队伍

研学旅游专门人才是保障红色旅游不断进步的特殊人才，在研学旅游发展过程中发挥着极为关键的作用[1]。因此，要重视研学人才的培养，尝试构建红色研学导师和相关从业人员的准入条件、评价体系和退出机制。一方面，加大红色研学师资队伍培训力度。在前期培训工作基础上，遵义市要继续开展研学导师及研学工作人员专题培训班，加强对研学工作者综合素养的培训，通过聘请红色文化方面的优秀学者、革命历史研究人员作为研学师资的培训师和研学课程开发团队顾问等，提高研学队伍的整体素质。另一方面，引进红色研学旅行专业人才。加大人才引进的力度，注重引进红色研学方面的专业人才，尤其是红色文化、历史文化、管理运营、课程开发、线路设计等方面的高素质人才，充实遵义红色研学旅行导师队伍。

（五）强化营销宣传，扩大红色研学影响力

针对目前遵义市红色研学旅行营销宣传滞后的问题，要加大营销宣传的投入，积极通过多途径强化宣传营销，扩大遵义市红色研学的影响力。第一，树立特色品牌形象，提升遵义红色研学旅行的市场竞争力。以现有的

---

① 李铭、杨思奇、冯雪：《研学旅游发展路径探析——以建宁县为例》，《对外经贸》2022 年第 11 期，第 78~80 页。

"一地一特色"为基础，打造遵义红色研学品牌，以红色文化为引领，提升红色研学旅行中"研""学""行"等环节的关联度，树立鲜明的市场形象。第二，构建线上线下结合的营销宣传网络。在完善线下营销网络的基础上，重点打造线上营销网络。在相关主管部门官网上发布研学产品信息，研学基地或研学机构也要在自己的宣传网站上及时发布和更新产品信息。利用微信、小红书、微博、抖音这些现代化融媒体社交平台，精准定位客源群体，开展重点推送，也可以通过与携程旅行、飞猪、马蜂窝、同程旅行等网络平台的合作，拓展遵义红色研学旅行产品的购买渠道。

B.23
长征国家文化公园（江西段）
红色旅游高质量发展报告[*]

王　佳　余梦婷[**]

摘　要： 建设长征国家文化公园，是以习近平同志为核心的党中央做出的重大决策部署，是推动中华传统文化创造性转化、创新性发展，传承革命文化，发展先进文化的重要国家文化工程。江西是著名革命老区，也是中国革命的摇篮，更在中国工农红军长征历史上扮演着重要角色。但在建设长征国家文化公园中仍表现出五大掣肘因素：对长征文化资源摸排不够彻底，缺乏对长征非物质文化遗产的保护；旅游产品持续创新能力不足；配套基础设施不足，专业人才匮乏；存在产业链条短板，无法充分发挥经济效应；资金投入有缺口，建设进度缓慢。基于上述，江西应从提高认识、整体保护、科技赋能、人才培育、业态融合、资金筹措六个方面进行优化提升。

关键词： 长征国家文化公园　文旅融合　业态融合

党的二十大报告提出"建好用好国家文化公园"，"坚持以文塑旅、以旅彰文，推进文化和旅游深度融合发展"。红军长征是 1934 年 10 月至 1936

* 本文系国家社科基金青年项目"国家公园游客环境责任行为的制度驱动及调适管理研究"（21CGL025）、国家社科基金重大项目"革命老区'红色文化＋旅游'融合发展研究"（21&ZD178）的研究成果。

** 王佳，博士，南昌大学旅游学院副院长、副教授，江西旅游强省建设协同创新中心主任，主要从事旅游资源与环境容量研究、旅游环境责任行为等研究；余梦婷，南昌大学旅游学院硕士研究生，主要从事旅游管理研究。

年 10 月中国工农红军分别从各苏区向陕甘苏区的战略撤退和转移，途中面对饥寒交迫的生存环境、敌军的围追堵截、党内错误思想的激烈斗争，付出巨大牺牲最终实现会宁会师。长征是人类历史上的伟大壮举，它给我们留下中国共产党和红军战士付出惨重代价铸就的伟大长征精神。习近平总书记强调伟大长征精神，作为中国共产党人红色基因和精神族谱的重要组成部分，已经深深融入中华民族的血脉和灵魂，成为社会主义核心价值观的丰富滋养，成为鼓舞和激励中国人民不断攻坚克难、从胜利走向胜利的强大精神动力。① 因此，建设长征国家文化公园有重要现实意义，它是建构国家形象、坚定文化自信的重要载体，是激发爱党爱国热情、弘扬红色精神的重要力量，是推动乡村振兴和区域经济社会高质量发展的重要途径。

江西作为"长征战略决策地""中央红军长征集结出发地""长征精神的重要孕育地"，孕育着丰富的长征物质文化遗产与非物质文化资源，各地围绕长征精神全域打造《长征第一渡》、兵器博物馆等特色长征国家文化公园项目。对标新时代赋予的建设长征国家文化公园的重要使命，江西省应综合研判自身地理区位、经济文化与资源环境等优势与不足，探索如何通过文旅融合助推长征国家文化公园（江西段）建设。

一　长征国家文化公园（江西段）建设基础与现状

（一）经济实力总体向好

利用毗邻长江三角洲城市群、粤港澳大湾区和海峡西岸经济区的区位优势，江西积极服务和融入长江经济带发展、长三角一体化和粤港澳大湾区建设等重大战略，不断推进内陆开放型经济试验区建设，拓展以航空货运、中欧班列、江海联运、铁海联运为核心的国际物流大通道，推进改革开放扎实稳健向前，呈现四大特征：一是 GDP 稳步增长。2021 年全省地区生产总值

---

① 《论中国共产党历史》，中央文献出版社，2021，第 126 页。

29619.7亿元，在全国排名第15位，2011~2021年地区生产总值平均增长速度为12.2%，增速领先全国平均水平。二是经济结构持续优化。2011~2021年第一产业和第二产业比重总体上呈下降趋势，第三产业比重持续增长。2021年全省旅游接待总人数74297.3万人次，旅游总收入6769.0亿元，旅游产业对GDP贡献率为22.85%。三是经济社会协调发展。大力发展经济的同时，不断优化社会结构，深入推进城镇化进程，城乡建设、规划以及管理迈向新台阶，2021年城镇居民人均可支配收入达41684元，农村居民人均可支配收入达18684元[①]。四是经济发展呈现区块集聚特征。赣北地区以南昌、九江两市为主体，积极推动双城双核联动、昌九一体化，逐步形成区域集合效应；赣东北地区文化底蕴深厚，赣文化、徽文化、吴越文化相互交融，旅游资源丰富，旅游业发展独具特色，新能源材料、航空制造等战略性新兴产业集聚发展；赣西地区矿产资源丰富，是江西的重点工业基地，近年来积极实施新型工业化战略，推动工业转型升级；赣南地区在苏区振兴发展的政策支持和红色旅游的带动下，积极将资源优势转化为产业优势，振兴发展成效显著。

（二）无障碍外部交通体系基本形成

江西省对内对外互联互通工程加快推进，基本形成以高速铁路、普速铁路、高速公路为主骨架，以内河航道、普通国省道为重要补充的"六纵六横"综合运输大通道雏形，总体实现与长江三角洲、粤港澳大湾区、海峡西岸经济区和成渝地区等主要城市群的快速连通，为江西段建设奠定了良好的交通便利条件。2021年江西省印发《"十四五"综合交通运输体系发展规划》，稳步推进江西省全国性综合交通枢纽和鹰潭、宜春等区域性综合交通枢纽建设，加快构建立体互联的综合交通网络，着力打造一体高效的综合交通枢纽，加速推进交通运输智慧发展和绿色转型。针对发展红色旅游这一重要议题，江西省积极打造红色旅游精品路线，其中5条红色旅游线路入选"建党百年红色旅游百条精品线路"。十三五期间，响应江西省"十三五"

---

① 数据来源：江西省统计局。

大交通体系规划，通过加快红色革命景区的干支道路连接线建设、着重建设15条红色旅游公路等举措，完善省内红色旅游的配套交通体系，打破红色景区的交通瓶颈。此外，各地主动建设地区红色旅游交通工具，加大红色旅游宣传力度，如完成赣州兴国世界首条永磁磁浮轨道交通工程试验线的工程建设；吉安重视民航业在推动红色旅游高质量发展中的作用，完成井冈山机场二期改扩建工程，三期工程正在稳步推进；由地区冠名的"红色故都·客家摇篮"号列车和"赣州·于都长征集结"号列车随赣深高铁的运营连通赣州与深圳。

（三）特色资源挖掘更有深度

江西省的旅游资源优势表现为历史悠久的人文资源和丰富多样的自然资源。2020年以来，江西省从历史地位、全国影响力、后世借鉴性3个维度，遴选出红色、绿色、陶瓷、书院、戏曲、农业、商业、中医药8种特色文化，以及临川、庐陵、豫章、客家4种地域文化。概括而言具有四大特征：一是红色基因底色鲜明。江西的红色文化资源，无论物质形态、制度形态，还是精神形态，都位居全国前列。拥有井冈山风景名胜区、瑞金共和国摇篮景区、八一起义纪念馆、安源路矿工人运动纪念馆、上饶集中营等革命遗址。还包括在江西形成的"井冈山精神""长征精神""苏区精神""方志敏精神"等伟大精神。二是绿水青山生态良好。江西三面环山，是山水旅游资源的富集地，全省森林覆盖率63.1%，位居全国第二。拥有国家级自然保护区8个，国家级风景名胜区18个，国家级森林公园39个，世界自然遗产3处，包括庐山、三清山、龙虎山，其中庐山是世界自然和文化双遗产，拥有中国第一大淡水湖、国际重要湿地鄱阳湖。三是古色文化源远流长。江西古称"吴头楚尾，粤户闽庭"，是交通枢纽，地理位置优越。拥有"千年瓷都"景德镇，"天下书院之首"白鹿洞书院，"东方莎士比亚"汤显祖，"唐宋八大家"欧阳修、曾巩和王安石，还包括千年杏林文化，万年农耕文化及以万寿宫历史文化街区为代表的商业文化。四是地域文化兼容并蓄。江西在长期的历史发展中还形成了以"文章节义，人文渊源"著称的庐陵文化、"灵山秀水，人才辈出"闻名的临川文化、"秀而能文，教而知礼"的豫章文化、坚持"崇文重教，耕读传家"的客家文化等代表性地域文化。

（四）建设现状

一是政策资金保障更有力度。长征国家文化公园（江西段）的建设以中央红军长征路线、长征决策与前期准备及与长征紧密相关的重要事件发生区域为重点建设区，主要涉及赣州、吉安、抚州3个地级市，包括瑞金、于都、兴国等19个县（市、区）。《长征国家文化公园江西段建设保护规划》《长征国家文化公园赣州段建设保护规划》《长征国家文化公园赣州段长征步道概念性规划》《吉安市长征国家文化公园建设实施方案》《长征国家文化公园抚州段建设工作实施方案》等省级市级规划、建设方案相继完成编制或已经发布。资金保障，全域推动公园建设。2020年至2023年2月，累计统筹省级及以上财政资金7.9亿元用于长征国家文化公园江西段建设。各地还通过向上积极争取专项资金、增发地方政府专项债券等多种渠道，积极筹集建设资金，如截至2023年4月，于都已筹集长征国家文化公园建设资金超过20亿元①，用于文物保护和革命旧址维修、长征文化旧址周边环境整治和基础设施配套、作品拍摄或演出活动、文旅宣传推广等。二是产品不断更新迭代，从无趣变成有趣。如"科技+红色演艺"，于都运用兼具故事性和艺术欣赏性的现代影像和舞台技术，导演大型红色文旅史诗舞台剧《长征第一渡》；"科技+红色动漫"，兴国面向当代儿童、青少年，打造以红色教育为主题的动画《长征先锋》。三是内容生产更具生命力，从传统内容向创新转变。过去红色景区主要依赖革命文物的静态陈列展示，如今深入挖掘红色文化的当代价值，用人民喜闻乐见的形式讲好红色故事。四是技术应用形式多样化，从单一功能向多元功能转变。如智慧服务体系，在井冈山笔架山红色情境主题数字体验园，游客可使用智能导览系统，通过手机上的虚

---

① 数据来源：赣州市财政局。

拟讲解员沉浸式体验笔架山的红色文化；展示体系，由传统的线下展馆向"线下+线上"展馆转变，省内的爱国主义教育基地，如南昌八一起义纪念馆、瑞金中央革命根据地纪念馆、安源路矿工人运动纪念馆、井冈山革命根据地博物馆等，都建立了数字展馆；智能体验，游客在景区可享受智慧厕所、智慧停车场等多场景智能体验。

二 长征国家文化公园江西段文旅融合存在的短板因素

一是对长征文化资源的摸排不够彻底，尤其是长征非物质文化遗产的保护。江西红色资源丰富，拥有大量革命遗迹遗址和文物，且区域内苏区精神、井冈山精神和长征精神融为一体，和谐共存。由于江西长征文物具有种类繁多、资源丰裕、分布广泛、品质高等特点，对全省范围内长征文化资源进行彻底摸排是一个巨大挑战。首先是对长征文化资源的范畴和资源品级不明晰，建设过程中难以把握。其次是对长征文化资源的内涵挖掘不够，无法充分展现其背后蕴藏的深厚的历史意义和思想内涵。最后是长征文化资源包括物质文化资源和非物质文化资源，二者都是长征国家文化公园建设中的重要部分，但目前建设的重心仍放在对物质文化资源的修缮改造中，对非物质文化遗产的保护传承有所欠缺，如长征诗歌、革命家书、口述历史等。

二是旅游产品持续创新能力不足。长征国家文化公园在建设规划、建筑设计、产品开发，甚至是内容讲解、叙事方式上存在普遍同质化现象。如建设规划没有将长征文化有效融入当地特有的传统文化和民俗文化；建筑设计过分强调"大气""宏伟"；产品开发局限于大型演出剧目、"忆苦思甜"等，红色文化演绎传播浮于浅表，游客无法深入感受其背后的精神内涵；内容讲解无论是人工解说还是智能解说大多模式化，没有区别年龄层次、知识水平等。尤其是部分长征文化景区仍然以纪念馆、广场、烈士陵园等的展示为主，形式较为单一。游客到部分景区后进行的仍是静态观赏，景区内布局陈设、展览内容大同小异，主题不突出，缺乏创新性和体验性旅游项目。

　　三是配套基础设施不足，专业人才匮乏。目前就长征文化景区的总体情况来看，景点分布较散，景区与景区之间距离较远，连接性不强，在市、区、县之间没有专业化、规模化的旅游路线规划；有些资源所在地甚至缺失与"食、住、行、游、购、娱"相关的基础配套设施。景区服务设施较为简陋，许多长征文化景区位置偏僻，配套的休闲娱乐甚至基础设施不完善，且交通通达性较差，尤其是火车、高铁、民用航空等现代交通工具发展较为滞后，使得游客往返于各个旅游景点不便利，严重影响旅游体验，因此对处于远距离客源地的游客缺乏吸引力。另外，部分景区旅游从业人员的文化素养和政治素养相对匮乏，凭借现有的专业知识、技能及素养无法有效地传递红色旅游所蕴含的深刻内涵与教育意义。除缺乏专业的行政管理人员、专业技术人才外，还缺乏导游和讲解员等相关从业人员。许多红色景区讲解员数量不足，仅针对大型团才有讲解服务，不能满足旅游散客的讲解需求。

　　四是存在产业链条短板，无法充分发挥经济效应。江西段长征国家文化公园建设仍存在多业态融合不深入、品牌竞争力不强、融资渠道不畅通、产业链条不全面等问题。长征文化打造的产品给游客带来的更多是精神层面的洗礼，吸引力有限，只有将长征文化与地区的自然风光、村落建筑、人文习俗等融为一体，发展长征文化与乡村振兴、研学培训、康养度假、基地露营等结合，才能提高旅游目的地的吸引力和竞争力。目前，较为严重的问题就是长征资源与其他类型旅游资源的融合程度不足，零售文创市集、影视演艺、夜游消费生态圈等新业态较缺乏。产品供给层次的缺失，导致游客停留时间短暂、人均旅游消费低，无法充分发挥其经济效应。

　　五是资金投入有缺口，建设进度缓慢。我国国家文化公园要承担推进保护传承、研究发掘、环境配套、文旅融合、数字再现等建设职责，实现上述目标，需要数额巨大且可持续的资金支持。我国国家文化公园建设资金采取的是中央和地方共担的方式，确定重点领域，采取项目制，中央政府提供一定的专项资金，地方政府提供配套资金，地方仍然是项目建设资金的主要承担方。2020 年，江西省 24 个国家级贫困县实现脱贫摘帽，现处于持续巩固脱贫攻坚成果的发展过程中，且大部分县属于长征国家文化公园江西段的建设区。由于各地区经济发展水平差距较大，地方政府财政压力大，再加上缺乏社会资本的融入，经费不足导致项目的建设滞后，影响工程总体进度，重点项目无法取得预期效益。

三 文旅融合助推长征国家文化公园江西段建设的具体举措

一是提高各方对建设长征国家文化公园的认识，引导多方共同参与到建设中来。建设长征国家文化公园不仅具有彰显国家意志、坚定民族自信等社会效益，而且具有推动长征沿线地区高质量发展的经济效益，尤其长征沿线分布着众多连片的贫困地区，急需新的经济增长点。各级政府在认识到长征国家文化公园建设深刻内涵的基础上，通过开展宣教活动，提高建设区相关利益者的认知，如居民及景区经营管理者等，长征国家文化公园的建设发展能够为当地居民提供就业岗位、为旅游景区带来客流量，促进地区基础设施建设与经济发展，在共建中实现切实共享，拥有更多的获得感。其次，通过开设培训班等举措，引导居民和景区经营管理者，在长征国家文化公园的建设发展中积极融入，如居民保持良好素质、积极热情地与游客相处、使其有宾至如归之感；景区经营管理者提高服务人员专业技能、设计个性化多样化旅游产品、合理定价不胡乱"宰客"等。

二是促进革命老区空间活化，夯实长征国家文化公园江西段的整体性保护。《长征国家文化公园建设保护规划》指出要重点建设包括管控保护区、主题展示区、文旅融合区和传统利用区4类主体功能区，根据不同功能区的分级定位，需要对长征沿线分布着的数量庞大、种类丰富的物质文化资源与非物质文化资源进行保护与传承，探索长征红色文化遗产的长效保护机制。第一，做好保护传承工作。持续加强对辖区内文物和文化资源的调查摸排、价值评估和分类定级等工作，建立名录管理制度。第二，加大对地方革命史料和长征文物的文化内涵和时代价值的深入挖掘，阐释江西在红军长征中的重要地位与发挥的作用。第三，保护长征沿线的文化资源时注重整体性和原真性，建立长征文物和文化资源保护修缮项目清单，加强长征文物的分级分类保护。第四，加强对非物质文化资源的开发与利用，如增加红军歌曲的传唱度、扩大红军故事的传播面，展现长征沿线地区民俗文化的迭代、艺术形式的革新、人民群众精神面貌的改观、社会生产方式的进步，做到物质文化资源利用与非物质文化资源活化相统一。

三是强化配套基础设施建设，培养高水平专业化人才队伍。一方面，景区要提升基础设施和旅游服务水平。如完善综合立体交通网络，优化旅游交通运输服务品质，提高主要展示节点交通通达性，设立沿线长征公路、铁路专列；结合长征文化特色进行游客服务中心、公共厕所以及沿途休息座椅、垃圾桶、旅游标志牌等设施的配套建设；增加停车位，提升区域无线网络和5G网络覆盖度，不断完善旅游公共服务设施；增设景区表演舞台、购物中心、餐厅、民宿等休闲娱乐设施。另一方面，加快优化红色旅游人才储备与培育、人才竞争与激励、人才考核与晋升等体制机制改革。首先，加强高水平经营管理人才梯队建设，根据长征国家文化公园的独特属性，加强对管理人才综合能力的培养；其次，加强红旅讲解员和导游员的分级分期培训，提高基层讲解员的薪资待遇，增强其专业素养，培养一支思想坚定、技能熟练、知识广博的红色旅游景区人才队伍；最后，发展稳定的志愿者队伍，建立完善的社区参与机制，通过邀请老干部、老战士、老教师、老模范、老专家开展义务讲解，鼓励大学生、社区居民投身志愿服务等，扩大红旅人才队伍。多重举措共同发力，不断提高景区管理和服务质量，增强游客的旅游体验。

四是通过科技赋能，推进长征国家文化公园江西段的数字化再现。第一，依托现代化信息技术，加强长征文化资源的挖掘、普查与分级、建档，完成对长征文物和文化资源的数字信息采集，建设江西省长征文化资源大数据中心。第二，推动5G、大数据、人工智能、物联网、区块链等新技术在线下展馆建设、参观导览、语音讲解和历史遗迹展示等各场景的应用，立体化展现长征路线、长征故事、长征人物和长征诗词等内容，重点打造长征文化的沉浸式实景体验，从"灌输式"转向"体验式"，从"旁观者"转向

"参与者"，切实通过创新表达形式，让长征文化更加鲜活生动，吸引年轻游客到访体验。第三，研发专门的旅游软件，运用微信、微博、抖音、小红书等社交媒体，创新开展"云旅游""线上展销"等工作，做到线下建设和线上体验相融通，拓宽长征文化国家公园江西段的传播渠道，通过使用科学技术，使其表现出传播空间立体化、游览时间快速化和体验手段现代化等特征。

五是推动业态融合，加快长征国家文化公园江西段的产业化发展。坚持以文促旅、以旅彰文，持续优化长征文化资源与自然生态、历史人文、民俗风情等不同类型层次资源的组合与融合，兼顾政治性和市场性，避免庸俗化，实现红绿古三色融合发展。首先，开发一批红色主题突出的文旅融合产品。长征国家文化公园的建设不应局限于爱国主义教育、革命传统教育、政党党史教育等非营利性运行，而应该将长征文化旅游与其他旅游产业深度融合发展，如推动"红色+农业""红色+工业""红色+服务业"融合发展；推动红色旅游与休闲度假、研学旅行、城市观光、乡村旅游、康养旅游等有机融合。其次，引育一批参与红色旅游经营的文旅融合企业。旅游企业是旅游产品的设计者、提供者，只有当市场上存在着优秀的供应商，消费者才能有渠道、有兴趣去购买旅游产品。根据公园功能分区，引进住宿、餐饮、文娱消费等关联性强的旅游企业参与长征国家文化公园文旅融合区的建设和运营。最后，加强跨省、市、县的跨域资源合作开发力度，着力打造红色景点串联的特色产业链群。探索从省内市、县、乡镇的协作，到邻近省市的联动，再到多省域的资源协同开发模式，通过建立专门的资源合作开发管理机构，制定具体的跨区域合作方案和建设指南，实现区域间旅游资源的高效整合、集成开发、共同保护与合作利用，延长和丰富游客的旅游体验。

六是加强资金筹措，畅通长征国家文化公园建设和旅游投融资支持体系。加速建立健全多元化的长征国家文化公园的投资融资体系，包括作为主体的政府资金及作为辅助的社会资金和金融资金，在更好地发挥政府财政性资金撬动作用的同时，最大限度地调动各方投资积极性。其一，积极争取中央资金、省级财政资金和专项债券资金，强化政府主导。因为长征国家文化公园具有政治性、文化性和公益性，在彰显国家意志、发扬革命精神、传承红色基因的同时需要服务广大人民，因此要确保国有资本在长征国家文化公园建设中的主导地位。其二，构建社会投资平台，引导社会资本有效参与到长征国家文化公园建设中。要充分调动多元主体协同参与，以地域文化为重点，强化招商引资和项目建设，引导文旅企业对资源进行统筹规划与整合开发，推动投资主体、经营主体和服务主体的融合创新。其三，鼓励各商业银行建立长征国家文化公园专项贷款，探索适合长征文化公园建设发展的金融产品和服务。金融机构通过完善贷款审批机制、信用评级机制等投融资机制，优化融资担保制度，做好金融机构风险防控工作，创新金融产品和产业投融资模式，实现金融机构和文旅企业双赢。党的二十大报告强调指出，要"营造市场化、法治化、国际化一流营商环境"，江西省出台《优化营商环境条例》《关于进一步优化营商环境降低市场主体制度性交易成本政策措施》《南昌市建设省营商环境创新试点城市实施方案》《赣州市对标湾区持续优化提升营商环境工作方案》等一系列政策文件，从破除隐性门槛和壁垒、完善涉企收费法规制度、优化涉企服务行为、提高有效和公正监管、规范行政权力使用职权等多个方面，持续推进"放管服"改革，通过建设良好的营商环境吸引投资者。

B.24
数字化赋能红色旅游产业发展的"方特模式"*

肖 刚 刘雪琼 谢 鹏**

摘 要： 数字化赋能红色旅游是红色文化传承发展的创新路径，满足游客个性化、沉浸式体验消费需求，推动红色旅游产业转型升级。赣州方特东方欲晓主题公园，通过数字化赋能红色旅游产品、红色演艺、红色研学旅行、红色旅游消费、服务管理等路径，探索"数字技术+红色旅游"的融合创新模式。尽管如此，其红色旅游发展仍存在数字化水平不高、产业与数字化融合不深、本地红色旅游资源挖掘不充分、数字创意人才不足等制约因素。本文针对数字化赋能红色旅游产业发展中的短板，提出了推动赣州方特东方欲晓主题公园高质量发展的建议。

关键词： 数字化赋能 红色旅游产业 主题公园 赣州

一 赣州方特东方欲晓主题公园发展现状

（一）主题公园主要概况

华强方特文化科技集团股份有限公司（以下简称"华强方特集团"）

---

  * 本文系文化和旅游部部级社科研究项目"革命老区红色旅游融合发展内涵和实施路径研究"（23DY15）研究成果。

 ** 肖刚，博士，江西财经大学工商管理学院副教授、硕士生导师，江西财经大学旅游发展研究院副院长；刘雪琼，通讯作者，江西财经大学工商管理学院硕士研究生；谢鹏，江西财经大学工商管理学院硕士研究生。

深入挖掘中国文化，采用高科技提升主题公园产品的文化内涵，为中国主题游乐行业提供了可持续发展新思路。赣州方特东方欲晓主题公园由华强方特集团与赣州市人民政府共同打造，为全国首个红色主题公园，也是江西省内第一座方特主题公园。该主题公园以毛泽东诗词《清平乐·会昌》中"东方欲晓"命名，而诗词题中的会昌正是赣南中央苏区旧址所在地，"红色文化"贯穿整个公园，园区建筑多，以鸦片战争到21世纪初的170余年奋斗征程为背景设计。园区分为六大历史主题区域，包含十余项方特独家打造的大型高科技主题项目，二十余项室外游乐项目，以及数百项特色休闲景观和主题餐厅、商店等，依托一系列高科技技术，以"高科技主题公园+红色文化体验"新形式，打造新型红色主题公园，以参与、互动、体验等形式，为广大参观者带来了与众不同的"红色旅游新体验"，对促进赣南红色旅游的高质量发展具有重要意义[1]。

（二）主题公园发展情况

2021年5月28日开业以来，赣州方特获得了广大游客的喜爱。截至2023年3月，已累计接待游客220余万人次，总营收规模超2.7亿元，为赣州经济和文旅行业的发展带来了新的动力。根据赣州方特的游客特征分析，表现出以下特点：一是客源范围不断拓宽。经过市场营销团队不断推广，政府采取不同形式宣传推介，2023年赣州方特外地客流占比逐渐提高，外地游客的服务半径北至九江、南昌，南至广州、深圳，西至长沙、郴州，东至厦门、龙岩等地。二是游客群体结构类型丰富。赣州方特接待的游客年龄主要集中在8~45岁年龄段，客源性别以女性占比略高，约占55%；主题乐园接待群体呈现出多元性、广泛性特征，且亲子游居多。

---

[1] 邓艳昕：《场景传播视角下赣南红色旅游的创新发展——以赣州方特东方欲晓主题公园为例》，《科技传播》2021年第13期，第114~116页。

二 数字化赋能红色旅游产业发展路径

（一）数字赋能红色旅游产品，打造沉浸式游客新体验

1. 突出数字技术嵌入红色旅游产品研发

赣州方特主题公园将红色文化与高科技主题公园相结合，依托研发团队的先进数字技术，聚焦红色旅游产品数字化设计。如采用 Unity3D、高级识别技术等，将红色文化与高科技主题公园相结合设计出数字化旅游产品，打造出全新的红色文化体验，这既为自身主题公园注入了新的文化内涵，又极大地丰富了红色旅游体验形式，为红色旅游产品开发开辟了新方向、提供了新思路。

2. 强化高科技融合红色旅游产品设计

赣州方特园区内设计六大分属不同时代的历史主题区域，它们分别是代表晚清时期的"王朝印记"主题区、代表 20 世纪早期的"都会记忆"主题区、展现战争时期的"峥嵘岁月"主题区、代表社会主义建设时期的"激情岁月"主题区、象征新世纪美好展望的"天高云淡"主题区以及老少皆宜的"欢乐港湾"主题区。同时，还设计了瑞金街、上海街、人民大食堂等多个主题街区、小镇，将中国近现代时期独具特色的社会风貌和人文风情真实再现，营造重回历史的氛围，让游客实景重温不同时期的红色记忆。在具体项目的旅游产品产出上，赣州方特园区通过运用 VR、AR、4D Dark-ide、球幕、高清巨幕等先进技术，以历久弥新的红色经典和耳熟能详的英雄故事为基础，打造出《巾帼》《致远 致远》《岁月如歌》《铁道游击》《东方欲晓》等 10 个别具一格的互动沉浸式体验项目，其中有 20 多个不同类型的室外游乐项目，还有大量特色雕塑、精品景观和歌舞演艺，让游客全方位、沉浸式深入体验红色文化。

（二）数字赋能红色演艺，拓展红色故事演绎新途径

1.数字特效虚实结合再现壮烈的甲午海战

通过虚拟成像与实拍镜头的巧妙结合，让游客在现场不仅能身临其境般体验19世纪海战氛围，还能目睹中国现代海军的强大，领略近代以来中国人工业化探索的伟大征程。如在大型室内有轨漂流项目《致远　致远》中，游客亲身经历名舰"致远号"传奇的"一生"，见证中国海军飞速发展的百年历程。巨幕与船行水面虚实景结合，逼真的数字特效让百余年前的壮烈的甲午海战和民族英雄重现眼前，而"鱼雷"中弹飞溅十几米高的水幕和逼真的爆炸音效，更高度还原了甲午海战的悲壮与惨烈。

2.数字舞台艺术演绎中国人生活的日新月异

采用巨幕和千人无轨旋转平台技术的《岁月如歌》，开辟了全新的舞台艺术表现方式，每一次旋转带来一次祖国蓬勃发展的十年，展示了数倍于普通舞台的表演内容，直观体现了几代中国人翻天覆地的生活变化，尤其是新中国成立、恢复高考、香港回归、北京奥运会开幕式等历史片段的精彩演绎，更引发了老中青三代人的强烈共鸣，让体验的游客们倍感亲切。

3.数字化主题故事演绎中华民族奋斗的艰辛历程

通过AR全息技术再现"万园之园"旷世盛景的《圆明园》，以AR全息技术结合真人表演演绎女性先烈舍身殉国的《巾帼》，让游客参与的保家卫国的抗战题材主题项目《突围》，采用悬挂式球幕带领游客俯瞰祖国壮美山河和超级工程的《飞翔》及以千平巨幕形式讴歌中国共产党带领中华民族从苦难走向辉煌伟大历程的《东方欲晓》，不仅为游客们带来前所未有的视听震撼，也从不同角度展示着中华民族的奋斗印记和取得的伟大成就。

（三）数字赋能红色研学旅行，创新红色文化体验方式

1.丰富红色文化的传播载体

目前，国内红色研学旅行产品开发多以某些重大历史事件相关纪实物品展示、故事解读为主，鲜少探索事件背后内涵，缺少互动性，游客体验度不

高。赣州方特东方欲晓主题公园通过尽调数据分析当前红色研学旅行发展中存在的不足，采用新技术和新媒体，兼顾不同年龄段群体，创新红色文化内容设计，开发出类型多样的研学旅行产品，满足游客的参与互动、沉浸式体验的消费需求，使游客对于红色文化的代入感得到进一步强化，红色教育在其吸引力、感染力、体验度和鲜活性等维度得到提高。在保持红色文化底色的同时，从更高层面、以更多手段，挖掘、提炼与呈现红色文化内涵，通过文化科技产品的较高体验度、层次丰富性，实现了红色文化教育培训从观光到体验的跃升。

2.深挖红色文化内涵的表达形式

赣州方特东方欲晓已获得"江西省中小学生研学实践基地""赣州市红色教育培训基地"等研学实践基地授牌，主题公园充分利用赣南地区的红色文化资源，为红色教育搭建生动的实景实例课堂，突出红色文化教育的实效性和针对性，游客能够在与历史事件的对话中，不断反思与感悟，实现精神的蜕变和心灵的震撼。赣州方特主题公园既为游客提供了红色文化学习的新机会、新体验、新选择，也对红色文化的普及和传承具有重大推动作用，进一步助推红色文化教育高质量发展。

（四）数字赋能红色旅游消费，开拓沉浸式消费体验新场景

1.打造沉浸式消费场景

赣州方特东方欲晓通过大量的仿古建筑、特色街景，展现多个近现代中国不同时期的主题街区，嵌入具有不同时代印记的商铺、餐饮店，营造出逼真的历史体验氛围的同时，搭建起与主题场景相协调的消费场景。这种别具一格的布景设计和体验方式，让游客可以突破时空桎梏，沉浸于历史情境，增强了游客的参与感与沉浸感，让游客可以近乎真实地感受不同历史时期的生活方式。目前，园区商业门店80家左右，主要分布在园区4条主题街区及主题项目周边，经营业态主要为商品类、餐饮类、小吃类、饮品类及无人自助类5大类，尤其是餐饮店布局了赣州本地的特色小吃，如宁都肉丸、客家糍粑、瑞金牛肉汤等，其中，人民大食堂集合了赣南十八县标志性小吃和

客家美食。

2. 推出融入科技感的消费产品

赣州方特东方欲晓依托自身品牌优势和技术优势，汇集了休闲旅游、主题演艺、红培基地、特色餐饮等丰富业态，吸引大量餐饮、潮玩、文创品牌入驻，同时致力于为游客提供持续优化的消费体验，打造融智慧景区、数字光影、夜游经济于一体的红色旅游新场景，如将极光焰火秀、精彩主题项目等数字技术体验项目与主题演艺、趣味互动、红街打卡等红色主题文化活动相结合，推出了一系列科技感强、文化味浓、参与度高的高质量主题活动和夜游产品。

（五）数字赋能服务管理，丰富游客智慧化体验新方式

园区依托公司自主开发的"方特旅游"App，构建了拥有线上购票、园区导游、路线规划、购物消费、停车缴费、云排队、自助订餐等数十项功能的线上综合服务体系，为游客打造多款品质化、个性化的定制游园服务。一是搭建完善的电子商务平台。游客下载登录"方特旅游"App，可随时随地购票、查看园区开放时间及项目演出时间，查找、预定园区特色餐饮，实时投诉建议等，方便游客合理安排行程。二是建立智能化售检票系统。通过与电子商务平台的关联，线上订票，线下通过自主售票终端或个人身份信息，无接触识别检票进入园区，提升园区接待能力和服务水平。三是建立了智能导游导览系统。将景区导游电子化，游客在此界面可看到景区全景及目前项目排队、演出现状，包括园区配套设施如公厕、服务中心、医务室等建筑所在方位，同时可显示园区餐饮方位，大大提升了游客游览的体验感。此外，园区通过应用实时场景视频采集、人脸识别算法和大数据管理分析等技术，提升精细化运营管理水平。

三　数字化赋能红色旅游产业发展的制约因素

（一）数字化旅游产业发展水平不高

在红色旅游产业的数字化转型中，旅游资源的数字化只是产业数字化的

一种形式。主题公园主要采用传统运营策略及管理模式，园区配套的云计算、物联网、5G 技术等硬件支持不足，现阶段基础设施建设未与先进的数字核心技术较好地匹配，承载数字化旅游产业发展所必需的基础服务组织不够多，产业数字化水平不够高。因此，在产业数字化转型过程中各类数据资源整合不够充分，特别是数据信息在流动宣传、客源开发、游玩体验、运营策略、内部管理、商业模式创新等方面的作用不够明显。

（二）数字化旅游产业融合不深

红色旅游产业的数字化转型过程中存在数字资源碎片化、孤立化的问题。从数字化的角度分析，有以下几方面不足。一是红色旅游产业与数字化转型结合不够紧密。不同旅游产业和不同的业态之间存在信息壁垒，产业协作效应不明显。主题公园利用红色旅游资源特色体验吸引游客，但没有充分利用赣州其他红色旅游资源数据，未形成产业联动，最大化挖掘旅游消费市场。二是红色旅游产业的数字资源利用率严重不足。红色旅游产业的数字化离不开红色旅游全产业链数字化的协同发展，如住宿、餐饮、娱乐及其他消费产业的数字化。园区内的餐饮、娱乐及其他消费业态没有进行数字化升级，住宿板块尚未开发，未建成有效的数字化平台，不能链接各板块及商户数据，从而不能对园区各业态的数据进行智能分析，提供科学的运营方案。

（三）本土红色文化 IP 挖掘不够

目前，从赣州方特的游玩项目与红色资源结合程度来看，大多数项目仍以其他地区红色故事为主，对赣南红色文化的挖掘不够深入、利用不够充分，园区红色文化 IP 打造不足。园区内各商家销售的文创产品，基本以吸引青少年、儿童群体的方特自主打造的全国性动漫 IP "熊出没"系列产品为主，也有少量其他动漫文创产品，没有形成具有品牌效应、影响力并带有赣州特色的红色 IP 及相关文创类产品。

（四）数字化旅游管理人才培养不足

专业化高素质人才是数字红色旅游发展的重要保障，赣州方特主题公园红色旅游数字化专业人才力量仍然比较薄弱。一方面，园区片面追求旅游平台搭建，只注重数字化和信息化，忽略了旅游业复合型人才的培养，比如建立"数字化+旅游"的复合型人才团队。另一方面，赣州市高等院校数字化旅游管理专业人才的培养质量不高，这也导致园区数字创意人才严重不足。

四　数字化赋能红色旅游产业发展建议

（一）健全数字化设施，提高数字赋能园区发展水平

其一，完善红色旅游产业信息的互动渠道。例如，发挥云旅游技术在园区红色旅游产业中的积极作用，借助互联网平台直播，将主题公园的基本情况和优势特点呈现给游客，令游客在云旅游中身临其境，对主题公园有更加深入的认识和了解。同时，主题公园本身也能通过大数据分析，得到数据信息反馈，进一步分析出游客在园区的喜爱项目与消费数据，根据数据结果制定有效的改进方案，从而开发出游客喜闻乐见的旅游产品，促进旅游产业提质升级。其二，积极搭建旅游产业数字化平台。红色旅游产业与数字化的结合过程中，数字化平台起到了至关重要的作用，但各园区之间、园区内各游玩项目之间的系统数据联系不够紧密。因此，园区要搭建旅游产业数字化平台，最终达到信息互通、资源共享的目的。该平台由客户端和园区管理端两部分组成。一是客户端平台。客户端平台由景区红色旅游产品介绍和销售功能等模块组成，并配备路线指引和导游解说等功能，客户端平台将直观的旅游线路提供给游客参考，使得数字化平台产生优质的旅游服务体验。二是园区管理端平台。园区管理端平台的核心作用是管理旅游园区数字化信息，如可以对旅游园区内的游客进行数据系统分析，进而对未来不同时期的人流量做出准确预判，方便运营团队制定科学的运营策略，同时可以对园区实现红

色旅游产业数字化转型后的总体情况进行全面分析，确保数字化转型能够发挥出最大价值。

（二）促进红色文化业态融合，延伸园区旅游产业链

红色旅游主要是围绕独特的红色人文景观打造的一系列附属旅游产品来实现文化传播价值及经济价值。赣州方特主题园区是"红色文化教育+合家欢"的新型体验，是"红色旅游+高科技"的积极探索，更是"数字赋能红色旅游"的有效尝试，园区以红色人文景观的革命故事为引线，串联了高科技项目体验馆、主题商业街，红色旅游文创产品纪念品生产销售、旅游住宿餐饮相结合的产业链。从产业链角度来看，从以下几个方面拓展延伸。一是拓展平台数据共享链。采用平台数据共享分析游客的消费习惯，推出适合赣南游客的私人订制的红色旅游深度游玩方案，科学制定节假日营销方案或推出红色景点间游玩套票，最大程度利用好园区资源。二是拓展业态链。针对目前园区未配备酒店、园区周边配套不齐全等问题，可尝试二期推出配套度假酒店、主题酒店模块，同时根据新技术迭代情况，深挖赣州当地红色故事，开发体验性更好的旅游产品。三是拓展消费场景链。增强园区各消费场景的联动，对各个店铺的营业情况进行分析，探究不同消费场景的组合，提高园区商铺创收。

（三）深挖本土红色文化，打造园区红色文化 IP

深度研究赣南地区红色资源特色，创意打造红色文化 IP。针对赣州方特的《岁月如歌》项目，选取了大量国内有代表性的红色歌曲作为项目内容，而对赣南本地的红色歌曲未深度挖掘运用。同时也要看到，红色文化内容不仅包括赣南苏区时期的革命英雄及其光辉事迹，还可以挖掘普通群众的感人事迹，让赣南地区红色故事更加生动、更加真实。如于都姑娘春秀与红军战士谢志坚关于一双绣球草鞋的爱情故事让人热泪盈眶。借用这个故事，进行文化 IP 创意打造，挖掘更多的旅游项目，不能把草鞋仅当作简单的摆设，可以打造故事剧场，让游客以故事的见证者身份参与故事情节互动，增

强旅游感受，通过亲身体验，游客更容易与红色故事中的主人公发生共鸣。同时，园区也可安排赣南籍老一辈革命家的后代，讲述革命先辈当年发生的一些红色故事，使红色革命历史更加生动、更加形象地呈现出来。园区要积极探索属于赣州的红色文化 IP、阳明文化 IP，脱离红色旅游产业同质化的产品产出怪圈，为新的旅游经济增长点创造更多可能。

（四）加强数字化人才引培，增强园区发展潜能

注重数字化人才的大力引进与跟踪培养，保障园区红色旅游数字化具有重要作用。一是完善人才引进政策。园区要发挥主体作用，制定详细可行的方案和计划，同时，可以用好政府人才引进相关优惠政策，为数字化人才提供人才扶持资金、专项补助资金，为人才提供子女入学、住房、医疗等方面帮助。二是强化数字化人才团队。园区要营造良好人才发展环境，积极到各大高校、知名企业寻找目标人才，同时用心培养数字旅游复合型人才，确保他们在园区的核心运营团队中发挥作用，让懂技术、懂运营的人才受到尊重和重用，保障红色旅游产业数字化人才"引得进""用得好""留得住"。三是健全人才培养体系。各高等院校需要科学判断、提前谋划，积极应对旅游数字化的发展趋势及旅游消费市场升级需求，不断调整和优化高素质专业化人才培养计划。例如，在旅游专业学习中增加诸如智能控制、机器人、虚拟现实、旅游与数字信息化等信息化专业课程，注重数字化实践操作。另外，对旅游专业的职业资格考试内容加以优化，侧重旅游数字化等多方面专业能力及实操能力的考核，以全面提升旅游专业高校生全面综合能力，为社会持续输送和储备专业素质过硬的数字化旅游人才。此外，要全面强化校企合作，提高旅游专业毕业生的市场适用性，为红色旅游产业数字化提供人才保障。

B.25
河南省中共洛阳组诞生地纪念馆
红色旅游高质量发展路径研究[*]

河南省中共洛阳组诞生地纪念馆红色旅游高质量发展路径研究[*]

李修志　王　丹　邓雅磊　靳丽娇　姬燕蒙^{**}

摘　要： 1921年12月，河南省第一个共产党组织"中共洛阳组"诞生。本研究以河南省中共洛阳组诞生地纪念馆为例，借助田野调查、统计调查、文本分析等方法，介绍了纪念馆红色旅游发展的时代背景、发展简况、时空特征、游客认知，分析归纳了纪念馆红色旅游发展存在的问题：发展资金来源受限；创新发展力度不够；营销与宣传不足；数据中心建设不完善。本研究总结提炼出该纪念馆红色旅游高质量发展的路径：构建红色旅游高质量发展的新理念新格局；建设红色旅游高质量发展的资金人资平台；构建红色旅游高质量发展的创新动力机制；打造红色旅游高质量发展的业务支撑体系；营造红色旅游高质量发展的数据评估中心。

关键词： 中共洛阳组诞生地纪念馆　红色旅游　高质量发展

---

* 本文系校级课程思政项目《旅游消费者行为》（项目编号：szkc2021007）、校级党建研究课题《旅游管理一流本科专业党建工作与业务工作的深度融合研究》（课题编号：DJKT202218）阶段性研究成果。
** 李修志，硕士，洛阳师范学院国土与旅游学院讲师，研究方向为红色旅游、旅游者行为、旅游经济；王丹，中共洛阳组诞生地纪念馆馆长；邓雅磊，中共洛阳组诞生地纪念馆副馆长；靳丽娇，本科，洛阳师范学院国土与旅游学院2019级旅游管理专业，研究方向为红色旅游；姬燕蒙，本科，洛阳师范学院国土与旅游学院2019级旅游管理专业，研究方向为红色旅游。

一 中共洛阳组诞生地纪念馆红色旅游发展的背景与简况

2022 年 10 月，党的二十大明确提出实现高质量发展是中国式现代化发展的本质要求。高质量发展是能够很好满足人民日益增长的美好生活需要的发展，是体现新发展理念的发展，是创新成为第一推动力、协调成为内生特点、绿色成为普遍形态、开放成为必由之路、共享成为根本目的的发展。[①]中国式现代化是我国未来发展的顶层设计，是战略性的宏观发展规划，体现在我国现实发展的方方面面。中共洛阳组诞生地纪念馆的高质量发展，要主动对接国家战略规划，特别是从中国式现代化发展的众多维度中，找到契合本馆发展的维度，聚精会神、擘画设计、匠心规划、践行落实。因此，中共洛阳组诞生地纪念馆高质量发展是一个极为迫切，具有理论突破意义和现实指导意义的重要课题。2021 年，洛阳市市长徐衣显考察时强调，要深度挖掘、精心打磨洛阳珍贵的红色资源、红色印记，优化沉浸式设计、体验式服务，突出实物展示、实景还原、实例讲解、实事陈述，把洛阳的红色基因、精神图谱全方位呈现、立体化展现，增强社会认同感、群众自豪感，更好把党史学习教育的成果转化为建设现代化洛阳的实际行动。

中共洛阳组诞生地纪念馆位于河南省洛阳市瀍河区瀍涧大道 455 号，占地 28878 平方米，总建筑面积 19128 平方米，建设总投资约 1.7 亿元，主要包括纪念馆主馆、接待中心、七一广场、七一游园、纪念馆旧址等，是一座集党史展览陈列与党建教育于一体的大中型历史类纪念馆。纪念馆建筑主体以极具标志性的红色清水混凝土作为主要建筑材料，以现状保留建筑极具代表性的形式作为基本单元，沿多级退台层叠错落，呈现出新老场所交融、时空交汇的沉浸式红色教育氛围。1921 年 12 月，河南省第一个共产党组织

[①] 《习近平新时代中国特色社会主义思想学习纲要》（2023 版），学习出版社、人民出版社，2023，第 143 页。

"中共洛阳组"在此诞生。纪念馆原属郑州铁路局洛阳铁路分局管辖，2001年6月，洛阳铁路分局报请郑州铁路局党委、洛阳市委批准，依托河南第一个党组织——"中共洛阳组"诞生地旧址成立中共洛阳组诞生地纪念馆，并于2001年7月1日正式开馆。为进一步加强对红色资源的保护利用，2018年、2020年经洛阳市委批准，分别对中共洛阳组诞生地纪念馆进行两次改造提升。2021年4月28日，"中共洛阳组"诞生地纪念馆，被列入"全国中小学生研学实践教育基地、营地名单"。2021年6月29日，中共洛阳组诞生地纪念馆以崭新面貌正式开馆。2022年，中共洛阳组诞生地纪念馆先后入选中央免费开放博物馆，被确定为"河南省党史学习教育基地""河南省省直机关主题党日活动基地""河南省职工爱国主义教育基地""铁路爱国主义教育基地""洛阳市社科普及基地"等。

目前，纪念馆主要接待党政军企事业单位等机构的党员干部以及学生，间或接待散客。接待业态有馆藏静态展陈、免费视频播放、免费停车服务、收费讲解服务等类型，其中前三项是公益性质。我们可以通过分析和考察纪念馆红色旅游发展的时空特征、形象认知以及存在的问题，结合时代特征，来探索纪念馆红色旅游高质量发展的路径和策略。

二 中共洛阳组诞生地纪念馆红色旅游发展的时空特征

中共洛阳组诞生地纪念馆于2001年开始对外开放，又经改造提升后开馆。由于疫情的影响，文本信息与游客数量不是很丰富，但是基本上可以刻画出红色旅游者的时空特征。研究者利用微信高级搜索，获取了192条文本，结合改造提升后参观纪念馆的统计数据，对参观游客的时空特征进行分析。

（一）中共洛阳组诞生地纪念馆游客的时间分布特征

评估旅游目的地发展水平的一个重要指标为游客数量。因此，游客数量在时间尺度上的差异也体现出了其现实游客的时间分布特征。在此基础上，通过分析2022年中共洛阳组诞生地纪念馆游客数量在时间上的分布变化，为纪念馆红色旅游的开展提供依据和建议。研究者通过网络文本分析和纪念馆的统计数据获取了2022年每日的游客量，并通过对该年12个月份游客量求和，绘制出了2022年月度游客量的变化趋势曲线，如图1所示。

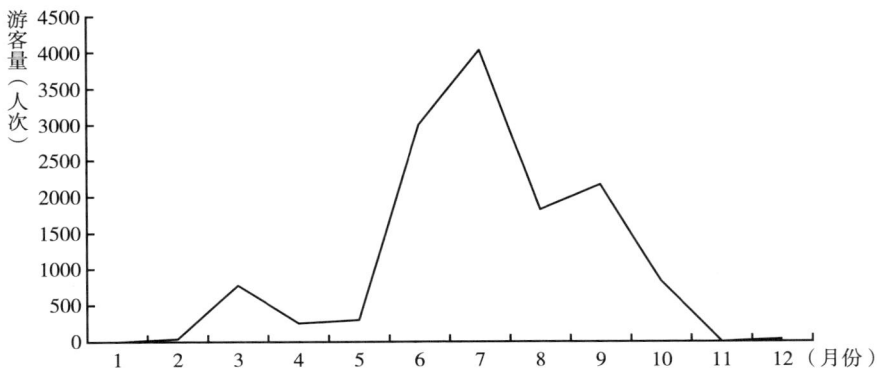

图1　2022年中共洛阳组诞生地纪念馆月度游客量变化趋势

资料来源：纪念馆统计，课题组自行绘制。

1. 月度变化特征

2022年中共洛阳组诞生地纪念馆游客量月度变化总体呈现"三升三降"的态势。7月是中共洛阳组诞生地纪念馆的参观高峰期，这是因为7月1日是建党节，该月由于党建活动的开展，游客量最高。1～2月、11～12月由于天气原因和新冠肺炎疫情的影响，这段时间内游客量较少。3月出现2022年月度游客量小高峰的重要原因是，3月气温回升，适合开展红色旅游；夏季气温高不适合开展户外活动，因此9月气温下降后，中共洛阳组诞生地纪念馆游客量也随之上升。

2. 节假日变化特征

闲暇时间对于游客出游意愿和旅游目的地的选择至关重要。"五一"假期、"十一"假期和春节是我国具有代表性的小长假。通过分析小长假期间游客量来分析中共洛阳组诞生地纪念馆游客的时间分布特征。1月、5月和10月中共洛阳组诞生地纪念馆的游客量较少，这是因为参观纪念馆的游客多为企事业单位组织的团队，五一假期和十一假期由于单位放假，所以来参观的游客量也随之下降。而7月由于建党节的来临，纪念馆的游客量也随着建党节达到一年的最高峰。

（二）中共洛阳组诞生地纪念馆游客的空间分布特征

研究者通过对利用微信号高级搜索获取的关于"中共洛阳组诞生地纪念馆"的文章和纪念馆的统计数据进行分析，发现洛阳市是中共洛阳组诞生地纪念馆游客的主要来源，纪念馆的游客均分布在洛阳市内。这是因为中共洛阳组诞生地纪念馆位于洛阳市瀍河区，空间距离比较近。

（三）中共洛阳组诞生地纪念馆游客量的影响因素

1.纪念馆知名度

学者们认为知名旅游目的地能够激发旅游者的好奇心，从而驱使旅游者访问该旅游目的地。旅游者从洞悉的旅游目的地集合中筛选合适的目的地进行访问。倘若旅游目的地知名度低，则没有机会被旅游者选中访问。景区知名能够对潜在的游客产生吸引力，从中共洛阳组诞生地纪念馆的游客在空间分布上多集中在洛阳市可以发现，纪念馆的知名度是影响游客空间分布的重要因素。

2.空间距离

空间距离是影响旅游者出行意愿、目的地的选择和行程安排的重要因素之一。距离中共洛阳组诞生地纪念馆较远的游客参观纪念馆的人数较少；纪念馆所在城市的游客由于空间距离近所以其出游意愿高。由此可以得出：空间距离会影响纪念馆游客量的空间分布状况。

3.节假日活动

旅游活动需要旅游者离开自己的现居住地前往异地并进行停留访问，因此，闲暇时间是开展旅游活动的必要条件。由纪念馆游客数量在7月达到

2022 年的高峰可知节假日活动是影响纪念馆游客数量时间分布的重要因素；并且 7 月由于纪念中国共产党诞生举办各种主题教育党建活动，这也促使该月纪念馆游客量提高。综上所述，节假日活动是影响纪念馆游客量的重要因素。

三　中共洛阳组诞生地纪念馆红色
旅游发展的形象感知

（一）数据来源

由于该纪念馆于 2021 年 6 月开馆，在携程、马蜂窝等旅游平台并未上线，因此无法获取较具规模性的相关游客评价信息与游客情绪感知信息。为了避免单独选取某一网站的报道而存在结果上的偏差，研究者使用"八爪鱼"数据采集器，选取了微信公众号平台、网易、洛阳网、人民铁道网、洛阳党建网、大河网等 36 个网址，采集对中共洛阳组诞生地纪念馆的记载与报道。从而分析该纪念馆的认知形象与形象感知，为后续改进、完善纪念馆红色旅游发展提供参考。

（二）数据处理

1. 数据筛选

本文使用"八爪鱼"采集数据，因数据量较大，文本的质量也相差甚远，所以采取以下措施。首先，纪念馆形象具有时效性，所以时间区间选定为 2021 年 7 月到 2023 年 5 月。其次，对有明显广告痕迹、内容纯流水账、字数少于 200 字、与样本相关性低、文本内容重复的数据进行删除。最后，在删除图片、来源、网址、作者、时间、地点、点击量等与目标文本无关的数据后，初始采集共计得到 327 篇文本数据，按以上原则进行筛选，获得符合条件的文本数据共计 97 篇，共计 34642 字。

2. 高频词处理

ROST-CM 是一个基于内容挖掘的数字化研究平台，专注于人文社会科学领域。通过使用 ROST-CM 软件，我们深入挖掘媒体或游客目前在中共洛阳组诞生地纪念馆中最为关注的事物和景观，从而更好地理解他们的需求和偏好。分析中共洛阳组诞生地纪念馆在网络平台上的高频词并初步解析大众的关注重点。在此基础上，纪念馆有针对性地提供更加满足大众游客需求的服务和产品，进一步提升中共洛阳组诞生地纪念馆的旅游形象和吸引力。

在获取文本数据后，首先利用 ROST CM6（人文社科计算平台）对上述处理过的用户生成内容（UGC）文本进行分词，其次进行高频词统计分析，再次剔除一些如"要""然后""比如"等一些无意义的词，最后筛选出 44 个有意义的高频词（见表 1）。根据提供的文本报道信息，可以将高频词分为以下三个类别（见表 2）。第一，红色旅游类（15 个高频词），这个类别包括诸如"红色""党组织""中共"等，这些词表达出旅游与时代精神结合的新趋向；第二，研学旅游类（10 个高频词），包括诸如"教育""学习""陇海铁路"等，它们反映了该馆为接受爱国主义教育的重要场所；第三，历史文化类（19 个高频词），这个类别包括诸如"革命""历史""工人运动""百年"等，反映了大众对中共洛阳组诞生地纪念馆所展示的文化内涵和历史背景的关注和兴趣。

3. 可视化处理

使用微词云软件制作词云图（见图 2），能够直观地显示中共洛阳组诞生地纪念馆网络文本数据中出现频率较高的关键词，并通过不同的字体、大小等方式展示，使读者更容易注意到重要的内容。首先，通过词云图能够快速地了解该研究对象所涉及的主题，例如"红色""中共""纪念馆"等，并且可以更快速地理解文本的重点和主旨。其次，通过词云图，了解到某些频率较低的关键词，例如"主题""诞生地""青年"等，这些可能是在文本中并不明显的信息，但是通过词云图可以快速找到并准确把握。通过词云图，我们可以在短时间内获得景区更多的信息，从而节约时间和提高效率，以便更准确地得出结论和预测。

表 1　中共洛阳组诞生地纪念馆网络文本高频词统计

高频词	频次	高频词	频次	高频词	频次	高频词	频次
红色	81	教育	59	历史	61	使命	35
党组织	98	革命	66	百年	36	奋斗	33
中共	232	党员	49	铁路工人	69	李大钊	31
洛阳	410	游天洋	93	参观	45	北京	38
中国共产党	98	诞生	40	主题	38	开展	40
纪念馆	132	铁路	36	传承	66	诞生地	33
工人	149	组织	35	胜利	49	领导	47
陇海铁路	104	工人运动	35	精神	36	中国	69
成立	97	第一个	70	初心	34	青年	25
河南	96	活动	37	学习	56	人民	26
党史	32	重要	33	白眉珊	36	血脉	27

资料来源：课题组自行绘制。

表 2　高频词汇归纳分类

要素类别	高频词
红色旅游类	红色、党组织、中共、中国共产党、工人、党史、组织、党员、纪念馆、洛阳、河南、参观、铁路工人、铁路、北京
研学旅游类	教育、青年、陇海铁路、学习、初心、主题、传承、精神、使命、奋斗
历史文化类	革命、历史、工人运动、百年、成立、诞生、诞生地、开展、第一个、活动、李大钊、游天洋、白眉珊、领导、中国、人民、血脉、重要、胜利

资料来源：课题组自行绘制。

（三）文本分析

1. 全局定位受限

在采集到的文本中，大部分网络文本对"中共洛阳组"的发展描述仅限于"教育基地""诞生地"，不注重"中共洛阳组诞生地纪念馆"的外延化发

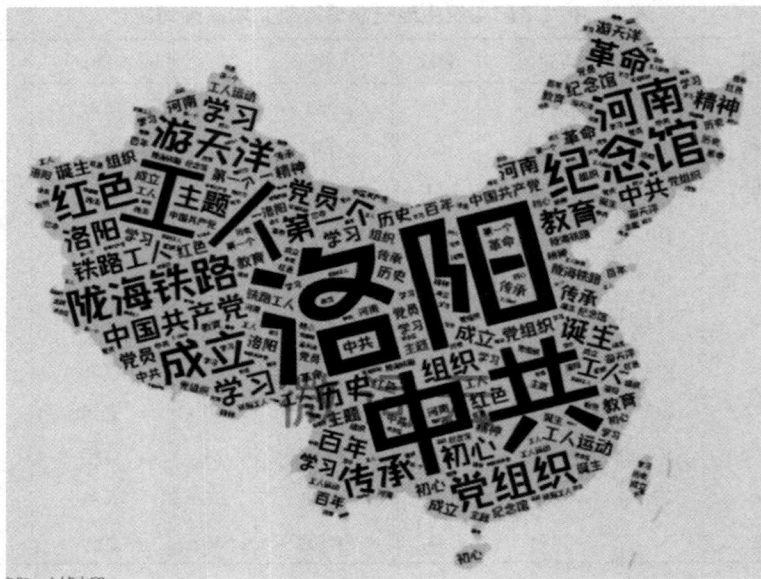

图 2　中共洛阳组诞生地纪念馆网络文本词云图

资料来源：课题组自行绘制。

展，应将红色文化融入景区建筑、装饰、服务等方面，以此提高游客对文化的感知度。中共洛阳组诞生地纪念馆红色教育、红色旅游的发展，应带动洛阳市瀍河区交通运输、住宿餐饮、商品销售等第三产业的发展，以红色旅游等业态促进产业融合，从而逐步成为推动洛阳市经济发展的重要引擎。

2. 以企事业单位团队研学为主

中共洛阳组诞生地纪念馆应当打造周边市场化教育培训基地，并积极推进红色教育研学合作，依托周边培训教育基地，也需要加强与当地文化机构、大学研究机构等的合作，通过共同的研究和开发，实现研学旅游资源的共享和交流，促进景区的创新和发展。同时在当地开发校外教育课程，加强对中共洛阳组诞生地纪念馆历史文化的挖掘和传承，丰富景区的文化内涵，进而提高游客的文化体验。

3. 文物展示方式单一

根据媒体报道或研学记录等文本信息，展陈内容多数是对纪念馆内建筑、图片、历史事件等相关信息进行陈述，而针对展馆中文物陈列的描述较少，从而使游客较难从网络中获取纪念馆文物展品信息。纪念馆文物展示方式较为单一，以展柜呈现为主，需要加强红色旅游文化的宣传和传承，应当从多角度多层次地展示，真正激发游客的探索和探究热情，从而更好地传承红色文化。

4. 营销策略不足

中共洛阳组诞生地纪念馆红色旅游景区开馆后，多在洛阳网、大河网等平台刊登宣传，而较少在小红书、微博、抖音等当下青年使用频率较高的App中进行推广、宣传，缺乏有效的营销策略，导致游客数量有限。除此之外，中共洛阳组诞生地纪念馆应该推出一些与红色文化相关的互动体验项目或文化产品，如利用虚拟现实技术、AR互动导览丰富参观游览形式，把红色文化与实际生活建立联系。

四 中共洛阳组诞生地纪念馆红色旅游发展存在的问题

通过查询、整理相关文献资料以及实地到访、参观中共洛阳组诞生地纪念馆，并基于以上内容的分析，对中共洛阳组诞生地纪念馆高质量发展存在的问题做出以下总结。

（一）发展资金人员受限

2022年和2023年通过事业单位编制招聘5名工作人员，其中硕士研究生以上学历3名，本科2名，涉及历史学、文物博物馆学、政治学类、汉语言文学类、播音主持等专业，人才结构较为均衡。纪念馆面积大、开放区域多，日常水、电、暖费用以及物业管理等方面维护费较多，且在运营经费中占比较大。除日常的参观开放外，纪念馆还承担着学术研究、陈展策展、宣传教育、安全保卫等工作，目前人员编制仅有13个，特别是机构改革后还承担着洛阳方志馆的管理运营等工作，人员及经费不足情况日益严重。加之由于工程建设进度等问题，目前中共洛阳组诞生地纪念馆局部区域如文创商店、茶室、实景展厅等未完全对公众开放，对观众参观体验度、满意度造成了一定的影响。

（二）创新发展力度不够

1. 业务开展不够多元化

场馆目前开发方向仅放在教育基地、中共洛阳组诞生地本身，缺乏外延性，红色旅游产业链延展度低。

2. 文物展示方式单一

馆内文物展示局限于文物陈列、文字陈述文物信息以及相关事迹，缺乏互动性，游客体验感较低。单一的展示方式也不能更好地将文物背后所蕴含的红色文化体现出来。

（三）营销与宣传不足

1. 活动效果反馈不及时

通过搜集馆内发展资料了解到，该馆围绕我国传统节日开展各种红色文化相关活动，如在清明节进行缅怀英烈活动，中秋节组织游客听党史故事做月饼活动，在"七一""八一""十一"等节日开展公益演讲，宣传红色文化，但是对于活动进行中遇到的问题、活动效果如何以及活动方案的总结不及时，不利于后续活动的进一步优化与完善。

2. 宣传力度不够

目前该馆使用宣传平台较少，宣传覆盖面小，受众群体少。同时，也缺乏系统的宣传营销策略，没有成熟的宣传媒体账户，导致该馆的知名度不够高，不利于吸引游客前来。

（四）数据中心建设不完善

一是受到疫情波动影响开放时间受到限制。二是红色旅游者入馆采取扫码预约、刷身份证、团队预约等形式。因此参观人员数据统计存在一定误差、不精准等现象。数据建设情况会对后续的管理和运营造成一定的影响。

五　中共洛阳组诞生地纪念馆红色旅游高质量发展路径

高质量发展是全面建设社会主义现代化国家的首要任务，是中国式现代化的本质要求。高质量发展是"十四五"乃至更长时期我国经济、社会发展的主题，关系我国社会主义现代化建设全局。要以新发展理念引领高质量发展。[①] 据此，纪念馆红色旅游高质量发展应该着眼于所处的宏观国内外环境、行业内外环境以及微观相关利益者环境，进一步明确纪念馆发展的理路和进路。

（一）构建红色旅游高质量发展的新理念新格局

习近平总书记指出，新时代抓发展，必须更加突出发展理念，坚定不移贯彻创新、协调、绿色、开放、共享的新发展理念。创新驱动红色旅游发展。开发红色旅游的各个景点景区，共建共享共荣，区域联动协调发展。红色旅游绿色发展是应有之义，是普遍存在的状态。红色旅游开放发展是必由之路。

中国式现代化建设具有人口规模巨大、全体人民共同富裕、物质文明和精神文明相协调、人与自然和谐共生、走和平发展道路等五个特色。人口规模巨大给红色旅游发展提供了广阔的旅游市场和丰富的服务、运营、管理资源；全体人民共同富裕给红色旅游发展提供了出游规模；同时仓廪实而知礼节，红色旅游促进了物质文明和精神文明协调发展，红色旅游为中国式现代化建设提供了巨大的精神动力；红色旅游发展体现了人与自然的和谐共生；

[①]　《习近平新时代中国特色社会主义思想学习纲要》（2023 版）学习出版社、人民出版社，2023，第 142~145 页。

红色旅游体现了人类命运共同体的和平发展愿景。加快构建以国内大循环为主体、国内国际双循环相互促进的新发展格局，是贯彻新发展理念、推动高质量发展的重大举措，需要从全局高度准确把握和积极推进，因此，建设全国红色旅游和区域协调一体化发展的体制机制，推动形成我国红色旅游的新发展格局。深化供给侧结构性改革给我国红色旅游发展的启示：供给侧方面要采用最新科技进行红色旅游业态创新，产业链升级；需求侧方面要达到提升红色旅游者的体验感和舞台化效果。

（二）建设红色旅游高质量发展的资金人资平台

目前各地红色旅游发展，建设和运营资金主要来源是国家专项拨款，其他就是市场资金。根据红色旅游发展情况，积极申请国家文化和旅游发展的各类专项资金。国家专项资金重点支持的红色旅游基础设施建设的主要内容：（1）全国红色旅游经典景区到交通干线的连接路；（2）景区内道路、步行道、停车场、厕所、供水供电设施、垃圾污水处理设施；（3）消防设施、安防监控设施、展陈场馆、解说教育系统、游客信息服务设施以及环境整治等；（4）国家级抗战纪念设施、遗址的必要维修保护。红色旅游的未来发展和升级换代需要资金的支持，一是继续申请国家专项资金，二是继续从市场上打造强有力的合作关系。当然红色旅游发展所需的人力资源，要从人员数量、人员结构、人员素质（专业、学历等）三个方面综合平衡考虑。可以与相关高校进行合作，招收一定数量的实习生，解决旺季人员不足的情况。

（三）构造红色旅游高质量发展的创新动力机制

创新驱动发展，创新是红色旅游发展第一动力机制。红色旅游发展需要在坚持中国共产党的领导下，坚持人民统一战线方针，联合党史研究工作者、旅游行业管理者、旅游投资者、旅游研究者以及相关利益者等各方人员，成立类似红色旅游发展协同创新中心等性质的创新研究机构。该创新研究机构主要着眼于通过协调相关各方人员，坚持国家的各项研学政策，进行红色旅游活动、红色研学课程、红色旅游发展体系、话语体系、创新模式、创新路径、发展经验等方面的研究总结，为中国人民提供强大的中国式现代化建设的伟大精神动力和精神源泉。

目前，纪念馆和洛阳理工学院进行了一定程度合作，还需要与相关各方进行深度合作，探索红色旅游未来的高质量发展。

（四）打造红色旅游高质量发展的业务支撑体系

根据建设社会主义文化强国的要求，推动中华优秀传统文化创造性转化、创新性发展，保护好、传承好文化遗产。2021年6月29日，中共洛阳组诞生地纪念馆正式开馆。目前该馆研学课程有馆员讲解、视频播放、党员宣誓，静态文物隔着玻璃展陈，略显单薄，这也是全国红色纪念场馆的基本现状。在全面建设中国式现代化国家的新征程中，为了给党和人民提供强大的精神支柱和前进动力，需要对红色文化遗产进行再生产和再活化。可以根据跨学科超学科理论，跨专业、跨领域、跨部门、跨区域组建开发团队，采用元宇宙、数字、融媒等最新智慧科学技术，为红色旅游赋能，打造剧本杀、剧本式体验、沉浸式演出、主题式氛围营造、动感电影、动漫以及VR、AR、MR、XR等研学形式，以增强红色文化遗产教育的参与体验性、互动性和舞台化效果。

（五）营造红色旅游高质量发展的数据评估中心

提高国家文化软实力，增强中华文明传播影响力，必须切实把我们自身的文化建设好，做到"形于中"而"发于外"。同时加快构建中国话语和中国叙事体系，讲好中国故事，传播好中国声音。[①] 红色旅游和红色研学就是提升国家文化软实力、构建中国叙事的重要抓手。2004年以后，红色旅游高速发展。中国式现代化建设的背景下，红色旅游高质量发展涉及政治教

---

① 《习近平新时代中国特色社会主义思想学习纲要》（2023版），学习出版社、人民出版社，2023，第207~208页。

育、文化传承、经济再分配以及社会效益提升等功能。红色旅游体现出政治性、严肃性，以参观考察学习为主。红色文化旅游发展的效果和效应如何，需要对其进行综合作用评估。需要营造和建立馆内数据中心，并且对接区域性或全国性的红色旅游高质量发展的数据评估中心。当然，区域性或全国性的红色旅游高质量发展的数据评估中心亟须由重点红色文化单位或红色旅游研究机构牵头建立。

B.26
江西省石城县红色文化
和旅游深度融合发展研究[*]

胡海胜　温润茹**

摘　要： 江西省石城县是赣南革命老区的重要组成部分，拥有丰富的红色文化资源，在推进红色旅游发展和传承红色文化基因方面成效显著，是县域红色文化和旅游深度融合发展的典型区域。石城县红色文化资源可分为人文活动、物质资源和精神资源三类。近年来，石城举全县之力，通过编制规划方案、出台政策措施、狠抓项目建设、结合党史教育、促进要素配套、加强红色宣传六个方面有力推进了县域红色文化和旅游融合发展。但同时也发现，石城县红色文化资源存在利用效能不高、资源较为分散、挖掘深度不够以及与其他旅游资源组合度不高等问题。为此，建议石城县从繁荣公共文化事业、推进红色旅游高质量发展、创新文化和旅游宣传营销、强化文化和旅游区域合作四个方面进一步促进县域红色文化和旅游深度融合发展。

关键词： 红色文化　红色旅游　文旅融合　石城县

---

* 本文系文化和旅游部部级社科研究项目"革命老区红色旅游融合发展内涵和实施路径研究"（23DY15）研究成果。

** 胡海胜，江西财经大学工商管理学院教授，研究方向为旅游地开发与管理；温润茹，江西财经大学硕士研究生，江西省石城县丰山初级中学教师。

一 石城县概况

石城县位于武夷山脉西麓，江西省东南部、赣州市东北部，东接宁化，南靠瑞金，西临宁都，北毗广昌，因"环山多石，耸峙如城"而得名，素有"闽粤通衢"之称。石城县是中央苏区全红县、中央红军长征重要出发地，是红色浸染的英雄之城。毛泽东、朱德、萧劲光等老一辈无产阶级革命家在石城生活和战斗过，秋溪整编是确立党对军队绝对领导的一次成功实践，第五次反"围剿"石城阻击战为红军长征出发赢得宝贵时间，苏维埃国家银行秘密金库设在石城横江。诞生了郑三生、温先星、赖达元、伍生荣四位开国少将，《七根火柴》主人公原型为石城籍小红军郑金煜。近十年来，石城全县上下紧紧围绕打造"全国知名生态休闲康养（温泉）旅游目的地"，大力实施"精致县城、秀美乡村、特色景区、集群产业"一体化旅游高质量发展战略，坚持"全链条发展、全景化打造、全产业融合、全社会参与、全民化共享"发展路径，全力探索出欠发达县域文化和旅游高质量发展的新模式。① 2020 年成功创建国家全域旅游示范区，2022 年累计接待游客 1195.8 万人次，实现旅游综合收入 102.4 亿元（见图 1）。

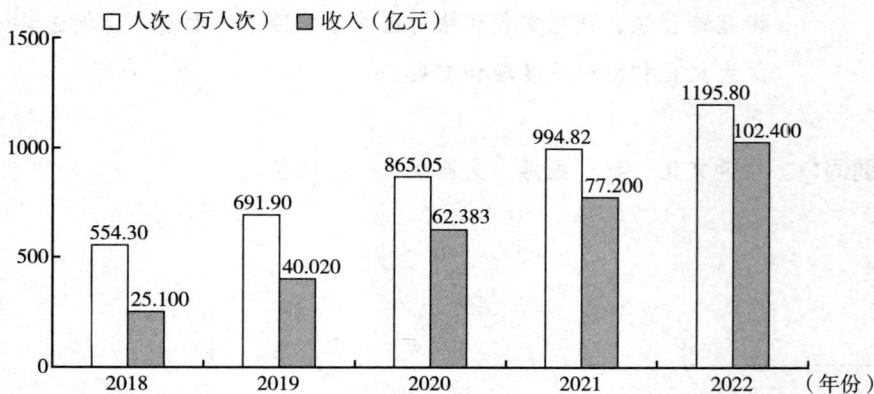

图 1　2018~2022 年石城县接待旅游人次和旅游总收入

---

① 温京燕：《石城绘制富裕美丽温暖新图景》，《赣南日报》2023 年 6 月 28 日。

二 石城县红色文化资源分类

红色文化资源是中国共产党领导全国各族人民在革命斗争和建设实践中形成的文化积淀，分为物质文化，包括革命遗址、遗物、纪念馆等；非物质文化，包括革命理论、革命精神、革命文艺作品以及社会主义建设精神等。本文根据庞小云的分类标准①，将石城县红色文化资源分为人文活动、物质资源和精神资源三类。

（一）人文活动类资源

1931 年 12 月 10 日，毛泽东、朱德、萧劲光等从瑞金来到石城秋溪村的"西贵堂"，召开由红军和地方领导人参加的整编会议。② 1931 年 12 月 14 日，在中国共产党的组织下，赵博生率领国民党第 26 路军 1.7 万名官兵在宁都举行起义，并取得胜利，改编为中国工农红军第五军团。1931 年 12 月 22 日，在秋溪屋背岭举行整编大会，毛泽东、朱德、罗荣桓、萧劲光等出席大会并发表重要讲话。

石城阻击战结束后，大概在 1934 年 10 月中下旬，红三军团接到上级电传，必须立即进行战略转移。彭德怀、杨尚昆从屏山打鼓背带领红军往西撤退，后来红军经过固村到达于都，踏上长征之路。

长征前夕，全县近 1/10 人口背井离乡，参加红军，为中国革命取得胜利贡献苏区力量，诞生了郑三生、伍生荣、赖达元、温先星四位开国少将。

《七根火柴》讲述的是无名战士用生命为部队保存七根火柴的故事，收录在中小学语文课本中。长征的艰苦卓绝，战士崇高的革命精神，感动了一

---

① 庞小云：《红色文化资源的分类及价值实现》，《广西教育学院学报》2020 年第 1 期，第 106~110 页。
② 褚银：《宁都起义始末》，《解放军报》2021 年 12 月 12 日。

代又一代中华儿女，经过系统考证，这位无名英雄的原型就是石城籍战士郑金煜。

（二）物质类红色资源

石城县物质类红色资源丰富，其中已经利用建成为红色旅游景区景点的有 13 处。

表 1　石城县物质类红色资源

序号	资源名称	所在位置	资源简介
1	石城阻击战展示园景区	县城北部	长征前夕，为阻止国民党反动军队向临时苏维埃中央政府南进步伐发起的石城阻击战，为中央红军长征赢得了宝贵的时间。在李腊石，至今还留有许多战壕遗迹
2	古樟毛泽东旧居	琴江镇观下村	1929 年，毛泽东、朱德率红四军途经石城，在这里居住和办公
3	秋溪整编旧址（含秋溪红四军部旧址）	赣江源镇秋溪村	中央临时委员会驻地。临时中央政府主席毛泽东、军委主席朱德、萧劲光等从瑞金北上石城，在此召开紧急会议，研究部署整编事宜
4	太雷县苏维埃政府旧址	横江镇横市村	1933 年 8 月，中央人民委员会批准设太雷县苏维埃政府，为中央直属县。1934 年 10 月，与石城县苏维埃政府合并
5	烂泥坑苏维埃国家银行秘密金库旧址	横江镇珠玑村圆岭寨	红军第三次反围剿胜利后，毛泽东确定圆岭寨为中央的重要金库
6	丹溪少共国际师指挥部旧址	小松镇丹溪村祠堂坪	1934 年 8 月底，奉命参加石城阻击战的少共国际师在小松桐江、丹溪一带布防，以配合红三军团阻击国民党北路军南下步伐
7	屏山红三军团司令部旧址（含屏山红三军团医院旧址）	屏山乡屏山村	1934 年 10 月 7 日，石城阻击战结束后，红三军团奉命撤离，其司令部就设于此。留下的红军标语保存至今①

---

① 赣州市石城县文物古迹介绍，http://www.bytravel.cn/view/wenwu/index2712_list.html。

序号	资源名称	所在位置	资源简介
8	屏山红十一师拔除红石寨指挥部旧址	屏山乡河东村	红石寨战斗是历时长、规模大、影响广的拔除白色据点的战斗。这场战斗的胜利,打通了赣南革命根据地、闽西革命根据地,成为全国最大的红军革命根据地
9	桐坪红六师石城阻击战指挥部旧址	琴江镇楂树村	1934 年 9 月 17 日,红六师率部在石城小松至宁都东龙设防,为苏区中央领导机关和中央主力红军的集结与准备战略转移赢得宝贵时间,最终,红六师出色地完成了阻敌于石城保卫瑞金的光荣使命①
10	梅福红十二军军部旧址	琴江镇梅福村	1930 年 6 月 27 日,罗炳辉、政委谭震林率领红十二军,由长汀进军石城,军部设于此。该旧址是赣南苏区中唯一保存完好的县级苏维埃政府旧址
11	梅福红一军团医院旧址	琴江镇梅福村	占地面积 2086 平方米,建筑面积 3577.39 平方米。1931 年冬,红一军团医院驻扎于此,先后救治了伤病员近 2000 名。其内保存了大量的红军标语
12	中共石城县罗田党支部	大由罗田	罗田第一党支部是石城县第一个党支部,《毛委员还菜钱》的故事就发生在这里,毛泽东曾多次来到罗田
13	石城县博物馆群	县城	占地面积约 12300 平方米,分为"客家南迁纪念馆""生态石城馆""石城博物馆""民间精品收藏馆"四个部分,馆内陈列展区面积约 7000 平方米

（三）精神类红色资源

在石城县境内拥有异常丰富的精神类红色资源,其中有代表性的有以下六个。

1. 石城阻击战

在石城阻击战中,红军将士英勇顽强、浴血奋战,凝聚着忠于革命、顾

---

① 石城县 | 赣州市红色文化研究院. http://www.gzhswh.com/html/dp/infodetails - 27 - 513. html。

全大局、无私奉献、不怕牺牲的伟大精神，将永远激励着我们发愤图强，开创未来！

2. 秋溪整编

秋溪整编，是第一次成功将一个军团的旧军队改造成为中国共产党的军队的典范，也是我党统战工作的一个光辉范例，还是古田会议首次成功实践，在人民军队的建军史上具有里程碑意义。

3. 少共国际师

少共国际师从成立到撤编，虽历时只有一年半，这支平均年龄只有十八岁的部队，在战争中历练与成长，为党和人民培养了大批人才，更为中国革命的胜利书写了可歌可泣的诗篇。

4. 太雷县苏维埃政府

作为曾经的中央直属县，太雷县为革命做出了重大贡献和牺牲。随着中央红军第五次反"围剿"失利，包括太雷县在内的许多石城儿女最终踏上长征路。战争是无情的，战场是残酷的。壮士们在萧萧秋风中告别故土，却没有几人能再次回到家乡。

5. "毛委员还菜钱"

革命战争年代，毛主席曾十二进石城。百姓送菜给红军，毛委员亲手把菜钱交到当地农民手中。红军在罗田虽然只短暂地停留了一天，但红军队伍纪律严明、不拿群众一针一线的优良作风给罗田人民留下了深刻的印象！

6. "实诚"文化

石城县屏山镇长溪村是石城县"请客不收礼"的首倡之地，最早兴起"请客不收礼"新风俗。如今，这个风俗已在全县推广。① 如今石城县凭借多年的努力，形成了"请客不收礼、节俭办宴席、婚事新办、丧事简办"的文明新风。② 这对设宴者和赴宴人都带来"无礼一身轻"的感受，成为石城的一张名片。

---

① 邱有平、章任锐、唐燕：《石城人的"实诚"味》，《江西日报》2022年5月17日。
② 陈璋、张海光：《新时代的"实诚故事"》，《江西日报》2023年5月17日。

三　石城县红色文化和旅游深度融合的主要做法

为充分利用好县域内的红色文化资源，近年来石城县主要通过编制规划方案、出台政策措施、狠抓项目建设、结合党史教育、促进要素配套、加强红色宣传六个方面有力推进县域红色文化和旅游融合发展。

（一）编制文旅发展规划

2021年编制完成《石城县红色旅游发展三年规划》，明确了红色旅游发展思路、目标、措施，规划建设三大红色旅游片区（南部革命旧址群景区、中部红色研学区、北部红色现场体验区），重点推进"十个一"红色工程。同时还编制了《石城县文化和旅游"十四五"发展规划》和《石城县阻击战展示园旅游总体规划》，要求石城县旅游发展以红色为核心，加强对红色资源的保护和利用，大力推进红色旅游发展。

（二）出台政策文件保障

先后出台《石城县文旅产业扶持政策（试行）》《石城县重大旅游招商项目商住配套用地实施方案》《石城县旅游产业发展引导资金管理暂行办法》等一系列优惠措施，同时，县财政每年预算1亿元用于旅游产业发展引导，鼓励红色旅游等基础设施的完善和业态发展，加快旅游项目的落地。石城县成功引进了深圳壹城科技公司投资建设未来科技城、浙江海伦钢琴公司投资建设钢琴教育城、深圳市馨屹致业投资发展有限公司投资闽粤通衢历史文化街区等一批文化旅游项目，并将红色旅游作为项目的重要板块。

（三）狠抓文旅项目建设

一是全力推进石城阻击战展示园创4A级景区项目建设，该项目已完成烈士英名广场、烈士陵园景观石等红色景观和停车场、游步道等基础设施建设和纪念馆布展提升项目，同时，为进一步提升景区品位，以更高标准打造景区。石城县积极与上级对接，将阻击战展示园创4A级景区建设项目列入长征国家文化公园建设项目。二是加强石城县革命旧址修复工作，对古樟毛泽东旧居、烂泥坑苏维埃国家银行秘密金库旧址、秋溪红四军军部旧址、梅福红十二军司令部旧址、梅福红一军医院旧址、太雷县苏维埃政府旧址、屏山红三军团医院旧址、红十一师拔除红石寨指挥部旧址、红六师石城阻击战指挥部旧址、田江土楼2座等11处革命旧址旧居进行维修，项目总投资2400余万元。三是完成了石城县博物馆群项目建设，建成"客家南迁纪念馆""生态石城馆""石城博物馆""民间精品收藏馆"博物馆群并开放。

（四）结合党史教育学习

打造红色旅游线路和经典景区，让游客一边观光赏景，一边了解革命历史。石城县有以中国传统村落、国家级红色名村小松镇丹溪村为代表的一系列红色传统村庄。近年来，石城县把历史文化优势转化为旅游市场强势，先后整合各类资金近千万元投入红色名村的维修打造。以此为基础，打造乡村旅游项目，利用红色旅游资源优势，推出了"重走长征路，重唱红军歌，重尝红军餐"系列活动，给游客留下深刻的体验。

（五）促进旅游要素配套

将红色资源与生态旅游、乡村旅游、休闲观光相结合，围绕旅游"六要素"，不断丰富业态，拓展内容。积极推动县内旅游景区（点）、乡村旅游点开发红色教育及研学产品，目前已有4A级旅游景区2个、4A级乡村旅游点1个和3A级乡村旅游点1个并融合成线，推出红色研学培训产品。

（六）开展红色文化宣传

一是面向全社会免费开放已完成修缮的爱国主义教育基地、红色革命旧址旧居。二是组织县文化馆、县灯彩保护中心、县图书馆、县博物馆等下属事业单位及各乡村文艺团队、社区文艺团队（文艺志愿协会）等民间社团组织，广泛开展"坚定不移听党话　矢志不渝跟党走""红色文艺轻骑兵"文艺宣传演出、全民阅读推广、5.18 国际博物馆日等活动，组织开展"红色文化进基层"等活动，进一步弘扬了中华传统文化、红色文化、客家文化，丰富了广大群众精神文化生活。三是开展好未成年红色教育活动，由县文广新旅局及县教科体局牵头，县电影公司及基层学校配合，共同组织"红色经典进校园"电影公益放映活动。

四　石城县红色文化资源活化利用中存在的问题

石城是中央苏区的重要组成部分，是革命战争时期红色革命的重要活动地，但其丰富的红色文化资源尚未得到很好的活化利用①。

一是红色文化资源利用效能不高。毛泽东、朱德等老一辈无产阶级革命家曾经在这里战斗，留下了大量的红色文化资源。共有各级文物保护单位50 处，其中国保 1 处、省保 5 处，待批省保 5 处、县保 39 处。目前这些红色资源大部分处于"铁将军"把门状态，已经利用建成为红色旅游景区景点的只有 13 处，红色文化资源转化为旅游产品和业态还有较长的道路要走。

二是红色文化资源分布较为分散。少数区域有相对较为集中的资源分布，且从品质上来看，资源品级不高。在赣州地区，当地资源与广东、福建等周边地区的资源同质性严重。除了少部分分布集中、资源品质较好的区域，其他区域旧址由于没有得到及时的修复，维护成本高。短期来看，只能从革命旧址等科研和历史价值的角度获取国家资金或者公益资金进行维护，开发旅游的难度大。

三是红色文化资源挖掘深度不够，开发价值短期内不明显。石城是苏区精神的重要发源地。伟大苏区精神是红色文化资源的精髓，是中华文明宝贵的精神财富。就目前来看，对红色文化资源挖掘还不够深，其影响力还远远

---

① 谢庐明、陈建平：《赣南红色文化资源分析评价与开发研究》，《党史文苑》2007 年第 27（20）期，第 56~59 页。

没有发挥出来。

四是红色文化资源与其他旅游资源组合度不高。石城有丰富的旅游资源，可以说"红、古、绿"三色资源交相辉映。石城山环水绕，气候宜人，是中国最佳休闲度假旅游县，拥有丰富的旅游资源优势，令人流连忘返。可是，在发展红色旅游时，没有将各种资源有效整合，优势互补，很难给游客留下独特的印象。

五 持续推进石城县红色文化旅游
深度融合发展的对策建议

在迈向红色文化传承发展的新征程上，石城县在持续推进红色文化旅游深度融合发展上还需要再建新功。

（一）繁荣公共文化事业

1. 实施城市文化设施提档工程

一是优化提升县博物馆陈展业态，进一步推进数字博物馆建设，整合县博物馆和闽粤通衢历史文化街区，打造省级文化和旅游融合发展示范区。二是推进博物馆、文化馆、图书馆创建国家一级馆。三是因地制宜建设党史馆、"七根火柴"主题红色馆、非遗展示馆等文化场馆。

2. 做好红色文化传承和创新保护利用

一是完善红色资源档案管理系统。建立红色文化资源普查工作小组，设立红色文化资源普查专项资金，对县域内红色文物、文保家底全面摸排与建档。要全面建立红色资源档案，收集整理红色历史文献、照片、视频等资料，建立数字化数据库，方便社区居民查询、了解和学习。二是创新红色资源利用模式。要充分利用红色资源，可以开展主题教育活动、搭建红色展览馆、创作文艺作品等，让社区居民能够更深入地了解红色历史、感受红色精神。三是加强红色资源保护措施。要建立完善的红色资源保护机制，加强安全防范、维护红色文物和建筑物的完整性，确保红色资源不受侵害。四是建立红色文化进校园体系。要让红色精神传承发扬，可以在学校开展红色文化教育，让孩子们了解红色历史、热爱祖国，并以此激发他们爱国热情与意识。

3. 实施红色文艺精品生产创作工程

加大对文艺原创作品的扶持力度和知识产权保护力度，鼓励内容和形式创新，推动文学、美术、戏曲、演艺等各文艺门类创新发展。深入挖掘本土红色文化，打造《七根火柴》《石城阻击战》《秋溪整编》等精品演艺，加大文艺产品推广力度，运用公共文化场所、各类媒体等，为展演展映展播展览提供物质条件。

4. 加大红色文物保护维修力度

充分发挥各方力量，积极筹措资金，进一步加大对红色文物保护单位和有条件申报各级各类文物保护单位的物质和非物质红色文化资源的保护和维修力度。规范管理现有文物保护单位和革命旧址旧居，积极向国家、省市申报更高等级的文物保护单位。在科学保护、修缮的基础上，将保护利用与乡村振兴相结合，完成石城阻击战纪念园提升改造工程，加大毛泽东和朱德观下旧居、中华苏维埃政府国家银行金库旧址、红十三军军部旧址等旅游开发力度，加强红色标语保护利用工作。

（二）推进红色旅游高质量发展

1. 推进红色景区提质升级

重点建好运营好石城阻击战纪念园，整合并提升改造红三军团红五师石城阻击战指挥部旧址、红三军团司令部旧址及红四师指挥部旧址两个核心特色展示点，以中华苏维埃国家银行石城横江张坑烂泥坑秘密金库、丹溪少共国际师石城阻击战指挥部旧址及医院旧址、红三军团红六师石城阻击战指挥部旧址、红三军团医院旧址为支撑节点，讲好红军长征前夕的故事。坚持以红色品牌创建为抓手，促进红色旅游产品提档升级。实行红色旅游品牌建设和动态管理，将红色旅游品牌标准贯穿项目规划、开发建设及后期运营全过程。全面完成石城阻击战纪念园景区软硬件提升。常态化开展 4A 级景区申报工作，倒逼景区服务与设施品质提升。

2. 创新红色旅游发展模式

推出"党建+培训"、青少年研学等红色文化研学产品，建立一批红色教育基地。深入挖掘中央红军长征重要出发地资源，以丹溪少共国际师长征出发地旧址群、屏山红军长征出发地旧址群为基础，着力打造丹溪红军出发地、屏山红军出发地两处核心展示园，丰富红色旅游形式，提升红色教育培训内涵。结合红色遗址遗迹、文化场馆、生态景区、地方文化等文旅资源，对接党校、学校、旅行社等方面需求，政企校共同开发研学课程、参与制定研学线路、培育研学师资力量，打造品牌化、主题化、定制化研学产品，打造红色研学旅游教育"石城品牌"。

3. 提升文旅产业发展要素

一是以打响石城特色菜为主线，深入挖掘红色石城饮食文化，丰富餐饮种类。突出白莲特色及客家文化，着力打造"食在石城"特色餐饮体系，打造"一县一桌菜"餐饮品牌。二是打造"住在石城"品牌，在县城及周边打造红色温泉度假型酒店集群。结合乡村振兴，在红色景区景点发展帐篷营地、房车营地、装配式建筑等为代表的流动性、社会性、多样化的非标准住宿业态和运营模式。在石城阻击战纪念园、秋溪整编等红色景区周边完善红色研学培训基地的住宿设施。三是加快研发具有地域特色的"石城好礼"系列文创旅游商品，涵盖红色文创系列、非遗工艺系列、健康有机系列、土特产品系列、滋味舌尖系列等多种类型。四是加快演艺与红色旅游的融合，重点在石城阻击战纪念园等重点景区打造系列主题精品小体量科技化的旅游演艺节目，还原石城阻击战的悲壮与慷慨，丰富红色文化沉浸式体验的新场景、新空间和新业态。

（三）创新文化和旅游宣传营销

1. 打造石城文旅IP

以"石泉石美"旅游品牌和"红色石城"城市品牌建设为指引，大力实施"北上南下、远交近盟、东融西扩、内外兼修"发展战略，构建全域旅游发展新格局，拓展推动城乡发展要素共享、产业结构升级、风貌环境优化。深入挖掘地域红色文化，将石城红色文化打造成石城文旅的独特 IP。

2. 建立综合宣传营销体系

一是主动适应国际旅游发展的最新趋势，综合利用多媒体整合营销、网络营销、互动营销、活动营销、节庆营销、反季营销、高科技营销等各种手段，以提升竞争力。二是为适应社会大众旅游发展的新要求，积极利用微信、微视频、抖音、移动 App、网络等新媒介、新手段进行旅游宣传，探索"网红+直播""节庆+微营销""微电影""微网微商"等新兴旅游销售模式。

3. 加强战略协作体系建设

在旅游线路串联、旅游产品差异化分工、区域旅游品牌塑造、基础设施完善等方面，与赣闽粤周边区域地市建立深入稳定的长效合作机制，进一步提升石城旅游竞争力和影响力。充分利用周边热点旅游城市的影响力，依托赣东北红色旅游片区，与瑞金、于都等周边地区协调推进红色旅游开发运作，打造红色游、研学游精品路线。

（四）强化文化和旅游区域合作

充分依托瑞金、井冈山、武夷山等热点旅游城市的影响力，进行差异化产品打造和合作共赢，北上加快与南昌经济圈和沪昆线的对接，南下加快对接瑞金、兴国及赣州的连接，打造大湾区度假首选地。依托赣东北红色旅游片区总体战略，推动建立苏区核心区红色旅游同盟，打造红色旅游新亮点。通过区域联动，推进全境融入，在旅游线路串联、旅游产品差异化分工、区域旅游品牌塑造、基础设施完善等方面推动建立深入稳定的长效合作机制。

B.27
吉林省四平市红色旅游产业链发展研究报告

甘 静 刘 畅 张冬雪 赵一骏 黄玉婷*

摘 要： 四平市地处松辽平原腹地，被誉为英雄城，为中国革命做出了重要贡献，拥有许多宝贵的红色历史遗迹和精神财富。2020年7月22日习总书记视察吉林省时，参观四平战役纪念馆缅怀先烈，确立了"四战四平"的红色旅游地位。然而四平市旅游发展水平较低，其处于辽、吉、内蒙古三省交界处，发展红色旅游也将带动当地旅游业整体发展。为充分利用四平市红色旅游资源，为新时代四平市振兴发展提供强大红色动能，本文剖析了四平市红色旅游资源开发的"两长四短"，并提出了"红+绿"的旅游模式、"六必治"的具体措施以及五大保障。

关键词： 红色旅游 旅游产业链 四平市

四平市历史悠久，扼守交通要道，是吉林省的"南大门"，四战四平的胜利留下了众多红色历史遗迹，为四平市红色旅游的开发提供了丰富的资源。

一 旅游产业链

旅游产业链①是基于满足旅游者需求的目的，在旅游消费的各个链条提

---

* 甘静，吉林师范大学地理科学与旅游学院副教授，研究方向为旅游开发、区域开发、旅游服务；刘畅、张冬雪、赵一骏、黄玉婷均为吉林师范大学地理科学与旅游学院硕士研究生。
① 李万立：《旅游产业链与中国旅游业竞争力》，《经济师》2005年第3期，第123~124页。

供相关旅游产品以及服务的企业集合体，这些企业之间存在分工协调、相互依赖、相互制约的关系。

红色旅游产业链由红色旅游产业链和红色旅游服务链（主体业务链+辅助业务网链）组成。主体业务链由旅游资源的开发（产业规划、景点开发）与产品设计、旅游要素（食、住、行、游、购、娱）的相关产品销售和服务提供构成，形成了一个包括住宿餐饮业、旅行社业、旅游交通业、旅游风景区和旅游商品购物在内的综合产业链条，红色旅游主体业务产业链如图1所示。辅助业务网链由支撑主体业务链过程的各项业务活动构成，包括产品开发、旅游人才培养、资金提供、产品技术服务、旅游基础设施建设等业务活动，即由单纯的产业链模式优势不断融合，逐渐平衡。主体业务链与辅助业务链共同构成旅游全产业链条（见图2）。

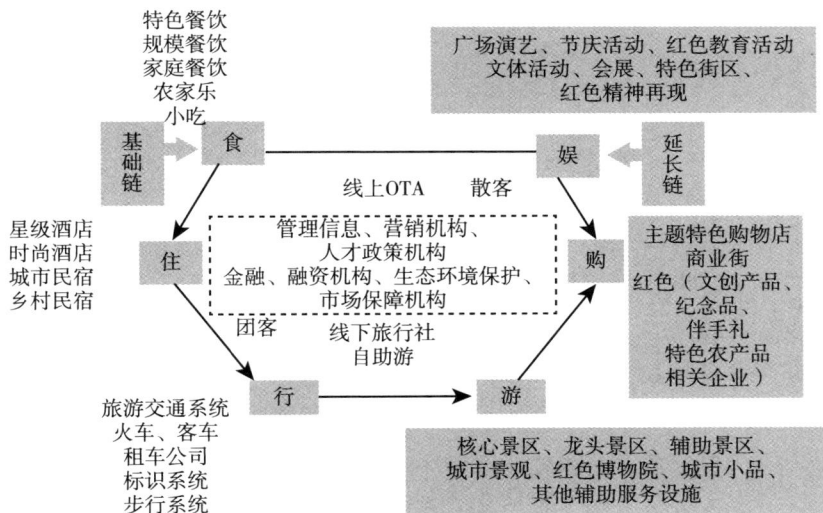

图1 红色旅游主体业务产业链

资料来源：课题组整理。

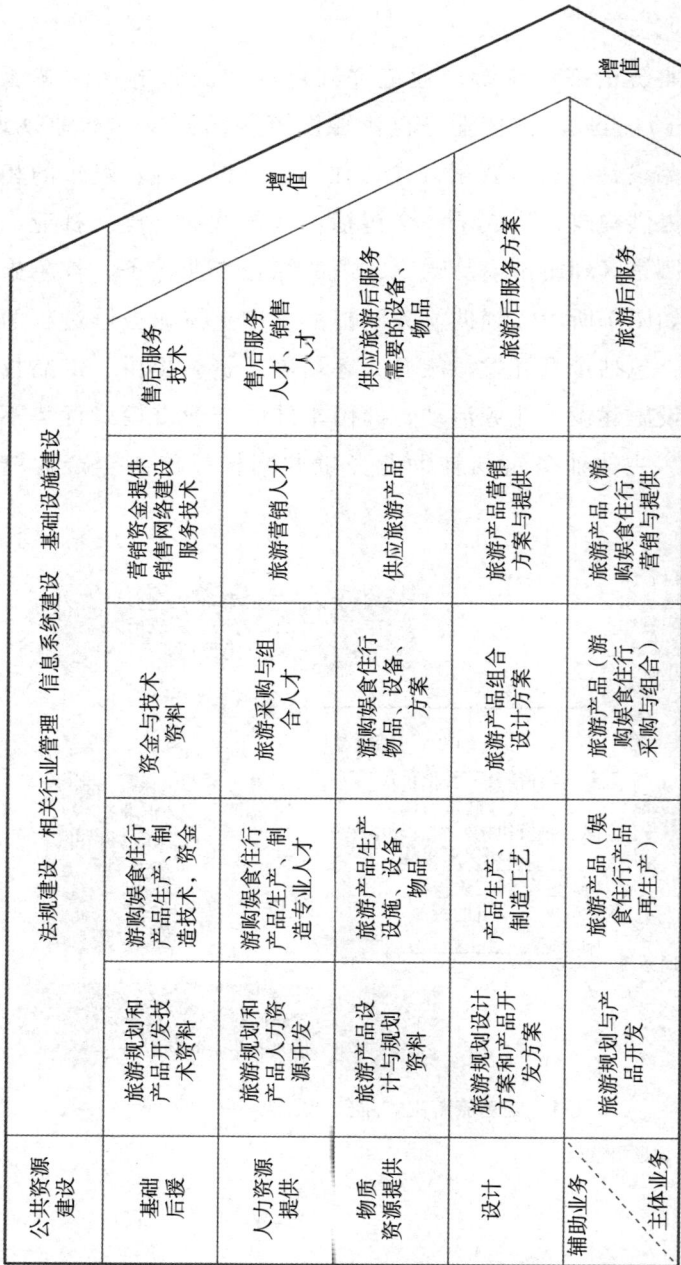

图 2　旅游全产业链

	公共资源建设	法规建设	相关行业管理	信息系统建设	基础设施建设	增值
基础后援	旅游规划和产品开发技术资料	游购娱食住行产品生产、制造技术、资金	资金与技术资料	营销资金提供销售网络建设服务技术	售后服务技术	
人力资源提供	旅游规划和产品人力资源开发	游购娱食住行产品生产、制造专业人才	旅游采购与组合人才	旅游营销人才	售后服务人才、销售人才	
物质资源提供	旅游产品设计与规划资料	旅游产品生产设施、设备、物品	游购娱食住行物品、设备、方案	供应旅游产品	供应旅游后服务需要的设备、物品	
设计	旅游规划设计方案和产品开发方案	产品生产、制造工艺	旅游产品组合设计方案	旅游产品营销方案与提供	旅游后服务方案	
辅助业务 / 主体业务	旅游规划与产品开发	旅游产品（娱购娱食住行产品再生产）	旅游产品（游购娱食住行组合）	旅游产品（游购娱食住行）营销与提供	旅游后服务	

资料来源：课题组整理。

二 我国红色旅游产业链发展现状

红色旅游是近年来在我国兴起的一项特色旅游，它主要是指中国共产党领导人民在革命和战争时期建树丰功伟绩所形成的纪念地、标志物为载体，以其所承载的革命历史、革命事迹和革命精神为内涵，组织旅游者开展缅怀学习先烈、参观旅游的主题性旅游活动。[①] 随着社会主要矛盾转化为人民日益增长的美好生活需要同不平衡不充分的发展之间的矛盾，我国精神文明建设面临新目标与新要求。红色旅游作为精神文明建设的重要载体，要锲而不舍贯穿到旅游事业的发展之中，更好地推动精神文明建设走进百姓、走在实处、走出新路，为新时期社会经济发展凝聚起更强大的精神力量。红色旅游产业发展的最好形式，就是带动上下游产业共同发展，形成红色旅游产业链条，拉动市场，促进经济的发展。

（一）红色旅游市场发展势头强劲

2004 年中央号召发展红色旅游，在 2006～2010 年、2011～2015 年、2016～2020 年三期规划纲要的推动下，全国红色旅游发展增速明显，红色旅游景区达到 300 个，2010～2020 年红色旅游收入达到 33343.42 亿元，取得了显著的社会效益和经济效益。驴妈妈旅游网显示，国内红色旅游游客中，80 后、90 后、00 后三个年龄层人数占总人数的 37.9%。女性比例已逐渐超过男性，两人行及两天的旅行时间安排是红色旅游的大势。红色旅游在吸引大量游客的同时也带动餐饮、住宿、交通等产业营业额提升，红色旅游市场正在成为大众旅游消费的生力军。

（二）红色旅游产业链供给丰富

全国形成十二个重点红色旅游区，从全国层面来看（见图 3），红色旅

[①] 刘辛田：《基于湖湘文化地域特色的红色旅游发展战略探讨》，《湖南文理学院学报》（社会科学版）2009 年第 2 期。

游景区主要集中在北京、河北、河南、湖北、湖南、广东、山东、陕西，约占全国红色旅游景区总数的 40%。其中，红色旅游景区分布最多的是北京（15 个），并列第二的为河南、河北、湖南等（14 个）的；西藏、宁夏、重庆、广西、青海、天津、安徽、贵州、吉林、上海 10 个省份的红色旅游景

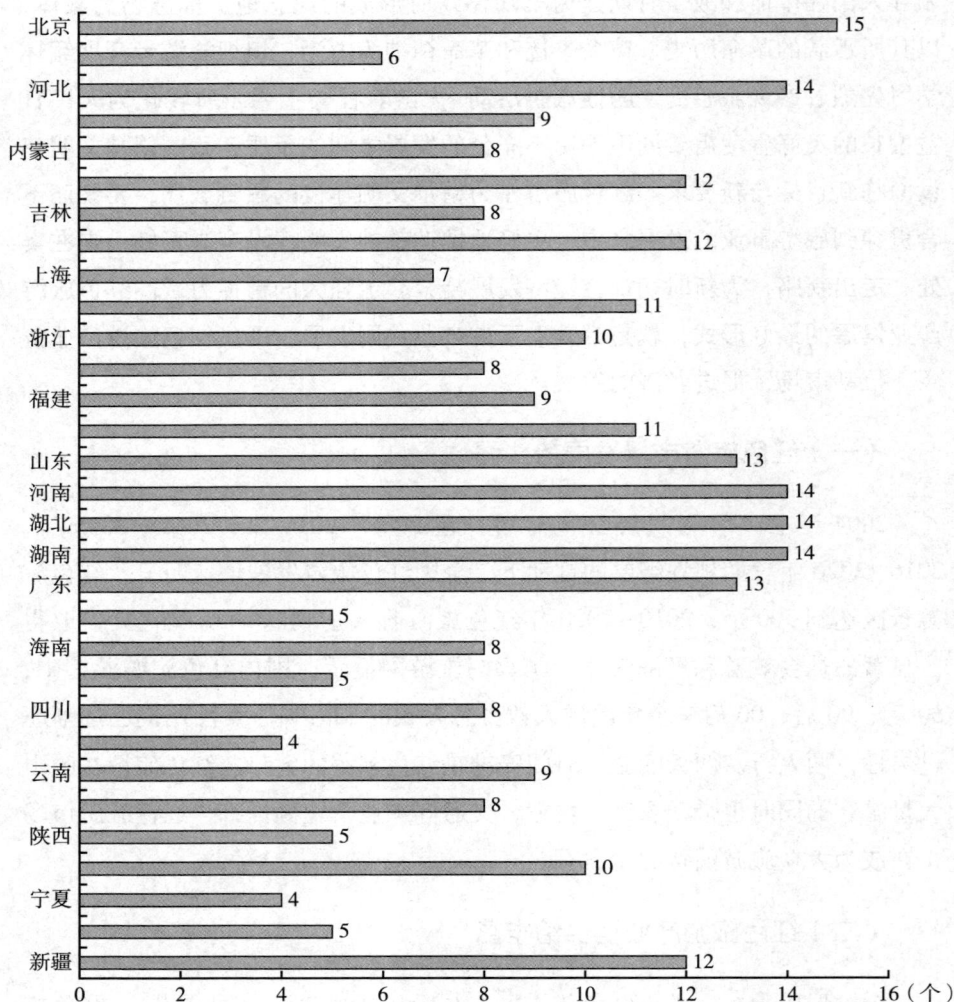

图 3　2020 年全国重点红色旅游景区数量

资料来源：文化和旅游部。

区所占比重仅为 20%。全国共建成 291 个红色旅游景区，2 个红色旅游全域示范区（湘潭市韶山市、遵义市赤水市）。126 条红色旅游公路将重点建设，解决红色旅游基础设施问题。红色旅游地的旅行社等服务行业也提升接待能力。

（三）红色旅游国家扶持力度大

随着我国的不断发展进步，人们对文化的需求不断增加，在新兴文化充实社会生活的同时，革命先烈英勇无畏的红色精神更不能被遗忘。近年来，国家愈加重视红色旅游的发展，发布一系列优惠政策促进各地区红色旅游资源开发（见表 1）。一方面，国家加大对红色旅游的资金投入，设立红色旅游专项投资基金；另一方面，国家发布一系列政策促进红色旅游的发展，鼓励企业投资红色旅游，按一定比例减免税收并进行财政补贴。国家的大力扶持促进红色旅游高速发展，红色文化精神深入人心。

表 1　主要红色旅游相关政策

时间	红色旅游政策
1996 年	中宣部公布第一批 100 个全国爱国主义教育示范基地
2001 年	中宣部公布第二批 100 个全国爱国主义教育示范基地
2004 年 12 月	中共中央办公厅、国务院办公厅印发《2004-2010 年全国红色旅游发展规划纲要》
2005 年	中宣部公布第三批 66 个全国爱国主义教育示范基地
2008 年 9 月	发改委、国家旅游局等部门制定并发布《关于进一步促进红色旅游健康持续发展的意见》
2009 年	中宣部公布第四批 87 个全国爱国主义教育示范基地
2011 年 3 月	中共中央办公厅、国务院办公厅印发《2011-2015 年全国红色旅游发展规划纲要》
2014 年 8 月	国务院印发《关于促进旅游业改革发展的若干意见》，提出大力发展红色旅游
2016 年 2 月	中共中央办公厅、国务院办公厅印发《关于加大脱贫攻坚力度支持革命老区开发建设的指导意见》
2016 年 12 月	中共中央办公厅、国务院办公厅印发《2016-2020 年全国红色旅游发展规划纲要》。发改委、中宣部等 14 个部门同时印发《全国红色旅游经典景区名录》，公布了 300 处全国红色旅游经典景区
2017 年 1 月	国家旅游局表示《红色旅游经典景区服务规范》行业标准已经批准，2017 年 5 月 1 日起实施

时间	红色旅游政策
2017 年 3 月	中宣部新命名 41 个全国爱国主义教育示范基地
2017 年 8 月	交通运输部印发《全国红色旅游公路规划（2017—2020 年）》，确定 126 个红色旅游公路项目，建设总里程约 2442 公里
2018 年 4 月	文化和旅游部公布一批网络文化市场典型案件，严查恶搞红色经典及英雄人物事件
2019 年 7 月	中共中央、国务院印发了《新时代爱国主义教育实施纲要》
2020 年 12 月	文化和旅游部公布全国红色旅游五好讲解员培养项目入选讲解员共 100 人
2020 年 7 月	教育部办公厅印发《中小学贯彻落实〈新时代爱国主义教育实施纲要〉重点任务工作方案》的通知——加快构建一体贯穿、循序渐进的爱国主义教育体系
2021 年 6 月	文化和旅游部发布《"十四五"文化和旅游发展规划》，大力发展红色旅游

资料来源：国家文化和旅游部网站、媒体公开资料等。

三　四平市红色旅游产业链发展

（一）两大优势

1. 区位优势

四平市居东北亚中心地带，辽、吉、内蒙古三省省际交界处，具有地区间的承接联结优势。地处东北交通中心，交通十分发达，是哈大、平齐、四梅铁路交会处。四平火车站是东北十大客货混合编组站之一，一昼夜编组和通过客、货列车百余列，并有哈大、大广、长深三条高速公路贯通，京哈、集锡、明沈三条干线公路由此经过。京沈高铁建成后，四平市将处于北京市三小时经济圈。

2. 红色旅游地位

2020 年 7 月 22 日，习近平总书记视察吉林四平时发表重要讲话，确立"四战四平"的红色旅游定位；2021 年，四平市红色旅游入选"建党百年红色旅游百条精品线路"；同时，四平市也是国家定义的三十条经典红色旅游线路之一。四平市红色旅游短链初现端倪，成立了红色教育培训基地，开展覆盖整个四平地区、承接全省、面向全国的"四战四平"史学习教育培训，基本形成了比较完备的课程体系。这为挖掘四平红色文化资源、推进红色文化与干部教育、打造红色文化高地提供了有力支持。

"四战四平"红色旅游品牌在省内外有一定知名度，红色旅游资源相对集中且种类较多，塔子山具备"山水林田人家"五大先天条件，塔子山战斗遗址紧邻城区，俯瞰全市，旅游开发潜力巨大，也为开发红色旅游各项活动带来新的机遇。

（二）四大短板

1. 红色旅游产业链短

四平红色旅游尚处于未开发阶段，项目地周边基本没有服务接待设施。旅游区域联合性差。旅游市场运营环境不友好。旅游市场基本没有被激活。同时旅游产业各环节缺乏高素质人才，不只是高素质人才，旅游产业各环节缺人。四平市红色旅游景区以解放战争时期的红色旅游资源为代表，和省内其他市县的红色旅游资源竞争优势不大，但是红色旅游产业发展中，区域联合较弱，产业链短小。

2. 红色旅游产业链特色不显著

由于文化保护意识不强，红色旅游文化受到一定程度的破坏，还原红色文化和乡村文化，活化、表现红色文化和乡村文化难度较大，周围各产业服务能力较弱，产业链特色不显著。

3. 红色旅游各产业链条零星发展

该区域没有引擎项目拉动，以第一产业为主，区域知名度不高。四平市红色旅游品牌项目少、单一且以传统展陈、观光为主，业态保守，产业带动力不强。四平战役纪念馆、林彪指挥所、塔山红色旅游教育基地为四平红色旅游品牌性项目，其他红色文旅项目大多是以红色革命文化纪念为主题的纪念馆、展览馆。整体业态为传统静态型的红色旅游观光、展览，缺乏具有产业带动力的新型红色旅游业态。各产业特色不突出，餐饮、住宿等产业没能扣住红色旅游主题，彼此之间缺乏整体竞争优势，独立发展。

4. 红色旅游产业链区域联合性差

四平市域内红色旅游资源较好，但是区域面积较大，欲打造特色旅游产品需要一个过程。四平市经济发展水平较低，旅游配套设施较为落后，在一定程度上限制了四平市旅游产业的进一步发展。旅游接待能力滞后，星级酒店数量相对较少，还不能满足大量潜在的游客需求。红色旅游景点、酒店、旅游购物市场都缺乏一个整体的互动，尚没有形成很好的商务气氛。红色旅游资源较为单一，宣传力度不大，面向游客吸引力不足。从政府层面看，缺乏良好的政策环境，尚未形成政府主导、社会参与、多元发展的局面。

四　四平市红色旅游链发展举措

（一）发展思路——"红+绿"模式

四平处在区域经济发展与旅游发展双低地区，借鉴国内先进红色旅游发展经验，应以增大力度吸引旅游者进入为基础，带动红色旅游业的发展。以"红色教育"为契机，带动旅游基础要素（吃、住、行）产业发展，拉动旅游发展要素（游、购、娱）产业发展，延伸智业产业、康养产业、乡村旅游发展，最终实现"馆城一体、山城协同、一路贯通"总体发展格局（见图4）。

借鉴井冈山、遵义、瑞金等发展模式，成立四平市红色传承文化培训有限公司（若干个），全方位提档升级红色培训业务，成立"四平红色文化教育培训学院"，组建高质量、专业化讲师团队，形成以"体验式教学"为主，现场教学、互动教学、专题教学相结合的红培课程，根据不同企事业单位、学校等团体的需求个性化定制教学产品，让学员到这里身着军装感受军人的荣光与使命，同时进行实战性红色项目体验，通过身体力行修习红色文化。

依托四平旅游投资集团产业优势，整合红军街、红旅客运、宾馆等项目，完善红色培训产业背后的基础配套设施，整合自有酒店，为学员提供票务、导游、交通、教室、住宿、餐厅等培训配套服务，为学员争取更多实惠和便捷，让学员们充分感受到四平红色培训的特色。

运用"红+绿"模式

四平拥有独特的红色资源"四战四平" ✚ 四平得天独厚的区位条件 ✚ 原生态的食品和农产品

提供客源合作共赢 ✦ 盈利点 Ⅱ

绿色景区……

红色教育基地

红色景区

资源融合与无缝对接 ✦ 盈利点 Ⅳ

提供精品红色课程设计与咨询服务 ✦ 盈利点 Ⅰ

红色资源+红色教育

由红色教育+党建+爱国教育等引流游客，带动食住行产业融合发展

延长链产业

购、娱、游、智慧产业、红色商店、文创、红色创意餐厅、婚庆、会议服务、节庆、营销服务、会展产业、展览、研学和手工艺产业、文创商品设计、创意包装设计等

短链产业

食、住、行：传统食品、餐厅、酒店、旅行社、交通等

四平市绝色旅游产业链

基础 → 龙头 → 链条 → 集群

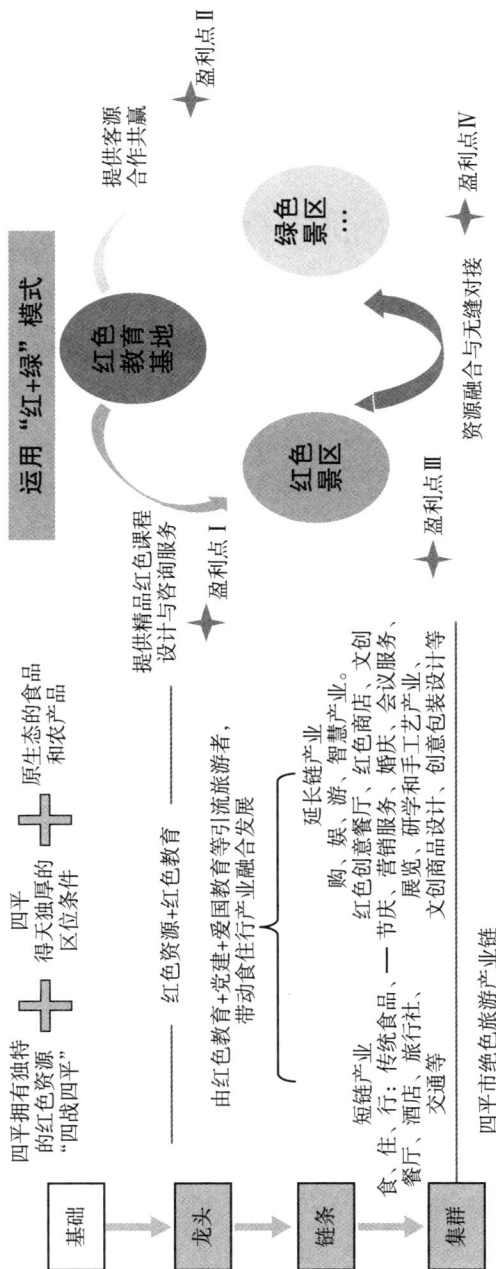

图 4 红+绿发展格局

资料来源：课题组整理。

先强化红色旅游短链，再延长产业链，融合多业态。以"红+N"（红色旅游结合其他产业）的发展思路，紧扣"红色文化"主题进行红色旅游产品开发，有机融合塔山自然地理环境、生态文化、乡村文化、民俗文化、遗址遗迹等特色资源文化，并借助科技、演艺、创意等方式，开发设计一系列红旅融合产品。

充分发挥四平区位优势、商业街区、社群数字经济、网红等优势功能，打造红色文化旅游全方位产业链，形成了红色文化与教育产业，红色文化与乡村旅游、工业、农业的融合，红色文化与科技、娱乐文化的融合发展格局。通过区域战略同盟、企业战略同盟，形成跨区域红色旅游线路与省内红色旅游线路及市内红色旅游线路。

（二）六必治——具体路径

1. 治杂乱无章——加强顶层设计，红色旅游产业链的切入点

红色旅游发展既要立足于国家层面，又要顾及游客心理。四平市旅游发展相对于全国平均水平来说仍处于较弱的处境，在国家优惠政策的支持下，四平市政府及有关部门应当抓住机会，先做好红色旅游的服务建设工作，针对红色旅游资源的开发建设进行统筹规划，同时规划布局也要结合本地的实际情况，减少对本地居民生产生活的影响，做到以人为本。

从政府层面，组织编制《四平市红色旅游发展规划》，确定红色旅游发展环境、空间格局，对旅游市场进行评估和定位，分析确立发展模式，提出开发龙头景区、拳头产品、辅助服务设施建议。在总体规划和项目推进的过程中，首先打造红色旅游产业链短链、其次打造延长链的设计，最后注意强化链的节点。

2. 治盲目下手——"增多"服务对象，红色旅游产业链的着力点

红色旅游产业发展不能盲目下手，需要从整体角度进行统筹规划，并借助红色旅游增多服务对象。提升红色文创产业，提炼文化元素，结合现代科技，运用丰富的大数据 VR 情境体验、活灵活现的动漫形象、经典的影视场景以及各类富有吸引力的文化商品和演艺产品，将文化创意与红色旅游资源

相融合，综合运用现代科技算法，实现旅游文化产品与实际生活场景相融合，将静态文化资源活化起来，为旅游者呈献完美的深度红色文化消费体验。

发展节庆产业能快速提升城市的知名度、影响力。四平地区经济发展相对滞后，知名度和影响力相对不高，开发具有四平地区特色的节庆活动，如满族的萨满表演，增强地区的特色与创新性，发展具有四平特色的红色旅游，带动上下游如餐饮、住宿、零售等产业的协同发展，提高社会影响力和经济发展水平。

3. 治急功近利——"红色教育"培训，红色旅游产业链的支撑点

红色旅游是目前炙手可热的旅游新的增长点。但发展红色旅游，切忌急功近利的浮躁心理。做好红色旅游发展文件的深度解读，不断加强相应的政策保障以及基础设施建设、完善利益分配制度、设计好红色教育课程体系。成立"红色教育"企业，如集培训、咨询、服务与研发为一体的红色文化教育培训学院，为全国各地各级党政机关、企事业单位、社会团体、党校（行政学院）、大中专院校等进行革命传统、理想、信念教育，并提供形式多样的红色文化培训和拓展培训。四平宜抢占吉林省红色教育高地，并申请成为全国红色教育示范地。

四战四平有其重要的历史地位，其红色精神的内涵有待挖掘。不能因红色旅游发展而盲目下手进行课程开发，影响将来发展潜力。红色旅游的爱国主义教育既要还原历史，保证真实性，更要注重倡导对革命先烈无私奉献、英勇无畏的伟大爱国精神的学习。也要立足于新时代，贴近当代年轻人的心理，传播具有吸引力的红色文化，提升年轻人的学习兴趣，培育远大志向，有步骤地进行红色旅游课程的开发。一是建立四平红色教员库，由党史专家、理论学者、专业技术骨干、革命老兵、乡土人才、革命后代等人员组成。二是将"讲"和"习"相互融合，通过专题教学、音像教学、现场教学等模式，打造具有四平特色的讲习内容，突出四战四平、马仁兴、万名英烈精神的内涵，注重身边人讲身边事，将传统革命故事与新时代身边好故事相结合。提炼红色文化，开发系列红色教育课程，注意针对不同人群开发不

同深度的课程。

4. 治临阵磨枪——细化旅游路线，红色旅游产业链的落脚点

发展红色旅游非临阵磨枪，需要利用四平旅游的新特征，选出一批景点、企业，打造一批红色旅游景点，培育龙头景区、企业。升级一批红色纪念馆，规划红色旅游路线，增添红色元素，建造红色旅游廊道。培育四平塔山综合发展区为龙头景区。持续打造四平市塔子山战斗遗址、四平战役纪念馆、四平烈士陵园、四平市三道林子战斗遗址、四平市东北民主联军四平保卫战指挥部旧址，提升四平红色旅游线路节点地位。围绕"红+绿"红色文化廊道、叶赫那拉城、伊通火山温泉国际度假区，改造红色文化场馆、打造高质量核心产业区，提升景区品牌效应。

与省文旅厅、旅游企业集团、农村合作社等企业开展密切合作，打造红色旅游精品线路，在四平战役纪念馆、沈洋红色乡村、塔子山等景区开展红色事迹观摩，形成四平市域的红色旅游专题旅游线路（见图5）。

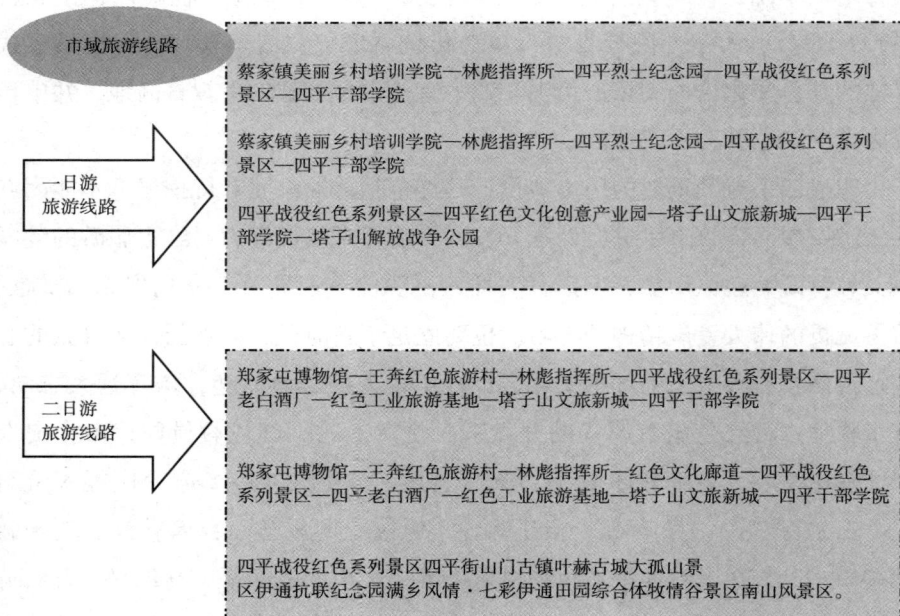

市域旅游线路	
一日游 旅游线路	蔡家镇美丽乡村培训学院—林彪指挥所—四平烈士纪念园—四平战役红色系列景区—四平干部学院 蔡家镇美丽乡村培训学院—林彪指挥所—四平烈士纪念园—四平战役红色系列景区—四平干部学院 四平战役红色系列景区—四平红色文化创意产业园—塔子山文旅新城—四平干部学院—塔子山解放战争公园
二日游 旅游线路	郑家屯博物馆—王奔红色旅游村—林彪指挥所—四平战役红色系列景区—四平老白酒厂—红色工业旅游基地—塔子山文旅新城—四平干部学院 郑家屯博物馆—王奔红色旅游村—林彪指挥所—红色文化廊道—四平战役红色系列景区—四平老白酒厂—红色工业旅游基地—塔子山文旅新城—四平干部学院 四平战役红色系列景区四平街山门古镇叶赫古城大孤山景区伊通抗联纪念园满乡风情·七彩伊通田园综合体牧情谷景区南山风景区。

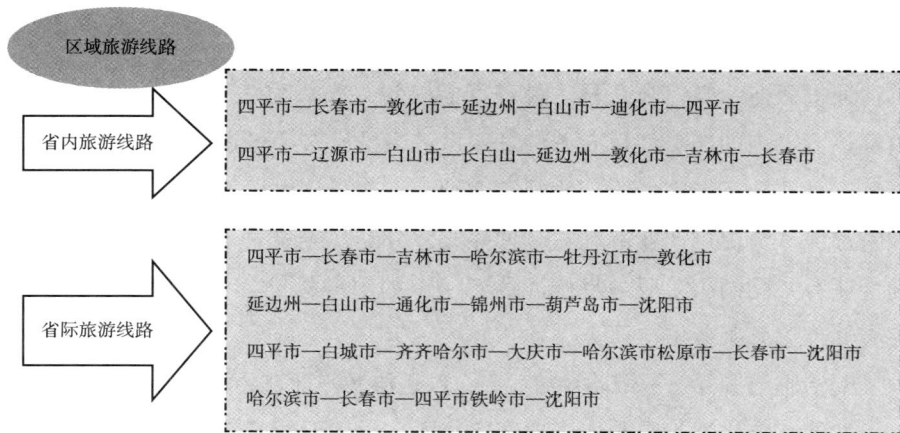

图5 四平市域、区域的红色旅游专题旅游线路

资料来源：课题组调研整理。

如利用红色文化教育培训学院，以"四平战役纪念馆""梨树红色战斗系列遗址遗迹""塔子山景区"等红色旅游产品为重点，在有针对性地宣传营销和旅行社的合力推广下，推出以爱国主义教育为延伸的经典红色旅游产品和线路，让游客同时感受新农村建设风貌等。

5. 治单枪匹马——建立战略同盟，红色旅游产业链的发力点

红色旅游发展不是一个景区、一个企业，一个资本的事情，需要灵活运用多种力量、解决"四平旅游困境"，善于运用战略伙伴、企业同盟、成功经验。借鉴遵义市与延安、长沙、井冈山等共计18个城市成立"全国红色旅游创新发展城市联盟"、共同发布《长沙宣言》、开发红色旅游方案的经验，加快临近城市间的交通建设，为游客的旅行节省路途时间，增加选择的多样性。

建议四平与吉林省、辽宁省、广东省、上海等旅游客源地共同成立红色旅游区域联盟，增加红色旅游教育辐射范围，增强红色旅游吸引力。

以大数据理念为指导，运用信息化手段，扎实推进信息资源整合共享，依托网格服务管理系统和"微四平"等，建立统一信息共享平台，使联系

服务旅游各行业体系更加高效，拓宽旅游营销途径，以促进产业链利益分配，成立企业战略同盟，创新红色旅游营销路径。

通过微博、微信公众号、抖音直播等新兴媒体模式及时发布时效性高、追踪热点性强的四平红色旅游信息。可适当推出多个景点线路融合的套餐式旅游产品，丰富游客的旅行体验。多种营销途径将增加旅游产业的经济收益和附加值。为促进产业链利益合理并有效分配，应建立企业战略联盟，联盟的企业有共同的旅游服务目标，达到一定的服务标准，可以确立共赢思想，提高红色旅游服务接待能力。

6. 治临渴掘井——带动乡村振兴，红色旅游产业链的根本点

发展红色旅游，应与四平地区的美丽乡村建设同频共振，通过乡村旅游发展带动乡村振兴。以红色文化遗产配套基础设施建设为契机，提升乡村宜居性和整体风貌，在具有红色旅游资源并适宜开发的乡村地区，鼓励企业投资建设，在发展红色旅游产业的同时，也加快乡村地区的基础设施建设，促进服务设施发展，提升村民的幸福感。鼓励农民"加盟"红色旅游发展。通过"景区（公司）+农户""合作社+农户"等模式，引导农民入股红色旅游，支持农民参与红色旅游经营，增加额外收入。开发乡村旅游场景化，增加游客的沉浸式体验，以老卖新，以新带老，促进乡村旅游蓬勃发展，进而促进区域合力发展。

五 相关保障措施

（一）强化组织领导

各级党委和政府要始终把贯彻落实习近平总书记视察四平重要指示精神、打造红色地标城市、红色文旅建设摆在全局工作突出地位。一是健全组织领导的红色旅游议事决策机制、监督机制，提升自治水平，规范内容、形式和程序，推行公章统一管理，强化旅游行业、协会在旅游企业自治中的领导作用。二是创新旅游企业工作机制，提升自我水平，建立"1+1+N"工

作机制，政府安排专门负责红色旅游企业领导 1 名，并直接参与协调政策、宣传、服务、利益分配、区域公投等事务，配备 1 名专家顾问、组建 N 个旅游企业小组，承担区域联合、企业同盟、规划、宣传等职能，服务红色旅游企业"最后一公里"。

（二）完善制度体系

在开发四平市红色旅游的过程中，应加强与其他产业的共同协作，发挥当地的特色，以红色旅游为契机，宣传带动其他特色产业发展。例如，梨树县作为高品质的玉米种植地，借助红色旅游的发展让玉米走出梨树，走出四平。银行可以申请发行四平红色旅游的纪念币，制作有关红色旅游的周边产品，像钥匙扣、玩偶等，在游客留作纪念的同时也带动四平市轻工业的发展。还可以开发装修风格符合红色旅游的餐厅、忆苦思甜的住宿设施。具有特色的产业独具吸引力，促进旅游产业链的延长。

政府层面应探索建立红色旅游供应链制度体系、大力推动红色旅游产品研发和红色旅游景区发展。成立由市主要领导为组长的四平市红色文旅产业发展领导小组，负责全市红色文旅发展、规划指导、重大政策制定和重点项目推进等工作。

（三）加强人力保障

制定培训计划，推进人才兴旅；定期组织红色旅游业务人员培训工作。重点针对红色旅游经典景区讲解、管理人员，加强红色文物保护及业务技术培训、运营管理教育，切实提高从业人员素质和技能。成立四平红色旅游的人才联盟，面向国内高校历史、政治、旅游类专业招募一批红色旅游管理人才。依托高校、党史办、省红办等机构建立由党史专家、红色文化专家、学者以及战斗老兵、英雄后代、当地居民组成的红色旅游专家咨询委员会，定期开展红色旅游建设相关讲座，为红色旅游提供智力支持。政府部门应该定期开设红色旅游方向的培训课程，提升人力服务水平，提高人力服务质量，规范服务标准。

（四）深化科技保障

信息时代迅速发展，互联网使得人们远距离交流成为可能，作为平台，其产生和发展具有时效性、广泛性。在开发红色旅游的过程中，要将信息技术保障贯彻始终，利用互联网的优势，加大开发红色旅游产品，增强宣传力度，如使用官方账号发布导览、介绍的短视频，利用"云端"带动"指尖"，传播红色旅游文化。还可以结合现代人喜闻乐见的文化形式，讲好红色历史故事，将史实与 VR 实景结合，令游客身临其境，穿越时代，更真切地感受革命先烈的英勇精神。

B.28
唐山工业遗产的文旅融合发展报告[*]

张祖群　贺婷婷　李潘一[**]

摘　要： 工业遗产具有多重属性与多维价值。本文在文旅融合现状分析基础上，应用案例分析法，对河北开滦国家矿山公园、缸窑路陶瓷工业遗产进行文旅融合分析，并提出建议。如开滦国家矿山公园的青少年研学之旅应促使学生深度参与，加强"游"与"学"的融合，注重游客体验评价。缸窑路陶瓷工业遗产旅游应该进行城市休闲空间改造、遗产旅游配套服务开发、数字化技术应用、文化艺术产业区建设。最后从政策支持、线路设计、利用模式三个方面讨论唐山工业文化文旅融合策略。

关键词： 工业遗产　开滦国家矿山公园　缸窑路　文旅融合

---

* 北京理工大学唐山研究院研究生科研创新实践项目"文旅融合视角下唐山工业遗产活化路径探索"（TSYSSJ202207）、中国高等教育学会"2022 年度高等教育科学研究规划课题"重点项目"基于文化遗产的通识教育'双向'实施途径"（22SZJY0214）、北京理工大学研究生教研教改面上项目"艺术设计硕士新文科建设：误区、改进与保障"（2023YBJG024）、教育部首批新文科研究与改革实践项目"新文科背景下产品设计专业建设的探索与实践"（2021160005）。

** 张祖群，中国科学院博士后（优秀出站），北京理工大学设计与艺术学院文化遗产系高级工程师、硕士生导师，研究方向：文化遗产与艺术设计、遗产旅游等；贺婷婷，北京理工大学设计与艺术学院文化遗产系 2021 级硕士研究生，研究方向：文化遗产与艺术设计；李潘一，北京理工大学设计与艺术学院文化遗产系 2023 级硕士研究生，研究方向：文化遗产与创新设计。

一 唐山工业遗产的多维价值

（一）研究对象的多重属性

《国家工业遗产管理暂行办法》（2018）是指导各地各单位申报、保护、利用与管理国家工业遗产的重要纲领性文件。在中国城市规划学会公布 2 批次中国工业遗产保护名录（200 处）基础上，建立工信部认定的 5 批次国家工业遗产名录（166 处）：2017 年 12 月（第一批）、2018 年 11 月（第二批）、2019 年 12 月（第三批）、2020 年 12 月（第四批）、2021 年 12 月（第五批）。从 2018 年开始，推出中央企业工业文化遗产（核工业、钢铁行业、通信行业、石油化工行业）名录。在三套名录系统中，工业和信息化部工业文化研究中心主导的国家工业遗产名录最为重要与完善，影响力最大；中国城市规划学会评定的中国工业遗产保护名录也具有重要影响力。

表 1 唐山主要工业遗产保护利用现状

工业遗产保护利用现状	序号	原有名称	现有名称	地址	建造年份	原来状态	现状
再利用的工业遗产	1	开滦煤矿	河北开滦国家矿山公园	路南区新华东道 54 号	1878	震后遗存	主题公园
	2	唐山南湖书画院	河北省文化创意产业园总部基地项目	路南区岳各庄路以北，紫天鹅庄以东	2010		向外出租
	3	启新水泥厂	启新 1889 文化创意产业园	路北区新华东道 15 号	1889	闲置，厂区搬迁	工业旅游区
	4	唐山站	唐山南站	路南区车站路	1882	火车站	货运车站

续表

工业遗产保护利用现状	序号	原有名称	现有名称	地址	建造年份	原来状态	现状
再利用的工业遗产	5	唐山机车车辆厂（中国北车集团唐山机车车辆厂前身）	唐山地震遗址纪念公园	岳各庄路北侧19号	1899	地震废墟	主题公园
	6	开平煤矿（塌陷区）	唐山南湖公园	城市中心南边	1996	采煤塌陷区	城市开放空间
	7	唐山面粉厂	唐山市城市展览馆	北新东道和龙泽南路交叉口东北侧	1930	工厂外迁，闲置	仓库是日伪时期所建，现为展览空间
	8	—	唐山陶瓷文化创意公园	唐山中心城区东北部	2011		展览空间
	9	华新纺织厂	华新公园	路南区新华东道与滨河路交叉口处	1915	震后废墟	城市开放空间
保护和利用不佳的工业遗产	10	唐山焦化厂	唐山焦化厂	缸窑路市焦化厂院内（唐山市路北区天琦水玻璃厂）	1968	震后损害	分离塔2008年曾发生火灾；2011年进行龙华里·和顺园（焦化厂）改造；现为水玻璃厂、劳服综合经销处防腐工程队等办公地点
	11	唐山陶瓷厂	唐山陶瓷集团有限责任公司	龙泽南路31号	1914	地震遗存	部分使用中

工业遗产保护利用现状	序号	原有名称	现有名称	地址	建造年份	原来状态	现状
保护和利用不佳的工业遗产	12	胥各庄站	胥各庄站	丰南区胥各庄镇	1881	运煤兼客运	货运站
	13	唐胥铁路	唐胥铁路	唐山南站至胥各庄站	1881	部分塌陷	在使用中
	14	滦河铁桥	滦河铁桥	滦县滦州镇老站村	1892	保存完好	未使用
	15	开滦赵各庄矿	开滦赵各庄矿	赵各庄居民区西侧	1909	地震遗存	呈现中国多个工业第一。现在仍在继续使用
	16	开滦矿务局马家河砖厂	陶瓷马家沟耐火材料制造唐山钢铁公司	唐山市开平区开凤路	1909	有一片烧砖的馒头窑	前身是启新洋灰公司在开平马家沟附近建设的北分厂,现在仍在使用
	17	唐山钢厂	唐山钢铁公司	陡河东岸的滨河路东边	1954	部分炼炉等	以唐钢为核心,联合宣钢、承钢整合组建唐山钢铁集团有限责任公司

注:统计时间截止到2023年8月。

2017年,中国工业遗产保护名录第一批中,唐山市有6处:开滦煤矿(现为开滦博物馆、开滦国家矿山公园)、唐山铁路遗址(现为中国铁路源头博物馆)、滦河铁桥(位于河北省滦州市滦河主河道)、启新水泥厂(现为中国水泥工业博物馆)、唐胥铁路修理厂(现为唐山地震遗址纪念公园、抗震纪念馆)、唐山陶瓷厂。2018 年 11 月,开滦唐山矿、启新水泥厂登录第二批国家工业遗产名录,2019 年 12 月开滦赵各庄矿登录第三批国家工业遗产名录。国土资源部自 2005 年开始,公布 29 处国家矿山公园。唐山开滦国家矿山公园于 2005 年批准、2009 年 9 月开园,目前也是全国重点文物保护单位、国家 4A 级景区。

表 2　唐山市列入文物保护单位的工业遗产名录

等级划分	序号	工业遗产名称	地址	建造年份
全国重点文物保护单位	1	原唐山机车车辆厂铸钢车间(唐山大地震遗址)	唐山地震遗址纪念公园内	1959
	2	开平煤矿(早期工业遗存)	路南区新华东道 54 号	1878
	3	滦河铁桥	滦县滦州镇老站村	1892
河北省级文物保护单位	4	唐山钢铁公司(俱乐部地震遗迹)	陡河东岸的滨河路东边	1954
	5	唐山陶瓷厂(办公楼地震遗迹)	龙泽南路 31 号	1951
唐山市级文物保护单位	6	唐山陶瓷厂(汉斯别墅)	龙泽南路 31 号	1914
	7	启新水泥厂生产线(4~8 号窑炉)和启新水泥厂电厂	路北区新华东道 15 号	1886
	8	赵各庄矿(9 号洋房、10 号洋房)	赵各庄居民区西侧	1906

(二)工业遗产价值维度

1. 历史价值

自 1861 年至 1878 年开平煤矿(唐山市开平区)创办开始,唐山依煤矿而建,其近现代工业遗产在中国工业发展史上居重要位置,有着强大的影响力,如开平煤矿开启中国近代煤炭工业之先河。唐山以煤炭工业兴起中国第一个火车站、第一列火车、第一个水泥厂、第一家供电企业等,形成早期煤炭工业集群和工业遗产发展的基础。

2. 社会价值

唐山工业所具有的凤凰涅槃、浴火重生精神，在唐山这片积淀深厚的土地上留下了无穷的印记，是体现社会价值的重要部分。以唐山多形态工业遗产为核心涌现出诸多政府官员、实业家、教育家、工人先锋模范人物等，他们构成唐山百年工业历程的社会群像。

3. 建筑价值

工业遗产的保护与再利用以老厂房、老建筑为载体，以景观、小品等为衬托，产生适应当代社会发展的新功能和新效果。这些工业建筑带有时代烙印，也为城市留下了不可磨灭的精神价值。曾经的开平煤矿现成为首批国家矿山公园之一，衍生出前广场、主碑、博物馆等要素，博物馆以古典主义风格呈现；过去的唐山面粉厂，现已成为城市展览馆，衍生出展览馆建筑群、仓库间庭院绿化、园区景观等要素；过去的细棉土厂，现改造成启新水泥工业旅游区，以核心物项为基础衍生出博物馆展陈与文化创意产业集聚区，这是唐山近现代工业遗产谱系中保存相对完整、利用最为充分、活化最为成功的工业遗产。

4. 艺术价值

唐山工业遗产依托近现代历史建筑形成浓厚的唐山工业化特征与历史氛围，体现当时超前的思想和艺术价值。例如开滦国家矿山公园，模仿开滦矿务局大楼，高立柱结构，红黄交织，整体颜色明亮，线条流畅，呈现新古典式风格；地震遗址纪念公园通过高大雄伟的褐色花岗岩铭刻所有地震罹难者的名字，渲染出无限悲戚、沉重缅怀的悼念氛围。

5. 经济价值

纵观唐山市旅游产业的发展历程，1995~2023年唐山市政府大力推进遗产旅游、工业研学、园林旅游与城市建设、滨海旅游、非遗创新、地震黑色旅游、美食旅游、文旅融合，工业遗产在文化旅游产业中的影响不断提高，文旅融合与乡村振兴、城市发展互相促进。

6. 情感价值

随着时间流逝，人们对工业遗产的理解加深，其背后的历史情感价值值

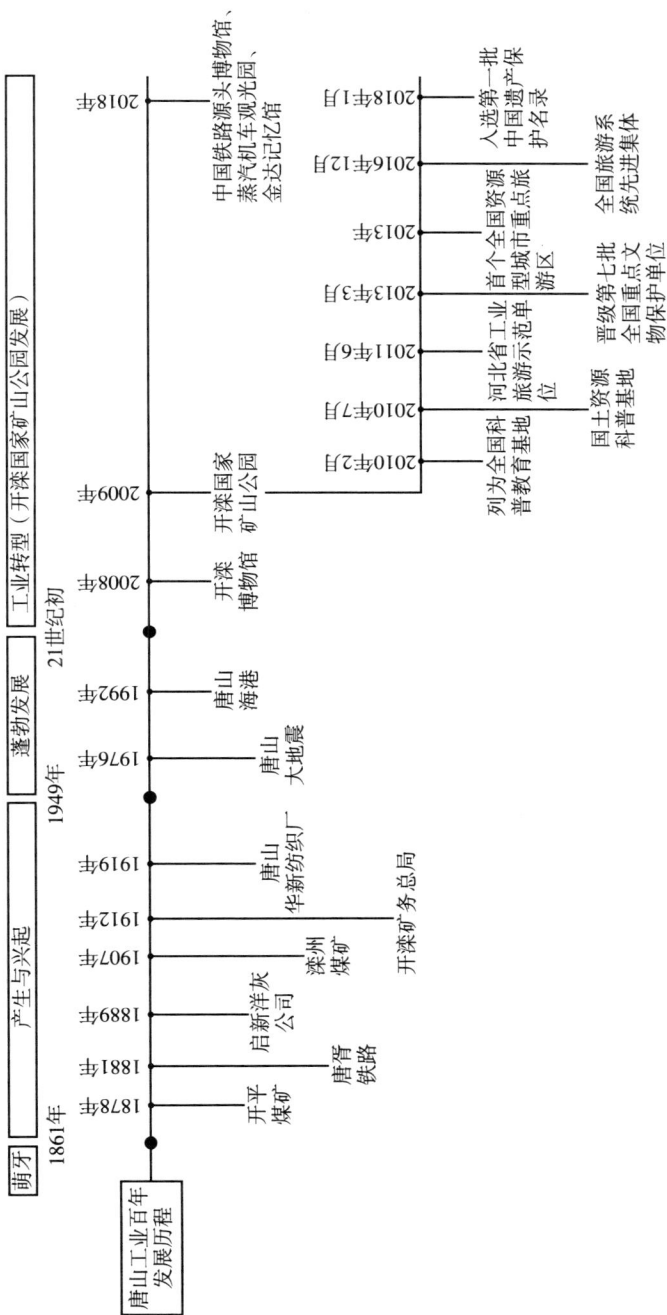

图 1 唐山工业百年发展历程重要节点

唐山工业百年发展历程

萌芽	产生与兴起	蓬勃发展	工业转型（开滦国家矿山公园发展）
1861年		1949年	21世纪初

- 1878年 开平煤矿
- 1881年 唐胥铁路
- 1889年 启新洋灰公司
- 1907年 滦州煤矿
- 1912年 开滦矿务总局
- 1919年 唐山华新纺织厂
- 1976年 唐山大地震
- 1992年 唐山海港
- 2008年 开滦博物馆
- 2009年 开滦国家矿山公园
- 2018年 中国铁路源头博物馆、蒸汽机车观光园、金达记忆馆

- 2010年7月 列为全国科普教育基地
- 2010年2月 国土资源科普教育基地
- 2011年6月 河北省工业旅游示范单位
- 2013年3月 晋级第七批全国重点文物保护单位
- 2013年 首个全国资源枯竭型城市重点旅游景区
- 2016年12月 全国旅游系统先进集体
- 2018年12月 入选第一批中国遗产名保护名录

411

得我们不断学习和宣扬。中国最早的近代采煤工业、煤炭铁路运输等，构成中国北方最早的工业体系。在中国共产党的重要影响下，1922 年唐山五矿联合大罢工是中国共产党领导的煤矿工人进行的第一次革命斗争，誉为"中国工人运动第一次高潮中的最高峰"，铭刻在中国工人运动史与中共党史中。

二　唐山工业遗产文旅融合 SWOT 分析

（一）优势

历史悠久，资源丰富：唐山的工业遗产早在 19 世纪末的洋务运动中便初具雏形，具有悠久的历史。21 世纪初期，唐山便有了开展工业旅游的计划，建立了国家首批工业旅游示范区，成为中国工业旅游的先驱。唐山市被列入中国第一批工业遗产的开滦煤矿前身是洋务运动时期建立的开平煤矿，其建立原因是唐山地下丰厚的煤炭资源。据《益闻录》记载，开平煤矿产出的煤炭数量多且色泽黝黑，与西方煤炭资源相比也毫不逊色。

政府重视：国际上一些重视工业遗产保护的国家已有许多值得借鉴的优秀经验，有利于我国的工业遗产保护发展。我国的工业遗产保护发展虽起步较晚，但也在着力跟上国际步伐。中国工信部相继颁发五批中国工业遗产保护名录，将中国数百例工业遗产列入保护范围。唐山市应当响应国家政策，做好工业遗产的保护工作，这对唐山城市文化形象的再塑造具有重要意义。

地理位置优越：唐山地处河北省东部，隶属京津冀地区。东与秦皇岛市毗邻，西与天津市相望，南临渤海，北依燕山。唐山市中心距离北京约 180 公里，距离天津约 120 公里，唐山市交通可达性与网络密集性高，形成华北平原与东北交接地带海陆空综合交通枢纽。不仅如此，京津冀地区高校集聚，拥有百余所国内瞩目的优秀高等院校，有利于为唐山带来一批高新技术人才。

（二）劣势

形象不够突出：唐山市拥有大量宝贵的工业遗产，是"中国近代工业的摇篮"。然而，与其他城市的旅游形象相比，唐山的工业遗产文化旅游形象不够突出。更多人对于唐山的了解停留在1976年的唐山大地震，对于唐山"凤凰涅槃的奇迹"主题标语更为了解。总体来说，唐山的工业城市形象个性化不够突出，其工业旅游城市未形成系统化的旅游宣传，"工业城市"的时代印记正在渐渐消退。

公众认识不足：我国的工业遗产保护较国外起步晚，目前还未有较为系统、全面的代表性案例。因此，民众对于工业遗产所承载的历史价值与文化意义的认知不全面，认可度不高。工业遗产应当与艺术、文化、观赏等功能有机结合，给公众带来新奇感和独特感，才能更为长久地保留下去。

（三）机遇

国家政策支持：我国政策大力支持工业城市转型，可以利用工业遗产的历史与现实价值进行文旅融合，开展工业遗产旅游——新型旅游产业。不断促进工业遗产改造与升级，还可以打造独特的工业城市文化形象。唐山在京津冀协同一体化发展中是主导城市之一，可充分利用政策资源促进文旅融合。

公众旅游需求：以马斯洛的需求层次理论为基础分析，随着人们生活水平的日益提升，主要的需求已经从简单的温饱转变为更为顶层的精神需求，越来越多的人开始注重精神满足；再加上近几年的新冠肺炎疫情导致民众的出行机会锐减，人们更加渴望能够换个空间感受不一样的风土人情。现在正是旅游业发展的关键时期，也是工业遗产旅游的机遇所在。

（四）挑战

工业遗产作为历史遗留产物，有着自身的特殊性、不可复制性以及不可再生性。在对其进行保护策划时要格外注意因地制宜原则，尽可能完整保留其时代特色。除此之外，对于工业遗产保护切不可千篇一律，若采用诸如博物馆、公园等传统的改造方式，令各地的工业遗产旧址大同小异，只会让公众失去兴趣，达不到可持续发展的目的。并且，在工业遗产开发过程中企业不能过度重视商业价值，轻则与工业遗产的保护初衷背离，重则严重破坏工业遗产本体与历史环境。

在文旅融合大背景下，唐山工业遗产实现跨越发展的整体优势大于劣势、机遇大于挑战。在充分调研和了解工业遗产基本盘的基础上，我们应当发挥优势，补足短板，抓住机会，迎难而上，争创二次辉煌。

三　开滦国家矿山公园文旅融合案例

（一）工业文化遗产的再生设计

城市工业遗产再生设计可有效提升市民素养，极大彰显城市形象。按照文化传播类型区分，唐山工业遗产主要有工业建筑、铁路交通、当代文化三种类型。设计师可选取典型的工业文化元素进行再生设计，使唐山工业遗产保护与利用实现可持续发展。

开滦国家矿山公园不断找寻传统文化和当代生活之间的契合点，推出矿山特色文创产品，让更多人看得懂、感兴趣、想参与、有收获。努力推进文创进景区，将景区探秘游的出口大厅打造成一个标准的文创购物店。通过自行开发设计和与其他公司合作，现有文创产品200余种。其中具有唐山、开滦特色的文创产品，有唐山方言系列生活用品、开滦工业书签系列创意产品、老唐山故事等时尚胶带、唐山特色和开滦特色冰箱贴，受到游客喜爱。

开滦国家矿山公园从河北博物院引进了具有河北地方特色的卧羊灯、长信宫灯钥匙链、虎嬉手机支架等文创产品十余种；另外还有具有特色的手工灯笼、特色剪纸书签、手工布老虎等，深受游客喜爱。2021年，开滦国家矿山公园将原游客服务中心打造成了一个近千平方米的游客休闲驿站，摆放了百余种独具开滦企业特色的文创产品,非常适合游客在离开景区前休闲放松和采购。

开滦国家矿山公园将文创产品开发作为园区的一项重点工作,加强市场调研,与高校、设计公司联合,采取多种模式,设计具有开滦特色的历史文化符号,开发特色文创产品,符合特定人群需求、适宜携带馈赠的旅游纪念品,全面提升景区文创水平,传承开滦历史文化。

(二)开滦国家矿山公园研学之旅

唐山是中国近现代工业的摇篮之一,铭刻着底蕴深厚的工业文明,有利于唐山市研学旅游发展,建设宜居宜业宜游宜学新家园。唐山市文化广电和旅游局联合多个部门共同倡议在全市范围内深入开展"寻根探源、品味唐山"工业研学游活动。截至2023年7月已有一万余名中小学生参与工业研学活动。通过打卡开滦国家矿山公园、唐山地震遗址公园等工业研学示范基地,让青少年了解唐山历史,感知工业文明,厚植家国情怀,增强文化自信。

开滦国家矿山公园获评国家级研学基地和全国首批"大思政课"实践教学基地以来,为了发挥好基地示范引领作用,服务基层、服务学校、服务学生,在唐山市文化广电和旅游局推动下,专门组建了研学部门——游客中心研学部,负责精品研学线路推广、唐山市中小学生"工业研学小使者"评选、京津冀"百名中学校长"工业研学推介考察等,围绕工业文明、铁路源头、红色教育、工业模具等开发一系列研学课程。开滦国家矿山公园研学之旅由官方媒体和网络达人联手联动宣传,在抖音、微博、小红书等新媒体平台、视频平台系列推广,达到6000万次以上的传播量和影响力。

"研学遇见开滦博物馆——追寻开滦'矿魂',解锁'开滦密码'"《开滦密码》是首个沉浸式体验课程,将唐山百年工业历史在不同场景通过线索任务解密的形式呈现;而《追寻矿魂》则是将红色教育、地学科普、手工实践等内容同学校的近现代史、物理、化学、道德与法治等课程有机融合,以游促学,加强实践。《黑色长河》煤炭工业研学之旅可以让孩子们了解到煤炭的形成、能源的分类以及人类能源的发展史。景区游客中心研学部创造性打造的工业研学课程追寻"矿魂"和首个沉浸式研学课程"开滦密码"展示中心场面火爆,互动游戏中根据不同年龄段设置了不同难度的研学任务,让每个孩子都完成了一次充满挑战且能深刻了解百年开滦艰辛发展历程的研学之旅。前来参观的游客无不称赞开滦国家矿山公园是浓缩工业文明记忆的神圣殿堂,感悟唐山这座英雄城市的人文情怀。针对开滦国家矿山公园研学之旅讨论工业研学之旅的注意事项。

(1)工业遗产研学之旅应体现学生深度参与。工业研学体验活动可以从真实的生活情境出发,引导学生在和工业遗产的接触中获得丰富体验,促进学生全面成长。提升研学活动的效果。需要充分结合学生的身心特点,设计合适主题,避免只是简单组织学生集体参观、浏览、记录,应该让研学活动目标清晰、内容丰富,让学生在研学活动中积极思考,深度体验和参与。根据主题差异、年龄段不同,研学课程安排也应有所区别。选择课程要结合兴趣和期望值,确定适合自己的而非盲目跟风。是参观游览还是调查研究,是拓展训练还是手工制作,是讲座培训还是团队建设,不同的课程内容所采取的形式应有所不同。

(2)工业遗产研学之旅应加强"游"与"学"的融合。研学不等同于旅游,它是行走的课堂,是超越教材、课堂和学校的局限,走出教室,链接书本知识,获取真实感受,加深理解、拓宽知识面、丰富人生体验。工业遗产研学旅行活动要加强校内校外教育资源的整合,向工业遗产文化、自然环境、社会活动领域和生活领域延伸。同时,加强学科之间的融合,通过项目式学习或解决实际问题等方式,不断提升学生综合素质。

(3)工业遗产研学之旅应注重游客评价。真正做好做实工业遗产研学之旅,还要注重考核评价,包括目标、过程和结果评价。通过全过程评价,不断诊断工业遗产研学遇到的个性化、共性化问题,制定有针对性的改进措施,监控研学全过程,以课程思政为导向,形成前后一以贯之的主题、步骤、方法、实施、路径等,提升研学活动效果。

四　缸窑路陶瓷工业遗产文旅融合案例①

（一）缸窑路工业遗产保护与工业遗产旅游

工业遗产作为一个城市特定历史记忆的璀璨篇章，对工业遗产更新与改造而言，尽可能保存工业遗产本体，尤其是记录工业流程关键细节的核心物象，尽可能彰显历史氛围、维持历史风貌，以"修旧如旧、建新如旧""文化保护优先"原则，进行地域性的更新与改造。唐山缸窑路现存大多为陶瓷工业遗产，以缸窑路为主线的道路两侧，分布着20世纪80年代的陶瓷老厂房、作坊。老陶瓷厂房保存相对完整（多为1976年唐山大地震后重建厂房），使用周期较短，并在90年代后期逐渐废弃，厂房空间格局和基础设施与设备保存较好。它们不但分布集中而且企业类型较多，其中骨质瓷厂和白玉瓷厂、建筑陶瓷厂、卫生瓷厂、艺术瓷厂、花纸厂、陶研所和陶瓷学院等都集中在缸窑路附近，陶瓷历史发展文脉完整、工业文化氛围浓厚，为实现缸窑路地段工业遗产保护提供了良好的条件。

这些旧的陶瓷工厂群，可以转化形成经济资源的新形态，构成新的文化业态。古为今用，守正开新，给它以新的用处，让它的价值和潜力得以发挥。无论是老瓷窑还是工业遗存，都是历史特定时期的产物。落实到工业遗产改造利用中，就是要坚持守住唐山瓷文化和工业文化的"根"。传承文化基因，做到"扬弃传承"，在传承中创新和尊重老瓷窑与陶瓷厂的工业遗存。深挖唐山瓷文化、工厂工业文化等精华部分，"激活"街区创新发展的条件。工业遗产保护与再利用在工业遗产文旅融合的大背景下提出要遵循可持续发展的原则，既要创新，更要面向未来。可持续的内涵就是协调人和自然的关系，协调建筑和人的关系。缸窑路工业遗产与现代生活的新旧共生，

---

① 李潘一：《文旅融合背景下工业遗产的保护与工业文化宣传的研究——以唐山缸窑路为例》，北京理工大学环境设计（文化遗产与现代设计方向）本科毕设论文，2023。

需要协调时间维度下的新旧物质，寻求共生体关系。遗址内的老陶瓷厂属于历史遗留建筑，不应陷入工业活动后荒废、闲置的命运。利用共生的视角，将场地内闲置的工业文化资源活化，挖掘建筑内部和材料等元素，让老工厂"活"起来，通过各元素相互结合，赋予其现代意义。在发展工业遗产旅游时，对工业遗产的保护需要注意以下几方面。①对有内在价值的工业遗产保留多少、保留到什么程度，如何融入城乡建设大潮，要综合考虑各方面因素，视具体情况而定。不然可能会造成宝贵的工业遗产丧失和与可持续发展理念相违背的建筑等。②改善遗产周围的环境风貌和街区景观，使之与城市环境融为一体，如唐山南湖公园改造与周边开放空间和谐统一等。③整体性的使用应该以连贯和统一的方式进行规划，使原有工厂的建筑、空间和周围环境相互补充加强。④对于单体建筑改造要充分利用原有工业元素，若是局部翻新单体建筑不宜改变原有的力学结构、空间布局等，要尽可能保留原有机器、厂房和设备。将内部改造成一个适合办公、设计、创作和会议的现代服务中心。通过再生设计改造，工业遗产凝聚原来工业精神，焕发新春。例如开滦国家矿山公园和唐山启新水泥新厂的再生设计，在延续历史文脉的有机更新中对原有建筑的结构框架和风格特征进行统一，对原有的部分管线和门脸进行了重新包装，使其面貌焕然一新。

（二）缸窑路工业遗产旅游

被誉为"朝阳中的朝阳产业"的工业遗产旅游，最早起源于20世纪50年代的欧洲。第二次世界大战结束后，随着产业升级，欧美发达国家相继完成工业化进程，产业结构从第二产业主导向第三产业主导演进，服务业成为国民经济的最大贡献力量（占2/3以上份额）。大量的工业用地和设施由于无法满足当时的经济需求，逐渐被闲置。随着时间的推移和人们观念的转变，闲置的工业用地和设施逐渐产生了独特的历史价值，成为潜在的可利用的旅游资源。缸窑路工业遗产集聚，具有发展工业旅游的先天优势。同时缸窑路陶瓷工业区还具有发展遗产旅游的区位优势，缸窑路临近开平新区，近些年其周围已经陆续建成多个大型旅游景点，如果能与这些旅游景点联动，进行统筹规划，形成完整的唐山特色文化旅游线路，那么必定会引起群众对缸窑路工业遗产保护的重视与参与；唐山与秦皇岛接壤，可以与秦皇岛旅游业进行合作，利用差别化旅游来吸引游客。同时唐山距天津和北京车程仅需1~2小时，交通便利。唐山旅游经济发展的巨大市场基础是一个过亿人口的核心客源市场，是周边五省3亿多人口的基础客源市场。尤其是京津地区，该地区人民生活压力较大，生活节奏快，对节假日周边游等旅游项目需求高，作为国内规模最大且发展成熟的旅游客源市场之一，为唐山陶瓷文化旅游发展提供潜在客源市场。

1. 城市休闲空间改造

面对保留下来的老陶瓷厂区面积普遍较大，如已经废弃的唐山市第五瓷厂旧址，厂区内仅有个别厂房出租、其余厂房都处于闲置状态且建筑外观保存较好的状况，可以考虑提取老工业建筑中的元素进行合理装饰和改造，作为城市居民感受工业文化、游玩休憩的公共空间。陶瓷工业遗产的改造要采用保留原材料和工业结构重新利用的改造方式，既保留工业遗产的原真性更要保持其传统建筑结构和布局，同时对工业遗存材料进行利用，不能仅仅理解为简单的元素堆砌，而应该以创造性的方法，如材料翻新、表皮更换、新旧对比等来传递记忆。缸窑老瓷厂建筑以红砖砌筑为主，随时间推移建筑结构部件老化无法支撑原建筑结构，所以就需要带有唐山工业文化元素的新结构的加入。保留富有本土感的红砖墙体，加入异质元素钢结构构件，这种异质元素的厚重感让老结构和新结构之间也有了一定的联系。缸窑路的居民有很多都是曾经在缸窑某瓷厂工作或离退休的老员工，这些旧厂房承载了他们许多珍贵的工作记忆和深厚的感情，这些情感和记忆很可能是构成他们对家乡唐山乡土依恋的重要部分。他们更切身地体会过唐山陶瓷工业精神和唐山陶瓷文化魅力，所以在缸窑路旧瓷厂改造过程中应充分听取周围居民的意见和建议，建造拥有唐山特色的陶瓷工业文化城市休闲空间，只有获得大众认可的利用与改造才更能发挥出工业遗产的社会价值和情感价值。值得注意的一点是，目前唐山政府已经在城市建设中有意融入本地特色文化元素或是建设特色文化公园，如唐山瓷源湖公园。但是，自2017年瓷源湖公园建成后，后续的维修工作并未跟进，其中几处代表唐山陶瓷文化的雕塑及设施已经出现明显损坏，其他基础设施的损坏情况也不容乐观，对游客进入公园第一印象具有负面影响。后续唐山在发展工业遗产旅游时应以此为警醒，不但要保证遗产旅游点的保护与改造相协调，更要关注遗产旅游点开始运作后的"售后服务"，确保工业遗产及遗产旅游点一直保持积极向上的面貌。

2. 遗产旅游配套服务开发

在实地调查中，笔者采访了居住在缸窑路工业遗产地附近的唐山居民，得出唐山居民对其工业遗产的认知度、认同感不高之结论。建立在人与人之间相互沟通基础上的遗产旅游服务设计、旅游纪念品研发等亟须加强。线上服务主要是以手绘插图和照片的形式向游客展现缸窑路特色陶瓷产品和文化内涵，同时游客可以上传分享自己在缸窑路拍摄的打卡旅游照片及与其他游客或唐山当地居民交流对唐山陶瓷文化的理解和心得。另外，线下服务对旅游纪念品加盟店、相应的文创商店形成具有一致风格的视觉形象体系，实体店外观具有统一的唐山 logo 与文旅规范，店内依据空间不同形成具有差异化的文创衍生品分类、摆放、推荐等，在统一与差异中强化唐山工业高地与文化形象。

3. 数字化技术应用

数字技术作为工业旅游辅助工具的作用也不应被忽视。数字技术可以用于恢复被拆除的工业遗址，因为老工厂的机械设备和古代文化的印迹呈现城市工业遗产优秀的普世价值，能够唤醒人们对历史的记忆。因此，可以将建筑遗产的"乡土性"保护纳入宣传中，加强"乡土性"感知，加深对城市工业遗产的"乡土性"感知与文化认同感。此外，现场开发的游乐场和亲子文化体验室，让公众更近距离地感受到融入日常活动的工业遗产文化①，实现了综合媒体视野下的新型服务设计。

工业遗产博物馆的内部可以用百度地图街景技术来记录，博物馆里的杰作可以用高分辨率相机拍摄。这就形成了工业遗产博物馆的 360°旅游和在

---

① 郝卫国：《一座凤凰涅槃的生态城市——走进唐山市城市展览馆》，《城市规划》2009 年第9 期，第 6~7 页。

线博物馆，为游客提供了额外的视觉文化体验。该技术还可以用来创造一种新的"社区文化"，实体对应物逐渐成为公共文化活动的中心，定期提供各种互动体验，促进和进一步发展工业遗产文化[①]。还可以通过各种媒体，如电视广告和移动设备上的微信小程序应用，宣传唐山缸窑路的工业遗产和文化。根据创新的扩散理论，人际传播在新事物的扩散和传播中起着重要作用；微信作为重要的媒体，集人际传播、群体传播和大众传播于一体，是一个次要的划分因素，容易产生二次裂变传播。传统的平面屏幕是由线性的二维语言主导的空间，其局限性会使观众和内容之间产生分离和距离感。随着数字技术的改进，有关物质文化遗产的交流已经开始从平面屏幕转向沉浸式屏幕，不仅注重三维设计的视觉表现，而且注重探索观众的不同感官。VR技术模拟并创造立体三维遗产空间，多维的表现形式丰富了视觉词汇，扩展了信息传递强度、方向和影响等。从全知全能到探索性的第一人称视角的转变，使观众从旁观者变成了演员，主动参与到三维虚拟空间的意义建构中。同时，数字触摸取代了身体接触，延伸了人类的感官，真实与虚拟之间的互动形成了充分刺激观众感官的交流，实现了交流效果的升华。小程序另一特点是：与移动应用相比开发成本更低，周期更短，也就是"船小好掉头"。首先，开发成本低。市场上 App 的开发成本在 1 万～10 万元之间，包括服务器维护费用、软件开发和维护费用、应用接入费用等。但一个小程序的基础代码、开发阶段和服务器可以与其他团队共享，开发成本在 5000～30000元之间。无论是专业的还是业余的开发者都可以在很短的时间内根据微信的模板和指南创建小程序，而且只需花费很少的费用甚至没有费用。其次，开发周期短。开发者不必担心与手机型号或用户系统的兼容性问题，因为微信团队已经在不断解决这些问题。工业遗产旅游需要这样一个文化交流平台，成本低且影响大，适应不同遗产受众的喜好。

4. 文化艺术产业区

唐山博玉陶瓷文化创业园是应用文化艺术产业区模式成功典范。唐山博

---

① 崔一松：《区域性旅游开发视角下的鲁尔区工业遗产再开发研究》，哈尔滨工业大学硕士学位论文，2012，第 1～94 页。

玉陶瓷文化创业园是在唐山市第九瓷厂旧址上建立的，在改造过程中，对苏式红砖厂房车间、烟筒管道走廊等历史遗迹进行了保护性改造，这些历史遗迹充满了情感记忆。人文景观与此相呼应，除修旧如旧外，还通过新旧对比、新旧互融、原貌就地改造等手法加以改变，为园区营造出一种既怀旧又时尚的艺术氛围；同时，大量保留下来的旧工业建筑所体现的空间价值也各不相同，园区在整体规划布局上，根据具体建筑的空间特点，提出了灵活多样的功能布局，有效地将工业文化景观与多种功能灵活的业态进行复合编织。未来缸窑路旧瓷厂的改造与利用应该吸取博玉陶瓷文化创业园的丰富经验，在保留原有工业文化元素的基础上积极引进具有经济活力的新业态，吸引各文化领域人才的入驻。闲置的厂房被改造利用为新的艺术展示空间，在一定程度上重新诠释了工业遗产的价值，同时，将工业遗产的前世今生融会贯通，在保护工业历史文化的基础上，构建新的艺术创意文化空间。废旧工厂多为过去时代产物，是铭刻历史痕迹、保持城市记忆的重要载体，其典型特征是城市工业发展的点点滴滴，具有独特的建筑风格、翔实的记载。我国城市普遍重视工业遗产的保护、开发和改造与再利用。既是对历史建筑遗产的一种保存，也有利于提升城市文化内涵，最大程度增强城市核心竞争力。

五　唐山工业遗产文旅融合策略

（一）政策支持

进行持续政策支持。针对唐山工业遗产现实问题与发展潜力，采取相应的持续发展与跟进措施，鼓励当地民众积极参与工业文化遗产保护与利用，激发群众在工业遗产活化中的主体积极性；确保工业遗产活化的资金充足，吸引社会团体资金的介入，也可采取多样化的管理运营模式，如个体和政府共同运营管理工业遗产地。

注重对工业遗产中非遗的活化利用。非遗相较于工业遗产载体而言具有精神寄托与情感黏性，唐山工业遗产中非遗内容相对较少，但它是人们的精神纽带，有着极高的社会认同价值。保护工业遗产中的工业技艺、生产标准、企业精神等，保护其延续性，在传承和创新中活化利用，激发活力。

注重工业遗产活化中服务创新设计。在整合唐山工业遗产旅游资源活化过程中要本着以人为本的原则，创新服务模式和内容，使工业遗产与人之间建立情感联系，提升城市服务品质。

重视工业遗产活化利用与城市规划的关系。工业遗产是构建城市文化的重要部分，它与城市环境是密不可分的，在保护和利用工业遗产时应从整个城市的角度出发去设计规划，既可实现整体保护的目的，又有利于唐山市的长期发展。

（二）旅游线路设计

唐山作为旅游目的地，在内容上可以区分工业研学、红色记忆、美丽滨海、长城山水、人文唐山五种类型。其中，在唐山市内形成开滦博物馆（开滦国家矿山公园）、启新1889文化创意产业园、中国（唐山）工业博物馆、中国·唐山陶瓷博物馆四个典型的地标组合。另外以唐山博物馆、唐山抗震救灾纪念碑、老唐山风情小镇（河北唐山市南湖公园）、唐山宴、汉斯·昆德故居博物馆、金达记忆馆（名人故居）、滦河铁路桥、唐山会展中心、唐山城市规划馆、唐山美术馆等形成相应的外围组合。以游客为中心，在工业核心物项、工业遗址与博物馆参观游览基础上，以吃住行游购娱等环节，深入理解采煤、铁路运输、陶瓷制作等工业流程，体验铭刻唐山记忆的工业细节，增加对唐山工业贡献的认同。

未来唐山工业旅游与城市旅游、乡村旅游、区域发展紧密结合，以强大的唐山工业文化基因为乡村振兴与京津冀区域合作注入活力。

（三）利用模式

探索适合唐山工业遗产转型复兴的模式。保护工业遗产的传统模式有三种：单体建筑、片区层面、区域复兴。片区层面以及单体建筑的再生利用与保护模式我们可将其归为中观层面。工业遗产的单体建筑风格、样式、材料等本身就具有价值，将其创造性改造利用可以使建筑活化，如奥地利首都的维也纳煤气罐城改造利用、北京今日美术馆、朝阳区艺术规划馆等都是单体建筑创造性改造利用的典范。片区层面的保护利用以工业遗产保护为核心，保护与开发并重，将整片工业遗产地进行规划利用，整体性保护，如首钢工业遗址公园申办 2022 年冬奥会、江南制造总局旧地用于举办上海世博会等工业遗产片区保护利用案例。唐山市工业遗产资源众多，种类丰富，只有做好文化创意产业园区规划，选择并创新保护发展模式，才能让唐山的工业遗产重新活起来。实行工业遗产分类、分级保护，以资源导向向市场导向、综合导向演进，促进文旅产业跨越发展与城市转型。

权威报告·连续出版·独家资源

皮书数据库
ANNUAL REPORT(YEARBOOK)
DATABASE

分析解读当下中国发展变迁的高端智库平台

所获荣誉

- 2022年，入选技术赋能"新闻+"推荐案例
- 2020年，入选全国新闻出版深度融合发展创新案例
- 2019年，入选国家新闻出版署数字出版精品遴选推荐计划
- 2016年，入选"十三五"国家重点电子出版物出版规划骨干工程
- 2013年，荣获"中国出版政府奖·网络出版物奖"提名奖

皮书数据库

"社科数托邦"
微信公众号

成为用户

登录网址www.pishu.com.cn访问皮书数据库网站或下载皮书数据库APP，通过手机号码验证或邮箱验证即可成为皮书数据库用户。

用户福利

- 已注册用户购书后可免费获赠100元皮书数据库充值卡。刮开充值卡涂层获取充值密码，登录并进入"会员中心"—"在线充值"—"充值卡充值"，充值成功即可购买和查看数据库内容。
- 用户福利最终解释权归社会科学文献出版社所有。

数据库服务热线：010-59367265
数据库服务QQ：2475522410
数据库服务邮箱：database@ssap.cn
图书销售热线：010-59367070/7028
图书服务QQ：1265056568
图书服务邮箱：duzhe@ssap.cn

数 据 库 充 值 卡

S 基本子库
SUB DATABASE

中国社会发展数据库（下设 12 个专题子库）

紧扣人口、政治、外交、法律、教育、医疗卫生、资源环境等 12 个社会发展领域的前沿和热点，全面整合专业著作、智库报告、学术资讯、调研数据等类型资源，帮助用户追踪中国社会发展动态、研究社会发展战略与政策、了解社会热点问题、分析社会发展趋势。

中国经济发展数据库（下设 12 专题子库）

内容涵盖宏观经济、产业经济、工业经济、农业经济、财政金融、房地产经济、城市经济、商业贸易等 12 个重点经济领域，为把握经济运行态势、洞察经济发展规律、研判经济发展趋势、进行经济调控决策提供参考和依据。

中国行业发展数据库（下设 17 个专题子库）

以中国国民经济行业分类为依据，覆盖金融业、旅游业、交通运输业、能源矿产业、制造业等 100 多个行业，跟踪分析国民经济相关行业市场运行状况和政策导向，汇集行业发展前沿资讯，为投资、从业及各种经济决策提供理论支撑和实践指导。

中国区域发展数据库（下设 4 个专题子库）

对中国特定区域内的经济、社会、文化等领域现状与发展情况进行深度分析和预测，涉及省级行政区、城市群、城市、农村等不同维度，研究层级至县及县以下行政区，为学者研究地方经济社会宏观态势、经验模式、发展案例提供支持，为地方政府决策提供参考。

中国文化传媒数据库（下设 18 个专题子库）

内容覆盖文化产业、新闻传播、电影娱乐、文学艺术、群众文化、图书情报等 18 个重点研究领域，聚焦文化传媒领域发展前沿、热点话题、行业实践，服务用户的教学科研、文化投资、企业规划等需要。

世界经济与国际关系数据库（下设 6 个专题子库）

整合世界经济、国际政治、世界文化与科技、全球性问题、国际组织与国际法、区域研究 6 大领域研究成果，对世界经济形势、国际形势进行连续性深度分析，对年度热点问题进行专题解读，为研判全球发展趋势提供事实和数据支持。

法律声明

"皮书系列"（含蓝皮书、绿皮书、黄皮书）之品牌由社会科学文献出版社最早使用并持续至今，现已被中国图书行业所熟知。"皮书系列"的相关商标已在国家商标管理部门商标局注册，包括但不限于 LOGO（ ）、皮书、Pishu、经济蓝皮书、社会蓝皮书等。"皮书系列"图书的注册商标专用权及封面设计、版式设计的著作权均为社会科学文献出版社所有。未经社会科学文献出版社书面授权许可，任何使用与"皮书系列"图书注册商标、封面设计、版式设计相同或者近似的文字、图形或其组合的行为均系侵权行为。

经作者授权，本书的专有出版权及信息网络传播权等为社会科学文献出版社享有。未经社会科学文献出版社书面授权许可，任何就本书内容的复制、发行或以数字形式进行网络传播的行为均系侵权行为。

社会科学文献出版社将通过法律途径追究上述侵权行为的法律责任，维护自身合法权益。

欢迎社会各界人士对侵犯社会科学文献出版社上述权利的侵权行为进行举报。电话：010-59367121，电子邮箱：fawubu@ssap.cn。

社会科学文献出版社